O Processo Civilizador

Volume 2

Formação do Estado e Civilização

NORBERT ELIAS

O PROCESSO CIVILIZADOR

Volume 2

Formação do Estado e Civilização

Tradução:
RUY JUNGMANN

Revisão e apresentação e notas:
RENATO JANINE RIBEIRO

15ª reimpressão

ZAHAR

Copyright © 1939, 1969, 1976 by Norbert Elias

Publicado originalmente sob o título *Über den Prozess der Zivilisation*, vol.2, em 1939, por Haus zum Falken, de Basileia, Suíça.

Tradução autorizada da versão inglesa, feita por Edmund Jephcott, com notas e revisão do autor. (English translation © 1982 by Basil Blackwell)

Grafia atualizada segundo o Acordo Ortográfico da Língua Portuguesa de 1990, que entrou em vigor no Brasil em 2009.

CIP-Brasil. Catalogação na fonte
Sindicato Nacional dos Editores de Livros, RJ

E41p v.2	Elias, Norbert, 1897-1990 O processo civilizador / Norbert Elias; tradução da versão inglesa, Ruy Jungmann; revisão, apresentação e notas, Renato Janine Ribeiro. – 1ª ed. – Rio de Janeiro: Zahar, 1993. 2v. Tradução de: Über den Prozess der Zivilisation, vol.2. Conteúdo: v.1. Uma história dos costumes – v.2. Formação do estado e civilização ISBN: 978-85-7110-257-6 1. Cultura. 2. Civilização. 3. Ocidente – História. 4. Sociologia política. I. Ribeiro, Renato Janine. II. Título.
93-0439	CDD: 900 CDU: 008

[2022]
Todos os direitos desta edição reservados à
EDITORA SCHWARCZ S.A.
Praça Floriano, 19, sala 3001 – Cinelândia
20031-050 – Rio de Janeiro – RJ
Telefone: (21) 3993-7510
www.companhiadasletras.com.br
www.blogdacompanhia.com.br
facebook.com/editorazahar
instagram.com/editorazahar
twitter.com/editorazahar

Sumário

Agradecimentos 8

Apresentação:
Uma ética do sentido, *Renato Janine Ribeiro* 9

**parte I
Feudalização e Formação do Estado**

Introdução *15*

    I   Sumário da sociedade de corte *15*
    II   Uma consideração exploratória da sociogênese do absolutismo *19*

Capítulo um:
Dinâmica da feudalização, *23*

    I   Introdução *23*
    II   Forças centralizadoras e descentralizadoras na configuração medieval de poder *25*
    III   O aumento da população após a migração dos povos *36*
    IV   Algumas observações sobre a sociogênese das Cruzadas *42*
    V   A expansão interna da sociedade: a formação de novos órgãos e instrumentos sociais *48*
    VI   Elementos novos na estrutura da sociedade medieval, em comparação com a Antiguidade *54*
    VII   Sobre a sociogênese do feudalismo *58*
    VIII Sobre a sociogênese da *Minnesang* e das formas cortesãs de conduta *65*

Capítulo dois:
Sobre a sociogênese do Estado   87

I   O primeiro estágio da monarquia nascente: competição e monopolização no contexto territorial   87
II   Digressão sobre algumas diferenças nas trajetórias de desenvolvimento da Inglaterra, França e Germânia   91
III   Sobre o mecanismo monopolista   97
IV   Primeiras lutas no contexto do reino   107
V   O ressurgimento das tendências centrífugas: a configuração dos príncipes rivais   118
VI   As últimas fases da luta competitiva livre e a posição monopolista final do vencedor   131
VII   Distribuição das taxas de poder no interior da unidade de governo: sua importância para a autoridade central: a formação do "mecanismo régio"   140
VIII   Sobre a sociogênese do monopólio de tributação   171

parte II: sinopse
Sugestões para uma Teoria de Processos Civilizadores

I   Do controle social ao autocontrole   193
II   Difusão da pressão pela previdência e autocontrole   207
III   Diminuição dos contrastes, aumento da variedade   210
IV   A transformação de guerreiros em cortesãos   215
V   O abrandamento das pulsões: psicologização e racionalização   225
VI   Vergonha e repugnância   242
VII   Restrições crescentes à classe alta: pressões crescentes a partir de baixo   248
VIII   Conclusão   263

Notas   275

Índice Remissivo   299

*Dedicado à memória de meus pais,
Hermann Elias, falecido em Breslau em 1940, e
Sophie Elias, morta em Auschwitz, 1941(?)*

Agradecimentos*

Esta tradução não poderia ter sido feita sem a ajuda de amigos. Em particular, o professor Johan Goudsblom investiu grande volume de tempo e esforço comparando os textos em inglês e alemão a fim de assegurar o significado exato dos termos. Durante todo o trabalho, Eric Dunning contribuiu também com certo número de sugestões muito úteis. O exercício de conferir a tradução constituiu em si tarefa muito útil, porquanto me permitiu revisar o texto em pequenos mas importantes detalhes e acrescentar notas que colocaram a obra no contexto de meu entendimento posterior sobre o assunto. Nada disso deve ser considerado como qualquer desdouro para o trabalho do tradutor, Edmund Jephcott, com quem tenho uma grande dívida. Meus agradecimentos também a Johan e Maria Goudsblom pela leitura das provas tipográficas e preparação do índice remissivo.

Nota do editor inglês

O Volume I de *O Processo Civilizador* intitula-se *Uma história dos costumes*** e consiste de dois capítulos. O Volume II, publicado em inglês pela primeira vez em 1982, consistia inicialmente do Capítulo 3 (em duas Partes) e de uma Sinopse. Essas divisões são designadas aqui como Parte I (composta de dois capítulos) e Parte II: Sinopse.

Os tipos em itálico, nas citações em ambos os volumes, indicam a ênfase dada pelo autor.

---

* Nota do autor à tradução inglesa. (N.E.)
** Publicado no Brasil por esta editora em 1990. (N.E.)

Apresentação

Uma ética do sentido

Norbert Elias demorou a ser reconhecido, ou sequer conhecido, no mundo acadêmico. Ele faleceu há pouco tempo, a 1º de agosto de 1990, em idade avançada — menos de dois meses antes, completara noventa e três anos. E no entanto, embora tenha escrito este *Processo Civilizador* na década de 1930 (primeira edição, 1939, na Suíça), somente nos anos 70 é que ele alcançou um reconhecimento mais amplo, começando sua obra a ser citada e a inspirar novas pesquisas. Com efeito, muitas questões que se consideravam menores, por exemplo a da etiqueta ou das boas maneiras, adquiriram, graças ao uso que Elias fez da ideia de "processo", um sentido. Provavelmente, aliás, é a questão do sentido que deve nortear uma apreciação das indicações mais notáveis desse sociólogo de vocação interdisciplinar.

Se não articularmos cada elemento da cultura humana, se não engatarmos o que à primeira vista aparece descontínuo e mesmo, com frequência, estranho, absurdo, jamais entenderemos o que os homens produzem e como eles vivem. Norbert Elias adota, assim, como ideia-chave, a tese de que a condição humana é uma lenta e prolongada construção do próprio homem. Essa afirmação pode parecer banal, mas rompe com a ideia de uma natureza já dada, bem como com a da ininteligibilidade última de nosso ser: nem a condição humana é absurda (ela descreve um sentido), nem este é conferido de uma vez por todas, de fora de nós (não existe um Deus doador de sentido, nem uma natureza imutável do homem). Desta convicção de princípio, Elias retira consequências metodológicas importantes — torna-se imprescindível, para um estudo sério do homem, articular toda sorte de documentos e toda espécie de ciências. Bem antes de Foucault, ele entende, como o autor d'*A Arqueologia do Saber*, que todo e qualquer texto ou mesmo gesto de um pensador merece, por princípio, a atenção de quem o estuda, e da mesma forma os dos não pensadores. Uma rede enorme de elementos significantes assim se constitui,[1] com a diferença de que para Michel Foucault o essencial se dará numa relativa sincronia (as *epistemes* de que ele tratou em *As Palavras e as Coisas*), e para Elias numa decidida diacronia — num trajeto que se estira ao longo dos séculos, cobrindo pelo menos todo o segundo milênio da era cristã, e que destila um sentido, o da civilização entendida como processo,

---

1 Esses elementos, está claro, significam enquanto rede, e não isoladamente.

como verbo que se substantiva, *o civilizar dos costumes*. A interdisciplinaridade assim, para Elias, não é simples senha ou *slogan*, mas procedimento que decorre de suas convicções mais profundas, um método que está necessariamente ligado a sua doutrina ou, melhor dizendo, a sua filosofia. É porque o homem constantemente se constrói que nada do que é humano — poderia nosso autor dizer — é estranho, a quem pratica esta sorte de estudo. Daí a constante crítica a uma psicologia, uma sociologia, uma história, uma economia entendidas como especialidades isoladas, fechadas sobre si mesmas.

Daí, também, uma ética — porque, se propusemos, para algumas teses de Elias, o nome de "filosofia", é pela abrangência de seu pensamento, que não se satisfaz com conhecer os homens, com tentar uma espécie de ciência das ciências humanas, mas se estende, também, a uma doutrina da ação. Aludi à frase de Terêncio, tão querida do jovem Marx, "homo sum: humani nil a me alienum puto":[2] ela assinala tanto um método de trabalho quanto uma forte convicção moral. Sua relevância, nestes dois séculos em que se constituíram o que chamamos de ciências humanas, certamente ficará mais clara se lembrarmos o papel que teve, na gestação deste mundo em que vivemos, a doutrina rousseauniana da *pitié*, da piedade ou comiseração, este sentimento que leva o homem a compartilhar o sofrimento de todo e qualquer ser vivo. Uma expansão dos sentimentos, uma ideia (ou melhor, um afeto) de comunhão com toda a humanidade sem a menor dúvida se vincula com uma disposição a cuidar de pessoas e mesmo assuntos que, sob o Antigo Regime, soariam desprezíveis, no sentido literal do termo: como o que não tem direito a nosso apreço ou respeito. Ora, esse novo sentimento de ligação com tudo o que vive induz também uma disposição a conhecer. Questões que antes não mereceriam atenção passam a ser dignas da filosofia. Em outras palavras: com a queda do absolutismo e com a Revolução Francesa, dois acontecimentos preparados deste ponto de vista por toda a atividade dos *Philosophes* no século XVIII, começa a ter fim um registro que foi bastante forte, o do *desdém*, que era parte essencial da maneira aristocrática de ver o mundo (lembremos algumas páginas decisivas de Nietzsche, certamente um dos filósofos que melhor entenderam o nobre, na *Genealogia da Moral*: para os guerreiros, *mau* é o que eles desprezam, o meramente ruim ou de má qualidade; para os sacerdotes e os ressentidos, *mau* é o que deriva da maldade, do mal, da má intenção; o militar ou o nobre se contenta com o resultado que vê, e desdenha remontar até suas causas; já o padre ou o sofrido necessariamente tem que recuar até uma intenção, uma causa que se concebe como estando ancorada na psique e na moral dos homens). Deste ponto de vista, podemos sugerir que o saber mais moderno sobre os seres humanos, sobre nós, procede de um modo de ver que tem mais em comum com o homem sofrido, do que com o homem superior, aquele nobre para quem a miséria e a dor alheias não constituíam problema. A dor, na medida em que deixou de ser aceita com naturalidade (assim como deixou

---

2 Literalmente: "Sou homem: a nada do que é humano eu me considero estranho". *Heauton Timoroumenos*.

de se admitir como óbvia a hierarquia de nascimento entre os homens), descortinou um modo de pensamento em que se espera que ela seja abolida, e com ela a antiga nobreza, que de alguma forma aparecia como sua sócia. A um só tempo abandonam o palco a *naturalidade* com que se aceitavam as diferenças de condição social — a sociedade torna-se, em definitivo, obra do próprio homem, à medida que as distinções sociais deixam de se fundar na natureza e se mostram apenas artificiais —, e o *desdém*, que os nobres votavam a bom número de pessoas, classes ou assuntos — tudo passa a merecer, de algum modo, nossa observação. "Tudo o que é humano..." a humanidade é uma invenção do século XVIII, que pode ter tido seus sinais precursores ao longo dos tempos, mas que somente com a extensão da dignidade humana a círculos cada vez mais vastos, com o desenvolvimento ademais do humanitarismo, é que veio a ter o alcance e a dimensão que lhe conhecemos.

O próprio objeto de interesse de Norbert Elias assim aponta uma valoração moral, uma opção pelo homem; isso bem se depreende de páginas que recendem a um otimismo até surpreendente, se recordamos que a primeira edição deste *Processo Civilizador* data da véspera da Segunda Guerra Mundial; ainda que a obra tenha sido revisada, seu eixo é o de uma crença num civilizar do homem que, embora não tenha chegado, por enquanto, a seu termo, prossegue. Por que o nazismo não chega a destruir, nem mesmo num homem que forçou ao exílio[3], a crença em dias melhores? Seja qual for a resposta no plano psicológico, no íntimo a nós desconhecido do homem Norbert Elias, da perspectiva filosófica a razão a se apresentar é que o pensador Elias acreditava no progresso, e que por sua vez este se funda, em seu pensamento, no pressuposto do sentido. Se os atos e obras do homem se engrenam num processo, e este tem por sentido a civilização, os acidentes que a atrasem não passam disso mesmo, de meros incidentes de percurso. É verdade que soa um pouco difícil entender como pode o homem produzir um sentido sem que este já estivesse, desde todo o sempre, inscrito em sua natureza; em outras palavras, como pode Elias afirmar um sentido na história do homem e ao mesmo tempo negar que exista uma natureza humana já dada? Sua resposta, vemos, é que o sentido se vai produzindo, e que, se o conhecemos a *posteriori*, nem por isso deixa ele de estar solidamente sustentado por uma necessidade de razão. É um argumento, mas não se pode esquecer que a ele as últimas décadas foram dando cada vez menos fé. A crítica ao progressismo (uma crítica no plano da teoria, que não se confunde com um conservadorismo ou reacionarismo práticos), que tanto se evidenciou nas ciências humanas durante as últimas décadas, é em parte uma crítica de método, que nega possamos abordar um objeto, p. ex. a história do homem, com um *parti pris* que, inevitavelmente, há de nos ocultar tudo o que dele destoe; é também o fruto das experiências difíceis de nosso século, em especial o genocídio e o totalitarismo, que tornaram

---

3 Norbert Elias nasceu em Breslau, na Prússia (atual Wroclaw, na Polônia), em 1897. Era, portanto, cidadão alemão, e lecionava em Frankfurt quando, em 1933, com a ascensão de Hitler ao poder, escapou para a França, depois se instalando na Inglaterra.

pouco crível a ideia de que o ser humano caminha para a emancipação ou a redenção; mas é, sobretudo, uma crítica ao sentido. Pode haver um sentido não propriamente dado (até aqui Elias daria seu acordo), mas necessário, inevitável, na aventura humana? Assim, se a contribuição de Norbert Elias é muito bem-vinda no que diz respeito ao interdisciplinar, ao gosto pelos assuntos que se diziam menores — em especial, os costumes — e mesmo no tocante à ideia mais genérica de processo, o ponto em que ela pode encontrar resistência nos pesquisadores atuais está na convicção de nosso autor, segundo a qual esse processo destila um sentido necessário.

Mas com isso também nos deparamos com uma dificuldade em se pensar, hoje, a ética. Uma dimensão ética está presente no pensamento de Elias, como dissemos — a convicção de que o homem se civiliza, e de que isso constitui um valor positivo. Poderíamos afirmar que essa ética porta um sentido consolador; em tempos adversos, como os do Terceiro Reich, acreditar que o homem haveria de varrer o racismo, o ódio e o horror dava ao sociólogo — ou a qualquer pessoa — uma esperança, uma força interna para enfrentar os momentos maus, mas sem que em nada essa crença se pudesse sustentar racionalmente: um pensamento do sentido vale, assim, por seus efeitos, porque fortalece a alma, não por seus fundamentos, pois não há razão que baste para o sustentar. Contudo, tais objeções quem sabe se possam dirigir a toda ética, a todo pensamento que se proponha tratar da ação e da decisão humanas do ponto de vista dos valores; em nada afetam a grandeza das ideias e dos ideais. E se pensarmos assim, se considerarmos que o largo vetor que Elias traça cobrindo toda a história do Ocidente — e, hoje, do mundo — desde os tempos de Carlos Magno tem uma validade que não se esgota nas ideias de nosso autor a propósito do que sucedeu, mas que se estende aos ideais que ele projeta no rumo do futuro — teremos então a medida do interesse de sua obra, e recuperaremos o valor, hoje, do que é civilizar o homem.

RENATO JANINE RIBEIRO
Sete Praias, janeiro de 1993

parte I

FEUDALIZAÇÃO E FORMAÇÃO DO ESTADO

introdução

I
Sumário da Sociedade de Corte

1. As lutas entre a nobreza, a Igreja e os príncipes por suas respectivas parcelas no controle e produção da terra prolongaram-se durante toda a Idade Média. Nos séculos XII e XIII, emerge mais um grupo como participante nesse entrechoque de forças: os privilegiados moradores das cidades, a "burguesia".

O desenvolvimento concreto dessa luta constante, e as relações de poder entre os adversários, variam profundamente conforme os países. O resultado dos conflitos, porém, é, em sua estrutura, quase sempre o mesmo: em todos os maiores países da Europa Continental, e ocasionalmente também na Inglaterra, os príncipes ou seus representantes terminam por acumular uma concentração de poder ao qual não se comparam os demais estados.* A autarquia da maioria, e a parcela de poder dos estados, vão sendo reduzidas passo a passo, enquanto se consolida o poder ditatorial, ou "absoluto", de uma única figura suprema, por maior ou menor período. Na França, Inglaterra e nos países sob o mando dos Habsburgo essa figura é o rei; nas regiões alemã e italiana, cabe esse papel ao senhor territorial.

2. Numerosos estudos descrevem, por exemplo, como os reis franceses, de Felipe Augusto a Francisco I e Henrique IV, aumentam seu poder, ou como o eleitor Frederico Guilherme põe de lado os estados regionais, em Brandenburgo, como os Medici agem de idêntica maneira com os patrícios e o senado em Florença ou, ainda, como os Tudor fazem a mesma coisa com a nobreza e o

---

* "Estados" no sentido de estamentos ou no que tem a expressão "Terceiro Estado": trata-se portanto dos estados que compõem o Estado medieval e moderno (convém lembrar que, na época, o termo "Estado" não tinha o sentido que depois adquiriu). (RJR)

parlamento na Inglaterra. Em toda parte, o que vemos são os agentes individuais e seus atos, e o que se descreve são suas fraquezas e talentos pessoais. Não há dúvida de que é frutífero e mesmo indispensável estudar a história dessa maneira, como um mosaico de ações individuais de pessoas isoladas.

Não obstante, é evidente que alguma coisa mais acontece nesse contexto, além da emergência fortuita de uma série de grandes príncipes e da ocasional vitória de numerosos senhores territoriais ou de reis sobre estados, mais ou menos pela mesma época. Não é sem motivo que falamos em uma *era* de absolutismo. O que encontra expressão nessa mudança na forma da dominação política é uma mudança estrutural, como um todo, na sociedade ocidental. Não apenas reis isolados expandem seu poder, mas, claramente, as instituições sociais da monarquia ou do principado adquirem nova importância no curso de uma transformação gradual de toda a sociedade, uma importância que simultaneamente confere novas oportunidades de poder aos maiores príncipes.

Por um lado, podemos indagar como este ou aquele homem adquiriu poder, ou como ele ou seus herdeiros o aumentaram ou perderam, no contexto do "absolutismo".

Por outro, podemos perguntar com base em que mudanças sociais a instituição medieval do rei ou do príncipe adquiriu, em certos séculos, o caráter e poder a que se referem conceitos como "absolutismo" ou "despotismo", e que estrutura social, que desenvolvimento das relações humanas, capacitaram a instituição a preservar essa forma por um maior ou menor período de tempo.

Ambos os enfoques lidam com mais ou menos o mesmo material. Só o segundo, porém, atinge o plano da realidade histórica, no qual ocorre o processo civilizador.

Não foi mera coincidência que, nos mesmos séculos em que rei ou príncipe adquiriram *status* absolutista, a contenção e moderação das paixões discutidas no volume anterior, a "civilização" do comportamento, aumentasse visivelmente. Nas citações antes reunidas para demonstrar essa alteração no comportamento, evidenciou-se o alto grau em que essa mudança se associou à formação da ordem hierárquica, tendo à frente o governante absoluto, ou em termos mais amplos, sua corte.

3. Isto porque a corte, igualmente residência do príncipe, assumiu um novo aspecto e uma nova importância na sociedade ocidental, em um movimento que se espalhou lentamente pela Europa, para refluir novamente, mais cedo aqui, mais tarde ali, durante a época que denominamos "Renascença".

Nos movimentos desse período, as cortes foram se tornando o modelo concreto e os centros formadores do estilo. Na fase precedente, elas haviam sido forçadas a dividir ou mesmo a abdicar inteiramente dessa função em favor de outros centros, segundo a balança de poder predominante — ora a Igreja, ora as cidades, quando não as cortes dos grandes vassalos e cavaleiros, espalhadas pelo país. A partir dessa época, nas regiões germânicas e, particularmente, nas protestantes, as cortes das autoridades centrais ainda repartem essa função com as universidades, que formam as burocracias dos príncipes, ao passo que nos países românicos, e talvez em todos os católicos — esta última hipótese ainda precisa ser comprovada — a importância das cortes como autoridade social, como fonte e origem de modelos de comportamento, excede de muito a da universidade e todas as demais formações sociais então existentes. Os primórdios da Renascença em Florença, caracterizados por homens como Masaccio, Ghilberti, Brunelleschi e Donatello, não chegam a constituir um estilo inequívoco de corte. Já a Alta Renascença italiana, e ainda mais precisamente o barroco e o rococó, os estilos Luís XV e Luís XVI, são efetivamente de corte, como afinal de contas também acontece com o "Império", ainda que de forma mais transitória e já permeada de elementos industriais e burgueses.

Nas cortes, evolui uma forma de sociedade para a qual não existe um termo específico e inequívoco em alemão pela óbvia razão de que, na Alemanha, esse tipo de associação humana nunca adquiriu importância fundamental e decisiva, exceto, no máximo, apenas na forma final e passageira que assumiu em Weimar. O conceito alemão de "boa sociedade" ou, mais simplesmente, de "sociedade" no sentido de *monde*, tal como a formação social correspondente ao mesmo, carece da nítida definição dos termos francês e inglês. Os franceses falam de *la societé polie*. E os termos franceses *bonne compagnie* ou *gens de la Cour*, ou o inglês "Society", revestem-se de conotações semelhantes.

4. A mais influente das sociedades de corte desenvolveu-se, como sabemos, na França. A partir de Paris, os mesmos códigos de conduta, maneiras, gosto e linguagem difundiram-se, em variados períodos, por todas as cortes europeias. Mas isso não aconteceu apenas porque a França fosse o país mais poderoso da época. Somente se tornou possível porque, em uma transformação geral da sociedade europeia, formações sociais semelhantes, caracterizadas por formas análogas de relações humanas, surgiram por toda a parte. A aristocracia absolutista de corte dos demais países inspirou-se na nação mais rica, mais poderosa e mais centralizada da época, e adotou aquilo que se adequava às suas próprias necessidades sociais: maneiras e linguagem refinadas que a distinguiam das camadas inferiores da sociedade. Na França ela via, plenamente desenvolvido, algo que nascera de uma situação social semelhante e que se ajustava a seus próprios ideais: pessoas que podiam exibir seu *status*, enquanto observavam também as sutilezas do intercâmbio social, definindo sua relação exata com todos acima e abaixo através da maneira de cumprimentar e de escolher as palavras — pessoas de "distinção", que dominavam a "civilidade". Ao adotarem a etiqueta francesa e o cerimonial parisiense, os vários governantes obtiveram os instrumentos que desejavam para tornarem manifesta sua dignidade, bem como visível a hierarquia social, e fazerem todas as demais pessoas, em primeiro lugar e acima de tudo a nobreza de corte, conscientes de sua posição dependente e subordinada.

5. Também aqui não basta observar e descrever isoladamente os eventos particulares ocorridos em diferentes países. Um novo quadro emerge e uma nova compreensão se alcança se várias cortes ocidentais distintas, com suas maneiras relativamente uniformes, são consideradas como vasos comunicantes na sociedade europeia em geral. O que começa a constituir-se aos poucos, nos fins da Idade Média, não é apenas uma sociedade de corte aqui e outra ali. É uma aristocracia de corte que abraça toda a Europa Ocidental, com seu centro em Paris,

dependências em todas as demais cortes e afloramentos em todos os outros círculos que alegavam pertencer à "Sociedade", notadamente o estrato superior da burguesia e até, em certa medida, em camadas da classe média.

Os membros dessa sociedade multiforme falam a mesma língua em toda a Europa, inicialmente o italiano e, depois, o francês: leem os mesmos livros, têm o mesmo gosto, as mesmas maneiras e — com diferenças em grau — o mesmo estilo de vida. Não obstante suas divergências políticas, que não são poucas, e as numerosas guerras que travam entre si, orientam-se com quase unanimidade, em períodos mais ou menos longos, na direção de um centro que é Paris. A comunicação social entre uma corte e outra, isto é, no interior da sociedade aristocrática de corte, durante muito tempo é mais forte do que entre uma corte e outros estratos de seu próprio país. Uma expressão disso é a língua comum que elas falam. Mais tarde, de meados do século XVIII em diante, mais cedo em um país e um pouco depois em outro, mas sempre se conjugando com a ascensão da classe média e o gradual deslocamento do centro de gravidade política e social da corte para as várias sociedades burguesas nacionais, os laços entre as sociedades aristocráticas de corte de diferentes nações são lentamente afrouxados, mesmo que nunca cheguem a se romper de todo. A língua francesa cede lugar, não sem lutas violentas, às línguas nacionais burguesas, mesmo na classe alta. A própria sociedade de corte torna-se cada vez mais diferenciada, da mesma maneira que acontece com as sociedades burguesas, sobretudo quando a velha sociedade aristocrática perde, de repente e para sempre, seu centro, com a Revolução Francesa. A forma nacional de integração substitui a que se baseava na situação social.

6. Ao estudar as tradições sociais que fornecem a base comum e a unidade mais profunda das várias tradições nacionais no Ocidente, devemos pensar não só na Igreja Cristã, na herança comum romano-latina, mas também nessa última grande formação social pré-nacional que, parcialmente à sombra das divergências nacionais que lavravam na sociedade ocidental, ergueu-se acima dos estratos inferior e intermediário nas diferentes áreas linguísticas. Aqui se criaram os modelos do intercâmbio social mais pacífico de que, em maior ou menor grau, todas as classes precisavam, depois da transformação da sociedade europeia ocorrida ao fim da Idade Média; aqui os hábitos mais rudes, os costumes mais soltos e desinibidos da sociedade medieval, com sua classe guerreira superior e o corolário de uma vida incerta e constantemente ameaçada, são "suavizados", "polidos" e "civilizados". A pressão da vida de corte, a disputa pelo favor do príncipe ou do "grande" e depois, em termos mais gerais, a necessidade de distinguir-se dos outros e de lutar por oportunidades através de meios relativamente pacíficos (como a intriga e a diplomacia), impuseram uma tutela dos afetos, uma autodisciplina e um autocontrole, uma racionalidade distintiva de corte, que, no início, fez que o cortesão parecesse a seu opositor burguês do século XVIII, acima de tudo na Alemanha mas também na Inglaterra, como o suprassumo do homem de razão.

Nessa sociedade aristocrática de corte, pré-nacional, foram modeladas ou, pelo menos, preparadas partes dessas injunções e proibições que ainda hoje se percebem, não obstante as diferenças nacionais, como algo comum ao Ocidente. Foi delas que os povos do Ocidente, a despeito de suas diferenças, receberam parte do selo comum que os constitui como uma civilização específica.

Uma série de exemplos demonstra que a formação gradual dessa sociedade absolutista de corte foi acompanhada por um civilizar da economia das pulsões e da conduta da classe superior. E indica também com que coerência essa maior contenção e regulação de anseios elementares se associa ao aumento do controle social, e da dependência da nobreza face ao rei ou ao príncipe.

De que maneira aumentaram essas limitações e dependência? De que modo uma classe superior de guerreiros ou cavaleiros relativamente independentes foi suplantada por uma classe superior de cortesão mais ou menos pacificados? Por que teria sido a influência dos estados progressivamente reduzida no curso da Idade Média e nos começos do período moderno e por que, mais cedo ou mais tarde, veio a se estabelecer o governo ditatorial "absoluto" de uma única figura e, com ele, a compulsão da etiqueta de corte, a pacificação de territórios maiores ou menores por iniciativa de um único centro, que se consolidou por um período mais longo ou mais curto em todos os países da Europa? A sociogênese do absolutismo ocupa, de fato, uma posição decisiva no processo global de civilização. A civilização da conduta, bem como a transformação da consciência humana e da composição da libido que lhe correspondem, não podem ser compreendidas sem um estudo do processo de transformação do Estado e, no seu interior, do processo crescente de centralização da sociedade, que encontrou sua primeira expressão visível na forma absolutista de governo.

II
Uma Consideração Exploratória da Sociogênese do Absolutismo

1. Alguns dos mecanismos mais importantes que, em fins da Idade Média, foram aumentando o poder da autoridade central de um território podem ser descritos sumariamente neste estágio preliminar. Eles foram, de modo geral, semelhantes em todos os maiores países do Ocidente, e isso pode ser observado com especial clareza no desenvolvimento da monarquia francesa.

A expansão gradual do setor monetário da economia, a expensas do setor de troca, ou escambo, em uma dada região na Idade Média gerou consequências muito diferentes para a maior parte da nobreza guerreira, por um lado, e para o rei ou príncipe, por outro. Quanto mais moeda entrasse em circulação numa região, maior seria o aumento dos preços. Todas as classes cuja renda não aumentava à mesma taxa, todos aqueles que viviam de renda fixa, ficavam em situação desvantajosa, sobretudo os senhores feudais, que auferiam foros fixos por suas terras.

As funções sociais cuja renda se elevava com essas novas oportunidades passaram a desfrutar de vantagens. Incluíam elas certos setores da burguesia, mas, acima de tudo, o rei, o senhor central. Isto porque a máquina de coleta de impostos lhe conferia uma parcela da riqueza crescente; para ele se encaminhava parte de todos os lucros obtidos nessa área, e sua renda, em consequência, crescia em grau extraordinário com a circulação cada vez maior da moeda.

Como sempre acontece, esse mecanismo funcional só foi explorado aos poucos e, por assim dizer, retrospectiva e conscientemente pelas partes interessadas, sendo adotado em um estágio relativamente posterior pelos governantes como princípio de política interna. Teve como primeiro resultado um aumento mais ou menos automático e constante da renda do suserano. Esta foi uma das precondições sobre as quais a instituição da monarquia obteve gradualmente seu caráter absoluto ou ilimitado.

2. À medida que cresciam as oportunidades financeiras abertas à função central, o mesmo acontecia com seu potencial militar. O homem que tinha à sua disposição os impostos de todo um país estava em situação de contratar mais guerreiros do que qualquer outro; pela mesma razão, tornava-se menos dependente dos serviços de guerra que o vassalo feudal era obrigado a prestar-lhe em troca da terra com a qual fora agraciado.

Esse foi também um processo que, como todos os demais, começou muito cedo mas só aos poucos culminou na formação de instituições definidas. Até mesmo Guilherme, o Conquistador, invadiu a Inglaterra com um exército que só em parte consistia de vassalos, sendo o resto constituído de cavaleiros a seu soldo. Entre essa época e a criação de exércitos permanentes pelos senhores centrais transcorreram séculos. Um pré-requisito para a existência desses exércitos, à parte a renda crescente gerada por impostos, era o excesso de potencial humano — ou a discrepância entre o número de pessoas e o número e lucratividade de empregos disponíveis em uma dada sociedade, o que hoje conhecemos como "desemprego". Áreas que sofriam com excedentes desse tipo, como, por exemplo, a Suíça e partes da Alemanha, forneciam mercenários a todos aqueles que tinham meios de sustentá-los. Muito mais tarde, as táticas de recrutamento de Frederico, o Grande, mostraram as soluções possíveis a um príncipe quando o potencial humano disponível em seu território não é suficiente para finalidades militares. A supremacia militar que acompanhava a superioridade financeira constituiu, por conseguinte, o segundo pré-requisito decisivo que permitiu ao poder central de uma região assumir um caráter "absoluto".

A transformação das técnicas militares acompanhou e reforçou esse fenômeno. Graças ao lento desenvolvimento das armas de fogo, a massa de soldados de infantaria comuns tornou-se militarmente superior aos nobres, inferiores em número, que combatiam montados. Isso acontecia, também, em proveito da autoridade central.

O rei, que na França de inícios da dinastia Capeto, por exemplo, pouco mais era do que um barão, um senhor territorial entre outros de igual poder, e às vezes até menos poderoso, obteve com sua maior receita a possibilidade de desfrutar de uma supremacia militar sobre todas as forças de seu país. Qual das famílias nobres a que conseguiria, em casos específicos, conquistar a coroa e, com ela, obter acesso a essas oportunidades de poder, era uma situação que dependia de uma grande série de fatores, incluindo os talentos pessoais dos indivíduos e, não raro, a sorte. Já o aumento das oportunidades de poder financeiro e militar que, aos poucos, foram se associando à monarquia não dependia da vontade ou dos talentos do indivíduo; na verdade, seguia uma estrita regularidade, constatada em todos os casos em que se observam processos sociais.

Esse aumento das oportunidades de poder em mãos da função central constituía assim mais uma condição prévia para a pacificação de um dado território, maior ou menor, conforme fosse o caso, a partir de um único centro.

3. As duas séries de fenômenos que ocorreram em benefício de uma forte autoridade central foram, em todos os casos, prejudiciais ao velho estamento medieval dos guerreiros. Não mantinha ele conexão direta com o crescente setor monetário da economia. Dificilmente podia obter qualquer lucro direto com as novas oportunidades de renda que se ofereciam. Sentia apenas a desvalorização, o aumento dos preços.

Calculou-se que uma fortuna de 22.000 francos no ano 1200 valia 16.000 francos em 1300, 7.500 francos em 1400 e 6.500 em 1500. No século XVI, esse movimento acelerou-se, o valor da soma caiu para 2.500 francos e o mesmo sucedeu por toda a Europa[1].

Um movimento que se originou em época muito recuada da Idade Média passou por extraordinária aceleração no século XVI. Do reinado de Francisco I até o ano 1610 apenas, a libra francesa foi desvalorizada na razão de aproximadamente 5 a 1. A importância dessa curva de desenvolvimento para a transformação da sociedade assumiu proporções muito maiores do que pode ser descrito em poucas palavras. Enquanto crescia a circulação da moeda e se desenvolvia a atividade comercial, enquanto as classes burguesas e a receita da autoridade central se expandiam, caía a renda de toda a nobreza restante. Alguns cavaleiros viram-se reduzidos à pobreza, outros tomavam pelo roubo e a violência aquilo que não mais podiam obter por meios pacíficos, e outros ainda conseguiam livrar-se de apuros, por tanto tempo quanto possível, vendendo suas propriedades; e, finalmente, boa parte da nobreza, forçada por essas circunstâncias e atraída pelas novas oportunidades, entrou para o serviço de reis ou príncipes que podiam pagar. Tais eram as opções econômicas abertas a uma classe guerreira não vinculada ao crescimento da circulação monetária e à rede de comércio.

4. Já mencionamos como a tecnologia da guerra atuou em detrimento da nobreza: a infantaria, os desprezados soldados a pé, tornou-se mais importante em batalha do que a cavalaria. Não apenas se quebrava, dessa forma, a superioridade militar do estado medieval do guerreiro, mas também seu monopólio de armas. Uma situação em que todos os nobres eram guerreiros ou, reciprocamente, em que todos os guerreiros eram nobres, começou a transformar-se em outra na qual o nobre era, na melhor das hipóteses, um oficial de tropas plebeias que tinham que ser remuneradas. O monopólio das armas e do poder militar passou de todo o estado nobre para as mãos de um único membro, o príncipe ou rei que, apoiado na renda tributária de toda a região, podia manter

o maior exército. Por isso mesmo, a maior parte da nobreza mudou, de guerreiros ou cavaleiros relativamente livres, para guerreiros ou oficiais assalariados a serviço do suserano.

Esses foram alguns dos principais aspectos dessa transformação estrutural.

5. Mas houve outro, também. A nobreza perdeu poder social com a expansão do setor monetário da economia, enquanto aumentava o poder das classes burguesas. Mas, de modo geral, nenhum dos dois estados mostrou ser forte o suficiente para obter a predominância por um período prolongado. Tensões constantes em toda parte irrompiam em lutas ocasionais. As frentes de batalha eram complicadas e variavam muito de caso a caso. Ocorreram alianças ocasionais entre grupos da nobreza e da burguesia e também formas transitórias e mesmo fusões entre subgrupos dos dois estados. Mas, como quer que fosse, a ascensão e o poder absoluto da instituição central invariavelmente dependiam da existência contínua de tal tensão entre nobreza e burguesia. Uma das precondições estruturais para a monarquia, ou o principado absoluto, era que nenhum dos estados ou grupos obtivesse a predominância. Os representantes da autoridade central absoluta, por isso mesmo, tinham que estar constantemente alerta para garantir esse equilíbrio instável no território. Nos casos em que se rompia o equilíbrio, em que um único grupo ou classe se tornavam fortes demais, ou em que grupos aristocráticos e da alta burguesia se aliavam temporariamente, a supremacia do poder central corria sério risco ou — como no caso da Inglaterra — tinha seus dias contados. Dessa maneira, observamos frequentemente entre os governantes que, enquanto um protege e promove a burguesia porque a nobreza parece poderosa demais e, por isso mesmo, perigosa, outro se inclina para a nobreza, porque esta se tornou muito fraca ou porque a burguesia se mostra muito refratária, sem contudo que o outro lado jamais seja inteiramente negligenciado. Os governantes absolutos eram obrigados, estivessem ou não inteiramente conscientes disso, a manipular esse mecanismo social, que não haviam criado. Sua existência social dependia da sobrevivência e funcionamento de tal mecanismo. Eles, também, estavam presos à regularidade social com a qual eram obrigados a conviver. Essa regularidade e a estrutura social a ela correspondente emergiram, mais cedo ou mais tarde, com numerosas modificações, em quase todos os países do Ocidente. Mas elas assumem um delineamento claro apenas se observadas no processo de emergência, através de um exemplo concreto. O desenvolvimento na França, o país em que esse processo, a partir de um momento particular, assumiu a forma mais direta, servirá aqui como exemplo.

capítulo um

Dinâmica da feudalização

I
Introdução

1. Se, em termos do poder de suas autoridades centrais, comparamos a França, a Inglaterra e o Império Germânico em meados do século XVII, o rei de França destaca-se como particularmente forte em relação ao rei inglês e ainda mais no tocante ao imperador germânico. Essa constelação constitui o resultado de uma evolução muito longa.

Em fins do período carolíngio e começos da dinastia Capeto, a situação é quase o inverso. Nessa época, o poder central dos imperadores germânicos era forte em comparação com o dos monarcas franceses. E a Inglaterra não passara ainda por sua decisiva unificação e reorganização sob os normandos.

A partir dessa época, o poder central no Império Germânico vai desmoronando sem retorno — ainda que com ocasionais interrupções.

Na Inglaterra, começando com os normandos, períodos de forte poder real alternam-se com a preponderância dos estados ou do parlamento.

Na França, a partir do início do século XII, o poder do rei cresce — mais uma vez, com interrupções — de forma bem regular. Uma linha contínua perpassa a partir dos Capeto, passando pelos Valois e chegando aos Bourbon.

Nada nos permite supor que essas diferenças obedecem a qualquer tipo de compulsão. Com grande lentidão, as diferentes províncias dos três países fundem-se em unidades nacionais. No início, enquanto permanece relativamente pequena a integração das áreas que serão conhecidas mais tarde como "França", "Alemanha", "Itália" e "Inglaterra", elas não têm muita importância, como organismos sociais, no equilíbrio das forças históricas. As principais curvas de desenvolvimento na história dessas nações são, nessa fase, incomparavelmente mais influenciadas pelas fortunas e infortúnios de indivíduos, pelas qualidades pessoais, pelas simpatias, antipatias e "acidentes", do que mais tarde, quando a

"Inglaterra", "Alemanha" ou "França" transformaram-se em formações sociais com uma estrutura bastante específica e um impulso e regularidade próprios. No começo, as linhas históricas de desenvolvimento são codeterminadas maciçamente por fatores que, do ponto de vista da unidade posterior, não se revestem de uma necessidade intrínseca.[2] Mais tarde, gradualmente, com a crescente interdependência de maiores áreas e populações, emerge um padrão que, segundo as circunstâncias, limita ou abre oportunidades aos caprichos e interesses de indivíduos poderosos ou mesmo de grupos específicos. Mais tarde, e só mais tarde, é que a dinâmica do desenvolvimento inerente a essas unidades sociais supera o meramente acidental ou, pelo menos, marca-o com seu selo distintivo.

2. Nada ainda nos permite supor qualquer necessidade irresistível determinando que seria em torno do ducado de Francia, a "Ilha de França", que a nação se cristalizaria. Cultural e também politicamente, as regiões meridionais da França mantinham laços muito mais fortes com as do norte da Espanha e regiões italianas limítrofes do que com a área em torno de Paris. Sempre houvera uma diferença muito grande entre as regiões antigas, mais celto-românicas da Provença, a *langue d'oc*, e as partes de *langue d'oïl*, isto é, regiões com uma influência franca mais forte, acima de tudo as que se situavam ao norte do Loire, juntamente com o Poitou, o Berry, a Borgonha, Saintonge e o Franco-Condado.[3]

Além do mais, as fronteiras orientais estabelecidas pelo Tratado de Verdun (843), e mais tarde pelo Tratado de Meerssen (870), para o Império Franco do Ocidente eram muito diferentes das fronteiras entre as regiões que gradualmente emergiram como a "França", a "Alemanha" e a "Itália".

O Tratado de Verdun fixava como fronteira oriental do Império Franco do Ocidente uma linha que, a partir do atual golfo do Leão ao sul, aproximava-se da margem ocidental do Ródano seguindo então para o norte até a Flandres. A Lorena e a Borgonha — excetuado o ducado a oeste do Saône — e, por conseguinte, Arles, Lyon, Trier e Metz situavam-se fora das fronteiras do Império Franco do Ocidente, enquanto, ao sul, o condado de Barcelona permanecia ainda no seu interior.[4]

O Tratado de Meerssen estabelecia o Ródano como fronteira direta no sul entre os Impérios Franco do Ocidente e do Oriente, a partir de onde seguia o Isère e, mais ao norte, o Mosela. Trier e Metz, portanto, tornaram-se cidades fronteiriças, como aconteceu ao norte com Meerssen, a cidade que deu nome ao tratado. A fronteira terminava finalmente ao norte do Reno, na região da Frísia meridional.

Essas fronteiras, porém, nem separavam Estados, nem povos nem nações, se por estes entendemos formações sociais que são, em qualquer sentido, unificadas e estáveis. No máximo, eram estados, povos, nações em formação. Nessa fase, o aspecto mais notável de todos os maiores territórios era seu baixo nível de coesão, o poder das forças centrífugas que tendiam a desintegrá-los.

Qual a natureza dessas forças centrífugas? Que peculiaridade de estrutura desses territórios lhes confere seu poderio particular? E que mudança na estrutura da sociedade, dos séculos XV, XVI ou XVII em diante, concede finalmente às autoridades centrais preponderância sobre todas as forças centrífugas e, dessa forma, proporciona aos territórios maior estabilidade?

II
Forças Centralizadoras e Descentralizadoras na Configuração Medieval de Poder

3. O enorme império de Carlos Magno foi plasmado pela conquista. Não há dúvida de que a função básica de seus predecessores, e mais ainda a do próprio Carlos, foi a de comandante de exército, vitorioso na conquista e na defesa. Proporcionou ela as fundações de seu poder real, renome e força social.

Como comandante de exército, Carlos Magno controlava a terra que conquistava e defendia. Como príncipe vitorioso, premiou com terras os guerreiros que lhe seguiam a liderança. E, em virtude dessa autoridade, manteve-os coesos, mesmo que suas terras se espalhassem por todo o país.

O imperador e rei não podia supervisionar sozinho todo o império. Despachou pela terra amigos e servidores de confiança para fazer cumprir a lei em seu nome, assegurar o pagamento de tributos e a prestação de serviços, bem como punir quem resistisse. Não lhes remunerava os serviços em dinheiro. A moeda certamente não era de todo inexistente nessa fase, mas circulava apenas em medida muito limitada. As necessidades eram atendidas, na maior parte, diretamente pela terra, os campos, as florestas e os estábulos, sendo a produção de iniciativa da família. Os condes, duques, ou como quer que fossem chamados os representantes da autoridade central, tiravam também seu sustento, e o de seus agregados, da terra com a qual os agraciara a autoridade central. De conformidade com a estrutura econômica, a máquina de governo nessa fase da sociedade era muito diferente da que seria utilizada pelos "Estados" em fase posterior. A maioria dos "oficiais", segundo se disse a respeito dessa fase, "eram agricultores que desempenhavam deveres 'oficiais' apenas durante períodos estabelecidos ou no caso de fatos imprevistos, e portanto cabia mais compará-los a donos de terra exercendo poderes policiais e judiciários".[5] Com esse papel judiciário e mantenedor da lei se combinavam funções militares; eram guerreiros, comandantes de grupos mais ou menos marciais e de todos os demais senhores de terra na área que o rei lhes dera, contra qualquer ameaça de um inimigo externo. Em suma, todas as funções de governo eram enfeixadas em suas mãos.

Tal configuração de poder peculiar, porém, que nessa fase constituía um indicador da divisão de trabalho e da diferenciação, gerava constantes tensões que decorriam de sua própria estrutura. Engendrava certas sequências típicas de eventos que — com algumas modificações — repetiam-se numerosas vezes.

4. Quem quer que houvesse sido antes investido pelo suserano nas funções de governo numa área determinada e assim se tornava o senhor efetivo dessa

área, não mais dependia do poder central para sustentar-se e proteger a si mesmo e seus dependentes, pelo menos enquanto não fosse ameaçado por um inimigo externo mais forte. À primeira oportunidade, por conseguinte, logo que o poder central demonstrasse o menor sinal de fraqueza, o governante local ou seus descendentes procuravam mostrar seu direito e capacidade de governar o distrito que lhes fora confiado e sua independência daquela autoridade.

Ao longo dos séculos, os mesmos padrões e tendências reaparecem constantemente nessa máquina de governo. Os governantes de partes do território do suserano, os duques e chefes locais, constituem em todas as ocasiões um perigo para o poder central. Príncipes e reis vitoriosos, com a força dos exércitos que comandam e da proteção que garantem contra os inimigos externos, esforçam-se, com um sucesso inicial, para enfrentar esse perigo na área que controlam. Sempre que possível, substituem os governantes locais por seus próprios amigos, parentes ou servidores. Mas em pouco tempo, não raro dentro de uma geração, o mesmo roteiro anterior se repete: os antigos representantes do governo central fazem o que podem para recuperar o controle que tinham sobre a região, como se ela fosse propriedade hereditária de sua família.

Ora são os *comes palatii*, os antigos superintendentes do palácio real, que querem tornar-se governantes independentes de uma região; ora são os margraves, duques, condes, barões ou servidores do rei. Em ondas sucessivas, os reis, fortalecidos pelas conquistas, enviam às várias partes do país seus amigos, parentes ou servidores de confiança, enquanto os anteriores enviados ou seus descendentes lutam para manter a natureza hereditária e a independência de suas regiões, que anteriormente haviam sido espécies de feudos.

Por um lado, os reis eram forçados a delegar a outros indivíduos poderes sobre parte de seu território. As condições dos meios militares, econômicos e de transporte na época não lhes deixavam alternativa. A sociedade não lhes proporcionava fontes de receita tributária que lhes permitissem manter um exército profissional ou delegados oficiais remunerados em regiões remotas. A única forma de pagá-los ou remunerá-los consistia na doação de terras — em volume grande o suficiente para garantir que eles seriam realmente mais fortes que todos os demais guerreiros ou donos de terra da região.

Por outro lado, não havia juramento de fidelidade ou lealdade que impedisse os vassalos que representavam o poder central de afirmar a independência de suas áreas tão logo sentissem pender em seu proveito a balança de poder. Esses senhores territoriais ou príncipes locais possuíam, na verdade, a terra que o rei outrora controlava. Exceto quando ameaçados por inimigos externos, não mais necessitavam do rei. Colocavam-se fora de seu poder. Quando dele precisavam como líder militar, o movimento era invertido e o jogo recomeçava, supondo que o suserano fosse vitorioso na guerra. Neste caso, graças ao poder e ameaça que emanavam de sua espada, ele recuperava o controle real sobre todo o território e podia redistribuí-lo novamente. Esse foi um dos processos que se repetiram no desenvolvimento da sociedade ocidental em começos da Idade Média e, às vezes, em forma algo modificada, em períodos posteriores.

5. Exemplos desses processos ainda hoje se encontram fora da Europa, em regiões nas quais vigora uma estrutura social semelhante. O desenvolvimento da Abissínia demonstra-o fartamente, embora sua sociedade tenha sido ultimamente um tanto modificada pelo ingresso da moeda e outras instituições procedentes da Europa. A ascensão do Ras Tafari à posição de suserano ou imperador de todo o país, porém, só se tornou possível pela subjugação militar dos senhores territoriais mais poderosos. Já o colapso inesperadamente rápido diante da Itália se explica em boa parte pelo fato de que, nessa região feudal e predominantemente agrária, as tendências centrífugas dos territórios individuais se acentuaram desde que o governante central fracassou em sua missão mais importante, a de resistir ao inimigo externo, mostrando, dessa maneira, que era "fraco".*

Na história europeia, traços desse mecanismo são encontrados já na época dos merovíngios. Neste caso, já estão presentes "os começos de um fenômeno que transformou os cargos imperiais mais elevados em formas hereditárias de governo".[6] Até mesmo a esse período aplica-se o princípio que dispõe: "Quanto maior se torna o real poder econômico e social desses servidores, menos pode a monarquia tentar retirar um cargo da família que o ocupa, por motivo da morte de seu titular."[7] Em outras palavras, grandes partes do território passaram do controle do suserano para o de governantes locais.

Sequências de fatos do mesmo tipo emergiram com mais clareza no período carolíngio. Carlos Magno, de forma muito parecida ao imperador da Abissínia, substituiu sempre que possível os velhos duques locais por seus próprios "oficiais", os condes. Quando, ainda em sua vida, esses condes demonstraram possuir vontade independente e exercer um controle efetivo sobre o território que lhes fora confiado, despachou uma nova onda de membros de seu círculo como enviados reais, os *missi dominici*, a fim de supervisioná-los. Sob Luís, o Pio, a função de conde já começava a adquirir caráter hereditário. Os sucessores de Carlos Magno já não conseguiam mais "escapar do reconhecimento factual do direito à hereditariedade".[8] Os próprios enviados reais perderam sua função, forçando Luís, o Pio, a retirar os *missi dominici*. Sob esse rei, que carecia do renome militar de Carlos Magno, as tendências centrífugas no interior da organização imperial e social vieram à luz. Atingiram seu primeiro pico sob Carlos III que, em 887, já não conseguiu defender Paris contra os inimigos externos, os normandos dinamarqueses, pelo poder da espada e só dificilmente o fez pelo poder do dinheiro. Foi característico dessa tendência que, com o fim da linhagem direta dos carolíngios, a coroa passasse inicialmente para Arnulfo de Caríntia, filho bastardo de Carlomano, sobrinho de Carlos, o Gordo. Arnulfo provara seu valor como chefe militar nos conflitos de fronteira contra tribos estrangeiras que invadiam o Império. Ao liderar os bávaros contra o fraco

---

* Ras (ou príncipe) Tafari é o nome que teve, até ser coroado Imperador da Abissínia (ou Etiópia), em 1930, Hailé Selassié, que já governava o país desde 1916. Selassié resistiu aos italianos que invadiram seu país em 1935, mas só conseguiu sua expulsão em 1941. Foi deposto em 1974 e faleceu no ano seguinte. (RJR)

suserano, ele rapidamente conquistou o reconhecimento de outras tribos, os francos do ocidente, os turíngios, os saxões e os suábios. Como chefe militar no sentido original, foi elevado à dignidade de rei pela nobreza guerreira das tribos germânicas.[9] Mais uma vez, ficava demonstrado, com grande clareza, onde a função de rei nessa sociedade assentava seu poder e legitimidade. Em 891, conseguiu rechaçar os normandos em Louvain-sobre-o-Dyle. Mas quando, confrontado com uma nova ameaça, hesitou apenas ligeiramente em conduzir o exército à batalha, a reação foi imediata. Prontamente as forças centrífugas assumiram o controle em seu domínio fracamente unificado: "Illo diu morante, multi reguli in Europa vel regno Karoli sui patruelis excrevere," dizia um autor da época.[10] Por toda parte na Europa, pequenos reis surgiram quando ele relutou por um momento em combater. Esse fato ilustra em uma única frase as regularidades sociais que, nessa fase, imprimiam sua marca no desenvolvimento da sociedade europeia.

O movimento, mais uma vez, segue curso inverso sob os primeiros imperadores saxões. O fato de que o governo em todo o império tenha caído nas mãos dos duques saxônios mostra, mais uma vez, qual era a principal função do suserano nessa sociedade. Os saxões eram particularmente vulneráveis às pressões de tribos não germânicas que avançavam do leste. Constituía o primeiro dever de seus duques proteger-lhes o território tribal. Mas, ao fazê-lo, eles defendiam também a terra de outras tribos germânicas. Em 924, Henrique I conseguiu negociar pelo menos uma trégua com os húngaros; em 928, ele avançou até quase Brandenburgo; em 929, estabeleceu fortes de fronteira em Meissen; em 933, derrotou os húngaros em Riade, mas sem destruí-los ou realmente afastar o perigo; e em 934, no Schleswig, conseguiu restabelecer as fronteiras setentrionais contra os dinamarqueses.[11] E fez tudo isso principalmente na qualidade de duque saxão. Foram vitórias de saxões sobre povos que lhes ameaçavam as fronteiras e territórios. Mas ao lutar e vencer dentro de suas próprias fronteiras, os duques saxões obtiveram o poder militar e a reputação imprescindíveis para combater as tendências centrífugas que lavravam dentro do império. Através de vitórias externas, lançaram os alicerces de um poder central interno fortalecido.

Henrique I conseguira, de modo geral, manter e consolidar as fronteiras, pelo menos no norte. Logo que faleceu, os vênedos denunciaram o tratado de paz com os saxões. O filho de Henrique, Oto, rechaçou-os. Nos anos de 937 e 938, os húngaros avançaram novamente e foram de idêntica maneira repelidos. Iniciou-se nessa época uma nova e mais vigorosa expansão. Em 940, o território germânico chegou à região do rio Oder. E como sempre, e aliás também no presente, à conquista de novas terras seguiu-se a implantação da organização eclesiástica que — naquela época com muito mais vigor do que em nossos dias — servia para consolidar a dominação militar.

A mesma coisa aconteceu no sudeste. Em 955 — ainda em território germânico — os húngaros foram derrotados em Augsburgo e, dessa forma, mais ou menos expulsos definitivamente da região. Como barreira contra eles, foi criada a Marca Oriental, o embrião da futura Áustria, com a fronteira aproximadamente na região de Pressburg. Mais para leste, na área do Danúbio central, os húngaros começaram lentamente a se estabelecer em caráter permanente.

Os sucessos militares de Oto aumentaram seu poder dentro do império. Em todos os casos possíveis, tentou substituir os descendentes dos senhores instalados por imperadores anteriores e que nesse momento se opunham a ele na qualidade de chefes locais hereditários, por seus próprios parentes e amigos. A Suábia foi dada a seu filho, Ludolfo, a Baviera a seu irmão, Henrique, a Lorena ao cunhado Conrado, a cujo filho Oto deu também a Suábia, quando Ludolfo se rebelou.

Simultaneamente, procurou — de forma mais deliberada, ao que parece, do que seus predecessores — combater os mecanismos que constantemente debilitavam o centralismo. Fez isso, por um lado, limitando os poderes dos governantes locais que instalava. Por outro, ele, e ainda mais resolutamente seus sucessores, enfrentaram esse mecanismo instituindo religiosos no governo de várias regiões. A bispos foi conferido o cargo secular de conde. A nomeação de altas figuras eclesiásticas, sem herdeiros, tinha a intenção de pôr fim à tendência de funcionários da autoridade central de transformar-se em uma "aristocracia hereditária e latifundiária", com fortes desejos de independência.

A longo prazo, contudo, essas medidas, tomadas para combater forças descentralizadoras, apenas as reforçaram. Culminaram finalmente na conversão de governantes clericais em príncipes, em potentados mundanos. Reemergiu a preponderância das tendências centrífugas, enraizadas na estrutura dessa sociedade, sobre as centrípetas. No curso do tempo, as autoridades espirituais demonstraram não menos interesse que as seculares na preservação de sua hegemonia independente sobre o território que lhes fora confiado. Foi também do interesse delas que a autoridade central não se tornasse forte demais. Essa convergência dos interesses de altos dignitários eclesiásticos e seculares foi um fator que muito contribuiu, séculos a fio, para minar o poder efetivo da autoridade central do Império Germânico, enquanto aumentavam o poder e a independência dos governantes territoriais — o inverso do que acontecera na França. Nesta, as principais figuras eclesiásticas jamais se tornaram grandes governantes no *saeculum*. Os bispos, cujas propriedades em parte se espalhavam pelas terras de vários senhores territoriais, permaneciam interessados em preservar uma forte autoridade central, tendo em vista sua própria segurança. Esses interesses convergentes da Igreja e da monarquia, estendendo-se por um considerável período de tempo, deram ao poder central preponderância, desde cedo, sobre as tendências centrífugas. Anteriormente, contudo, por efeito do mesmo processo, o Império Franco do Ocidente desintegrou-se ainda mais rápida e radicalmente do que o do Oriente.

6. Os últimos carolíngios do Ocidente foram, segundo todas as versões,[12] homens corajosos e perspicazes, alguns deles dotados de qualidades notáveis. Mas enfrentaram uma situação que pouca oportunidade dava ao governante central e que mostrava, com grande clareza, como nessa estrutura social era fácil mudar-se o centro de gravidade, em prejuízo do suserano.

Deixando de lado seu papel como chefe militar, conquistador e distribuidor de novas terras, a base do poder social do suserano consistia nas posses de sua família, na terra que controlava diretamente e com a qual tinha que sustentar seus serviçais, corte e agregados armados. Neste respeito, o suserano não desfrutava de situação melhor que a de qualquer outro governante territorial. A maior parte do domínio pessoal dos carolíngios francos do Ocidente havia sido, no curso de longas lutas, distribuída em troca de serviços prestados. A fim de obter e recompensar apoio, seus antepassados haviam sido obrigados a distribuir terra. Em todas as ocasiões em que isso acontecia — sem novas conquistas —, suas propriedades pessoais eram reduzidas. Essa situação deixava os filhos numa posição ainda mais precária. Toda nova ajuda implicava novas perdas de terra. No fim, os herdeiros pouco mais tinham para distribuir. Os agregados que podiam sustentar e pagar tornaram-se cada vez menos numerosos. Os últimos carolíngios francos do Ocidente enfrentaram, às vezes, situações de desespero. Para sermos exatos, seus vassalos eram obrigados a segui-los na guerra. Mas se não sentiam interesse pessoal em assim proceder, só a pressão aberta ou disfarçada de um senhor feudal militarmente poderoso é que podia induzi-los a cumprir essa obrigação. No tocante ao poder militar, como também no que dizia respeito à terra, esses mecanismos sociais, uma vez postos em movimento, debilitaram progressivamente a posição dos reis carolíngios.

Luíz IV, um homem valente que lutou desesperadamente pela sobrevivência, às vezes é chamado de "le roi de Monloon", o rei de Laon. De todas as propriedades familiares dos carolíngios pouco lhe restava, salvo a fortaleza de Laon. Em certas ocasiões, os últimos filhos da casa mal possuíam tropas para lutar em suas guerras, da mesma maneira que mal possuíam, em matéria de terra, o suficiente para sustentar e pagar seus seguidores: "Chegou a época em que os descendentes de Carlos Magno, cercados por donos de terra que eram senhores de seus domínios, não tiveram outro meio de manter homens a seu serviço do que lhes dando território, com concessões de imunidade, isto é, ligando-os a eles ao torná-los mais independentes, e continuando a reinar ao abdicarem cada vez mais".[13] Dessa maneira, a função da monarquia despencou irremediavelmente, e tudo o que seus ocupantes fizeram para melhorar a posição acabou, no fim, por se virar contra eles.

7. O antigo território dos carolíngios francos do Ocidente, o embrião do que devia transformar-se na França, por essa época se havia desintegrado em grande número de áreas governadas separadamente. Após prolongada luta entre vários senhores territoriais, de força aproximadamente igual, estabeleceu-se uma espécie de equilíbrio. Ao extinguir-se a linhagem direta dos carolíngios, os chefes e senhores territoriais elegeram um deles, cuja Casa superara as demais na luta contra os normandos hostis e que por muito tempo fora a rival mais forte da monarquia moribunda. Analogamente, nas regiões francas do Oriente, com o fim dos carolíngios, os príncipes locais que haviam defendido com sucesso o país contra os povos invasores do leste e norte, os eslavos, os húngaros e os dinamarqueses, isto é, os duques da Saxônia, foram transformados em reis.

Essa sucessão foi precedida por uma demorada luta entre a Casa de Frância e os últimos carolíngios francos do Ocidente.

Quando a coroa passou aos primeiros na pessoa de Hugo Capeto, eles já estavam, de certa forma, debilitados por um processo semelhante ao que provocara a queda dos carolíngios. Os duques de Frância, igualmente, haviam sido obrigados a formar alianças e obter serviços em troca de terras e direitos. O território dos duques normandos, que entrementes havia sido colonizado e recebera o cristianismo, os ducados da Aquitânia e da Borgonha, os condados de Anjou e Flandres, o Vermandois e a Champagne, eram pouco menores, e, em alguns aspectos, até mais importantes, do que o território familiar da nova Casa Real de Frância. E, nessa época, o que contava era o poder familiar e o território. O poder disponível ao rei através das propriedades de sua família constituía a base concreta do poder régio. Se as posses da família não eram maiores que as de outros governantes territoriais, então seu poder tampouco era maior. Dos outros territórios o rei recebia, no máximo, emolumentos eclesiásticos. O que auferia além disso em sua condição de "rei" era mínimo. Além do mais, o fator que, nos territórios germânicos, restabelecia constantemente a preponderância da função real centralizadora sobre as tendências centrífugas dos governantes territoriais, ou seja, sua função como chefe militar na luta contra inimigos externos e na conquista de novas terras, cessou, em um estágio relativamente antigo, de ter importância na área franca ocidental. E essa foi uma das razões decisivas para a desintegração do domínio real e sua transformação em territórios independentes ocorrer mais cedo aqui e, no começo, de forma mais radical. A região franca do Oriente esteve exposta por muito mais tempo a ataques e ameaças de tribos estrangeiras. Por isso mesmo, os reis não só reemergiam constantemente como chefes militares, em guerras travadas em aliança com várias tribos, para proteger-lhes as terras, mas também tiveram oportunidade de invadir e conquistar novas terras, que depois distribuíam. Por isso mesmo, foram inicialmente capazes de manter na dependência um número relativamente grande de agregados e vassalos.

Em contraste, a área franca do Ocidente, desde que os normandos se estabeleceram, mal foi ameaçada por tribos externas. Além do mais, não havia possibilidade de conquista direta de novas terras além das fronteiras, ao contrário da região franca do Oriente. Este fato acelerou a desintegração. Faltavam ao rei os principais fatores que lhe davam preponderância sobre as forças centrífugas: a defesa e a conquista. Uma vez que virtualmente nada havia na estrutura social que tornasse as várias regiões dependentes do suserano, o domínio deste último reduziu-se, de fato, a pouco mais do que seu próprio território.

> Esse chamado soberano pouco mais é do que um barão, que possui nas margens do Sena e do Loire certo número de condados que pouco maiores são do que quatro ou cinco dos atuais *départements*. O domínio real mal dá para sustentar-lhe a majestade teórica. Não é o maior nem o mais rico dos territórios que constituem a França de hoje. O rei é menos poderoso que alguns de seus principais vassalos. E tal como eles, vive da renda produzida por suas posses, de tributos pagos por seus camponeses, do trabalho de seus servos e dos "donativos voluntários" das abadias e bispados de seu território.[14]

Pouco depois da coroação de Hugo Capeto, a debilitação não só dos reis individuais mas da própria função real, e com ela a desintegração dos territórios reais, começou lenta e ininterruptamente a se acentuar. Os primeiros Capeto ainda viajavam pelo país seguidos de sua corte. Os locais onde foram assinados decretos reais dão-nos uma ideia da maneira como eles viajavam de um lado para o outro. Ainda presidiam a julgamentos nas sedes dos maiores vassalos. Mesmo no sul da França, conservavam certa influência tradicional.

Em inícios do século XII, a natureza inteiramente hereditária e independente dos vários territórios antes sujeitos ao rei tornou-se fato consumado. O quinto dos Capeto, Luíz, o Gordo (1108-37), um senhor valente, beligerante e nada débil, pouca voz tinha fora de seu próprio território. Os decretos reais mostram que ele quase nunca viajava fora das fronteiras de seu próprio ducado.[15] Residia em seu próprio domínio e não mais transferia a corte para as terras dos grandes vassalos. Estes raramente apareciam também na corte real. A troca de visitas cordiais tornou-se mais rara, e mais esparsa a correspondência com outras partes do reino, particularmente com o sul. A França, no início do século XII, era, na melhor das hipóteses, uma união de territórios independentes, uma federação frouxa de domínios maiores e menores, entre os quais se estabelecera uma espécie de equilíbrio provisório.

8. No Império Germânico, após um século de guerras entre os detentores da coroa real e imperial e as famílias dos poderosos duques, um destes últimos, da Casa da Suábia, conseguiu, no século XII, subjugar os demais e, por algum tempo, reunir na autoridade central os necessários meios de poder.

A partir de fins do século XII, porém, o centro social de gravidade, também na Germânia, moveu-se cada vez mais clara e inevitavelmente na direção dos governantes territoriais. Não obstante, enquanto na imensa área do "Imperium Romanum" germânico, ou "Sacrum Imperium", como mais tarde veio a ser chamado, os Estados territoriais se consolidavam a ponto de poderem, nesse momento e durante séculos, impedir a formação de um forte poder central e, destarte, a integração de toda a área, na área menor da França a desintegração extrema de fins do século XII começa nesse momento aos poucos — e com reveses —, de forma regular e continuada, a ceder lugar à restauração da autoridade central e à lenta reintegração de regiões cada vez mais extensas em torno de um único centro.

A cena dessa desintegração radical deve ser vista como, de certa maneira, o ponto de partida, se queremos compreender como áreas menores se aglutinaram para formar uma unidade mais forte e através de que processos sociais se constituíram os órgãos centrais das unidades mais amplas de governo, que designamos pelo conceito de "absolutismo" — a máquina de governo que forma o esqueleto dos Estados modernos. A relativa estabilidade da autoridade e das instituições centrais, na fase que denominamos de "Idade do Absolutismo", contrasta vivamente com a instabilidade da autoridade central na precedente fase "feudal".

O que teria havido na estrutura da sociedade que beneficiou a centralização na fase posterior mas fortaleceu as forças que a ela se opunham na fase anterior?

Essa pergunta nos remete ao centro da dinâmica dos processos sociais, às mudanças no entrelaçamento e interdependência humanas, em conjunto com as quais a estrutura da conduta e das pulsões foi alterada na direção da "civilização".

9. Não é difícil compreender o que deu às forças descentralizadoras na sociedade medieval, particularmente nos seus primórdios, preponderância sobre as tendências centralizadoras. Esses fatos foram enfatizados de várias maneiras por historiadores dessa época. Hampe, por exemplo, em seu estudo sobre a Alta Idade Média Europeia, escreve:

> A feudalização dos Estados por toda a parte obrigou os governantes a dar terras a seus chefes de exército e oficiais. Se queriam evitar ser empobrecidos nesse processo, e continuar a usar os serviços militares de seus vassalos, eram também virtualmente obrigados a tentar a expansão pelas armas, geralmente a expensas do vácuo de poder à volta de seus territórios. Na época, não era economicamente possível evitar essa necessidade, constituindo uma burocracia nos padrões modernos.[16]

Essa citação mostra a natureza fundamental das forças centrífugas e dos mecanismos em que se enredava a monarquia na sociedade, contanto que a "feudalização" não seja entendida como "causa" externa de todas essas mudanças. Os vários elementos do dilema, tais como a necessidade de conceder terras a guerreiros e servidores, a inevitável diminuição das propriedades reais, a menos que se procedesse a novas guerras de conquista, a tendência da autoridade central a debilitar-se em tempos de paz, tudo isso fazia parte do grande processo de "feudalização". A citação indica também como esse tipo específico de governo e de máquina governamental estavam indissoluvelmente entrelaçados com uma estrutura econômica específica.

Ou, tornando mais explícito o que se disse acima: enquanto as relações de escambo predominassem na sociedade, era quase impossível a formação de uma burocracia fortemente centralizada e uma máquina estável de governo que funcionasse primariamente através de meios pacíficos e fosse dirigida sempre por um centro. As fortes tendências acima descritas — o rei-conquistador, o envio de representantes da autoridade central para administrar o país, a independência desses indivíduos ou de seus herdeiros como governantes territoriais e suas lutas contra o poder central — correspondem a certas formas de relações econômicas. Se, na sociedade, a produção de uma pequena ou grande gleba de terra era suficiente para atender a todas as necessidades essenciais da vida diária, do vestuário aos alimentos e implementos domésticos, se era pouco desenvolvida a divisão do trabalho e a troca de produtos em longas distâncias, e se, concomitantemente — todos esses diferentes aspectos incluíam-se na mesma forma de integração —, as estradas eram ruins e subdesenvolvidos os meios de transporte, era muito fraca também a interdependência das diferentes regiões. Só quando a interdependência cresceu consideravelmente é que instituições relativamente estáveis puderam ser estabelecidas, enfeixando certo número de áreas maiores. Antes disso, a estrutura social simplesmente não oferecia base para elas.

A propósito, escreveu um historiador sobre o período: "Mal podemos imaginar o quanto era difícil, dadas as condições medievais de transporte, governar e administrar um extenso império".[17]

Carlos Magno, também, tirava o seu sustento e o de sua família principalmente da produção de propriedades espalhadas entre o Reno, o Maas e o Mosela. Cada "Palatium", ou castelo — na convincente análise de Dopsch[18] — estava vinculado a certo número de unidades familiares e aldeias situadas nas vizinhanças. O imperador e rei movia-se de castelo a castelo nessa área relativamente pequena, ele e seus agregados vivendo da renda produzida por essas famílias e aldeias. Embora, mesmo nessa época, não deixasse de haver comércio a longa distância, este se limitava essencialmente a bens de luxo e, de qualquer modo, não abrangia artigos de uso diário. Nem mesmo o vinho era, de modo geral, transportado a longa distância. Quem quisesse bebê-lo tinha que produzi-lo em seu próprio distrito e só os vizinhos mais próximos é que podiam obter alguma parte do excedente, mediante troca. Esse o motivo por que, na Idade Média, havia vinhedos em regiões em que o vinho não é mais hoje produzido, uma vez que as uvas eram azedas demais ou por serem antieconômicas as plantações, como, por exemplo, na Flandres e na Normandia. Inversamente, regiões como a Borgonha, que para nós são sinônimos de vinicultura, não eram tão especializadas na produção de vinho, como mais tarde veio a acontecer. Nelas, também, cada agricultor e cada terra tinha que ser, até certo ponto, "autárquico". Ainda no século XVII, havia na Borgonha apenas 11 paróquias em que todos os moradores eram plantadores de uvas.[19] Assim, lentamente, os vários distritos tornaram-se interligados, as comunicações foram desenvolvidas, expandiram-se a divisão do trabalho e a integração de áreas maiores e de populações, bem como aumentou correspondentemente a necessidade de meios de troca e unidades de cálculo que tivessem o mesmo valor num extenso território, ou seja, a moeda.

A fim de compreender o processo civilizador, é de suma importância formar uma clara e vívida concepção desses processos sociais, do que se quer dizer com "economia de troca, doméstica, de escambo", "economia monetária", "interdependência de grandes populações", "mudança na dependência social do indivíduo", "crescente divisão de funções", e assim por diante. Com uma facilidade grande demais, esses conceitos transformaram-se em fetiches verbais, que perderam toda a sua qualidade pictórica e destarte, realmente, toda clareza. A finalidade desta análise necessariamente sucinta é dar uma percepção concreta das relações sociais aqui referidas pelo conceito de "economia de escambo", ou troca. O que esta indica é uma maneira muito específica pela qual pessoas se ligam e se tornam dependentes umas das outras. Aponta uma sociedade em que a transferência de bens do homem que os tira do solo ou da natureza para o homem que os usa ocorre diretamente, isto é, sem ou quase sem intermediários, e onde ela é feita na casa de um ou de outro, o que pode ser a mesma coisa. Só muito lentamente é que essa transferência se torna mais diferenciada. Aos poucos, mais e mais pessoas entram no processo, como agentes do processamento e distribuição, na transferência de bens do produtor primário para o consumidor final. É uma questão distinta o como e, acima de tudo, o por que isso acontece, qual a força propulsora por trás do prolongamento dessas cadeias. De qualquer modo, a moeda nada mais é do que um instrumento necessário que a sociedade cria quando essas cadeias se estendem ainda mais, quando trabalho e produção vêm a ser diferenciados, e que, em certas circunstâncias, tende a reforçar essa diferenciação. Se forem usadas as expressões "economia de escambo" e "economia monetária", pode facilmente parecer que existisse uma antítese absoluta entre essas duas formas econômicas, uma antítese imaginada, que provocou um sem-número de controvérsias. No processo social real, as cadeias entre produção e consumo mudaram e se diferenciaram muito lentamente, para nada dizer do fato de que em alguns setores da sociedade ocidental, nunca cessaram inteiramente as comunicações econômicas a longa distância e, assim, o uso da moeda. Dessa maneira, com grande lentidão, o setor monetário da economia voltou a crescer, como também a diferenciação das funções sociais, a interdependência das diferentes regiões e a dependência recíproca de grandes populações, constituindo todas elas diferentes aspectos do mesmo processo social. E, de igual maneira, a mudança na forma e máquina do governo, acima discutida, nada mais foi do que outro aspecto desse processo. A estrutura dos órgãos centrais correspondia à estrutura da divisão e entrelaçamento de funções. A força das tendências centrífugas voltadas a uma *autarquia política* local, em sociedades baseadas predominantemente na economia de troca, correspondeu ao grau da *autarquia econômica* local.

10. De modo geral, podemos distinguir duas fases no desenvolvimento dessas sociedades guerreiras predominantemente agrárias, fases que podem ocorrer apenas uma vez ou alternar-se com frequência: a dos suseranos beligerantes e expansionistas e a dos governantes conservadores que não conquistam novas terras. Na primeira fase, é forte a autoridade central. A função social primária do suserano nessa sociedade manifesta-se diretamente: a de chefe do exército. Se, durante longo período de tempo, a Casa Real não se manifesta nesse papel beligerante, se o rei não é necessário como líder militar ou não tem sucesso como tal, as funções secundárias desmoronam também, como por exemplo a de árbitro supremo ou juiz de regiões inteiras, e afinal o governante nada mais tem que seu título para distingui-lo de outros senhores territoriais.

Na segunda fase, se as fronteiras estão seguras e, por uma razão ou outra, torna-se impossível a conquista de novas terras, as forças centrífugas necessariamente assumem papel preponderante. Embora o rei conquistador tenha efetivamente controlado todo o país, em tempos de paz relativa o país escapa, cada vez mais, a sua autoridade. Todos os que possuem um pedaço de terra se consideram como seu principal governante. Esse fato reflete a dependência que têm do suserano, que, em tempos de paz, é mínima.

Nesse estágio, quando não existe ou apenas está começando a interdependência econômica e a integração de grandes áreas, surge ainda com mais vigor uma forma não econômica de integração: a integração militar, a aliança para repelir um inimigo comum. Além do senso tradicional de comunidade, com sua base maior na fé comum, e seus principais defensores no clero — mas que nunca impede a desintegração nem basta para gerar uma aliança, meramente a fortalecendo e orientando em certas direções —, o anseio de conquistar e a necessidade de resistir à conquista constituem os fatores mais importantes de coesão entre pessoas residentes em regiões relativamente distantes umas das outras. Por essa mesma razão, todas as alianças desse tipo em tais sociedades eram, em comparação com períodos posteriores, altamente instáveis, e muito sensível a preponderância das forças descentralizadoras.

As duas fases dessa sociedade agrária — de governantes conquistadores ou conservadores, ou meramente de esforços numa ou noutra direção — poderiam alternar-se, conforme já notamos. E foi isso o que aconteceu na história do Ocidente. Os exemplos do desenvolvimento germânico e francês, porém, demonstram também que, a despeito de todos os movimentos em sentido contrário nos períodos dos governantes conquistadores, a tendência dos domínios maiores a se desintegrarem e da terra a passar do controle do suserano para o de seus antigos vassalos prosseguiu ininterruptamente até certa época.

Por quê? Diminuíra a ameaça externa ao antigo Império Carolíngio, que, na época, constituía realmente o Ocidente? Teria havido outras causas para essa progressiva descentralização do Império?

A questão das forças propulsoras desse processo poderá assumir nova importância se for abordada em função de um conceito bem-conhecido. A gradual descentralização de governo e território, a transferência da terra, do controle do suserano conquistador para o da casta guerreira como um todo, nada mais é do que o processo conhecido como "feudalização".

III
O Aumento da População Após a Migração dos Povos

11. Já há algum tempo, a compreensão do problema da feudalização vem passando por uma acentuada mudança que, talvez, mereça maior ênfase do que até agora recebeu. Como acontece com os processos sociais em geral, o método mais antigo de pesquisa histórica não conseguiu enfocar devidamente o processo de feudalização no Ocidente. A tendência a pensar em termos de causas isoladas, a identificar fatores individuais gerando as transformações sociais ou, quando muito, a examinar apenas o aspecto legal das instituições sociais e a buscar os exemplos, de acordo com os quais foram modelados por este ou aquele agente — tudo isso tornou esses processos e instituições tão inacessíveis ao nosso entendimento como eram os processos naturais para os pensadores escolásticos.

Recentemente, alguns historiadores começaram a abrir um novo caminho para colocar a questão. Cada vez mais, os historiadores interessados pelas origens do feudalismo enfatizam que esse sistema não foi criação deliberada de indivíduos nem consistiu em instituições que possam ser explicadas de forma simples por outras, anteriores. Dopsch, por exemplo, diz sobre a feudalização: "Aqui estamos interessados em instituições que não foram criadas deliberada e intencionalmente pelos Estados ou pelos titulares do poder estatal com o fim de atingir certos fins políticos."[20]

Calmette descreve de maneira ainda mais clara essa maneira de abordar os processos sociais da história:

> Por mais diferente que o sistema feudal seja do que o precedeu, ele resulta diretamente do mesmo. Não foi produzido por uma revolução ou por uma vontade pessoal. Faz parte de uma longa evolução. O feudalismo pertence à categoria daquilo que poderia ser chamado de "ocorrências naturais" ou "fatos naturais" da história. Sua formação foi determinada por forças quase mecânicas e ocorreu por etapas.[21]

Em outro trecho de seu livro *La société féodale*, diz ele:

> Para sermos exatos, o conhecimento de antecedentes, isto é, de fenômenos análogos anteriores a um dado fenômeno, é interessante e instrutivo para os historiadores e não iremos ignorá-lo. Mas esses "antecedentes" não foram os únicos fatores envolvidos e talvez nem mesmo os mais importantes. O principal não é saber de onde procede o "elemento feudal", se suas origens devem ser procuradas em Roma ou entre os povos germânicos, mas por que esse elemento assumiu seu caráter "feudal". Se essas fundações se transformaram naquilo que sabemos, devemos isso a uma evolução cujo segredo nem Roma nem os germânicos podem nos revelar... Sua formação é resultado de forças que só podem ser comparadas às de caráter geológico.[22]

O emprego de imagens tiradas dos reinos da natureza ou da tecnologia é inevitável, porquanto nossa linguagem não criou um vocabulário claro, específico, para descrever processos sócio-históricos. O motivo por que as imagens são provisoriamente buscadas nesses reinos pode ser explicado sem dificuldade: por ora, elas expressam bem a natureza compulsiva dos processos sociais na história. E embora com isso possamos expor-nos a mal-entendidos, como se os processos sociais e suas compulsões, originando-se nas inter-relações humanas, fossem da mesma natureza, digamos, que o curso da Terra em volta do Sol ou que a ação de uma alavanca na máquina, o esforço para encontrar uma maneira nova, estrutural, de equacionar as questões históricas revela-se com grande clareza nessas formulações. É sempre importante a relação das instituições mais recentes com as instituições semelhantes de uma fase anterior. Mas aqui a questão histórica decisiva é o motivo por que *mudam* as instituições, e, também, a conduta e a constituição afetiva de pessoas, e por que mudam dessa maneira particular. Estamos interessados na ordem rigorosa das *transformações* sócio-históricas. E talvez não seja fácil, mesmo hoje, compreender que essas transformações não devem ser explicadas por algo que, em si, permanece inalterado, e ainda menos fácil compreender que, na história, nenhum fato isolado jamais produz por si mesmo qualquer transformação, mas apenas em combinação com outros.

Finalmente, essas transformações permanecem inexplicáveis enquanto a explicação ficar limitada às ideias de indivíduos expostas em livros. Quando pesquisamos processos sociais, temos que examinar a rede de relacionamentos humanos, a própria sociedade, a fim de identificar as compulsões que as conservam em movimento e lhes conferem forma e direção particulares. Isso se aplica tanto ao processo de feudalização quanto ao da crescente divisão do trabalho, e também a incontáveis outros processos representados em nosso aparato conceitual por palavras sem o caráter de processo, e que destacam, em especial, instituições formadas pelo processo em questão, como, por exemplo, os conceitos de "absolutismo", "capitalismo", "economia de troca", "economia monetária", e assim por diante. Todos eles apontam para além de si mesmos, para mudanças na estrutura dos relacionamentos humanos que, evidentemente, não foram planejadas por indivíduos e às quais eles ficaram sujeitos, quisessem-no ou não. E aplica-se, finalmente, a mudanças na constituição das próprias pessoas, ao processo civilizador.

12. Um dos principais motores da mudança na estrutura das relações humanas, e das instituições a elas correspondentes, é o aumento ou diminuição das populações. Eles tampouco podem ser isolados de toda a teia dinâmica das relações humanas. Não são em si, como os hábitos do pensamento nos inclinam a supor, a "causa primeira" do movimento sócio-histórico. Entre os fatores entrelaçados da mudança, porém, constituem um elemento importante, que jamais deve ser ignorado, e que demonstra, com uma clareza toda especial, a natureza irresistível dessas forças sociais. Resta saber que papel fatores desse tipo desempenharam na fase sob discussão. Talvez ajude a compreendê-los se recordarmos brevemente os últimos movimentos nas migrações dos povos.

Até os séculos VIII e IX, tribos provenientes do leste, norte e sul desabavam em ondas sucessivas sobre as partes já povoadas da Europa. Essa foi a última e maior onda, em um movimento que vinha se desenvolvendo desde muito tempo. O que dela vemos são pequenos episódios: a irrupção dos "bárbaros" helênicos pelas áreas povoadas da Ásia Menor e da península balcânica, a penetração dos "bárbaros" italianos na vizinha península ocidental, o avanço dos "bárbaros" célticos pelo território dos italianos, que nesse momento haviam se tornado, até certo ponto, "civilizados", e cuja terra se transformara em um centro de "cultura antiga", e o assentamento definitivo dessas tribos célticas a oeste e parcialmente ao norte dos mesmos.

Por último, tribos germânicas ocuparam grande parte do território céltico, que entrementes dera também origem a uma "cultura mais antiga". Os germânicos, por seu lado, defenderam essa terra "culta", que haviam conquistado, contra novas ondas de povos que avançavam de todos os lados.

Pouco depois da morte de Maomé, em 632, os árabes entram em movimento.[23] Em 713, já haviam conquistado toda a Espanha, com exceção das montanhas das Astúrias. Pelos meados do século VIII, a onda foi detida na fronteira sul do Império Franco, assim como antes ocorrera com as ondas célticas, ante os portões de Roma.

Vindo do leste, tribos eslavas avançaram contra o Império Franco. Em fins do século VIII, chegaram ao Elba.

Se, no ano 800, um profeta político tivesse um mapa da Europa, da forma como ora podemos reconstruí-lo, ele poderia muito bem equivocar-se e predizer que toda a metade oriental do continente, da península dinamarquesa até o Peloponeso, estava destinada a tornar-se um Império Eslavo ou, pelo menos, um poderoso grupo de países eslavos. Do estuário do Elba até o mar Jônico, corria uma linha ininterrupta de povos eslavos... e que parecia delimitar a fronteira do território germânico.[24]

O movimento desses povos se deteve um pouco depois do dos árabes. No longo período que se seguiu, a luta prossegiu sem uma decisão. A fronteira entre as tribos germânicas e eslavas movia-se ora numa direção, ora noutra. De modo geral, a onda eslava foi contida no Elba a partir do ano 800.

O que poderia ser chamado de "território inicialmente colonizado" do Ocidente preservara, sob o domínio e liderança das tribos germânicas, suas fronteiras contra as tribos migrantes. Representantes das ondas precedentes defenderam-na contra as que se seguiram, as últimas ondas de migração a varrerem a face da Europa. Essas tribos, impedidas de prosseguir em seu avanço, instalaram-se lentamente fora das fronteiras do Império Franco. Dessa forma, uma fímbria de regiões povoadas formou-se, em torno do Império Franco, em grandes áreas do interior da Europa. Tribos anteriormente nômades radicaram-se na terra. As grandes migrações terminaram lentamente; as novas invasões de povos migrantes que vieram a ocorrer (dos húngaros e finalmente dos turcos) esboroaram-se cedo ou tarde diante das técnicas defensivas superiores e do poder daqueles que já ocupavam a terra.

13. Estava criada uma nova situação. Já não havia espaços vazios na Europa. Virtualmente não havia mais terra utilizável — utilizável em termos das técnicas agrícolas então conhecidas — que não estivesse ocupada. De modo geral, a Europa, e acima de tudo as suas grandes regiões interioranas, estava mais compactamente povoada do que em qualquer outra época, ainda que incomparavelmente menos densa do que nos séculos que se seguiram. E há todas as indicações de que a população aumentava na mesma medida em que diminuíam as sublevações que acompanhavam as grandes migrações. Esse fato mudou todo o sistema de tensões entre os vários povos e no interior de cada um deles.

Na Antiguidade tardia, a população das "velhas regiões culturais" diminuiu mais ou menos rapidamente. Em consequência, desapareceram também as instituições sociais que correspondiam a populações relativamente numerosas e densas. O emprego da moeda na sociedade, por exemplo, está ligado a certo nível de densidade demográfica. Constitui uma precondição essencial à diferenciação do trabalho e à formação de mercados. Se a população cai abaixo de certo nível — por quaisquer que sejam as razões —, os mercados automaticamente se esvaziam. Diminuem as cadeias entre o homem que produz um bem extraído da natureza e o consumidor. O dinheiro perde a função de instrumento. Tal era a direção do desenvolvimento ao fim da Antiguidade. O setor urbano da sociedade reduziu-se. Aumentou o caráter agrário da sociedade. Esse fenômeno ocorreu ainda mais facilmente porque a divisão do trabalho na Antiguidade nunca foi nem remotamente tão grande como, por exemplo, em nossa própria sociedade.

Certa proporção de unidades familiares urbanas era sempre, até certo ponto, diretamente abastecida, independentemente dos intermediários comerciais ou manufatureiros, pelas grandes propriedades escravagistas. E como o transporte por terra de mercadorias em longas distâncias era sempre extremamente difícil, em virtude do estado da tecnologia na Antiguidade, o comércio desse tipo basicamente se limitava ao transporte por água. Grandes mercados, cidades e atividade monetária vigorosa desenvolviam-se nas proximidades da água. As áreas interioranas preservavam sempre um tipo de economia predominantemente doméstico. Mesmo no caso das populações urbanas, a unidade familiar autárquica e a autossuficiência econômica nunca declinaram na mesma extensão que ocorre na moderna sociedade ocidental. Com o declínio na população, esse aspecto da estrutura social da Antiguidade recuperou importância.

Com o fim da migração dos povos, esse movimento mais uma vez se inverteu. A chegada e o subsequente assentamento de tantas novas tribos criaram a base para uma população nova e maior em toda a área europeia. No período carolíngio, essa população ainda exibia uma economia quase inteiramente doméstica, talvez mais até do que no período merovíngio.[25] Podemos ter, talvez, uma indicação dessa situação no fato de que o centro político se moveu ainda mais para o interior, onde até então — devido às dificuldades do transporte por terra — os centros políticos anteriores aos do Ocidente medieval nunca se haviam situado, com pouquíssimas exceções, entre elas a do Império Hitita. Podemos supor que a população, nesse período, começava a crescer com grande lentidão. Já ouvimos falar em derrubada de florestas, o que sempre constitui um sinal de que a terra está se tornando escassa, de que a densidade da população está aumentando. Mas esses certamente foram apenas os estágios iniciais. As migrações dos povos não haviam ainda cessado inteiramente. Só a partir do século IX é que se multiplicam os sinais de aumento mais rápido da população. E, não muito depois, já surgem indicações de uma superpopulação aqui e ali, nas antigas regiões carolíngias.

A queda no nível da população ao fim da Antiguidade, a lenta ascensão, uma vez mais, em circunstâncias diferentes, no rescaldo das migrações de povos inteiros, e esse curto retrospecto devem ser suficientes para nos fazer lembrar a curva desse movimento.

14. Fases de perceptível excesso demográfico alternaram-se na história da Europa com outras de pressão interna mais baixa. O termo "excesso demográfico" exige, no entanto, uma explicação. Não resultava do número absoluto de pessoas que residiam em certa área. Em sociedades altamente industrializadas, com utilização intensiva da terra, comércio de longa distância altamente desenvolvido e governos que favorecem o setor industrial em detrimento do agrícola, pode viver toleravelmente certo número de pessoas que, em uma economia de troca, com métodos agrícolas extensivos e pouco comércio de longa distância, constituiriam um excesso de população, com todos seus sintomas típicos. O "excesso de população", por conseguinte, é acima de tudo uma expressão descritiva do crescimento demográfico em uma dada área até o ponto em que, na estrutura social existente, a satisfação de necessidades básicas só é possível para um número cada vez menor de pessoas. Por isso mesmo, deparamos com "excesso

de população" apenas em relação a certas formas sociais e a certo conjunto de necessidades, ou seja, um excesso social de população.

Seus sintomas em sociedades que atingiram certo grau de diferenciação são, em termos gerais, sempre os mesmos: aumento das tensões na sociedade; maior isolamento entre os que "têm", isto é, numa economia predominantemente de escambo, os que "têm terra", e os que "não têm", ou de qualquer maneira não têm o suficiente para se sustentarem de maneira consentânea com seus padrões; e, não raro, maior isolamento, no seio dos que "têm", daqueles que têm mais do que o resto; uma coesão mais pronunciada de pessoas na mesma situação social, a fim de resistirem à pressão dos que estão de fora ou, inversamente, um aumento da pressão sobre áreas vizinhas com populações menores ou defesas mais fracas e, finalmente, um aumento da emigração e da tendência a conquistar ou pelo menos estabelecer-se em novas terras.

É difícil saber se as fontes disponíveis podem dar-nos um quadro exato do crescimento demográfico na Europa nos séculos que se seguiram às migrações e, em especial, das diferenças em densidade demográfica nas diversas regiões. Mas uma coisa é certa: à medida que as migrações iam lentamente cessando, e que as lutas mais intensas entre as tribos chegavam ao fim, todos os sintomas dessa "superpopulação social", um após o outro, fizeram seu aparecimento — com o rápido crescimento demográfico sendo acompanhado por uma transformação nas instituições sociais.

15. Os sintomas de uma crescente pressão demográfica apareceram claramente pela primeira vez no Império Franco do Ocidente. Nessa região, por volta do século IX, a ameaça criada por tribos estrangeiras diminuiu lentamente, ao contrário da situação vigente no Império Franco do Oriente. Na parte do Império que recebeu seu nome, os normandos haviam se tornado mais pacíficos. Com ajuda da Igreja franca do Ocidente, eles absorveram rapidamente a língua e toda a tradição que os cercava, e nas quais se mesclavam elementos galo-românicos e francos. Adicionaram, assim, novos elementos aos que já possuíam. Em particular, introduziram progressos importantes da sua estrutura administrativa no contexto territorial. Daí em diante, desempenharam papel decisivo como uma das principais tribos na federação dos territórios francos do Ocidente.

Os árabes e sarracenos eram responsáveis por perturbações ocasionais na costa do Mediterrâneo, mas, de modo geral, a partir do século IX dificilmente constituíram uma ameaça à sobrevivência do Império.

A leste da França estendia-se o "Imperium" germânico que, sob os imperadores saxões, voltara a se tornar poderoso. Com pequenas exceções, a fronteira entre ele e o Império Franco do Ocidente mal se alterou do século X até o primeiro quartel do século XIII.[26] Em 925, a Lotaríngia foi tomada do Império e, em 1034, a Borgonha. À parte esses fatos, as tensões ao longo da fronteira permaneceram estáveis até 1226. As tendências expansionistas do Império voltavam-se principalmente para o leste.

A ameaça externa ao Império Franco do Ocidente, por conseguinte, era relativamente ligeira. Igualmente pequenas, contudo, eram as possibilidades de expansão além das fronteiras existentes. O leste, em especial, estava bloqueado pela densidade populacional e pela força militar do Império.

Dentro dessa área, porém, nesse momento em que diminuíra a ameaça externa, a população começou a expandir-se fortemente. Cresceu tanto após o século IX que, em começos do século XIV, era provavelmente tão numerosa como a que existia nos inícios do século XVIII.[27]

Esse movimento, claro, não se desenvolveu em linha reta, mas há inúmeras indicações a demonstrar que, de modo geral, a população aumentou muito. Mas essas indicações têm que ser vistas como um todo, se quisermos compreender a força do movimento geral e o significado de cada peça individual de documentação.

Dos fins do século X em diante, e mais ainda no século XI, a pressão sobre a terra, o desejo de novas terras e a maior produtividade das antigas, tornaram-se cada vez mais visíveis na região franca ocidental.

Conforme dissemos, já se derrubavam florestas no período carolíngio, e sem dúvida antes dele. No século XI, porém, o ritmo e extensão do desmatamento aumentaram. Eram abatidos bosques e terras pantanosas tornadas aráveis, tanto quanto o permitia a tecnologia da época. O período de 1050 a mais ou menos 1300 foi a grande era do desflorestamento e da conquista interna de novas terras na França.[28] Por volta de 1300, esse movimento começou a diminuir.

IV

Algumas Observações sobre a Sociogênese das Cruzadas

16. O grande ataque externo amainara. A terra era fértil. A população crescia. A terra, o mais importante dos meios de produção, o suprassumo da propriedade e da riqueza na sociedade, tornara-se escassa. O desmatamento, o emprego de novas terras na região, não eram mais suficientes para contrabalançar a escassez. Novas terras teriam que ser conquistadas além-fronteiras. Paralelamente à colonização interna, ocorreu a conquista externa de novos territórios. Em princípios do século XI, cavaleiros normandos começaram a dirigir-se para a Itália, onde ofereceram sua espada a príncipes individuais.[29] Em 1029, um deles recebe como feudo, pelos serviços que prestou, uma pequena gleba de terra ao norte das fronteiras do ducado de Nápoles. Chegam outros, entre eles os filhos de um pequeno senhor normando, Tancredo de Hauteville. Tendo 12 filhos, de que maneira poderia sustentá-los, em um padrão consentâneo, com as poucas terras que possuía? Oito deles dirigiram-se para a Itália e lá obtiveram, no devido tempo, o que lhes era negado no país de origem: o controle de um pedaço de terra. Um deles, Roberto Guiscardo, acabou se tornando o chefe reconhecido dos guerreiros normandos. Uniu as propriedades ou territórios que membros de sua grei haviam recebido por seus serviços. A partir de 1060, sob sua liderança, eles

começaram a penetrar na Sicília. Ao falecer Roberto Guiscardo em 1085, os sarracenos haviam sido repelidos para o canto sudoeste da ilha. Todo o restante se encontrava em mãos normandas e formava um novo império feudal.

Nada disso fora realmente planejado. No início, havia pressão demográfica e falta de oportunidades em casa, emigração de indivíduos cujos sucessos atraíam outros; no fim, tínhamos um império.

Algo semelhante acontecia na Espanha. No século X, cavaleiros franceses acorreram em auxílio dos príncipes espanhóis em suas lutas contra os árabes. Conforme já dissemos, a área franca ocidental, ao contrário da oriental, não fazia fronteira com áreas extensas, abertas à colonização e habitadas na maior parte por tribos desunidas. A leste, o Império impedia expansão ulterior. A península ibérica era a única saída. Até meados do século XI, apenas indivíduos isolados ou pequenos grupos cruzaram as montanhas; mais tarde, eles gradualmente se transformaram em exércitos. Os árabes, cindidos internamente, só ofereciam resistência fraca, esporádica. Em 1085, Toledo foi capturada e, em 1094, Valência, por tropas sob o comando de El Cid, mas para ser retomada pelos inimigos logo depois. A luta prosseguiu em um vaivém. Em 1095, um conde francês foi investido com o território reconquistado de Portugal. Mas só em 1147, com ajuda de membros da Segunda Cruzada, é que seu filho conseguiu finalmente obter controle de Lisboa e lá, até certo ponto, estabilizar seu domínio como rei feudal.

À parte a Espanha, a única possibilidade de conquistar novas terras nas proximidades da França situava-se no outro lado do Canal da Mancha. Já na primeira metade do século XI, cavaleiros normandos isolados haviam atacado nessa direção. Em 1066, porém, o duque normando, à frente de um exército de cavaleiros de sua nação e de franceses, cruzou o canal, chegou à ilha, tomou o poder e redistribuiu a terra. As possibilidades de expansão, as perspectivas de obtenção de novas terras nas vizinhanças da França tornaram-se cada vez mais restritas. Os olhos se estenderam para mais longe.

Em 1095, antes que os grandes senhores feudais começassem a se mexer, um bando comandado pelo cavaleiro Walter Habenichts, ou Gautier Senzavoir*, partiu para Jerusalém e terminou por ser destruído na Ásia Menor. Em 1097, um poderoso exército sob o comando de senhores territoriais franceses e normandos avançou contra a Terra Santa. Antes, esses cruzados conseguiram a promessa de ser investidos, pelo imperador romano do Oriente, com as terras que viessem a conquistar; prosseguiram então em seu avanço, ocuparam Jerusalém e fundaram novos domínios feudais.

Não há razão para supor que, sem a orientação da Igreja e os laços religiosos com a Terra Santa, a expansão tivesse se orientado exatamente para essa região. Nem é provável que, sem a pressão social, inicialmente na região franca ocidental e mais tarde em todas as demais regiões da Cristandade latina, as Cruzadas ocorressem.

---

* Habenichts ou Senzavoir: literalmente, "nada tem" (em alemão) ou "sem haveres" (em francês). (RJR)

Note-se que as tensões na sociedade não se manifestavam apenas no desejo de terra e pão. Na verdade, exerciam pressão mental sobre toda a pessoa. A pressão social forneceu a força motivadora, mais ou menos como um gerador fornece corrente elétrica. Pôs pessoas em movimento, cabendo à Igreja dirigir a força preexistente, que enfeixava a angústia geral e lhe dava uma esperança e um objetivo fora da França. E conferiu à luta por novas terras um significado e justificação nobres. Transformou-se numa luta pela fé cristã.

17. As Cruzadas constituíram uma forma específica da primeira grande onda de expansão e colonização deslanchada pelo Ocidente cristão. Durante as migrações dos povos, quando tribos do leste e nordeste marcharam em direção ao oeste e sudoeste, as áreas utilizáveis da Europa haviam sido ocupadas até suas fronteiras mais distantes, as Ilhas Britânicas. Nesse momento, já haviam cessado as migrações. Clima ameno, solo fértil e energias sem limites favoreciam a multiplicação rápida das populações. A terra tornou-se escassa demais. A onda humana ficara encurralada num beco sem saída, de cujo confinamento refluiu para o leste, tanto nas Cruzadas como dentro da própria Europa, de onde as áreas de população germânica gradualmente se expandiram para o leste, a despeito de séria resistência, deixando para trás o Elba e chegando ao Oder, daí para o estuário do Vístula e, finalmente, para a Prússia e as terras bálticas, embora tenham sido apenas os cavaleiros, e não os agricultores, os que migraram tão longe.

Mas exatamente esse último fato demonstra muito bem uma das peculiaridades que distinguiram essa primeira fase de superpopulação social e expansão das que se deram mais tarde. De modo geral, com o avanço do processo civilizador e das concomitantes limitação e regulação das pulsões humanas — o avanço é sempre maior nas classes superiores que nas inferiores, por razões que serão discutidas adiante —, a taxa de natalidade declinou lentamente, em geral com menos rapidez no estrato inferior do que no superior. Essa diferença entre a taxa média de natalidade das classes alta e baixa se revestiu, com frequência, de grande importância para a manutenção dos padrões de vida da primeira.

A primeira fase de rápido crescimento demográfico no Ocidente cristão distinguiu-se das posteriores, contudo, pelo fato de que nela o estrato governante, a classe guerreira, ou nobreza, aumentou quase que com a mesma rapidez que o estrato dos servos, arrendatários e camponeses, em suma, daqueles que cultivavam diretamente a terra. A luta pelas oportunidades disponíveis que, com o crescimento da população, necessariamente diminuem para cada indivíduo, as rixas incessantes que essas tensões desencadeiam, a alta taxa de mortalidade infantil, a doença e a peste, tudo isso pode ter eliminado parte do excedente humano. E é bem possível que o campesinato relativamente desprotegido sofresse mais que os guerreiros. Além do mais, a liberdade de movimento do primeiro grupo era tão limitada e, acima de tudo, eram tão difíceis as comunicações entre as diferentes regiões, que o excesso de mão de obra não podia ser rápida e uniformemente distribuído. Dessa maneira, a falta de mão de obra podia resultar de rixas, pilhagens, pestes, da abertura de novas terras ou da fuga dos servos da gleba, enquanto um excedente se acumulava em outras paragens. E, na verdade, temos, no que diz respeito a esse mesmo período, uma clara prova do excesso de servos numa área e dos esforços feitos por outras para atrair rendeiros livres, *hospites*[30] — isto é, de governantes oferecendo melhores condições aos trabalhadores.

Mas, o que quer que tenha acontecido, o que mais caracterizou o processo em desenvolvimento nessa esfera foi o fato de que não só um "exército de reserva" de escravos e servos estava se formando, mas também um "exército de reserva" da *classe superior*, de cavaleiros sem terras ou, pelo menos, sem o suficiente para manter seus padrões de vida. Só assim poderemos compreender a natureza dessa primeira fase expansionista do Ocidente. Os camponeses, os filhos de servos, indubitavelmente tomaram parte, de uma forma ou de outra, nas lutas pela colonização, mas o principal impulso proveio da carência de terras pelos cavaleiros. Novas terras só podiam ser conquistadas pela espada. Cavaleiros abriram caminho pela força das armas, assumiram a liderança e formaram o grosso dos exércitos. A população excedente da classe alta imprimiu, nesse primeiro período de expansão e colonização, a sua marca especial.

A cisão entre os que possuíam terras e aqueles que nada tinham, ou só tinham muito pouco, cindia a sociedade de cima a baixo. Por um lado, havia, no início, os monopolizadores de terra — famílias de guerreiros, Casas nobres e latifundiários, mas também camponeses, escravos, servos, *hospites*, que ocupavam a gleba que os sustentavam, ainda que precariamente. Por outro, havia aqueles de ambas as classes que estavam privados de terras. Os membros das classes inferiores — desalojados pela falta de oportunidades ou pela opressão de seus senhores — desempenharam certo papel nas emigrações e colonizações, mas, acima de tudo, formaram a população de cidades cada vez maiores. Membros da classe dos guerreiros, em suma, os "filhos mais moços", cujas heranças eram pequenas demais para lhes atender as necessidades, os que "nada tinham" entre os cavaleiros, passam pelos séculos usando as máscaras sociais mais díspares: como cruzados, chefes de bandos de assaltantes, mercenários a serviço dos grandes senhores —, até que, finalmente, formam a base dos primeiros exércitos permanentes.

18. A expressão muito citada, "Nenhuma terra sem um senhor", não constituía apenas um princípio jurídico básico. Era também o lema da classe guerreira. Traduzia a necessidade dos cavaleiros de se apossarem de todos os pedaços de terra utilizável. Cedo ou tarde, isso acontecera em todas as regiões da Cristandade latina. Todas as glebas de terra eram sólida propriedade de alguém. A demanda de terra, porém, continuava e mesmo crescia. E diminuíam as oportunidades de satisfazê-la. Elevou-se a pressão pela expansão, paralelamente às tensões na sociedade. A dinâmica específica que era assim transmitida à sociedade como um todo, porém, não emanava apenas dos descontentes. Necessariamente, comunicava-se aos que eram ricos em terras. Nos cavaleiros pobres, cheios de dívidas, decadentes, a pressão social manifestava-se como um desejo simples de um pedaço de terra e de trabalhadores que os sustentassem, de acordo com seus

padrões de vida. Nos guerreiros mais ricos, os maiores latifundiários e senhores de territórios, expressava-se igualmente como o anseio de novas terras. Mas o que no baixo escalão era um simples desejo de meios de subsistência, apropriados à classe do indivíduo, constituía nos mais altos um impulso para possuir domínios mais vastos, "mais" terra e, portanto, mais poder social, também. Esse anseio de mais terras entre os latifundiários mais ricos, acima de tudo nos que compunham a mais alta camada, os condes, duques e reis, não tinha origem apenas na ambição pessoal de indivíduos. Já vimos com o exemplo dos francos carolíngios ocidentais, e também dos primeiros Capeto, como, a menos que houvesse possibilidade de conquista de novas terras, até mesmo Casas Reais eram forçadas a declinar por um processo social irresistível, baseado na propriedade e distribuição de terra. E se, durante toda essa fase da expansão externa e interna, vemos não só os cavaleiros pobres, mas também muitos ricos, lutando para conquistar novas terras e, assim, aumentar o poder de suas famílias, isso nada mais foi do que um sinal da força que a estrutura e situação da sociedade impunham ao mesmo anseio em todos os estratos, fosse simplesmente o de possuir terra, no caso dos despossuídos, fosse o de possuir "mais" terra, no caso dos ricos.

Já se supôs que tal anseio por "mais" propriedade, essa compulsão aquisitiva, fosse uma característica exclusiva do "capitalismo"e, assim, dos tempos modernos. Segundo essa opinião, a sociedade medieval se distinguia pela satisfação com uma renda apropriada à posição social de cada um.

Dentro de certos limites, essa tese é sem dúvida correta, se o desejo de "mais" é entendido como se aplicando apenas ao dinheiro. Mas, durante boa parte da Idade Média, não era a posse de dinheiro, mas a de terra, que constituía a forma essencial de propriedade. A compulsão aquisitiva teve assim, necessariamente, forma e direção diferentes. Exigia modos de conduta diversos dos vigentes numa sociedade monetária e de economia de mercado. Pode ser verdade que só nos tempos modernos é que se desenvolveu uma classe especializada no comércio, com o desejo de ganhar um volume cada vez maior de *dinheiro*, através de um trabalho incessante. As estruturas sociais que, na economia predominantemente de troca na Idade Média, levavam a um desejo sempre maior de possuir meios de produção — e seus aspectos estruturais, importantes em ambos os casos — são menos fáceis de se perceber porque o que se desejava era terra, não dinheiro. Além do mais, as funções políticas e militares ainda não se haviam diferenciado das econômicas, como ocorreu gradualmente na sociedade moderna. A ação militar e as ambições políticas e econômicas eram, na maior parte, idênticas; o desejo ardente de aumentar a riqueza sob a forma de terras equivalia à mesma coisa que ampliar a soberania territorial e aumentar o poder militar. O homem mais rico numa área determinada, isto é, o que possuía mais terras, era portanto o militarmente mais poderoso, com o maior número de servidores e, a um só tempo, comandante de exército e governante.

Exatamente porque o relacionamento entre um dono de propriedade e outro nessa sociedade era análogo ao que hoje existe entre Estados, a aquisição de novas terras por um vizinho representava uma ameaça direta ou indireta aos outros. Implicava, como hoje, uma mudança de equilíbrio no que era em geral um sistema muito instável de balança de poder, no qual os governantes eram sempre potenciais aliados ou inimigos uns dos outros. Esse foi, por conseguinte, o mecanismo simples que, nessa fase de expansão interna e externa, manteve tanto os cavaleiros mais ricos e poderosos quanto os mais pobres em constante movimento, todos eles sempre em guarda contra a expansão dos outros e invariavelmente procurando aumentar suas posses. Quando uma sociedade é colocada nesse estado de movimentação pelo bloqueio da expansão territorial e pela pressão demográfica, todos os que se recusam a competir, e querem meramente conservar suas propriedades, enquanto outros se esforçam para aumentá-las, terminam necessariamente sendo "menores" e mais fracos do que os demais, e correm o perigo sempre maior de sucumbir a eles na primeira oportunidade. Os ricos cavaleiros e senhores territoriais da época não consideravam o assunto de forma tão teórica e geral quanto a enfocamos aqui, mas percebiam na prática, com grande clareza, o quanto ficavam impotentes à medida que seus vizinhos se tornavam mais ricos em terras ou que outros conquistavam novas terras e soberania. Esses fatos podem ser demonstrados com mais detalhes no tocante aos líderes das Cruzadas, como, por exemplo, Godofredo de Bouillon, que vendeu e hipotecou suas posses europeias a fim de conquistar outras, maiores, em regiões muito distantes e acabou fundando um reino. Num período posterior, o mesmo fato poderia ser demonstrado pelo exemplo dos Habsburgo, que, mesmo como imperadores, foram dominados pela ideia de ampliar o "poder da família" e se mostraram, mesmo como imperadores, inteiramente impotentes sem o apoio dela. Na verdade, foi precisamente por causa dessa pobreza e impotência que o primeiro imperador da família foi escolhido para esse cargo por senhores poderosos, enciumados com o poder recíproco. E isso também poderia ser ilustrado pela importância que a conquista normanda da Inglaterra teve para o desenvolvimento do Império Franco do Ocidente. Na verdade, esse crescimento do poder de um único governante territorial implicou um completo deslocamento do equilíbrio na aliança de governantes territoriais que compreendiam o Império. O duque normando que, em seu próprio território, a Normandia, não era menos afetado pelas forças centrífugas que qualquer outro governante territorial, não conquistou a Inglaterra para os normandos como um todo, mas exclusivamente para aumentar o poder de sua própria família. E a redistribuição de terra inglesa para os guerreiros que o acompanharam visou expressamente a contrabalançar as forças centrífugas no seu novo reino, impedindo a formação de grandes domínios territoriais no país conquistado. A distribuição de terra a seus cavaleiros foi ditada pela necessidade de governá-la e administrá-la, mas evitando-se conceder uma grande área autossuficiente a qualquer indivíduo. Até mesmo aos grandes senhores, que podiam exigir para sua manutenção a produção de grandes áreas, ele distribuiu terras dispersas por todo o país.[31]

Ao mesmo tempo, ele ascendera, com a conquista, à condição de governante territorial mais poderoso do Império Franco do Ocidente. Mais cedo ou mais tarde, teria que haver uma confrontação entre sua Casa e a dos duques de Frância, que eram os titulares da monarquia — uma confrontação na qual a própria coroa estaria em jogo. E sabe-se bem o alto grau em que grandes acontecimentos nos séculos subsequentes foram determinados por essa luta entre os duques de Frância e Normandia, como os governantes da Ilha de França restauraram lentamente o equilíbrio de poder com a aquisição de novos territórios, e como essas lutas, em ambos os lados do Canal, finalmente deram origem a dois diferentes domínios e a duas diferentes nações. Mas esse é certamente um dos muitos exemplos dos processos irresistíveis que, nessa fase dinâmica da Idade Média, impeliam cavaleiros ricos e pobres a demandar novas terras.

V
A Expansão Interna da Sociedade:
A Formação de Novos Órgãos e Instrumentos Sociais

19. A força propulsora da expansão social — a desproporção entre uma população crescente e as terras sujeitas a um regime de propriedade fixa — levou grande parte da classe governante a conquistar novos territórios. Essa saída, no entanto, estava em sua maior parte bloqueada aos membros das classes mais baixas, os trabalhadores. Assim, as pressões derivadas da escassez de terra tomaram principalmente uma outra direção, ou seja, a diferenciação do trabalho. Os servos expulsos da terra forneceram, conforme dissemos, material para o crescente assentamento de artesãos que, aos poucos, se concentraram em torno de sedes feudais bem-situadas, as cidades em crescimento.

Aglomerados um pouco maiores de pessoas — a palavra "cidade" talvez transmita uma impressão errônea — já podiam encontrar-se na sociedade do século IX, que vivia numa economia de troca. Mas não eram comunidades que "viviam dos ofícios e do comércio, em vez do trabalho na terra, ou possuíam quaisquer direitos e instituições especiais".[32] Eram fortalezas e, ao mesmo tempo, centros de administração agrícola dos grandes senhores. As próprias cidades dos períodos anteriores haviam perdido sua unidade. Eram apenas peças justapostas, grupos que pertenciam frequentemente a diferentes cavaleiros e diferentes domínios, alguns seculares, outros, eclesiásticos, cada um deles levando sua própria vida econômica independente. O único contexto da atividade econômica era a propriedade, o domínio do senhor territorial. Produção e consumo ocorriam essencialmente no mesmo lugar.[33]

No século XI, porém, essas formações sociais começaram a crescer. Aqui também, como geralmente acontecia na expansão efetuada pelos cavaleiros, porém agora igualmente entre os servos da gleba, eles começaram como indivíduos desorganizados, trabalhadores excedentes, impelidos a procurar esses centros. A atitude dos governantes em relação aos recém-chegados, que em cada caso vinham de uma terra diferente, nem sempre era a mesma.[34] Às vezes, concediam-lhes um mínimo de liberdade, mas, na maioria dos casos, esperavam e exigiam os mesmos serviços e tributos que cobravam de seus próprios servos e rendeiros. O acúmulo dessa gente, no entanto, mudou a relação de poder entre o senhor e a classe inferior. Os recém-chegados ganharam força através do número, e gradualmente alcançaram novos direitos em lutas sangrentas e, não raro, prolongadas. Essas lutas começaram primeiro na Itália, e um pouco mais tarde na Flandres: em 1030 em Cremona, em 1057 em Milão, em 1069 em Le Mans, em 1077 em Cambrai, em 1080 em Saint-Quentin, em 1099 em Beauvais, em 1108-9 em Noyon, em 1112 em Laon, e em 1127 em Saint-Omer. Essas datas, juntamente com as referentes à expansão territorial por parte dos cavaleiros, proporcionam uma visão geral das tensões internas que nessa fase mantinham a sociedade em movimento. Foram as primeiras lutas pela libertação por parte de trabalhadores residentes em cidades. O fato de terem sido capazes, após algumas derrotas, em suas lutas com a classe guerreira na maior parte da Europa, de obter direitos próprios, primeiro um grau limitado e depois substancial de liberdade, mostra como era grande a oportunidade que o desenvolvimento social lhes colocava nas mãos. E esse fato peculiar, a lenta ascensão dos estratos mais baixos, trabalhadores urbanos, à autonomia política e, finalmente — no início sob a forma de uma classe média de profissionais livres — à liderança política fornece uma explicação para quase todas as peculiaridades estruturais que distinguiam as sociedades ocidentais daquelas do Oriente e lhes conferiam sua marca específica.

Em inícios do século XI, existiam basicamente apenas duas classes de homens livres, os guerreiros (ou nobres) e o clero; abaixo deles, estavam os escravos e servos. Havia, por conseguinte, "aqueles que rezam, aqueles que lutam, e aqueles que trabalham".[35]

Por volta de 1200, isto é, após dois séculos, ou mesmo um século e meio — porque, como a derrubada das florestas e a expansão colonial, esse movimento também se acelerou após 1050 —, grande número de povoados de artesãos, ou comunas, havia obtido direitos e jurisdição, privilégios e autonomia. Uma terceira classe de homens livres juntou-se às duas outras. A sociedade se expandia, sob a pressão da falta de terras e aumento demográfico, não apenas extensa mas também intensamente. Tornava-se diferenciada, gerava novas células e formava novos órgãos, as cidades.

20. Com a crescente diferenciação do trabalho, com os novos e maiores mercados que então se formavam, com o lento processo de troca a longa distância, porém, cresceu igualmente a necessidade de meios de troca móveis e unificados.

À época em que o servo ou pequeno rendeiro levavam diretamente seus tributos ao senhor, quando era curta a cadeia entre produtor e consumidor, e sem intermediários, a sociedade não precisava de uma unidade de cálculo, de um meio de troca ao qual todos os demais objetos trocados pudessem ser referidos como a uma medida comum. Nesse momento, porém, com a gradual separação dos artesãos da unidade econômica da família, com a formação de um corpo artesanal financeiramente independente e com a troca de produtos através de muitas mãos e ao longo de cadeias mais longas, tornou-se complicada a rede de atos de troca. Era necessário um objeto unificado de troca. Tornando-se mais complexa a diferenciação de trabalho e troca, e mais ativa, um volume maior de moeda passou a ser necessário. O dinheiro era, na verdade, uma encarnação do tecido social, um símbolo da teia de atos de troca e cadeias humanas, através dos quais a mercadoria passava em seu caminho do estado natural para o consumo. O dinheiro só se tornou necessário quando cadeias longas de troca se formaram na sociedade, isto é, em certo nível de densidade demográfica e alto nível de interdependência e diferenciação social.

Seria necessária uma digressão grande demais para estudar aqui a questão da gradual decadência da economia monetária em muitas áreas, no fim da Antiguidade, e seu ressurgimento a partir do século XI, mas é preciso pelo menos formular uma observação a respeito.

É necessário ressaltar que a moeda nunca saiu inteiramente de uso nas áreas habitadas mais antigas da Europa. Durante todo esse período, subsistiram enclaves de economia monetária no interior da economia de troca e, além disso, fora da área carolíngia, havia extensas regiões do velho Império Romano onde a circulação da moeda nunca diminuiu na mesma extensão que no Império de Carlos Magno. Podemos sempre e com todo direito, por conseguinte, indagar sobre os "antecedentes" da economia monetária no Ocidente Cristão, os enclaves onde ela nunca desapareceu. Caberia perguntar: onde se originou a economia monetária? Com quem se reaprendeu o uso da moeda? Esse tipo de indagação não deixa de ter valor, pois é difícil imaginar que esse instrumento voltasse a ser usado de modo relativamente tão rápido, se não tivesse sido desenvolvido em outras civilizações, precedentes ou vizinhas, ou se nunca houvesse sido conhecido.

O aspecto essencial da questão relativa ao renascimento da circulação da moeda no Ocidente, porém, não se esclarece dessa maneira. Permanece a questão de saber-se por que a sociedade ocidental precisou de relativamente pouco dinheiro durante o longo período de seu desenvolvimento e por que a necessidade e o emprego da moeda, com todas as consequentes transformações da sociedade, gradualmente voltaram a aumentar. Neste particular, a indagação deve ser dirigida, mais uma vez, aos fatores que se *moviam*, que *mudavam*. E a essa pergunta não se responde com o exame das origens da moeda e dos antecedentes da economia monetária. Responde-se apenas com o exame dos processos sociais concretos que, após o lento refluxo da circulação da moeda na Antiguidade decadente, mais uma vez geraram os novos relacionamentos humanos, as novas formas de integração e interdependência, que fizeram aumentar novamente a necessidade de moeda: a estrutura celular da sociedade se diferenciava. *Uma* das manifestações disso foi o reaparecimento do uso da moeda. É de logo evidente que não foi apenas a expansão interna, mas também as migrações e colonização que — através da mobilização de propriedades, do despertar de novas necessidades, do estabelecimento de relações de comércio em distâncias maiores — desempenharam papel importante nesse recrudescimento. Cada movimento individual, na interação global de processos, reage sobre os outros, quer obstruindo-os, quer reforçando-os: com isso a rede de movimentos e tensões passa a complicar-se pela diferenciação social. Fatores únicos não podem ser absolutamente identificados. Mas sem a diferenciação na própria sociedade, sem a passagem da terra para a posse fixa, sem o violento aumento demográfico, sem a formação de comunidades independentes de artesãos e mercadores, a necessidade de moeda nunca teria surgido tão fortemente, nem poderia o setor monetário da economia ter crescido com tal rapidez. A moeda e a diminuição ou aumento de seu uso não podem ser compreendidos em si, mas apenas do ponto de vista da estrutura de relacionamentos humanos. É aqui, na forma modificada de integração humana, que devem ser procuradas as principais molas propulsoras dessa transformação. Claro que, quando o uso da moeda começou a crescer, esse fato ajudou, por seu turno, a impulsionar ainda mais todo o movimento — o aumento populacional, a diferenciação, o crescimento das cidades — até atingir um ponto de saturação.

"Os inícios do século XI caracterizaram-se, ainda, pela ausência de transações monetárias em grande escala. A riqueza estava em grande parte imobilizada nas mãos da Igreja e dos senhores territoriais seculares."[36]

Posteriormente, aumentou a necessidade de instrumentos móveis de troca. A moeda cunhada em circulação já não era suficiente. Inicialmente, as pessoas se ajeitavam como podiam, vendendo baixelas e ornamentos em metais preciosos, que eram pesados a fim de prover uma unidade de cálculo; cavalos, igualmente, podiam servir como medida de valor; nova moeda foi cunhada para atender à necessidade crescente, isto é, peças de metal precioso de certo peso, validado pelas autoridades. E certamente, com a necessidade cada vez maior de instrumentos de troca móveis, o processo se repetiu em vários níveis. E, talvez, quando a oferta de moeda não mais atendia à demanda, o recurso à troca voltasse repetidamente a ganhar terreno. Aos poucos, a diferenciação crescente e o entrelaçamento de ações humanas, o volume sempre maior de comércio e troca, elevavam o volume da cunhagem e acontecia o oposto. Nos intervalos, aumentavam continuamente as desproporções.

Pela segunda metade do século XIII, pelo menos na Flandres, e um pouco mais cedo ou mais tarde em outras regiões, a riqueza móvel já era considerável. Circulava com grande rapidez, "graças a uma série de instrumentos entrementes criados":[37] moedas de ouro cunhadas no país — até então, mesmo na França, como na Abissínia dos tempos modernos, nenhuma moeda de ouro fora cunhada: circulavam, e eram guardadas nos tesouros, moedas de ouro bizantinas — juntamente com moedas de pequeno valor, e letras de câmbio e medida — todas elas símbolos de como a cadeia invisível de troca estava se tornando mais sólida.

21. Mas de que maneira podiam se estabelecer relações de troca entre áreas diferentes, e a diferenciação do trabalho estender-se além da região local, se o transporte era inadequado, se a sociedade não tinha como deslocar cargas pesadas a longas distâncias?

Exemplos do período carolíngio já mostraram que o rei era obrigado a viajar com a corte de um palácio imperial a outro, a fim de consumir no local o produto de suas propriedades. Por menor que pudesse ser a corte, em comparação com as que se formaram no início da fase absolutista, era tão difícil movimentar as quantidades de bens necessários ao seu sustento que as pessoas tinham que se deslocar até onde estavam os bens.

Mas no mesmo período, quando a população, as cidades, a interdependência e seus instrumentos cresciam de modo cada vez mais visível, o mesmo acontecia com o transporte.

Na Antiguidade, os arreios dos cavalos, como aliás de todos os animais de carga, eram pouco apropriados ao transporte de cargas pesadas em longas distâncias. É questão aberta que distâncias podiam ser percorridas dessa maneira, embora, evidentemente, esse modo de transporte fosse suficiente para a estrutura e as necessidades da economia interiorana da Antiguidade. Durante todo esse período, o transporte por terra permaneceu extremamente caro[38], lento e difícil, em comparação com o transporte por água. Praticamente todos os centros de comércio se situavam na costa ou às margens de rios navegáveis. Essa centralização do transporte em torno dos meios aquáticos era característica marcante da estrutura da sociedade antiga. Nas vias navegáveis e, acima de tudo, nas costas marítimas, surgiram centros urbanos às vezes densamente povoados e ricos, cujas necessidades de alimentos e artigos de luxo com frequência eram atendidas por regiões muito remotas, e que constituíam elos centrais nas cadeias altamente diferenciadas de um extenso tráfico de trocas. No imenso interior, que, via de regra, só era acessível ao transporte por terra, isto é, de modo geral na maior parte do Império Romano, a população satisfazia suas necessidades primárias sobretudo com a produção do meio circundante. Nessa época, predominavam cadeias de procura curtas ou, em outras palavras, o que se poderia chamar mais ou menos de "economia de escambo", ou troca; pouquíssima moeda circulava e o poder aquisitivo desse setor de escambo da economia antiga era baixo demais para a aquisição de artigos de luxo. Era, assim, muito grande o contraste entre o pequeno setor urbano e as extensas áreas do interior. Tal como pequenos fios nervosos, as áreas urbanas maiores, situadas ao longo das vias navegáveis, se insinuavam pelos distritos rurais, drenando-lhes a força e os produtos do trabalho até que, com o declínio do governo centralizado, e em certa medida devido à ativa luta de elementos rurais contra os governantes urbanos, o setor agrário libertou-se da dominação das cidades. Mais tarde, esse setor urbano estreito, mais diferenciado, com sua extensa interdependência, entrou em decadência e foi obliterado pela forma algo alterada de cadeias de troca e instituições da economia de escambo, curtas e limitadas à região. Nesse setor urbano dominante da sociedade antiga, contudo, evidentemente não havia necessidade de desenvolver ainda mais o transporte por terra. Tudo que a própria área circunvizinha não podia fornecer, ou apenas com alto custo de transporte, podia ser obtido mais facilmente no ultramar.

Nesse momento, porém, no período carolíngio, a principal via navegável do mundo antigo, o Mediterrâneo, estava fechada, principalmente devido à expansão árabe, para um grande número de povos. O transporte por terra e as ligações internas assumiram uma importância inteiramente nova. Esse fato gerou uma pressão para que o transporte por terra fosse desenvolvido, a fim de promover a interdependência e a troca. E se, subsequentemente, da mesma forma que na Antiguidade, as ligações marítimas, como as que existiram entre Veneza e Bizâncio, as cidades flamengas e a Inglaterra, voltaram a desempenhar um papel decisivo na ascensão do Ocidente, o caráter específico do desenvolvimento ocidental não foi menos determinado pelo fato de que a rede de rotas marítimas se ligava a uma rede cada vez mais densa de comunicações por terra e de que grandes centros interioranos de comércio também vieram a surgir. O desenvolvimento do transporte por terra, para além do nível atingido no mundo antigo, constitui um exemplo muito claro dessa grande diferenciação e interdependência de sociedades espalhadas por todas as áreas interiores da Europa.

O emprego de cavalos como animais de tração, como já mencionamos, não foi muito desenvolvido no mundo romano. O arreio passava pela garganta do animal.[39] Esse sistema talvez fosse útil ao cavaleiro para guiar a montaria. A cabeça lançada para trás, a postura "altiva" do cavalo frequentemente vista em baixos-relevos antigos, eram consequência da maneira de conduzir o animal. Mas tornavam o cavalo ou a mula inteiramente impróprios para a tração, especialmente de cargas pesadas, que necessariamente lhes apertavam a garganta.

O mesmo acontecia com o calçamento dos animais. Os antigos careciam das ferraduras de ferro, fixadas com cravos, sem as quais não se pode explorar toda a força do cavalo.

Ambas as situações mudaram lentamente a partir do século X. Na mesma fase em que o ritmo da derrubada das florestas aumentava gradualmente, quando a sociedade se diferenciava e se formavam mercados urbanos, quando a moeda passava a ser cada vez mais usada como símbolo dessa interdependência, o transporte por terra, também, sob a forma de dispositivos para exploração da força de trabalho do animal, realizou progressos decisivos. Esse melhoramento, insignificante como possa nos parecer hoje, dificilmente teve na época menos importância do que o desenvolvimento da tecnologia da máquina numa época posterior.

"Num poderoso esforço construtivo", escreveu um autor,[40] os usos do trabalho animal se ampliaram muito, ainda que lentamente, no curso dos séculos XI e XII. Na tração, a principal carga foi transferida da garganta para as espáduas. Surgiu a ferradura. No século XIII, apareceu, em princípio, a técnica moderna de tração para cavalos e bois. Lançavam-se assim os alicerces do transporte por terra em longas distâncias. No mesmo período, surgiram o carro de rodas e os primórdios de estradas com leito de cascalho. Com o desenvolvimento da tecnologia do transporte, o monjolo assumiu uma importância de que carecera na Antiguidade. Nesse momento, tornou-se lucrativo trazer a ele, de longas distâncias, o cereal.[41] Esse, também, era um passo no caminho da diferenciação e da interdependência, no qual se separavam funções antes unidas na esfera fechada da grande propriedade rural.

VI

Elementos Novos na Estrutura da Sociedade Medieval, em Comparação com a Antiguidade

22. A mudança no controle das paixões e conduta que denominamos "civilização" guarda estreita relação com o entrelaçamento e interdependência crescentes de pessoas. Nos poucos exemplos que pudemos fornecer, esse entrelaçamento pode ser identificado como se fizesse parte do processo de vir a ser. Mesmo nesse caso, nessa fase relativamente precoce, a natureza do tecido social no Ocidente era, em certos aspectos, diferente da vigente na Antiguidade. À medida que a estrutura celular da sociedade começava, mais uma vez, a tornar-se diferenciada, eram usadas, de muitas maneiras, quaisquer instituições de alta diferenciação deixadas pelo estágio anterior. As condições em que essa renovada diferenciação teve lugar e, destarte, a natureza e a direção da própria diferenciação divergiram, porém, em certos aspectos das que haviam ocorrido no período anterior.

Alguns autores falaram de uma "renascença do comércio" nos séculos XI e XII. Se isso significa que instituições da Antiguidade ganharam até certo ponto nova vida, a alegação é por certo correta. Sem a herança da Antiguidade, os problemas que a sociedade enfrentou no curso de seu desenvolvimento certamente não poderiam ter sido superados com sucesso dessa maneira. Nesse particular, o que houve foi uma construção que aproveitou alicerces já lançados. A força propulsora do movimento, contudo, não residiu no "aprender com a Antiguidade". Esteve na própria sociedade, em sua própria dinâmica inerente, nas condições em que as pessoas tinham que se acomodar reciprocamente. E tais condições não eram as mesmas da Antiguidade. Há uma convicção geral de que só na Renascença o Ocidente recuperou realmente, e depois superou, o nível alcançado na Antiguidade. Mas estejamos ou não interessados em "superação" ou "progresso", o fato é que vários aspectos estruturais e tendências de desenvolvimento, que se desviavam dos que se fizeram sentir na Antiguidade, foram visíveis não só na Renascença, mas já — pelo menos até certo ponto — na primeira fase de expansão e crescimento, que vimos discutindo aqui.

Cabe mencionar duas dessas diferenças estruturais. A sociedade ocidental carecia da mão de obra barata dos prisioneiros de guerra, dos escravos. Ou quando existiam — e, na verdade, nunca estiveram totalmente ausentes —, eles não desempenhavam mais qualquer papel relevante na estrutura geral da sociedade. Esse fato imprimiu, desde o início, uma nova direção ao desenvolvimento social.

Não menos importante foi outra circunstância já mencionada. Os reassentamentos não ocorreram, como antes, nas proximidades do mar ou exclusivamente ao longo das vias navegáveis, mas, graças a rotas de transporte por terra, de modo geral em áreas do interior. Essas circunstâncias, frequentemente em íntima interação, criaram para a sociedade ocidental, desde o início, problemas que a sociedade antiga não tivera necessidade de resolver, e que orientaram o desenvolvimento social por novos caminhos. O papel bem menor que os escravos desempenharam na exploração das propriedades pode se explicar pela falta de uma grande reserva desses elementos, ou pela suficiência da população nativa de servos da gleba para atender às necessidades da classe guerreira. Como quer que tenha sido, a insignificância do trabalho escravo teve como contrapartida a ausência dos padrões sociais típicos da economia escravista. E só contra o pano de fundo desses diferentes padrões é que pode ser inteiramente apreciada a natureza especial da estrutura ocidental. Não só a divisão do trabalho, o entrelaçamento de pessoas, a dependência mútua das classes superior e inferior e, concomitantemente, a economia de pulsões vigente em ambas as classes, desenvolve-se na sociedade escravista de maneira diferente da que ocorre em outra onde o trabalho é mais ou menos livre, mas também as tensões sociais e mesmo as funções da moeda não são as mesmas, sem falar na importância do trabalho livre para o desenvolvimento de técnicas.

Aqui deve ser suficiente, para compará-los com os processos específicos da civilização ocidental, um breve sumário dos diferentes processos que operam em sociedades que possuem mercados de escravos altamente desenvolvidos. Esses processos não são menos importantes nos últimos do que nos primeiros. Num balanço da pesquisa moderna sobre o assunto, os mecanismos de sociedades baseadas no trabalho escravo podem ser sumariados da seguinte maneira:

> ... o trabalho escravo interfere na produção pelo trabalho livre. E interfere de três maneiras: provoca a retirada de certo número de homens do processo de produção, desviando-os para atividades de supervisão e defesa nacional; difunde um sentimento geral contra o trabalho manual e todas as formas de atividade concentrada; e, mais especificamente, expulsa trabalhadores livres de ocupações em que são empregados escravos. Da mesma maneira que, de acordo com a lei de Gresham, moedas vis tiram de circulação moedas boas, a experiência demonstrou que, em qualquer dada ocupação ou faixa de ocupações, o trabalho escravo expulsa o trabalho livre, de modo que se torna mesmo difícil encontrar recrutas para os cargos mais altos de uma ocupação, se for necessário que eles adquiram perícia servindo como aprendizes, lado a lado com escravos nas posições mais baixas.
>
> Esse fato gera graves consequências, uma vez que os homens expulsos dessas ocupações não são suficientemente ricos para viver do trabalho de escravos. Por isso, tendem a formar uma classe intermediária de ociosos, que ganham a vida da melhor maneira que podem — a classe conhecida pelos economistas como "brancos pobres" ou "lixo branco" e para os estudiosos da história romana como "clientes" ou "faex Romuli". Essa classe tende a agravar a inquietação social e o caráter militar e agressivo do Estado escravista...
>
> A sociedade escravista é, por conseguinte, nitidamente dividida em três classes: senhores, brancos pobres e escravos; e a classe intermediária é uma classe ociosa que vive da comunidade ou da guerra, quando não da superior.
>
> Mas há ainda outro resultado. O sentimento geral de aversão ao trabalho produtivo leva a um estado de coisas em que os escravos tendem a ser os únicos produtores e, as ocupações em que trabalham, as únicas indústrias do país. Em outras palavras, a comunidade dependerá, para sua riqueza, de ocupações que em si não admitem mudança ou adaptação às circunstâncias e que, a menos que supram pela reprodução as deficiências de mão de obra, vivem em necessidade perpétua de capital. Mas esse capital não pode ser encontrado em parte nenhuma da sociedade. Tem, por isso mesmo,

de ser trazido do exterior e a comunidade escravista tenderá quer a empenhar-se em guerras agressivas, quer a endividar-se em capital com vizinhos que possuem um sistema de trabalho livre...[42]

O emprego de escravos tende a afastar homens livres do trabalho, que é visto como ocupação indigna. Ao longo da classe superior, que não trabalha, proprietária de escravos, forma-se uma *classe média que também não trabalha*. Devido ao emprego de escravos, a sociedade é forçada a adotar uma estrutura de trabalho relativamente simples, servindo-se de técnicas que podem ser utilizadas pelos escravos e, que, por essa razão, tornam-se relativamente impermeáveis à mudança, ao melhoramento e à adaptação a novas situações. A reprodução do capital fica vinculada à reprodução dos escravos e, dessa maneira, direta ou indiretamente, ao sucesso de campanhas militares, à produção de reservas de escravos, e nunca é passível de cálculo no mesmo grau que numa sociedade na qual não é a pessoa inteira que se compra por toda a vida, mas serviços especiais de trabalho de indivíduos que, socialmente, são mais ou menos livres.

Só contra esse pano de fundo podemos compreender a importância, para todo o desenvolvimento da sociedade ocidental, do fato de que, durante o lento crescimento da população na Idade Média, os escravos estivessem ausentes ou desempenhassem apenas papel secundário. Desde o início, por conseguinte, a sociedade foi colocada em um curso diferente do que o adotado na Antiguidade romana.[43] E ficou sujeita a regularidades diferentes. As revoluções urbanas dos séculos XI e XII, a gradual liberação de trabalhadores desalojados da terra — os burgueses — da submissão ao senhor feudal, constituíram as primeiras manifestações desses fatores. Daí em diante, ocorreu a gradual transformação do Ocidente numa sociedade onde um número sempre maior de pessoas podia ganhar a vida através de ocupações. O papel muito pequeno desempenhado pela importação de escravos e de mão de obra escrava dava aos trabalhadores, mesmo como classe inferior, um grande peso social. Quanto mais prosseguiu a interdependência das pessoas e, por conseguinte, mais terra e sua produção eram incluídos na circulação do comércio e da moeda, mais dependentes as classes superiores, que não trabalhavam, os guerreiros, ou nobreza, se tornavam das classes inferior e média, que trabalhavam, e mais estas últimas ganhavam em poder social. A ascensão das classes burguesas para a classe superior constituiu expressão desse modelo. De forma exatamente oposta àquela por que, na sociedade escravista antiga, homens livres da cidade eram expulsos da força de trabalho, na sociedade ocidental, como resultado do trabalho de homens livres, a crescente interdependência de todos finalmente atraiu até mesmo membros das classes altas, que não trabalhavam, em números sempre maiores, para a divisão do trabalho. O próprio desenvolvimento técnico do Ocidente, a evolução da moeda para aquela forma específica de "capital" que a caracteriza, pressupõem a ausência de trabalho escravo e o desenvolvimento do trabalho livre.

23. O que foi dito acima constitui apenas um exemplo dos fenômenos especificamente ocidentais que ocorreram durante a Idade Média e chegaram aos tempos modernos.

Pouco menos importante foi o fato de que os assentamentos na Idade Média não ocorressem à beira-mar. As primeiras ondas de povos que migravam deram origem, conforme dissemos, a redes concentradas de comércio e à integração de grandes áreas na Europa, mas apenas ao longo das margens de rios e, acima de tudo, nas regiões costeiras do Mediterrâneo. Essa situação se aplicava à Grécia e sobretudo a Roma. O domínio romano espalhou-se lentamente em torno da bacia do Mediterrâneo e, finalmente, envolveu-a por todos os lados. "Suas fronteiras mais remotas ficavam no Reno, no Danúbio e no Eufrates, ao passo que o Saara formava um enorme círculo defensivo que protegia o perímetro costeiro. Indubitavelmente, o mar foi para o Império Romano tanto a base de sua unidade política quanto econômica."[44]

As tribos germânicas, igualmente, avançaram por todos os lados na direção do Mediterrâneo e fundaram seus primeiros impérios nas áreas do Império Romano que cercavam o mar que os romanos chamavam de "mare nostrum".[45] Os francos não chegaram tão longe: encontraram já ocupadas as regiões costeiras, e tentaram irromper pela força. Todas essas mudanças e lutas podem muito bem ter começado a perturbar e afrouxar as comunicações que abraçavam o Mediterrâneo. Mas, evidentemente, a velha importância do Mediterrâneo como meio de transporte e comunicação, como base e centro do desenvolvimento cultural mais alto no solo europeu, foi ainda mais destruída pelas invasões árabes. E foram elas que finalmente romperam os debilitados fios de ligação. O mar romano tornou-se em grande parte um mar árabe. "Foi cortado o laço que unia as Europas Oriental e Ocidental, O Império Bizantino e os Impérios Germânicos no Oeste. A consequência da invasão islâmica consistiu em colocar esses impérios em circunstâncias que jamais haviam existido desde os primórdios da história."[46] Ou em outras palavras: pelo menos nas partes interiores da Europa, longe dos vales dos grandes rios e das poucas estradas militares, nenhuma sociedade altamente diferenciada e, por conseguinte, nenhum sistema de produção diferenciado se desenvolveu desde então.

Ainda é difícil concluir se a invasão árabe bastou, ou não, para criar as condições de um desenvolvimento concentrado no interior. A ocupação das terras europeias pelas tribos durante as migrações dos povos pode ter também desempenhado um papel nesse particular. Mas, de qualquer modo, esse estrangulamento temporário das principais artérias de transporte então utilizadas produziu um efeito decisivo sobre a direção tomada pelo desenvolvimento da sociedade das Europas Ocidental e Central.

No período carolíngio, pela primeira vez, um território poderoso formou-se em torno de um centro situado no interior. A sociedade enfrentou o desafio de desenvolver mais plenamente as comunicações por terra. Quando, depois de séculos, conseguiu isso, a herança da Antiguidade pôde ser retomada em novas condições. Haviam sido lançados os alicerces para formações sociais desconhecidas na Antiguidade. É a partir desse aspecto que devem ser entendidas certas diferenças entre as unidades de integração na Antiguidade e as que lentamente se formaram no Ocidente. Estados, nações, ou o que quer que chamemos a essas entidades, eram nesse momento, em grande parte, aglomerados de pessoas agrupadas em torno de centros, ou capitais, interioranos, ligados por artérias terrestres.

Se, subsequentemente, esses centros ocidentais não só colonizaram as costas ou margens de rios, mas também grandes regiões no interior, se, na verdade, grandes extensões da Terra foram ocupadas e colonizadas pelas nações ocidentais, as precondições para tudo isso podem ser encontradas na evolução da formas internas de comunicação, não vinculadas a trabalho escravo, dentro das próprias mães-pátrias. Os inícios desse curso de desenvolvimento são encontrados também na Idade Média.

E se, finalmente, até mesmo o setor agrário interiorano da sociedade acha-se hoje integrado em uma complexa divisão de trabalho e extensas redes de intercâmbio como nunca existiram antes, as origens desse fenômeno devem ser igualmente buscadas no mesmo período. Ninguém pode dizer hoje que a sociedade ocidental, uma vez posta nesse curso, tinha necessariamente que continuar no mesmo. Uma constelação inteira de influências, que não podem ser ainda claramente destrinçadas, contribuiu para mantê-la e estabilizá-la nesse curso. Mas é importante reconhecer que a sociedade tomou, em fase muito antiga, um caminho no qual permanece até os tempos modernos. Podemos facilmente imaginar que, observando juntos o desenvolvimento desse período inteiro da sociedade humana, o medieval e o moderno, eras posteriores considerem-nos como uma única época unificada, uma grande "Idade Média". E não é menos importante observar que a Idade Média, no sentido mais limitado da palavra, não foi o período estático, a "floresta petrificada", que frequentemente se julga ter sido, mas incluiu fases e setores altamente dinâmicos, que se moveram exatamente na direção em que continua a era moderna, estágios de expansão, de aumento da divisão do trabalho, de transformação social e revolução, de aperfeiçoamento dos instrumentos de trabalho. Lado a lado, é claro, houve setores e fases em que instituições e ideias se tornaram mais rígidas e, até certo ponto, "petrificadas". Mas até mesmo essa alternação de fases e setores em expansão, com outras em que o conservantismo era mais importante do que o crescimento e o desenvolvimento, não é, de maneira alguma, estranha aos tempos modernos, mesmo que o ritmo do desenvolvimento social e dessa alternação se tenha acelerado vivamente após a Idade Média.

VII

Sobre a Sociogênese do Feudalismo

24. Processos de expansão social têm limites. Cedo ou tarde, chegam ao fim. De idêntica maneira, o movimento de expansão iniciado por volta do século XI gradualmente cessou. Tornou-se cada vez mais difícil aos cavaleiros francos do Ocidente desbravar novas terras com a derrubada de florestas. Só obteriam terras

além-fronteiras, quando isso fosse efetivamente possível, a custo de pesadas lutas. A colonização das regiões costeiras do Mediterrâneo oriental deu em nada após os primeiros sucessos. A população guerreira, no entanto, continuava a crescer. As pulsões e paixões dessa classe governante eram menos restringidas pelas dependências sociais e pelos processos civilizadores do que em classes superiores das eras subsequentes. A dominação da mulher pelo homem continuava intacta. "Em todas as páginas das crônicas da época são citados cavaleiros, barões e grandes senhores que têm oito, dez, 12 ou mesmo mais filhos homens."[47] O denominado "sistema feudal" que emergiu com mais clareza no século XII, e ficou mais ou menos completo e bem-enraizado no século XIII, nada mais foi do que a forma final desse movimento de expansão do setor agrário da sociedade. No setor urbano, esse momento persistiu por mais algum tempo em forma diferente até que terminou alcançando forma definitiva no sistema fechado das guildas. Tornou-se cada vez mais difícil aos cavaleiros da sociedade que já não possuíam terra vir a obtê-la e, no caso de famílias com pequenas propriedades, ampliá-las. As relações de propriedade ossificaram-se. Ficou mais difícil ascender na sociedade. E, em consequência, tornaram-se mais nítidas as diferenças de classe entre os guerreiros. Emergiu mais ou menos claramente, na nobreza, uma hierarquia que correspondia ao volume de terras que se possuía. Os vários títulos que antes designavam cargos no serviço ao governante, de forma muito parecida com o sistema de promoções no funcionalismo civil de hoje, assumiram um significado novo e cada vez mais fixo: eram ligados ao nome de uma dada Casa como expressão do tamanho de suas propriedades e, assim, de seu poder militar. Os titulares dos ducados descendiam de servidores reais outrora enviados para representar o rei em um território; gradualmente tornaram-se senhores feudais, mais ou menos independentes, sobre todo o território e possuidores de propriedades vinculadas dentro do mesmo. O mesmo acontecia com os condes. Os viscondes eram descendentes de um homem que um conde nomeara como seu delegado em uma região menor e que, nesse momento, controlava essa terra como propriedade hereditária. Os "seigneurs" ou "sires" descendiam de um homem que um conde instalara como guardião de um de seus castelos ou mansões, ou que podem tê-los construído na pequena área que deviam superintender.[48] Nesse momento, o castelo e a terra em volta do mesmo haviam se tornado propriedade hereditária de sua família. Todos se agarravam ao que tinham. A nada renunciavam em favor dos que estavam acima e não havia espaço para ninguém originário das camadas mais baixas. A terra estava ocupada. Uma sociedade que se expandia interna e externamente, na qual a ascensão social, a aquisição de terras ou mais terras não era difícil para o guerreiro, isto é, uma sociedade de posições ou oportunidades relativamente abertas, havia se transformado, em algumas gerações, numa sociedade na qual a maioria das posições estava fechada.

25. A transição de uma fase em que são grandes as possibilidades de progresso social e expansão para outra que só oferece satisfação mitigada dessas necessidades, na qual os relativamente desprivilegiados são isolados e, por isso mesmo, se unem com mais empenho àqueles que se encontram na mesma difícil situação — processos desse tipo repetem-se frequentemente na história. Nós mesmos

estamos agora no meio de uma dessas transformações, modificada embora pela elasticidade peculiar da sociedade industrial, que pode abrir novos setores quando são fechados outros mais antigos, e pelos diferentes níveis de desenvolvimento das regiões interdependentes. Mas, no conjunto, a situação não era daquelas em que cada crise assinalava uma mudança numa direção e cada surto de progresso, uma mudança em outra. A tendência geral da sociedade apontava cada vez mais claramente para um sistema de oportunidades fechadas.

Esses períodos podem, de longe, ser reconhecidos por certa lassidão mental, pelo menos entre os desprivilegiados, pelo enriquecimento das formas sociais, por tentativas de rebelião a partir de baixo e, conforme já dissemos, por uma coesão mais forte dos que ocupam as mesmas posições na hierarquia.

O modelo particular desse processo, no entanto, difere nas economias de troca e monetária, embora não seja menos rigoroso. O que, acima de tudo, parece incompreensível ao observador mais recente no processo de feudalização é o fato de que nem reis nem duques, nem todas as graduações abaixo deles, conseguiram impedir que seus servidores se tornassem os donos independentes de seus feudos. Mas é exatamente a universalidade desse fato que mostra o vigor da regularidade social então em funcionamento. Já esboçamos as pressões que provocaram o lento declínio da Casa Real na sociedade guerreira com economia de troca, tão logo a Coroa deixou de poder expandir-se, isto é, de conquistar novas terras. Processos análogos surgiram tão logo diminuíram a possibilidade de expansão e a ameaça externa à sociedade guerreira. Tal era o modelo típico de uma sociedade fundamentada na posse da terra, na qual o comércio não desempenhava papel importante, onde cada propriedade era mais ou menos autárquica e, finalmente, em que a aliança militar para a defesa ou o ataque constituía a principal forma de integração de grandes regiões.

Na unidade tribal, os guerreiros viviam relativamente próximos uns dos outros. Mais tarde, lentamente, espalharam-se por todo o território. Cresceram em números. Mas, com o aumento e a dispersão por uma grande região, o indivíduo perdia a proteção outrora proporcionada pela tribo. Famílias confinadas em suas propriedades e castelos, não raro separadas por longas distâncias, guerreiros individuais dirigindo essas famílias e um cortejo de criados e servos, tornaram-se então mais isolados do que nunca. Gradualmente, novos relacionamentos foram estabelecidos entre os guerreiros, em função de seu maior número e da distância que os separava, do maior isolamento do indivíduo e das tendências intrínsecas à propriedade da terra.

Com a gradual dissolução das unidades tribais e a fusão de guerreiros germânicos com membros da classe superior galo-românica, com a dispersão dos guerreiros por grandes áreas, o indivíduo não dispunha de outra maneira de defender-se contra os socialmente mais poderosos do que se colocando sob a proteção de um deles. Estes, por seu lado, nenhuma outra maneira tinham de se proteger de outros senhores de propriedades e de poder militar igualmente importantes a não ser mediante a ajuda dos guerreiros a quem davam terras ou cujas terras protegiam em troca de serviços militares.

A dependência de indivíduos foi assim estabelecida. Sob juramento, um guerreiro entrava em aliança com outro. O parceiro de mais alta classe, possuidor de maior área de terra — as duas coisas se completavam — era o "senhor"* e, o parceiro mais fraco, o "vassalo". Este último podia, se as circunstâncias assim o exigiam, tomar sob sua proteção guerreiros ainda mais fracos em troca de serviços. A contratação dessas alianças individuais foi, no início, a única forma pela qual as pessoas podiam se proteger umas das outras.

O "sistema feudal" apresentava um estranho contraste com a constituição tribal. Com a dissolução desta última, novos grupamentos e novas formas de integração foram necessariamente criados. Havia uma forte tendência à individualização, reforçada pela mobilidade e expansão da sociedade. Ocorria aí uma *individualização em relação à unidade tribal* e, em parte, também em relação à unidade familiar, da mesma maneira que ocorreriam mais tarde movimentos de individualização em relação à unidade feudal, à unidade da guilda, à unidade de classe e, repetidamente, à unidade familiar. O juramento feudal nada mais era do que a conclusão de uma aliança protetora entre guerreiros individuais, a confirmação sacramental da relação individual entre o guerreiro que dava terra e proteção e o outro que prestava serviços. Na primeira fase do movimento, o rei ocupava um dos lados. Como conquistador, controlava toda a área e nenhum serviço prestava, limitando-se a distribuir terras. O servo situava-se na base da pirâmide: não controlava terra e simplesmente prestava serviços ou — o que equivale — pagava tributos. Todos os graus entre eles tiveram, no início, uma dupla face. Possuíam terras e capacidade de proteção para distribuir entre aqueles em situação inferior e serviços a prestar a seus superiores. Mas essa rede de dependências, a necessidade de serviços sentida pelos que estavam em condição elevada, particularmente de natureza militar, e a necessidade de terra e de proteção por parte dos inferiores, alimentavam tensões que acabaram provocando mudanças muito precisas. O processo de feudalização nada mais foi que uma dessas mudanças compulsivas na rede de dependências. Em toda a parte e numa dada fase no Ocidente, a dependência dos grandes em relação aos serviços prestados tornou-se maior do que a dependência de seus vassalos quanto a proteção. Esse fato reforçava as forças centrífugas numa sociedade, na qual cada pedaço de terra sustentava seu proprietário. Essa foi a forma simples desses processos, no curso dos quais, em toda a hierarquia da sociedade guerreira, os antigos servidores foram se tornando, em número crescente, proprietários independentes da terra que lhes fora confiada, e os títulos nobiliárquicos, baseados em serviço, tornaram-se designações simples de posição na escala social, em correspondência com o tamanho da propriedade e o poder militar.

---

* No inglês, "liege lord", que não é apenas o senhor feudal, mas o senhor *principal* de um vassalo. Sucedia que um mesmo nobre fosse vassalo de vários senhores, por distintas terras que tivesse; para se saber a quem ele devia suas principais obrigações, determinava-se que um desses seus senhores fosse seu "liege", seu principal senhor. (RJR)

26. Essas mudanças e seus mecanismos não seriam em si difíceis de compreender se o observador recente não projetasse constantemente, nas relações entre os guerreiros na sociedade feudal, sua própria ideia de "lei" e "justiça". Tão compulsivos são os hábitos de pensamento em nossa própria sociedade que o observador involuntariamente pergunta por que reis, duques e condes toleravam essa usurpação de soberania sobre a terra que haviam controlado inicialmente. Por que não faziam valer seus "direitos legais"?

Mas não estamos interessados aqui no que é chamado de "questões legais" em sociedades mais complexas. Constitui uma precondição para compreender a sociedade feudal não considerar nossas próprias "formas legais" em um sentido absoluto. Formas legais correspondem, em todos os tempos, à estrutura da sociedade. A cristalização de normas legais gerais por escrito, que é parte integral das relações de propriedade na sociedade industrial, pressupõe um grau muito alto de integração social e a formação de instituições centrais capazes de dar à mesma lei validade universal em toda a área que controlam, e suficientemente fortes para exigir o cumprimento de acordos escritos. O poder que confere força aos títulos legais e direitos de propriedade não é mais diretamente visível nos tempos modernos. Em proporção ao indivíduo, ele é tão grande, sua existência e a ameaça que dele emana são tão axiomáticas que raramente é submetido a teste. É esse o motivo por que há uma tendência tão forte a considerar a lei como algo que dispensa explicação, como se tivesse sido baixada pelos céus, um "Direito" absoluto que existiria mesmo sem o apoio dessa estrutura de poder ou se a estrutura de poder fosse diferente.

Os vínculos entre o sistema jurídico e a estrutura de poder são atualmente mais longos, em conformidade com a maior complexidade da sociedade. E uma vez que o sistema judiciário frequentemente *opera* independentemente da estrutura de poder, embora nunca inteiramente, é fácil esquecer o fato de que a lei neste caso é, como em todas as sociedades, uma função e símbolo da estrutura social ou — o que equivale — do equilíbrio de poder social.[49]

Na sociedade feudal essa relação era menos escondida. Era menor a interdependência entre pessoas e regiões. Não havia uma estrutura estável de poder que se estendesse por toda a região. As relações de propriedade eram reguladas diretamente pelo grau de dependência mútua e pelo poder social concreto.*

---

* *Nota sobre o conceito de poder social.* O "poder social" de uma pessoa ou grupo é um fenômeno complexo. No tocante ao indivíduo, ele nunca é exatamente idêntico à sua força física e, no que interessa a grupos, à soma das forças físicas individuais. Mas a força física e a habilidade podem, em algumas condições, constituir elemento importante do poder social. Tudo depende da estrutura total da sociedade e do lugar nela ocupado pelo indivíduo, da medida em que a força física contribui para o poder social. Este último varia, em sua estrutura, tanto quanto a própria sociedade. Na sociedade industrial, por exemplo, o poder social extremo de um indivíduo pode existir com baixa resistência física, embora talvez surjam fases em seu desenvolvimento em que a força corporal novamente assuma maior importância para todos, como um dos ingredientes do poder social.

Há na sociedade industrial um tipo de relação que pode, em certo sentido, comparar-se ao que existia entre os guerreiros, ou senhores feudais, e através da qual o modelo pode ser esclarecido. Referimo-nos à relação entre Estados. Neste particular, também, o fator decisivo é, com toda certeza, o poder social, no qual o poder militar desempenha papel relativamente importante ao lado da interdependência decorrente da estrutura econômica. O poder militar é, por seu turno, de forma muito parecida com o que acontecia na sociedade feudal, determinado em boa parte pelo tamanho e produtividade do território e pelo potencial de trabalho da população que pode sustentar.

Não há Direito pautando as relações entre Estados que seja do mesmo tipo daquele que é válido dentro de seus territórios. Não existe um aparato de poder de aplicação geral que possa fazer cumprir tal Direito Internacional. A existência de um Direito Internacional sem estrutura correspondente de poder não pode ocultar o fato de que, a longo prazo, as relações entre nações são governadas exclusivamente pelo poder social relativo de cada uma e que qualquer mudança neste último, qualquer aumento de poder nas várias configurações de Estados em diferentes partes do mundo, e agora — com a interdependência cada vez maior — dentro da sociedade mundial como um todo, significa uma automática redução do poder social de outros países.

Na sociedade guerreira feudal, a força física considerável era elemento indispensável ao poder social, embora de maneira nenhuma seu único determinante. Ou, simplificando um pouco: podemos dizer que o potencial de poder social do homem na sociedade feudal era exatamente igual ao tamanho e produtividade de sua terra e à força de trabalho que ele controlava. Sua força física era indubitavelmente um elemento importante em sua capacidade de controlá-las. Nessa sociedade, a pessoa incapaz de lutar como guerreiro e expor o corpo ao ataque e à defesa não tinha, a longo prazo, muita possibilidade de possuir alguma coisa. Mas todo aquele que controlava uma grande gleba de terra nessa sociedade possuía, como monopolista dos mais importantes meios de produção, certo grau de poder social, isto é, um volume de oportunidades, que transcendia sua força pessoal individual. A pessoas que dependiam desse poder, ele podia dar terras, recebendo-lhes em troca os serviços. O fato de seu poder social igualar o tamanho e a produtividade da terra que efetivamente controlava significava que esse poder era tão grande quanto seus seguidores, seu exército, seu poder militar.

Mas, de idêntica maneira, fica claro do precedente que ele dependia de serviços para manter e defender a terra. A dependência de seguidores de importância variada constituía um elemento importante no poder social destes últimos. Quando sua dependência de serviços crescia, reduzia-se seu poder social e quando a necessidade e demanda de terras subia entre os destituídos de propriedade, aumentava o poder social dos que as controlavam. O poder social do indivíduo ou grupo só podia se expressar realmente mediante proporções. O que foi dito acima constitui um simples exemplo.

Investigar em mais detalhes o que constitui "poder social" é uma tarefa em si. Dificilmente precisaremos dizer da importância de compreender os processos sociais no passado e no presente. O "poder político", geralmente, nada mais é que certa forma de poder social. Não podemos, por conseguinte, entender o comportamento nem o destino de pessoas, grupos, classes sociais ou Estados, a menos que descubramos qual seu poder social real, pouco importando o que eles mesmos dizem ou no que acreditam. A própria vida política perderia parte de sua imprevisibilidade e mistério, se a estrutura das relações de poder social entre todos os países fosse publicamente analisada. Criar métodos mais exatos para realizar essa tarefa continuará a ser uma das muitas tarefas sociológicas do futuro. (*Nota do autor à tradução inglesa.*)

E neste particular, também, as tensões entre os que "têm" e os que "não têm", entre os que de fato possuem e os que não dispõem de terras ou meios de produção suficientes para atender suas necessidades e padrões de vida, automaticamente aumentam quanto mais a sociedade burguesa em escala mundial se aproxima do estado de um "sistema de oportunidades fechadas".

É mais do que simplesmente fortuita a analogia existente nas relações entre senhores individuais na sociedade feudal e entre Estados no mundo industrial. Elas têm sua base na curva de desenvolvimento da própria sociedade ocidental. No curso desse desenvolvimento, com sua crescente interdependência, relações de tipo análogo são estabelecidas, entre elas formas legais, inicialmente entre unidades territoriais relativamente pequenas e, mais tarde, em níveis cada vez mais altos de magnitude e integração, mesmo que a transição para grupos de uma diferente ordem de tamanho represente certa mudança qualitativa.

Mostraremos adiante a importância do processo que começamos a delinear aqui, isto é, o da criação de unidades cada vez maiores, internamente pacificadas mas externamente beligerantes, para a mudança do modelo de controle das pulsões e para o padrão social de conduta — em suma, para o processo civilizador.

As relações entre senhores feudais isolados assemelham-se, de fato, às que existem hoje entre os Estados. A interdependência econômica, a troca, a divisão de trabalho entre Estados individuais eram, para sermos exatos, incomparavelmente menos desenvolvidas nos séculos X e XI do que entre os Estados modernos, e pela mesma razão era correspondentemente menor a dependência econômica entre guerreiros. Ainda mais decisivo em suas relações, por conseguinte, era o potencial militar, o número de seus agregados e a área de terra que controlavam. Pode-se observar repetidas vezes que, nessa sociedade, nenhum juramento de fidelidade ou contrato — como acontece hoje entre os Estados — podia, a longo prazo, resistir às mudanças no poder social. A lealdade dos vassalos era, afinal, regulada exatamente pelo grau real de dependência entre as partes, pelo jogo da oferta e procura entre os que davam terra e proteção em troca de serviços, por um lado, e aqueles que deles necessitavam, por outro. Quando a expansão, a conquista ou desbravamento de novas terras se tornavam mais difíceis, as maiores oportunidades encaminhavam-se para os que prestavam serviços e recebiam terras. Era esse o pano de fundo da primeira das mudanças que nesse momento ocorriam na sociedade, a emancipação dos servidores.

A terra, nessa sociedade, era sempre "propriedade" do homem que realmente a controlava, efetivamente exerce os direitos de posse e era suficientemente forte para defender o que possuía. Por essa razão, o homem com terra para investir em troca de serviços sempre começava com desvantagem em relação ao homem que a recebia. O "senhor feudal" tinha "direito" à terra que confiara a alguém, mas era o vassalo quem realmente a controlava. A única coisa que tornava o vassalo dependente do senhor, uma vez assumisse posse da terra, era a proteção no sentido mais amplo da palavra. Mas a proteção nem sempre era necessária. Da mesma maneira que os reis da sociedade feudal sempre eram fortes quando seus vassalos precisavam de proteção e liderança, se ameaçados por inimigos externos, e acima de tudo quando possuíam terras recentemente conquistadas para distribuir, mas eram fracos quando os vassalos não se sentiam ameaçados nem se esperava a conquista de novos territórios, assim os senhores feudais de menor magnitude debilitavam-se quando aqueles a quem haviam confiado terras não necessitavam de sua proteção.

O senhor feudal de qualquer nível podia compelir um ou outro de seus vassalos a cumprir suas obrigações e expulsá-lo à força de suas terras. Mas não podia fazer isso a todos ou mesmo a muitos. Isso porque, já que não podia sequer cogitar em armar servos, precisava dos serviços de um guerreiro para expulsar outro ou de novas terras para recompensar-lhe os serviços. Mas para conquistar precisava de novos serviços. Dessa maneira, o território franco do Ocidente desintegrou-se, nos séculos X e XI, em grande número de domínios cada vez menores. Todos os barões, todos os viscondes, todos os *seigneurs*, controlavam sua terra ou suas terras a partir de seu castelo, ou castelos, tal como um governante controlava o Estado. Era pequeno o poder do senhor feudal com direito à vassalagem, das autoridades centrais. Os mecanismos irresistíveis da oferta e procura, que tornam o vassalo que controla a terra geralmente menos dependente da proteção do soberano feudal do que este de seus serviços, cumpriram sua missão. A desintegração da propriedade, a transferência da terra do controle do rei para as várias gradações da sociedade guerreira como um todo — e isto, e nada mais, é a "feudalização" — alcançou seu limite máximo. O sistema de tensões sociais que é criado com essa extensa desintegração, porém, contém simultaneamente as forças propulsoras de um contra-ataque, uma nova centralização.

VIII

Sobre a Sociogênese da *Minnesang* e das Formas Cortesãs de Conduta

27. Podemos distinguir duas fases no processo de feudalização: a de desintegração total, que acabamos de discutir, e depois a fase em que esse movimento começou a se reverter, emergindo as primeiras formas, ainda frouxas, de reintegração. Começa assim, se aceitamos esse estado de desintegração extrema como ponto de partida, um longo processo histórico, no curso do qual áreas e números cada vez maiores de pessoas tornaram-se interdependentes e, finalmente, foram organizados em unidades integradas.

> Nos séculos X e XI, continua essa fragmentação. Parece que ninguém conserva uma parcela de poder suficiente para lhe permitir exercitar qualquer ação efetiva. Os feudos, as oportunidades de governar, os direitos, são despedaçados crescentemente... de cima a baixo, por toda a hierarquia, toda autoridade se encaminha para a desintegração.
>
> No século XI e, especialmente no século XII, inicia-se uma reação. Ocorre um fenômeno que se repetiu várias vezes e em formas diferentes na história. Os senhores

feudais em melhor situação e que dispõem das melhores oportunidades apossam-se do movimento feudal. Imprimem à lei feudal, que começara a tornar-se fixa, uma nova direção. Manipulam-na em detrimento de seus vassalos. Seus esforços são beneficiados por certas conexões históricas... e essa situação serve, em primeiro lugar, para consolidar a situação que acabou de ser estabelecida.[50]

Após a gradual transição da sociedade guerreira — de uma fase mais móvel, com oportunidades relativamente grandes de expansão e progresso social para o indivíduo, para uma fase de posições crescentemente fechadas, na qual todos tentavam reter e consolidar o que tinham — o poder, mais uma vez, mudou entre os guerreiros espalhados pela terra e repoltreados como régulos em seus castelos. Os poucos senhores mais ricos e poderosos ampliaram seu poder social em relação aos mais fracos.

O mecanismo monopolista que, dessa maneira, começou a funcionar, será discutido adiante em maior detalhe. Nesta parte estudaremos apenas um dos fatores que, a partir desse momento, atuou de modo cada vez mais decisivo em favor dos poucos grandes guerreiros, a expensas dos numerosos mais fracos: a importância da comercialização, que lentamente crescia. A rede de dependências, a interação da oferta e procura de terras, a proteção e os serviços em uma sociedade menos diferenciada — no século X e ainda no XI — eram de estrutura simples. Aos poucos, no século XI, e mais rapidamente no XII, a rede começou a tornar-se complexa. No atual estado de pesquisa, é difícil determinar exatamente o crescimento do comércio e a circulação da moeda que ocorreram naquela época. Somente esse dado permitiria medir efetivamente as mudanças nas relações de poder social. Seja suficiente dizer que a diferenciação do trabalho, o mercado e o setor monetário da sociedade estavam crescendo, mesmo que a economia de escambo continuasse a predominar, como aconteceria ainda por muito tempo. Esse crescimento do comércio e da circulação da moeda beneficiava muito mais os poucos senhores ricos do que os muitos pequenos. Estes continuavam a viver em suas terras mais ou menos como haviam feito até então. Consumiam diretamente o que elas produziam e era mínimo seu envolvimento na rede de comércio e relações de troca. Os primeiros, em contraste, não se limitavam a ingressar na rede das relações de comércio, utilizando a produção excedente de suas terras. Os povoados, cada vez mais numerosos, de artesãos e mercadores, bem como as cidades, geralmente se vinculavam às fortalezas e centros administrativos dos grandes domínios, e por incertas que pudessem ser as relações entre os grandes senhores e as comunas situadas em seu território, por mais que oscilassem entre a desconfiança, a hostilidade, a luta aberta e acordos pacíficos, no final de contas também elas, e os deveres que delas derivavam, fortaleciam os grandes senhores, em comparação com os pequenos. Elas lhes ofereciam a oportunidade de escapar do círculo perpétuo de distribuição de terra em troca de serviços e da subsequente apropriação da terra pelo vassalo — oportunidades essas que se opunham às forças centrífugas. Nas cortes dos grandes senhores, em virtude de seu envolvimento direto ou indireto na rede de comércio, através de matérias-primas ou metais preciosos cunhados ou em bruto, acumulou-se uma riqueza de que careciam os senhores menores. Essas oportunidades foram suplementadas por uma demanda crescente de oportunidades a partir de baixo, de maior oferta de serviços pelos guerreiros menos favorecidos e por outros indivíduos expulsos de suas terras. Quanto menores se tornavam as possibilidades de expansão da sociedade, mais crescia o exército de reserva constituído de todas as classes, incluindo a classe alta. Muitos membros dessa classe ficavam bastante satisfeitos se podiam encontrar abrigo, vestuário e alimento nas cortes dos grandes senhores, contra a prestação de algum serviço. E se algum dia, por munificência de um grande senhor, recebessem um pedaço de terra, um feudo, isso seria um golpe especial da sorte. A história de Walther von der Vogelweide, bem-conhecida na Alemanha, é típica, nesse aspecto, valendo também para muitos fidalgos franceses. E lembrando-nos das necessidades sociais, podemos imaginar que humilhações, que súplicas vãs e desapontamentos podem ter-se ocultado por trás do brado de Walther: "Tenho o meu feudo!"

28. As cortes dos senhores feudais mais importantes, os reis, os duques, os condes e os barões mais ricos ou, para utilizar uma expressão de aplicação mais geral, os senhores de território, atraíam dessa maneira, pelas crescentes oportunidades presentes em suas câmaras, um número cada vez maior de pessoas. Processos muito parecidos voltariam a ocorrer alguns séculos mais tarde, em um nível mais elevado de integração, nas cortes dos príncipes e reis absolutos. Nessa época, porém, o entrelaçamento de funções sociais, o desenvolvimento do comércio e da circulação da moeda eram tão grandes, que uma receita regular obtida através de tributação de todo o domínio e um exército permanente de filhos de camponeses e burgueses, sob o comando de oficiais nobres, financiado pelo governante absoluto com essas fontes de renda, podiam paralisar totalmente as forças centrífugas, o desejo de independência da aristocracia possuidora de terras. Nesse particular, no século XII, a integração, a rede de comércio e comunicações, não era nem remotamente tão desenvolvida assim. Em áreas do tamanho de um reino, era ainda inteiramente impossível combater continuamente as forças centrífugas. Mesmo em territórios da dimensão de um ducado ou condado, continuava a ser muito difícil fazê-lo e, em geral, só depois de cruenta luta se conseguia conter vassalos que desejavam furtar suas terras ao controle de um senhor feudal. O aumento do poder social coube inicialmente aos senhores feudais mais ricos devido ao tamanho das propriedades de sua família, de suas terras não enfeudadas. Nesse aspecto, os que usavam a coroa não diferiam dos demais grandes senhores. As oportunidades que todos eles desfrutavam, graças a suas grandes propriedades, com o comércio e as finanças, davam-lhes superioridade, inclusive militar, sobre os meros cavaleiros autossuficientes, antes de mais nada sobre todos aqueles situados dentro dos limites de um território. Mesmo nas péssimas condições de transporte da época, o acesso da autoridade central aos feudos menores já não era muito difícil. Tudo isso convergiu, nesse estado de desenvolvimento, para dar aos governantes de territórios de tamanho médio, menores do que reinos ou "Estados", no sentido posterior desta palavra, e maiores do que o grosso das propriedades dos cavaleiros, uma particular importância social.

Porém, nada disso implica dizer que, nesse estágio, uma máquina governamental realmente estável pudesse ser estabelecida mesmo em um território desse tamanho. A interdependência de regiões e a saturação do país pela moeda não avançara ainda nem remotamente o bastante para permitir que os senhores feudais mais nobres e mais ricos da região estabelecessem uma burocracia remunerada exclusiva ou sequer principalmente em dinheiro e, assim, uma centralização mais rigorosa. Seria necessária ainda uma longa série de lutas, lutas constantemente reativadas, antes que reis, duques e condes pudessem consolidar seu poder social até mesmo em seu próprio território. E qualquer que fosse o resultado dessas batalhas, os vassalos, os cavaleiros de porte pequeno e médio, conservavam ainda os direitos e funções de governo dentro de suas propriedades, onde continuavam a mandar como se fossem pequenos reis. Mas enquanto as cortes dos grandes senhores tornavam-se mais povoadas, enquanto suas câmaras palacianas se enchiam e bens começavam a circular, o grosso dos pequenos cavaleiros continuava a levar uma vida autossuficiente e não raro muito restrita. Tiravam dos camponeses tudo o que podiam, alimentavam tão bem quanto lhes era possível os poucos servidores e os numerosos filhos e filhas; lutavam incessantemente entre si; e a única maneira de apropriarem-se de mais do que produziam os seus próprios campos era por meio da pilhagem dos campos alheios, acima de tudo dos domínios das abadias e mosteiros e, gradualmente, à medida que crescia a circulação de moeda e, assim, a necessidade de dinheiro, através da pilhagem de cidades e caravanas de mercadores e da cobrança de resgate por prisioneiros de guerra. A guerra, a rapina, o ataque armado e a pilhagem constituíam fonte regular de renda para os guerreiros na economia de troca e, além do mais, eram as únicas que lhes estavam abertas. E quanto mais miseravelmente viviam, mais dependentes se tornavam dessa forma de geração de receita.

A comercialização e monetarização, em lento crescimento, por conseguinte, favoreciam os poucos grandes proprietários de terra e senhores feudais e não a massa dos pequenos. A superioridade dos reis, duques e condes, porém, não era ainda nem remotamente tão grande quanto mais tarde, na era do absolutismo.

29. Mudanças análogas, conforme já assinalamos, ocorreram com frequência no curso da história. A crescente diferenciação entre a classe média alta e as classes da pequena burguesia é provavelmente mais conhecida do observador do século XX. Neste particular, também, após um período de livre concorrência, com oportunidades relativamente boas de progresso social e enriquecimento para os pequenos e médios proprietários, a preponderância na burguesia gradualmente se transferiu, em detrimento dos economicamente mais fracos, para o grupo economicamente mais forte. Todos os que possuíam propriedades de porte pequeno ou médio, à parte algumas áreas de crescimento, descobriram que se tornara mais difícil acumular grande riqueza. Crescia a dependência direta e indireta do pequeno e médio face ao grande, e enquanto as oportunidades dos primeiros diminuíam, as dos últimos aumentavam quase automaticamente.

Algo semelhante ocorreu na sociedade feudal franca ocidental de fins do século XI e século XII. As possibilidades de expansão do setor agrário da sociedade, que era predominantemente uma economia de troca, estavam praticamente esgotadas. A divisão do trabalho e o setor comercial da sociedade continuavam a espalhar-se — a despeito de muitos reveses. O grosso dos cavaleiros donos de terras pouco proveito tirava dessa expansão. Os poucos grandes senhores participavam do processo e lucravam. Dessa maneira, ocorreu uma diferenciação na sociedade feudal que não deixou de ter consequências para as atitudes e estilos de vida.

> A sociedade feudal como um todo (diz Luchaire em seu incomparável estudo da sociedade na era de Felipe Augusto),[51] pouco mudara, com exceção de uma elite, seus hábitos e maneiras desde o século IX. Em quase toda a parte, o senhor do castelo continuava a ser um bandido brutal e rapace; ia para a guerra, lutava em torneios, passava os períodos de paz caçando, arruinava-se com suas extravagâncias, oprimia os camponeses, praticava extorsão contra os vizinhos e pilhava as propriedades da Igreja.

As classes influenciadas pela divisão do trabalho em lenta expansão e pela monetarização se expandiam; as demais permaneciam estacionárias e eram atraídas apenas a contragosto e quase que passivamente para a corrente das forças da mudança. Indubitavelmente, jamais é correto dizer que esta ou aquela classe "não tem história". Mas pode-se afirmar o seguinte: as condições de vida dos pequenos proprietários e dos cavaleiros só mudaram com grande lentidão. Não desempenharam eles papel direto ou ativo na rede de trocas, na circulação da moeda, no movimento mais rápido que a fazia circular pela sociedade. E quando sentiam os choques e convulsões desses movimentos sociais, estes aconteciam, praticamente sempre, de forma prejudicial aos seus interesses. Todas essas coisas eram subversões da ordem que os donos de terra, da mesma forma que os camponeses, geralmente não conseguiam compreender e que frequentemente detestavam, até que foram tangidos por elas, com maior ou menor violência, de suas bases autárquicas para as classes que evoluíam mais rápido. Eles comiam o que sua terra, seus estábulos e o trabalho de seus servos produzia. Nesse particular, nada mudava. Se os suprimentos eram escassos ou se tornava necessária uma quantidade maior, recorriam à força, à pilhagem, ao saque. Era uma existência simples, claramente visível e independente. Nesse particular, os cavaleiros, e bem mais tarde também os camponeses, foram sempre, e em certo sentido continuam sendo, senhores de suas terras. Os impostos, o comércio, a moeda, a subida e a queda dos preços de mercado, tudo isso eram os fenômenos estranhos e frequentemente hostis de um mundo diferente.

O setor regido pelo escambo, que, na Idade Média e ainda muito tempo depois, enfeixava a grande maioria da população, não escapou por completo, sequer nessa fase inicial, ao movimento social e histórico. Mas, a despeito dessas perturbações, o seu ritmo de mudança social em comparação com a que ocorria em outros estratos, continuava sendo muito lento. Não era um setor "sem história", mas nele e para grande número de pessoas na Idade Média, e para um número menor ainda em tempos recentes, as mesmas condições de vida eram constantemente reproduzidas. Ininterruptamente, a produção e o consumo eram realizados quase sempre no mesmo lugar, na estrutura da mesma unidade econômica, e a integração supralocal que ocorria em outras regiões sociais só se tornou perceptível mais tarde e indiretamente. A divisão do trabalho e as técnicas de produção que, no setor comercializado, avançavam mais rapidamente, no setor de troca só mudaram com muita lentidão.

Somente muito mais tarde, por conseguinte, as personalidades dos homens que compreendiam esse setor foram submetidas às compulsões peculiares, aos controles e restrições mais rigorosos decorrentes da rede monetária e da maior divisão de funções, com seu número crescente de dependências visíveis e invisíveis. Os sentimentos e a conduta relutam muito mais em se submeter a um processo civilizador.

Conforme já notamos, na Idade Média e ainda mais tarde, esse setor agrário de economia de escambo, com sua baixa divisão do trabalho, baixa integração além do nível local e alta capacidade de resistir à mudança, compreendia uma parcela desproporcionalmente grande da população. Se queremos realmente compreender o processo civilizador, temos que permanecer conscientes dessa polifonia da história, de um ritmo de mudança que é lento numa classe, mais rápido em outra, e da proporção entre estes. Os governantes desse grande e pesado setor agrário do mundo medieval, os cavaleiros, dificilmente seriam controlados em sua conduta e paixões por cadeias monetárias. Deles, a maior parte conhecia um único meio de sustento — e, portanto, uma única dependência direta: a espada. No máximo, só o perigo de serem fisicamente vencidos, a ameaça militar de um inimigo visivelmente superior, isto é, a compulsão direta, física, externa, é que podia levá-los à moderação. À parte isso, suas afeições tinham livre e ilimitada expressão em todos os terrores e alegrias da vida. O tempo deles — e o tempo, como a moeda, é função da interdependência social — era sujeito apenas superficialmente à contínua divisão e regulação impostas pela dependência em relação a outras pessoas. O mesmo se aplicava a suas paixões. Eram selvagens, cruéis, inclinados a explosões de violência e, de igual modo, abandonavam-se à alegria do momento. Podiam fazer isso. Pouco havia na situação em que viviam que os compelisse a adotar moderação em seus atos. Pouco em seu condicionamento os forçava a desenvolver o que poderíamos chamar de um superego rigoroso e estável, como função da dependência e das compulsões originárias de outras pessoas e que neles se transformassem em autodisciplina.

Perto do fim da Idade Média, para sermos exatos, um número bastante grande de cavaleiros foi atraído para a esfera de influência das grandes cortes feudais. Exemplos da vida de um cavaleiro, que anteriormente analisamos a respeito de uma série de desenhos (cf. vol. I, pág. 200 e segs.), são desse círculo. O grosso desses cavaleiros, porém, vivia ainda nessa época de maneira muito parecida aos séculos IX e X. Na verdade, certo número, embora cada vez menor, de senhores feudais continuou a levar uma vida desse tipo muito depois da Idade Média. E se podemos acreditar em uma poetisa, George Sand — que confirmou expressamente a autenticidade histórica do que disse —, havia ainda alguns indivíduos vivendo essa indomada vida feudal em cantos provincianos da França até a Revolução Francesa, embora, nesse momento, duplamente selvagem, temerosa e cruel como resultado de sua situação de estranhos no meio. Em seu conto "Mauprat" ela descreveu a vida num desses últimos castelos, que nesse momento havia adquirido as características de covil de ladrões, menos porque houvessem mudado os castelões, mas porque a sociedade em volta mudara.

> Meu avô [diz o herói da história] foi, desse momento em diante, juntamente com seus oito filhos, o último resto que nossa província conservara daquela raça de pequenos tiranos feudais que se haviam espalhado e infestado a França durante tantos séculos. A civilização, que nesse momento dava grandes passos em direção à grande sublevação revolucionária, estava cada vez mais eliminando essas extorsões e esse banditismo organizado. A luz da educação, uma espécie de bom gosto que era um reflexo distante de uma corte elegante, e talvez um pressentimento de um próximo e terrível despertar do povo, penetrava nos castelos e mesmo nas mansões quase rústicas da pequena nobreza empobrecida.

Precisaríamos citar trechos inteiros dessa descrição a fim de mostrar como modos de conduta que, nos séculos X, XI e XII, eram característicos da maior parte da classe alta podiam ainda ser encontrados entre estranhos isolados, graças a condições de vida semelhantes. Continuava a prevalecer em seu meio um baixo grau de controle das pulsões. Não ocorrera ainda, entre eles, a transformação de anseios elementares nos muitos tipos de prazer refinado, conhecidos da sociedade em volta. Reinava desconfiança em relação às mulheres, que eram basicamente objeto de satisfação sexual; o prazer na pilhagem e no estupro, o desejo de não reconhecer senhor algum; servilismo entre os camponeses que eles exploravam e, por trás de tudo isso, as pressões impalpáveis que não podiam ser eliminadas pelas armas ou violência física; dívidas, um sistema de vida sufocante, empobrecido, que contrastava violentamente com suas grandes aspirações, e uma desconfiança do dinheiro, estivesse ele em mãos dos senhores ou dos camponeses:

> Mauprat não pedia dinheiro. Valores monetários eram o que os camponeses dessas terras obtinham com grande dificuldade e, alguns deles, com a maior relutância. *"O dinheiro é caro"*, era um de seus provérbios, porque o dinheiro representava para ele alguma coisa outra que não o trabalho físico. *É um comércio com coisas e pessoas de fora, um esforço de previsão e cautela, uma espécie de luta intelectual,* que o arrancava violentamente de seus hábitos apáticos, em uma palavra, um esforço mental e, para ele, isso era mais doloroso e perturbador que tudo.

Nessa região, encontravam-se ainda enclaves de uma economia basicamente de troca, em meio ao tecido mais amplo de relações de comércio e divisão do trabalho. Mas, mesmo nela, ninguém podia resistir para sempre à atração da cadeia de circulação da moeda. Os impostos, principalmente, e também a necessidade de comprar certas coisas que não podiam ser produzidas domesticamente, obrigavam pessoas a tomarem essa direção. Porém a natureza peculiarmente opaca do controle e da previsão — a contenção das inclinações, mais rigorosa do que é estritamente exigido pelo trabalho físico necessário, que qualquer envolvimento com as cadeias do dinheiro impõe ao ser humano —, tudo isso continuava, nesses enclaves, a constituir um tipo de compulsão detestado e não compreendido.

A citação acima refere-se a senhores e camponeses em fins do século XVIII. E serve para mostrar, mais uma vez, o lento ritmo da mudança nesse setor da sociedade e parte das atitudes das pessoas que nele viviam.

30. Da larga paisagem da economia de troca, com seus inúmeros castelos e muitos domínios maiores e menores, por conseguinte, emergiram lentamente na França, durante o século XI e mais claramente durante o século XII, dois novos tipos de órgão social, duas novas formas de assentamento e integração, que assinalaram um aumento na divisão do trabalho e na interdependência das pessoas: as cortes dos grandes senhores feudais e as cidades. Essas duas instituições estão estreitamente ligadas em sua sociogênese, por mais desconfiados e hostis que seus membros pudessem frequentemente se comportar entre si.

Essas palavras não devem ser mal-interpretadas. Não era como se o setor indiferenciado da economia de troca fosse confrontado, de um só golpe, por formas mais diferenciadas de assentamento, nas quais números bastante grandes de pessoas pudessem ser sustentadas direta ou indiretamente na base da troca e da divisão do trabalho. Com infinita lentidão, estações economicamente autônomas foram construídas no caminho percorrido pelos bens, do estado natural para o consumo. E assim, passo a passo, cidades e grandes cortes feudais nasceram da forma de atividade econômica que sobrevivia nas pequenas propriedades. No século XII, e muito tempo depois, nem os aglomerados urbanos nem as grandes cortes feudais estavam tão separadas da economia de troca como as cidades do século XIX estariam do chamado campo aberto. Muito ao contrário, a produção rural e a urbana continuavam estreitamente ligadas. As raras grandes cortes feudais estavam, para sermos exatos, ligadas à rede de comércio e ao mercado através de sua produção excedente, dos tributos que cobravam e também da demanda crescente de artigos de luxo; mas a maior parte das necessidades diárias ainda era atendida diretamente pela produção de seus próprios domínios. Nesse sentido, elas ainda funcionavam em uma economia predominantemente de troca. Reconhecidamente, o próprio tamanho de seus domínios ocasionava uma diferenciação das operações que neles tinham lugar. De forma muito parecida com a Antiguidade, época em que as grandes propriedades escravagistas trabalhavam em parte para o mercado e até certo ponto para atender às necessidades diretas da família governante e, nesse sentido, ainda representavam um tipo mais diferenciado de economia não comercial, o mesmo acontecia com essas grandes propriedades feudais. Esse fato podia aplicar-se até certo ponto ao trabalho mais simples nelas realizado, mas, acima de tudo, aplicava-se à organização da propriedade. O domínio do grande senhor feudal dificilmente formava um único e poderoso complexo, situado em uma gleba autossuficiente. Suas terras haviam sido, com frequência, obtidas por diversos meios, tais como conquista, herança, doação ou casamento. Geralmente se espalhavam por diferentes regiões do território e, por conseguinte, não podiam ser supervisionadas com a mesma facilidade que uma pequena propriedade. Era preciso haver uma organização central, pessoas para controlar a entrada e saída das mercadorias, para manter as contas, por mais primitivas pudessem ser no início, pessoas que controlassem a receita produzida pelos tributos e administrassem os territórios. "As pequenas propriedades feudais eram, do ponto de vista intelectual, um órgão rudimentar, principalmente quando o senhor nem sabia ler nem escrever".[52] As cortes dos grandes e ricos senhores feudais atraíram inicialmente um quadro de amanuenses educados para fins de administração. Mas graças às oportunidades que se abriam para eles nessa época, os grandes senhores feudais eram, conforme já mencionamos, os homens mais ricos e poderosos de sua região e, com isso, cresceu o desejo de manifestar essa posição mediante o esplendor de suas cortes. Eles não só eram mais ricos do que os demais cavaleiros, mas também, para começar, mais ricos do que qualquer burguês. Por essa razão, as grandes cortes tiveram, nessa época, importância cultural muito maior do que as cidades. Na concorrência entre os governantes de territórios, elas se tornaram os locais para exibir o poder e a riqueza de seus senhores. Estes, por isso mesmo, reuniram escribas não só para finalidades administrativas mas também para redigir a crônica de suas façanhas e destino. Eram generosos com os menestréis que os exaltavam e a suas damas. As grandes cortes tornaram-se "centros potenciais de patrocínio literário" e "centros potenciais de historiografia".[53] Nessa época não havia ainda mercado para o livro. E, no contexto da sociedade secular, no caso daqueles que se haviam especializado na escrita e na composição e tinham que viver disso, fossem ou não amanuenses, o patrocínio da corte constituía o único meio de sustento.[54]

Neste particular, como sempre na história, formas mais elevadas e refinadas de poesia desenvolveram-se a partir de outras mais simples, em combinação com a diferenciação da sociedade e a formação de círculos sociais mais ricos e apurados. O poeta não trabalhava como um indivíduo inteiramente autossuficiente para um público anônimo, do qual conhecia no máximo apenas alguns representantes. Criava e escrevia para pessoas que conhecia por contacto diário. A convivência, as formas de relacionamento e conduta, a atmosfera do círculo social em que se movia e o lugar que nele ocupava encontravam expressão em suas palavras.

Artistas viajavam de um castelo para outro. Se alguns eram cantores, a maioria trabalhava simplesmente como palhaços ou bufões no sentido mais simples da palavra. Nessa qualidade, eram encontrados também nos castelos dos cavaleiros mais simples e menos importantes. Mas só os visitavam de passagem, pois não havia ali alojamento, nem interesse e, não raro, tampouco meios de alimentá-los e remunerá-los por um longo período. Tais condições só as poucas cortes maiores podiam fornecer. E por "artistas" temos que compreender uma faixa inteira de funções, variando do comediante mais simples e do bufão ao *Minnesänger* e ao trovador. A função era também diferenciada segundo o público. Os senhores mais importantes, mais ricos — o que vale dizer, os de graduação mais alta — podiam atrair os melhores artistas para suas cortes. Era maior o número de pessoas que nelas se reuniam; havia possibilidade de convívio e entretenimentos mais refinados, de modo que era também mais fino o tom da poesia. Tinha curso frequente nessa época a ideia de que "quanto mais importante o senhor e sua dama, mais inspirado e melhor o bardo".[55] Isso era aceito como natural. Com frequência, não um único mas vários cantores residiam nas grandes cortes feudais. "Quanto mais finas as qualidades pessoais e a posição da princesa, mais brilhante sua corte, e mais poetas ela reunia a seu serviço."[56] Paralela à luta pelo poder, entre os grandes senhores feudais trava-se uma batalha constante por prestígio. O poeta, como o historiador, era um de seus instrumentos. Por isso mesmo, a mudança de emprego do *Minnesänger*, de um senhor para outro, podia, com frequência, implicar uma mudança completa nas convicções políticas a que dava voz.[57] Com razão se disse a respeito da *Minnesang*: "Em significado e intenção, ela era um panegírico político sob a forma de tributo pessoal."[58]

31. Retrospectivamente, a *Minnesang* talvez pareça uma expressão da sociedade fidalga em geral. Essa interpretação foi reforçada pelo fato de que, com o declínio das funções cavaleirosas e a crescente subserviência da classe alta nobre ante a ascensão do absolutismo, a imagem da sociedade livre, fidalga, sem peias, passou a revestir-se de uma aura de nostalgia. Mas é difícil conceber que a *Minnesang*, especialmente em seus tons mais delicados — e ela nem sempre foi assim — tivesse origem na mesma vida de conduta rude e desabrida que caracterizava o grosso dos cavaleiros. Já salientou alguém que a *Minnesang* era, na realidade, "muito contrária à mentalidade cavaleirosa".[59] Toda a paisagem, com sua diferenciação incipiente, tem que ser conservada em mente se queremos entender essa contradição e a atitude expressada na poesia dos trovadores.

Houve três formas de existência cavaleirosa que, com numerosos estágios intermediários, começaram a ser discerníveis nos séculos XI e XII. Tínhamos os cavaleiros menores, governando uma ou mais glebas de terras não muito grandes; em segundo lugar, havia os grandes e ricos cavaleiros, governantes de territórios, poucos em número em comparação com os primeiros; e finalmente os cavaleiros sem terra, ou pouquíssima terra, que se colocavam a serviço dos mais poderosos. E foi principal mas não exclusivamente deste último grupo que emergiu o *Minnesänger* cavaleiroso, nobre. Cantar e compor a serviço de um grande senhor e nobre dama era um dos caminhos abertos àqueles que haviam sido expulsos da terra, fossem eles da classe alta ou da classe urbano-rural mais baixa. Antigos membros de ambos os grupos eram encontrados como trovadores nas grandes cortes feudais. E mesmo que um grande senhor feudal ocasionalmente se entregasse ao canto e à composição, ainda assim a poesia e o serviço do trovador eram caracterizados pelo *status* dependente de seus praticantes na rica vida social que, lentamente, assumia formas definitivas. Os relacionamentos e as compulsões humanas estabelecidos nesse ambiente não eram tão estritos e contínuos, ou inescapáveis, como mais tarde viriam a se tornar nas cortes absolutistas maiores, que eram muito mais estruturadas por relações monetárias. Mas já agiam na direção de um controle mais rigoroso das pulsões. No círculo restrito da corte, e encorajadas acima de tudo pela presença da castelã, formas mais pacíficas de conduta tornaram-se obrigatórias. Mas certamente essa situação não deve ser exagerada. A pacificação não era nem de longe tão avançada como mais tarde, quando o monarca absoluto podia mesmo proibir os duelos. A espada continuava solta na bainha, e a guerra e as rixas estavam sempre por perto. Mas a moderação das paixões, a sublimação, tornaram-se inequívocas e inevitáveis na sociedade da corte feudal. Os cantores fidalgos e burgueses eram socialmente dependentes e seu *status* subordinado formava a base de suas canções, atitudes e molde afetivo e emocional.

Se o cantor de corte queria conquistar respeito e consideração para sua arte e pessoa, só podia elevar-se permanentemente acima do artista ambulante entrando para o serviço de um grande príncipe ou princesa. *Minnesänge* dirigidas a uma amiga distante que ela ainda não conhecia tinham por única finalidade expressar o desejo e a presteza de servir na corte da homenageada.

Nas condições de serviço de Walther von der Vogelweide podemos observar, como foi claramente demonstrado por Konrad Burdach, um exemplo típico da vida do *Minnesänger*. O rei Felipe tomara Walther "para si mesmo", a expressão habitual que designava o ingresso no serviço ministerial. Era um serviço sem remuneração nem garantia de duração, podendo durar de quatro meses a um ano. Terminado esse prazo, ele podia procurar um novo senhor, com permissão do antigo. Walther não recebeu feudo algum de Felipe, nem de Dietrich de Meissen, e tampouco de Oto IV ou de Hermann, da Turíngia, a cujas cortes também pertenceu. De igual maneira, foi curto seu serviço ao bispo Wolfgar, de Ellenbrechtskirchen. Finalmente, Frederico II, conhecedor de arte e poeta ele mesmo, concedeu-lhe um salário com o qual podia manter-se. Um enfeudamento de terra ou a nomeação para um cargo (só mais tarde, pagamento em dinheiro) eram, na economia de troca da era feudal, a mais alta honra por serviços prestados, e o objetivo final de quem servia. Mas raramente eram concedidos a cantores de corte na França ou Alemanha. Em geral, tinham estes que contentar-se em servir como poetas da corte, divertindo seus membros, recebendo em troca moradia e alimentação e, como honra especial... as roupas necessárias para o serviço na corte.[60]

32. A estruturação particular dos sentimentos expressados na *Minnesang* era inseparável da posição social do *Minnesänger*. Os cavaleiros dos séculos IX e X, e mesmo a maioria dos cavaleiros posteriormente, não se portavam com especial delicadeza com suas próprias esposas e, de maneira geral, com mulheres de classes mais baixas. Nos castelos, as mulheres ficavam expostas às "cantadas" grosseiras do homem mais forte. Podiam defender-se mediante estratagemas, mas, nesses locais, era o homem quem mandava. As relações entre os sexos eram reguladas, como aliás em todas as sociedades guerreiras com governo mais ou menos pronunciado do homem, pelo poder e, frequentemente, por lutas abertas ou veladas que cada um travava com os meios de que dispunha.

Ouvimos ocasionalmente falar de mulheres que, por temperamento e inclinação, pouco diferiam dos homens. A senhora do castelo era nesse caso uma "megera" de temperamento violento, paixões ardentes, submetida desde a juventude a todos os tipos de exercícios físicos e que tomava parte em todos os prazeres e perigos dos cavaleiros que a cercavam.[61] Mas, com frequência, ouvimos também falar do outro lado da moeda, do guerreiro, fosse rei ou simples senhor, que espancava a esposa. Parecia ser um hábito quase tradicional do cavaleiro, enraivecendo-se, socar a esposa no nariz até o sangue correr.

"O rei ouviu isso e a raiva coloriu-lhe o rosto; erguendo o punho, atingiu-a no nariz com tal força que tirou quatro gotas de sangue. E a senhora disse: 'Meus mais humildes agradecimentos. Quando lhe aprouver, pode fazer isso novamente.'"

"Poderíamos citar outras cenas do mesmo tipo", diz Luchaire.[62] "Sempre o soco no nariz com o punho fechado." Além disso, o cavaleiro era sempre censurado por ouvir conselhos da esposa.

"Senhora, retire-se para seu lugar", diz por exemplo o cavaleiro, "e coma e beba com sua corte em suas câmaras pintadas e douradas, ocupe-se em pendurar cortinados de seda, pois esse é o seu mister. O meu é cortar com espada de aço."

> Pode-se tirar a conclusão (citando novamente Luchaire) de que mesmo na época de Felipe Augusto a atitude cortesã, cortês, para com as mulheres só excepcionalmente se encontrava nos círculos feudais. Na grande maioria dos domínios, a tendência antiga, menos respeitosa, brutal, ainda prevalecia, transmitida e, talvez, exagerada, na maioria das "chansons de geste". Não devemos nos deixar enganar pelas teorias sobre o amor expostas pelos trovadores provençais e por uns poucos "Trouvères" da Flandres e da Champagne[*]: os sentimentos que eles expressavam eram, acreditamos, de uma elite, de uma pequena minoria...[63]

A diferenciação entre as cortes menores e médias e as poucas grandes, mais estreitamente ligadas à rede em lento desenvolvimento do comércio e da moeda, trouxe consigo também uma diferenciação no comportamento. Sem dúvida, esse comportamento não apresentava um contraste tão flagrante como podem sugerir essas reconstruções do passado. Neste particular, também, pode ter havido formas transitórias e influências mútuas. Mas, de modo geral, uma vida social mais tranquila formou-se em torno da castelã apenas nessas poucas grandes cortes. Só nesse ambiente os cantores tinham possibilidade de encontrar serviço de alguma duração e só nelas se estabeleceu aquela peculiar atitude de o homem servir à dama da corte, que encontra expressão na *Minnesang*.

A diferença entre a atitude e os sentimentos manifestados na *Minnesang* e os mais brutais que prevaleciam nas *chansons de geste*, e para as quais a história fornece ampla documentação, tinha origem em dois tipos diferentes de relação entre homem e mulher, correspondendo a duas diferentes classes de sociedade feudal. Esses dois modos de conduta, por conseguinte, surgiram com a mudança do centro de gravidade da sociedade, já discutida. Em uma sociedade de nobreza senhora de terras, altamente dispersa pelo país, radicada em seus castelos e propriedades, era muito grande a probabilidade de que o homem preponderasse sobre a mulher e, assim, de uma dominação masculina sem quase nenhum disfarce. E em todos os casos em que uma classe com essas características — nobre, guerreira, dona de terras —, influenciou fortemente o comportamento geral da sociedade, os traços de dominação pelo homem, as formas de vida social

---

[*] *Trouvères* eram o equivalente, se assim se pode dizer, no norte da França, aos "trovadores" (em francês, *troubadours*) do Sul do que hoje é a França. (RJR)

puramente masculinas, com seu erotismo específico e um parcial eclipse das mulheres, aparecem mais ou menos claramente na tradição vigente.

Relacionamentos desse tipo predominaram na sociedade guerreira medieval. Característica dela era um tipo especial de desconfiança entre os sexos, refletindo a grande diferença na forma e escopo da vida que cada um levava e o isolamento espiritual que surgia como consequência. Como em épocas posteriores — enquanto as mulheres continuaram destituídas de vida profissional —, os homens da Idade Média, quando as mulheres estavam de modo geral excluídas da esfera principal da vida masculina, a ação militar, passavam a maior parte do tempo em companhia de seus pares. E a superioridade deles era acompanhada por um desprezo mais ou menos explícito pela mulher: "Vá para suas câmaras enfeitadas, senhora, nosso afazer é a guerra." Essa frase era inteiramente típica. O lugar da mulher era em seus aposentos privados. Essa atitude, tal como a base social que a produzia, persistiu durante muito tempo. Seus traços podem ser encontrados na literatura francesa até o próprio século XVI, ou seja: enquanto a classe alta é constituída principalmente de uma aristocracia militar e agrária.[64] Depois essa atitude desaparece na literatura, que na ocasião é controlada e modelada quase exclusivamente, na França, por gente da corte, mas não se baseando mais na vida da nobreza fundiária.

As grandes cortes absolutistas foram os lugares, na história europeia, em que se alcançou a mais completa igualdade até hoje conhecida entre as esferas de vida de homens e mulheres, e também as de seu comportamento.* Seria necessária uma digressão excessivamente longa para mostrar por que já as grandes cortes feudais do século XII, e as cortes absolutistas numa medida incomparavelmente maior, ofereceram às mulheres tantas oportunidades de superar a dominação masculina e de conseguir um *status* igual ao do homem. Observaram alguns autores, por exemplo, que no sul da França mulheres podiam, num estágio antigo, tornar-se senhoras feudais, possuir propriedades e desempenhar papel político; houve quem pensasse que esses fatos tenham facilitado o desenvolvimento da *Minnesang*.[65] Mas, para reduzir o alcance dessa tese, enfatizou-se também que "a sucessão ao trono pelas filhas só era possível se os parentes do sexo masculino, o seu senhor e os vizinhos não impedissem a senhora de receber sua herança".[66] Na verdade, mesmo no pequeno estrato dos grandes senhores feudais, era sempre perceptível a superioridade do homem sobre a mulher, resultante de sua função guerreira. Nas grandes cortes feudais, contudo, reduziu-se em certa medida a função militar. Nelas, pela primeira vez na sociedade secular, grande número de pessoas, incluindo homens, viviam juntos em contacto íntimo na estrutura hierárquica, sob os olhos da figura principal, o senhor do território. Esse fato bastava para impor uma certa contenção a todos os dependentes. Tinha que ser realizado um grande volume de trabalho administrativo e burocrático, já sem nada de militar. Tudo isso contribuía para criar uma atmosfera um pouco mais pacífica. Como acontece em todas as ocasiões em que homens são obrigados a

---

* Devemos recordar que a primeira edição desta obra é de 1939. (RJR)

renunciar à violência física, aumentou a importância social das mulheres. Nas grandes cortes feudais, estabeleceram-se uma esfera comum de vida e uma vida social comum para homens e mulheres.

Para sermos exatos, a dominação masculina não foi absolutamente quebrada, como aconteceu algumas vezes, posteriormente, nas cortes absolutistas. Para o senhor da corte, sua função como cavaleiro e chefe militar continuava a ser a principal e sua educação, igualmente, era a de um guerreiro afeito ao manejo de armas. Apenas por essa razão, as mulheres superavam-no na esfera da sociedade pacífica. Como aconteceu com tanta frequência na história do Ocidente, não foram os homens mas as mulheres de alta classe os primeiros liberados para o desenvolvimento intelectual, para a leitura. A riqueza das grandes cortes dava à mulher a possibilidade de preencher seu tempo de ócio e dedicar-se a interesses de luxo. E, assim, foi em torno de mulheres que se formaram os primeiros círculos de atividade intelectual pacífica. "Nos círculos aristocráticos do século XII, a educação das mulheres em geral era mais refinada que a dos homens."[67] Essas palavras referem-se certamente ao homem do mesmo *status*, o marido. O relacionamento da esposa com o marido não diferia ainda muito do que era costumeiro na sociedade guerreira. Era mais moderado e um pouco mais refinado do que no caso dos pequenos cavaleiros, mas a restrição a que o homem se obrigava, em comparação com a que exigia da esposa, em geral não era grande. Nesse particular, também, era inequivocamente o homem quem mandava.

33. Não é, porém, esse relacionamento entre marido e mulher que serve de base à poesia dos trovadores e da *Minnesang*, mas a relação entre um homem socialmente inferior e uma senhora de alta classe. E só nas cortes suficientemente ricas e poderosas para gerar tais relações é que surgia a *Minnesang*. Mas, em comparação com a classe dos cavaleiros como um todo, elas nada mais eram do que um delgado estrato, uma "elite".

Neste particular, emerge com grande clareza a ligação entre a estrutura das relações na sociedade em geral e a estrutura da personalidade dos indivíduos. Na maior parte da sociedade feudal, onde o homem mandava e a dependência das mulheres era visível e quase irrestrita, nada o obrigava a conter suas pulsões e a impor-lhes controles. Pouco se falava de "amor" na sociedade guerreira. E ficamos até com a impressão de que um homem apaixonado teria parecido ridículo nesse meio de guerreiros. De modo geral, as mulheres eram consideradas inferiores. Havia mulheres em número suficiente e elas serviam para satisfazer as pulsões masculinas nas suas formas mais simples. As mulheres eram dadas ao homem para "sua satisfação e deleite". Isso foi dito numa época posterior, mas estava de perfeito acordo com a conduta dos guerreiros em época anterior. O que eles procuravam nas mulheres era o prazer físico e, à parte isso, "dificilmente se encontrava um homem com paciência para aturar a esposa".[68]

As pressões sobre a vida sexual das mulheres foram, em toda a história ocidental, com a exceção das grandes cortes absolutistas, consideravelmente mais fortes do que as exercidas sobre homens de igual nascimento. O fato de que mulheres que ocupavam posições elevadas na sociedade guerreira, e portanto gozavam de um certo grau de liberdade, sempre tenham achado mais fácil controlar, refinar e transformar vantajosamente seus sentimentos do que homens de igual *status* talvez refletisse um hábito e um condicionamento precoce nessa direção. Mesmo em relação ao homem de *status* social aparentemente igual, ela era um ser dependente, socialmente inferior.

Em consequência, era apenas o relacionamento de um homem socialmente inferior e dependente com uma mulher de classe mais alta que dava origem à contenção, à renúncia e à consequente transformação das pulsões. Não foi por acidente que nessa situação humana aquilo que denominamos de "poesia lírica" evoluiu como um evento social e não meramente individual.* — de idêntica maneira, como evento social — aquela transformação do prazer, aquela nuança de emoções, aquela sublimação e refinamento de sentimentos que chamamos "amor" finalmente surgiram. Não como exceção, mas em forma socialmente institucionalizada, surgiram contatos entre homem e mulher que tornaram impossível o homem forte simplesmente tomar a mulher quando ela lhe agradasse, o que tornava a mulher inacessível, ou acessível apenas a duras penas e, talvez porque fosse ela de classe mais alta e difícil de conquistar, especialmente desejável. Tal era a situação, o ambiente emocional da *Minnesang*, no qual, daí em diante, através dos séculos, os amantes reconheciam parte de seus próprios sentimentos.

Não há dúvida de que grande número de canções de trovadores e *Minnesänger* foram essencialmente a expressão de convenções das cortes feudais, ornamentos da vida social e meramente uma parte do jogo social. Pode ter havido muitos trovadores cujo relacionamento interior com sua dama não fosse tão devorador assim e que se compensassem com outras mulheres mais acessíveis. Mas nem essa convenção nem sua manifestação poderiam ter surgido na falta de experiências e sentimentos autênticos. Elas sugerem um núcleo de sentimento genuíno e de experiência real. Esses tons não podiam ter sido simplesmente meditados ou inventados. Alguns amaram e alguns tiveram a força e a grandeza de expressar seu amor em palavras. Aliás, não é sequer difícil identificar em que poemas os

---

* No texto alemão, falo, nesse trecho, em fenômenos sociais e individuais. Na época em que escrevia este livro, minha percepção das ambiguidades inerentes ao termo "fenômeno", e em especial de suas conotações quase solipsísticas, não era ainda suficientemente aguçada para evitar-lhe o emprego. Na tradução inglesa, contudo, pareceu-me preferível substituí-lo por termos como "eventos", "dados", etc. É da maior importância, naturalmente, para compreender a influência que tipos fenomenalistas de filosofia exerceram sobre o emprego linguístico acadêmico, mas também não acadêmico, que o termo "fenômeno" tenha se tornado a expressão inespecífica mais comum para dados ou eventos de todos os tipos. Talvez não percebamos o quanto esse termo é maculado pela dúvida solipsística quanto a se esses dados realmente existem, se tais eventos realmente ocorreram. É muito fácil esquecer que o termo "fenômeno" encerra a ideia de que os dados a que se refere podem ser meras aparências, criadas pela constituição do sujeito humano. Mas, sejamos ou não conscientes da herança filosófica representada por esse conceito, seu uso contínuo reforça repetidamente as tendências aparicionistas de nossa era. É melhor buscar expressões menos vagas e menos afetadas por essa tradição filosófica. Acho que devo a meus leitores uma explicação pelo uso inocente desse termo em alemão e sua omissão na edição inglesa. (*Nota do autor à tradução inglesa.*)

sentimentos e experiências são autênticos, e em quais são mais ou menos convencionais. Alguns devem ter encontrado as palavras e as nuanças para seus sentimentos, antes que outros pudessem jogar com elas e delas fazer uma convenção. "Os grandes poetas, indubitavelmente, fundiam sua própria verdade até mesmo com esses poemas de embeiçamento amoroso. Da plenitude de suas vidas fluía a substância de suas canções."[69]

34. As fontes e precursores literários da *Minnesang* foram repetidamente investigados. Suas relações com a poesia religiosa dirigida para a Virgem e com a lírica latina dos Sábios Ambulantes foram assinaladas, provavelmente com razão.[70]

O aparecimento e a essência da *Minnesang*, porém, não podem ser compreendidos apenas em termos de antecedentes literários. Essas formas mais antigas encerravam muitas possibilidades distintas de desenvolvimento. Por que teria mudado a maneira como as pessoas procuravam expressar-se? Ou, reduzindo a pergunta a termos bem simples: por que essas duas formas de lirismo religioso e secular não continuaram a ser formas predominantes de expressão? Por que elementos formais e emocionais delas foram retirados e modelados em algo novo? Por que esse novo gênero assumiu exatamente a forma que conhecemos como *Minnesang*? A história possui sua própria continuidade: conscientemente ou não, os que chegam mais tarde começam com o que já existe e o desenvolvem mais. Mas quais teriam sido a dinâmica desse movimento e as forças modeladoras da mudança histórica? Tal é o nosso problema aqui. A investigação das fontes e antecedentes é sem dúvida importante para a compreensão da *Minnesang*, mas, sem um estudo sociogenético e psicogenético de suas origens, permanecerão obscuras suas conexões feudais. A *Minnesang*, como evento supraindividual, como função social em relação à sociedade feudal como um todo, não pode ser entendida, como tampouco sua forma específica e conteúdo típico, a menos que nos conscientizemos da situação real e relacionamento de pessoas que se expressam por meio dela, e da gênese dessa situação. Essa questão específica exigiria mais espaço do que dispomos aqui, onde nosso principal interesse diz respeito a movimentos e conexões numa escala mais ampla. Se indicamos aqui uma direção mais precisa de estudo para uma instituição específica, como a *Minnesang*, e delineamos alguns dos principais contornos de suas condições sócio e psicogenéticas, isso será tudo o que é necessário para as finalidades deste estudo.

35. Grandes mudanças históricas exibem uma regularidade precisa que as distingue. Frequentemente parece, à vista de estudos modernos, que formações sociais particulares, cuja crônica constitui a história como tal, se seguiriam umas às outras aleatoriamente, como as formas de nuvens na mente de Peer Gynt: ora se parecem com um cavalo, logo depois com um urso, — num momento a sociedade se afigura como românica ou gótica, e depois, barroca.

O que mostramos aqui foram algumas tendências básicas e interdependentes que culminaram modelando a sociedade como um "sistema feudal" e, finalmente, como o tipo de relações conhecido por *Minnesang*. Uma dessas tendências — o rápido crescimento da população após a migração dos povos — vinculou-se estreitamente à consolidação das relações de propriedade, à formação de um excedente humano, tanto na pobreza como na classe dos servos, e à pressão, sobre essas pessoas deslocadas de seus grupos, para encontrarem novos serviços.

Ligado a tudo isso, gradualmente se distinguiram sucessivas etapas na passagem dos bens da produção ao consumo, cresceu a demanda de um meio de troca unificado e móvel, mudou o centro de gravidade na sociedade feudal, passando dos numerosos pequenos senhores a uns poucos grandes, criaram-se grandes cortes no centro de regiões de dimensões de território, onde traços cavaleirosofeudais se conjugam com outros, típicos da vida cortesã, numa unidade comparável à que as relações monetária e de escambo articulavam, ao mesmo tempo, naquela sociedade como um todo.

E havia também a necessidade de prestígio e exibição dos grandes senhores feudais, que transparecia em lutas mais ou menos violentas entre si — o seu desejo de se distinguirem dos cavaleiros menos importantes. E, como expressão de tudo isso, os poetas e bardos que cantavam os senhores e as senhoras, pondo em palavras os interesses e opiniões políticas dos primeiros e a beleza das segundas, transformaram-se em instituição social mais ou menos firmemente estabelecida.

De igual maneira, podia-se observar, embora apenas nesse pequeno estrato superior da sociedade cavaleirosa, uma primeira forma de emancipação feminina, uma maior liberdade sua de movimento — muito pequena, para sermos exatos, quando comparada à liberdade das mulheres nas grandes cortes do absolutismo —, contatos mais frequentes entre a dama da corte, a mulher de alta posição, e o trovador, homem dependente e de condição mais humilde, fosse ele ou não cavaleiro; a impossibilidade ou dificuldade de conquistar a mulher amada, o autocontrole imposto ao homem subordinado, a necessidade de discrição e uma certa regulação e transformação, ainda que superficial, de suas pulsões e necessidades básicas; e, finalmente, a expressão desses desejos, dificilmente realizáveis, na linguagem dos sonhos, na poesia.

A beleza de um poema e o convencionalismo vazio de outro, a grandeza deste *Minnesänger* e a trivialidade daquele, são fatos distintos. Mas a *Minnesang* como instituição social, o contexto no qual o indivíduo se desenvolvia — e só isso nos interessa aqui — evoluíram diretamente dessa interação de processos sociais.

36. Na mesma situação, isto é, nas grandes cortes feudais, surgiu simultaneamente uma convenção mais rígida de conduta, uma certa moderação dos afetos e uma regulação das maneiras. Foi a esse padrão de maneiras, a essa convenção de comportamento, a esse polimento da conduta que a sociedade deu o nome de *courtoisie*. Obteremos uma visão completa da mesma apenas se incorporarmos o que foi dito no Volume 1, sobre a conduta *courtoise*, à descrição das cortes feudais que aqui propomos.

Preceitos da sociedade cortês foram mencionados antes, no início de várias séries de exemplos que ilustravam o civilizar-se da conduta e dos sentimentos. A sociogênese das grandes cortes feudais ocorreu ao mesmo tempo que a da conduta cortês. A cortesia também foi uma forma de conduta que se desenvolveu primeiro entre os membros socialmente mais dependentes de uma classe alta cavaleirosa-cortesã.[71] Mas o que quer que seja, um fato se evidencia: esse padrão cortês de conduta não constituía, em sentido algum, um começo. Não foi um exemplo de como as pessoas se comportam quando suas afeições se manifestam livres e "naturais", sem restrições impostas pela sociedade, isto é, pelas relações entre as pessoas. Uma tal condição de pulsões inteiramente descontroladas, de um "começo" absoluto, simplesmente não existe. A liberdade relativamente grande para se dar expressão instintiva e afetiva a impulsos, que caracterizou o homem nas altas classes corteses — grande em comparação com a das classes altas seculares ocidentais dos séculos seguintes — correspondia exatamente à forma de integração, ao grau e tipo de dependência mútua na qual se vivia nessa ocasião. A divisão do trabalho era menos desenvolvida do que ao se constituir o sistema de governo absoluto mais estrito; era menor a rede de comércio e, também, o número de pessoas que podiam ser sustentadas num único lugar. E, fossem quais fossem as formas de dependência individual, a teia social de dependências que se cruzavam dentro do indivíduo na sociedade era muito mais tosca e menos extensa do que em sociedades com maior divisão do trabalho e onde maior número de pessoas vivem constantemente bem perto umas das outras, num sistema mais organizado. Em consequência, o controle e a moderação das pulsões e afeições individuais eram menos rigorosos, contínuos e uniformes. Não obstante, já eram consideravelmente mais extensas nas maiores cortes feudais do que nas menores ou na sociedade guerreira como um todo, onde era bem menos geral e complexa a interdependência das pessoas, onde a rede que envolvia os indivíduos possuía tessitura mais frouxa e onde a grande dependência funcional entre eles continuava a ser a da guerra e da violência. Em comparação com o comportamento e vida afetiva nela encontrada, a cortesia já representava um refinamento, uma marca de distinção. E as críticas que lemos, quase sempre da mesma forma nos muitos preceitos medievais sobre as maneiras — evite isso, abstenha-se de fazer aquilo — referia-se mais ou menos diretamente ao comportamento paraticado pela massa dos cavaleiros, que entre os séculos IX ou X e o século XVI mudaram tão lenta e superficialmente como suas condições de vida.

37. No atual estágio de desenvolvimento, carecemos ainda de instrumentos linguísticos que façam justiça à natureza e direção de todos esses processos assim entrelaçados. Seria talvez apenas uma contribuição imprecisa e provisória ao entendimento dizer que as restrições impostas aos homens e suas paixões tornaram-se "maiores", a integração, "mais estreita", e a interdependência, "mais forte", da mesma maneira que não faria muita justiça à realidade sócio-histórica dizer que uma coisa pertence à "economia de troca" e outra à "sociedade monetária", ou repetir a forma de expressão escolhida nessas páginas, que "crescia o setor monetário da economia". Em quanto cresceu, grau após grau? De que maneiras as restrições se tornaram "maiores", a integração "mais estreita" e a interdependência "mais pronunciada"? Nossos conceitos são demasiado grosseiros e aderem excessivamente à imagem de substâncias materiais. Em tudo isto não estamos interessados meramente em gradações, em "mais" ou "menos". Cada "aumento" nas restrições e interdependência era expressão do fato de que os laços entre as pessoas, a maneira como dependiam uma da

outra, estavam mudando, e mudando qualitativamente. É isso o que significam diferenças em estrutura social. Com a rede dinâmica de dependências de que se tecia a vida humana, as pulsões e comportamento dos indivíduos assumiam uma forma *diferente*. E é isso o que significam também diferenças em estrutura de personalidade e em padrões sociais de conduta. O fato de que essas mudanças qualitativas fossem, às vezes, a despeito de todas as flutuações dentro do movimento, mudanças que num longo período se nota terem seguido uma mesma e única direção, isto é, processos contínuos, dirigidos, e não uma sequência aleatória, autoriza-nos, e mesmo nos obriga, a recorrer a termos comparativos quando discutimos fases diferentes. Não quer isso dizer que a direção em que esses processos se desenvolviam fosse no sentido do melhoramento, do "progresso", ou no rumo oposto, a "retrogressão". Mas tampouco quer dizer que envolvessem simplesmente mudanças quantitativas. Neste caso, como acontece com tanta frequência na história, estamos tratando de mudanças estruturais que são apreendidas de maneira mais fácil e visível, mas talvez também mais superficial, em seu aspecto quantitativo.

Observamos a evolução seguinte: em primeiro lugar, um castelo se opunha a outro, em seguida, um território a outro e, finalmente, um Estado a outro. Hoje, no horizonte histórico, vemos os primeiros sinais de uma luta por integração de regiões e massas de pessoas em escala ainda maior. Podemos supor que, continuando a integração, unidades ainda maiores serão gradualmente reunidas sob um governo estável e que elas, internamente pacificadas, voltarão suas armas contra aglomerados humanos do mesmo tamanho até que, prosseguindo a integração e a redução de distâncias, elas, também, gradualmente se fundirão e a sociedade mundial será pacificada. Tal evolução pode consumir séculos ou milênios. Mas, o que quer que aconteça, o surgimento de novas unidades de integração (e de governo) sempre é expressão de mudanças estruturais na sociedade, ou seja, nas relações humanas. Em todos os casos em que o centro de gravidade da sociedade se move rumo a unidades de integração de uma nova ordem de magnitude — e a mudança que inicialmente beneficiou os grandes senhores feudais a expensas dos menores e de porte médio, em seguida os reis contra os grandes senhores feudais ou territoriais, foi um caso destes —, em todas as ocasiões em que essas mudanças ocorrem, elas o fazem em conjunto com funções sociais que se tornaram mais diferenciadas e com cadeias de ação social organizada, militares ou econômicas, que se tornaram mais longas. Em todos os casos, a rede de dependências que se cruzam no indivíduo tornou-se mais ampla e mudou de estrutura; em todas as ocasiões, numa correspondência exata com essa estrutura, a modelação do comportamento e de toda vida emocional, a estrutura da personalidade, mudou também. O processo "civilizador" visto a partir dos aspectos dos padrões de conduta e de controle de pulsões é a mesma tendência que, se considerada do ponto de vista das relações humanas, aparece como um processo de integração em andamento, um aumento na diferenciação de funções sociais e na interdependência e como a formação de unidades ainda maiores de integração, de cuja evolução e fortuna o indivíduo depende, saiba disso ou não.

Tentamos aqui complementar a descrição geral da fase mais antiga e menos complicada desse movimento com algumas provas concretas ilustrativas; a seguir, examinaremos a sua progressão ulterior e os mecanismos que a impulsionaram. Mostramos como e por que, nas primeiras fases da história do Ocidente, que possuiu predominantemente uma economia de escambo, ou troca, eram escassas as probabilidades de se estabelecerem governos estáveis em grandes impérios. Reis conquistadores podiam, é certo, subjugar enormes áreas pela força das armas e mantê-las unidas por algum tempo, graças ao respeito que sua espada infundia. A estrutura da sociedade, contudo, ainda não permitia a criação de uma máquina suficientemente estável para administrar e manter unificado o império, com emprego de meios relativamente pacíficos, durante extensos períodos de paz. Resta mostrar que processos sociais tornaram possível a formação desse governo mais estável e, com ele, obrigações muito diferentes por parte dos indivíduos.

Nos séculos IX e X, quando, pelo menos nas regiões francas do Ocidente, a ameaça externa era pequena — e ligeira também a integração econômica —, a desintegração da função de governar atingiu uma dimensão extraordinária. Cada pequena fazenda* tinha governo próprio, era um "Estado" em si mesmo, tendo à frente seu pequeno cavaleiro como senhor independente. A paisagem social era composta de um caos de unidades governamentais e econômicas. Todas eram essencialmente autárquicas, com pouca dependência entre si, exceção feita a uns poucos enclaves — mercadores estrangeiros, por exemplo, ou mosteiros e abadias — que, às vezes, mantinham ligações ou elos além do nível local. No estrato governante secular, a integração através de conflito agressivo ou defensivo era a forma predominante. Pouco havia que constrangesse os membros desse estrato governante a controlar de qualquer forma constante suas paixões. Era uma "sociedade" no sentido mais amplo da palavra, abarcando todas as possíveis formas de integração humana. Mas não era ainda uma "sociedade" no sentido estreito, de uma integração mais contínua, relativamente íntima e uniforme de pessoas que efetua um maior controle de violência, pelo menos dentro de suas fronteiras. A primeira forma dessa "sociedade", no sentido estreito, emergiu lentamente nas grandes cortes feudais. Nelas, onde ocorria maior confluência de bens, devido aos volumes produzidos e à sua ligação com a rede do comércio, e onde mais pessoas se reuniam à procura de serviço, um número apreciável de pessoas era obrigado a manter um convívio ininterruptamente pacífico. Isso exigia, particularmente em relação às mulheres de alta linhagem, um certo controle e uma série de restrições no comportamento, uma modelação mais precisa dos afetos e das maneiras.

38. Tal restrição talvez não tenha sido tão grande como a que prevalecia na relação do bardo com a senhora, na convenção da *Minnesang*. Os preceitos corteses sobre as boas maneiras proporcionam uma visão mais exata do padrão

---

* *Fazenda* é uma tradução adequada para o inglês "estate", juntando o sentido agrário deste termo à sua acepção econômica — um conjunto de bens. (RJR)

de comportamento exigido na vida diária. Ocasionalmente, lançam também luz sobre a conduta dos cavaleiros face às mulheres, que não reproduzia a relação do menestrel com a senhora da corte.

Lemos, por exemplo, nos "preceitos para os homens":[72] "Acima de tudo, cuida para te portares bem com as mulheres... Se uma senhora te pedir que te sentes a seu lado, não te sentes em cima de seu vestido, nem junto demais dela, e se desejares falar-lhe baixinho, nunca a apertes nos braços, o que quer que queiras dizer-lhe."

A julgar pelos padrões habituais dos cavaleiros menores, uma tal consideração pelas mulheres pode ter exigido grande esforço. Mas o comedimento ainda era pouco, assim como acontecia com outros preceitos corteses, em comparação com o que se tornou praxe entre os cortesãos de Luís XIV, por exemplo. Esse fato nos fornece uma ideia dos diferentes níveis de interdependência e integração que modelaram os hábitos dos indivíduos nas duas fases. Mas também mostra que a *courtoisie* foi um passo no caminho que finalmente levou ao nosso próprio molde afetivo e emocional — um passo na direção da "civilização".*

Por um lado, temos uma classe alta secular frouxamente integrada de guerreiros, com o seu símbolo, o castelo, em uma terra autossuficiente; por outro, uma classe alta secular composta de cortesãos mais estreitamente integrada na corte absolutista, o órgão central do reino. São estes os dois polos do campo de observação, que isolamos do movimento muito mais demorado e amplo, a fim de ter acesso inicial à sociogênese da mudança civilizadora. Mostramos, sob grande número de aspectos, o lento aparecimento na paisagem castelã das grandes cortes feudais, os centros da cortesia. Resta mostrar a dinâmica básica dos processos através dos quais *um único* dos grandes senhores feudais ou territoriais — o rei — assumiu preponderância sobre os demais, e a oportunidade de controlar um governo mais estável em uma região que abrangia muitos territórios, um "Estado". E esse é também o caminho que nos levará do padrão de conduta da *courtoisie* para o de *civilité*.

---

* Sempre no sentido da ação, isto é, do "civilizar", e não de uma situação acabada. (RJR)

capítulo dois

Sobre a sociogênese do Estado

I

O Primeiro Estágio da Monarquia Nascente: Competição e Monopolização no Contexto Territorial

1. A coroa teve significados diversos em fases diversas do desenvolvimento social, embora todos os que a cingiram exercessem em comum certas funções centrais concretas e nominais, acima de tudo a de chefe militar contra inimigos externos.

No início do século XII, o antigo Império Franco do Ocidente, que quase não era mais ameaçado por inimigos externos, decaíra e se transformara em um aglomerado de domínios separados:

> O laço que antes unira as "províncias" e as dinastias feudais à monarquia estava praticamente rompido. Apagados estavam os traços de dominação real que haviam permitido a Hugo Capeto e a seu filho, se não atuar nas grandes regiões controladas pelos seus vassalos, pelo menos circular por elas. Os grupos feudais de primeira categoria... conduziam-se como Estados independentes, impermeáveis à influência do rei e, mais ainda, aos seus atos. As relações entre os grandes senhores feudais e os monarcas estavam reduzidas ao mínimo. Essa mudança refletia-se até nos títulos oficiais. Os príncipes feudais do século XII deixaram de se denominar "comtes du Roi" ou "comtes du royaume".[73]*

Nessa situação, o "rei" limitava-se ao que faziam os outros grandes senhores feudais: concentrava-se em consolidar suas posses, aumentando seu poder na única região onde ainda mandava, o ducado de Frância.

---

* "Condes do rei", ou "condes do reino". (RJR)

Luís VI, rei de 1108 a 1137, preocupou-se, durante toda a vida, com duas missões: ampliar sua posse direta da terra no ducado de Frância — as propriedades e castelos ainda não, ou apenas parcialmente, enfeudados, isto é, as propriedades de sua própria família — e, na mesma área, subjugar todos os possíveis rivais, todos os guerreiros que podiam igualá-lo em poder. Um dos propósitos facilitava o outro: dos senhores feudais que subjugava ou derrotava tomava toda ou parte de suas propriedades, sem enfeudá-las a qualquer outra pessoa; através desses pequenos passos, aumentou as posses de sua família, a base econômica e militar de seu poder.

2. Nesse contexto, para começar, o monarca não diferia dos grandes senhores feudais. Os meios de poder a sua disposição eram tão pequenos que até senhores de porte médio e mesmo pequeno — desde que se aliassem — podiam enfrentá-lo com sucesso. Não apenas a preponderância da Casa Real em todo o reino desaparecera ao declinar sua função de comandante do exército comum, e ao avançar a feudalização, mas se tornara também extremamente precário seu poder monopolista dentro de seu próprio território hereditário, que era disputado por senhores rivais ou famílias de guerreiros. Na pessoa de Luís VI, a casa dos Capeto lutou contra as Casas de Montmorency, Beaumont, Rochefort, Montlhéry, Ferté-Alais, Puiset e muitas outras,[74] da mesma maneira que, séculos depois, os Hohenzollern, na pessoa do Grande Eleitor, tiveram que enfrentar os Quitzow e os Rochow. Com a diferença de que os Capeto tinham possibilidade muito menor de sucesso. Era menor a diferença entre os meios militares e financeiros dos Capeto e de seus adversários, dado o estado menos desenvolvido das técnicas monetárias, tributárias e militares. O Grande Eleitor já exercia uma espécie de monopólio do poder em seu território, ao passo que Luís VI, à parte o apoio que recebia das instituições eclesiásticas, era basicamente um grande senhor de terra que enfrentava senhores feudais possuidores de terras e poder militar algo menores; só o vencedor dessas batalhas poderia alcançar uma espécie de posição monopolista no território, a salvo da concorrência das demais Casas.

A leitura de crônicas da época mostra-nos o quão pouco os meios militares e econômicos dos Capeto desse período superavam os das demais Casas feudais no ducado de Frância; e como era difícil — dados o baixo grau de integração econômica, os transportes e comunicações precários e as limitações da organização militar feudal — a luta do "soberano" para conquistar um monopólio de poder mesmo no interior dessa pequena área.

Havia, por exemplo, a fortaleza da família Montlhéry, que controlava a rota entre as duas partes mais importantes do domínio dos Capeto, as áreas em volta de Paris e Orléans. Em 1015, o rei Roberto — um Capeto — doara essa terra a um de seus servidores, ou oficiais, o "grand forestier", com permissão de nela construir um castelo. A partir do castelo, o neto do "grand forestier" já controlava a área circundante, na qualidade de senhor independente. Esse exemplo é típico dos movimentos centrífugos que ocorriam por toda a parte durante o período.[75] Após duras lutas, o pai de Luís VI conseguiu finalmente chegar a uma espécie de acordo com os Montlhéry: daria em casamento um filho bastardo seu, de dez anos de idade, à herdeira dos Montlhéry e, dessa maneira, colocaria o castelo sob controle de sua Casa. Pouco antes de morrer, disse ele a seu primogênito, Luís VI:

> Guarda bem aquela torre de Montlhéry que, causando-me tantos tormentos, envelheceu-me precocemente, e por causa da qual jamais desfrutei paz duradoura ou verdadeiro repouso... ela era o centro de gente pérfida, de perto e de longe, e as desordens só ocorriam através dela ou com ajuda dela... porque... estando Montlhéry situada entre Corbeil, por um lado, e Châteaufort, por outro, cada vez que surgia um conflito, Paris ficava isolada e as comunicações entre Paris e Orléans tornavam-se impossíveis, exceto com emprego de força armada.[76]

Problemas de comunicação do tipo que hoje causam dificuldades não pequenas entre Estados, não eram menos perturbadores, embora em escala diferente, naqueles primórdios do desenvolvimento social: nas relações entre um senhor feudal e outro — usasse ele ou não a coroa — e no tocante à distância relativamente microscópica entre Paris e Orléans, uma vez que Montlhéry fica a apenas 24km de Paris.

Boa parte do reinado de Luís VI se consumiu na luta para conquistar essa fortaleza, o que ele finalmente conseguiu, acrescentando Montlhéry aos domínios dos Capeto. Como acontecia em todos esses casos, a conquista implicou o fortalecimento militar e o enriquecimento da Casa vitoriosa. A terra dos Montlhéry trouxe ao rei uma renda extra de 200 libras — uma bela soma naqueles tempos —, além de 13 feudos diretos e 20 indiretos dela dependentes,[77] cujos rendeiros passaram a engrossar o poder militar dos Capeto.

Não foram menos demoradas e difíceis outras batalhas que Luís VI se viu obrigado a travar. Precisou de três expedições, em 1111, 1112 e 1118, para quebrar o poder de uma única família de cavaleiros em Orléans,[78] e levou 20 anos para subjugar as Casas de Rochefort, Ferté-Alais e Puiset e lhes acrescentar as terras às de sua família. Por essa época, contudo, o domínio dos Capeto era tão grande e bem-consolidado que, graças às vantagens econômicas e militares conferidas por propriedades tão vastas, seus proprietários haviam superado todos os seus rivais na França, onde passaram a exercer uma espécie de monopólio.

Quatro ou cinco séculos depois, o monarca se transformara no controlador monopolista de enormes meios militares e financeiros, gerados por toda a área do reino. Campanhas como as empreendidas por Luís VI contra outros senhores feudais, dentro de um único território, representaram os primeiros passos para a posterior consolidação da posição monopolista da monarquia. No início, a Casa dos reis nominais pouco se avantajava das Casas feudais em volta, em termos de propriedade de terras e poder militar e econômico. A diferença em propriedades entre os guerreiros era relativamente pequena e, por conseguinte, também em importância social, pouco importando os títulos com que se adornavam. Mais tarde, através de casamentos, compra ou conquista, uma dessas Casas acumulava cada vez mais terras e obtinha preponderância sobre os vizinhos. O fato de ter sido a velha Casa Real que conseguiu a primazia em França talvez estivesse ligado — à parte as propriedades nunca irrisórias que tornaram possível seu novo começo — às qualidades pessoais de seus representantes, ao apoio da Igreja, e a certo prestígio tradicional. Mas a mesma diferenciação no tocante à propriedade entre guerreiros estava ocorrendo na mesma ocasião, conforme já mencionado, também em outros territórios. Acontecia a mesma mudança do centro de gravidade da sociedade guerreira, beneficiando algumas grandes famílias de cavaleiros, em detrimento de muitas outras de porte médio e pequeno, conforme já vimos. Em todos os territórios, cedo ou tarde uma família conseguia, acumulando terras, alcançar uma hegemonia. O fato de a coroa ter feito a mesma coisa, sob Luís, o Gordo, parece uma ab-rogação da função real. Dada a distribuição de poder social que então prevalecia, porém, ele não tinha alternativa. Na estrutura social, a propriedade familiar e o controle da estreita área hereditária constituíam a base militar e financeira mais importante até mesmo para o poder do rei. Concentrando suas forças na pequena área de Frância, estabelecendo hegemonia no espaço restrito de um território, Luís VI lançou os alicerces para a subsequente expansão de sua Casa. Criou um centro potencial para a cristalização da área maior da França, embora possamos dizer com segurança que ele não teve qualquer visão profética de tal futuro. Agiu sob a compulsão direta da situação concreta em que se encontrava. *Tinha* que conquistar Montlhéry para não perder o controle das comunicações entre partes de seu próprio território. *Tinha* que subjugar as famílias mais poderosas de Orléans, para que não sumisse seu poder nessa região. Se os Capeto não houvessem conseguido a preponderância em Frância, cedo ou tarde — tal como acontecia com outras províncias na França —, ela teria passado a outra Casa.

O mecanismo que gerou a hegemonia foi sempre o mesmo. De maneira semelhante — através da acumulação de propriedades —, em tempos mais recentes um pequeno número de empresas econômicas supera seus rivais e concorre entre si até que, finalmente, uma ou duas delas controlam ou dominam um dado ramo da economia, sob a forma de monopólio. Analogamente — acumulando terra e, dessa maneira, ampliando potencial militar e financeiro —, Estados, em tempos recentes, lutam pela preponderância numa dada parte do mundo. Mas, se na sociedade moderna, com a divisão mais extensa de funções que se observa, esse processo ocorre de forma relativamente complexa, distinguindo-se os aspectos econômicos, militares e políticos da hegemonia, na sociedade de Luís VI, dada a economia predominantemente de troca da época, tais aspectos permaneceram unificados. A Casa que dominava politicamente o território era também a mais rica no mesmo, detentora da mais extensa área de terra, e seu poder político diminuía caso o seu poder militar, que tinha origem no volume de receita produzida pelo domínio e número de servos e agregados, não excedesse o de todas as demais famílias de guerreiros da área.

Uma vez estivesse razoavelmente segura a preponderância de uma única Casa na pequena região, a luta pela hegemonia numa área maior subia para primeiro plano — a luta entre os poucos maiores senhores de território pela predominância dentro do reino. E foi essa a tarefa que os descendentes de Luís VI enfrentaram, as gerações seguintes dos Capeto.

II

Digressão sobre Algumas Diferenças nas Trajetórias de Desenvolvimento da Inglaterra, França e Germânia

1. A tarefa implicada na luta pela dominação, isto é, pela centralização e pelo controle do governo, diferiu, por uma razão muito simples, na Inglaterra e França da que ocorreu no Império Romano-Germânico. Não só esta última formação política era bem maior em território que as duas outras, como também eram muito maiores as suas divergências sociais e geográficas internas. Esse fato dava às forças locais, centrífugas, uma energia bastante superior, e tornava incomparavelmente mais difícil a tarefa de conquistar a hegemonia e implantar a centralização. A Casa governante teria necessitado de uma área territorial e poder mais extensos do que na França ou Inglaterra para dominar as forças centrífugas atuantes no Império Romano-Germânico e forjá-las sob a forma de um todo duradouro. Há boas razões para supor que, dados o nível de divisão do trabalho e integração e das técnicas militares, administrativas e de transporte da época, era provavelmente insolúvel o problema de manter permanentemente sob controle as tendências centrífugas numa área tão vasta.
2. A escala em que ocorrem os processos sociais não é um elemento banal em sua estrutura. Ao indagarmos por que a centralização e a integração da França e Inglaterra foram realizadas mais cedo, e de forma mais completa, do que nas regiões germânicas, não devemos esquecer esse ponto. Neste particular, variaram muito as tendências do desenvolvimento nas três regiões.

Quando a coroa da região franca do Ocidente caiu nas mãos dos Capeto, a área sob o domínio do poder real estendia-se de Paris a Senlis no norte e a Orléans no sul. Vinte e cinco anos antes, Oto I fora coroado imperador romano, em Roma. Implacavelmente, ele esmagara a resistência de outros chefes germânicos, contando, no início, principalmente com a ajuda dos experientes guerreiros de sua própria área tribal. Nessa época, o império de Otto estendia-se aproximadamente de Antuérpia a Cambrai a oeste, pelo menos (isto é, sem os margraviatos que se situavam a leste do Elba) até esse rio, e mais além de Brunn e Olmutz na direção sudeste; prolongava-se até o Schleswig, ao norte, e até Verona e Istria, ao sul; além disso, incluía boa parte da Itália e, durante certo tempo, a Borgonha. O que havia, por conseguinte, era uma formação política em escala inteiramente diferente e, em consequência, fértil em tensões e conflitos de interesses muito superiores aos da área franca do Ocidente mesmo que nela incluamos a colônia normando-inglesa adquirida posteriormente. O problema que os duques de Frância e Normandia, ou do território angevino, enfrentavam como reis, na luta pela hegemonia nessa região, era inteiramente distinto daquele que se impunha aos governantes do Império Romano-Germânico. Nos primeiros, a centralização ou integração, a despeito de numerosas guinadas para um lado e outro, tomara um curso em linhas gerais contínuo. Na segunda área, incomparavelmente mais extensa, uma família de governantes territoriais após outra tentou, em vão, implantar, cingindo a coroa imperial, uma hegemonia realmente estável sobre todo o Império. Uma Casa após outra usara até a exaustão nessa luta infrutífera o que, a despeito de tudo o mais, continuava a ser a fonte principal de sua renda e poder — suas possessões hereditárias ou de raiz. Após cada tentativa frustrada de uma nova Casa, a descentralização e a consolidação das tendências centrífugas davam mais um passo à frente.

Pouco antes de a monarquia francesa começar a recuperar gradualmente sua força na pessoa de Luís VI, o poder do imperador romano-germânico Henrique IV entrara em colapso ante os ataques combinados dos grandes senhores territoriais germânicos, da Igreja, das cidades do norte da Itália, e de seu filho mais velho — isto é, diante de forças centrífugas da natureza a mais variada. Esses fatos nos fornecem meios de comparação com os primeiros tempos da monarquia francesa. Mais tarde, quando o rei francês Francisco I exercia controle tão completo do reino que não precisava mais convocar assembleias dos estados, e podia aumentar os impostos sem anuência dos contribuintes, o imperador Carlos V e seu governo eram obrigados a negociar até mesmo em suas terras hereditárias com enorme número de assembleias locais, antes de poderem arrecadar os tributos de que necessitavam para pagar as despesas da corte, do exército e do governo do Império. E tudo isso, incluindo a renda de colônias ultramarinas, não era sequer suficiente para custear as despesas de administração do Império. Ao abdicar Carlos V, a administração imperial estava à beira da falência. Ele, também, estava exausto e pessoalmente arruinado por tentar governar um império enorme, dilacerado por maciças forças centrífugas. E constitui uma indicação de como se transformou a sociedade em geral, e a função real em particular, que, ainda assim, os Habsburgo tenham conseguido manter-se no poder.

3. Mostramos acima que na área europeia o mecanismo da formação do Estado — no sentido moderno da palavra Estado — foi basicamente o mesmo, na época em que a sociedade evoluía da economia de troca para a economia monetária. Esse fato será ilustrado com mais detalhes no tocante à França. Sempre descortinamos, pelo menos na história dos grandes Estados europeus, uma fase inicial na qual unidades do tamanho de um território desempenham um papel decisivo na área que mais tarde se transformará em Estado. Trata-se de domínios pequenos, frouxamente estruturados, como outros que surgiram em muitas partes do mundo onde a divisão do trabalho e a integração eram superficiais, correspondendo seu tamanho aos limites impostos à organização do governo pela predominância das relações de troca na economia. Temos exemplos desse tipo nos domínios territoriais feudais presentes no Império Romano-Germânico que, com o avanço da economia monetária, foram se consolidar sob a forma de pequenos reinos, ducados ou condados, ou em áreas como o principado de Gales ou o reino da Escócia, atualmente fundidos com a Inglaterra no Reino Unido da Grã-Bretanha e Irlanda do Norte; e ainda, como exemplo final, citemos o ducado de Frância, cuja transformação em domínio feudal mais coeso foi discutida acima.

Nesse quadro esquemático, o processo que ocorreu *entre* os domínios territoriais vizinhos assumiu um curso muito parecido com o seguido antes, *dentro* de territórios firmemente consolidados, entre senhores ou cavaleiros individuais, até um deles conquistar a predominância e um domínio territorial mais sólido se formar. Da mesma forma que, numa época, certo número de Estados que competiam entre si sentiram a necessidade de se expandirem para não serem subjugados por outros vizinhos que se expandiam, na época seguinte um grupo de unidades um tanto maiores, p. ex. ducados ou condados, enfrentaram a mesma dificuldade.

Já demonstramos antes com alguns detalhes que, nessa sociedade, a competição interna pela terra se intensificava devido ao crescimento da população, à consolidação da propriedade e às dificuldades de expansão interna. Mostramos também que esse anseio por terras manifestava-se nos cavaleiros pobres como o simples desejo de um modo de vida apropriado a seu *status* e, nos mais importantes e ricos, como um acicate para querer "mais" terra. Isso porque, numa sociedade em que atuavam essas pressões competitivas, quem não ganhava "mais" automaticamente ficava com "menos". Neste particular, observamos, mais uma vez, a pressão que se fazia sentir de cima a baixo nessa sociedade: lançava os governantes territoriais uns contra os outros e, dessa maneira, punha em movimento o mecanismo do monopólio. Inicialmente, as diferenças em poder eram contidas, mesmo nessa fase, dentro de um contexto que permitia que um número considerável de domínios territoriais feudais permanecesse na arena de luta. Mais tarde, após muitas vitórias e derrotas, alguns se tornavam mais fortes pela acumulação dos meios do poder, enquanto outros eram obrigados a desistir da luta. Os poucos vitoriosos continuavam a lutar e o processo de eliminação se repetia até que, finalmente, a decisão ficava apenas entre dois domínios territoriais reforçados pela derrota e incorporação de outros. Todos os demais — tivessem ou não se envolvido na luta, ou permanecessem neutros — eram reduzidos pelo crescimento desses dois à condição de figuras de segunda ou terceira classe, embora ainda conservassem certa importância social. Os dois últimos, porém, aproximavam-se de uma posição monopolista; haviam superado os demais; a decisão ficava entre eles.

Nessas "lutas de eliminação", o processo de seleção social, as qualidades pessoais de certos indivíduos e outros fatores "acidentais", como a morte tardia de um deles ou a falta de herdeiros do sexo masculino em uma Casa reinante sem dúvida vieram a desempenhar um papel decisivo em certas ocasiões, determinando *que* território aumentaria de importância, cresceria e mesmo triunfaria.

O processo social em si, contudo — o fato de que uma sociedade com numerosas unidades de poder e de propriedade de dimensão relativamente igual tende, sob fortes pressões competitivas, para a ampliação de umas poucas unidades e, finalmente, para o monopólio —, é de modo geral independente de tais acidentes. Eles podem, é bem verdade, acelerar ou retardar no processo. Mas, pouco importando quem seja o monopolista, há alto grau de probabilidade de que, cedo ou tarde, um monopólio se forme, pelo menos nas estruturas sociais que até agora conhecemos. Na linguagem das ciências exatas, esta observação seria, talvez, chamada de "lei". Mas, em termos rigorosos, o que temos é a formulação relativamente precisa de um mecanismo social muito simples que, uma vez posto em movimento, funciona com a regularidade de um relógio. Uma configuração humana em que um número relativamente grande de unidades, em virtude do poder de que dispõem, concorrem entre si, tende a desviar-se desse estado de equilíbrio (muitos equilibrados por muitos, concorrência relativamente livre) e a aproximar-se de um diferente estado, no qual um número cada vez menor de unidades pode competir entre si. Em outras palavras, acerca-se de uma situação em que apenas uma *única* unidade social consegue, através da acumulação, o monopólio das disputadas probabilidades de poder.

4. O caráter geral do mecanismo monopolista será discutido com mais detalhes adiante. Mas é necessário afirmar já a esta altura que um mecanismo desse tipo também esteve envolvido na formação dos Estados, da mesma forma que antes ocorrera no caso de unidades menores, os territórios ou, mais tarde, em outras ainda maiores. Somente conservando em mente esse mecanismo é que poderemos compreender que fatores na história dos diferentes países o modificam ou podem, mesmo, neutralizá-lo. Só assim entenderemos claramente por que a tarefa que o suserano do Império Romano-Germânico enfrentou foi incomparavelmente mais difícil do que aquela com que teve que lidar o potencial governante da região franca do Ocidente. No Império, também, através de lutas de eliminação e de uma acumulação constante de territórios nas mãos dos vencedores, precisaria emergir um domínio territorial suficientemente forte para absorver ou eliminar todos os demais. Apenas dessa maneira poderia um Império tão diversificado conseguir se centralizar. E não faltaram lutas nessa direção, não só entre os Welf[*] e os Hohenstaufen, mas também entre o Imperador e o Papa, com suas complicações específicas. Mas nenhuma delas produziu os resultados necessários. Numa área tão grande e variada como essa, a probabilidade de que emergisse um poder claramente dominante era bem menor do que em áreas mais restritas, especialmente porque, nessa fase, a integração econômica era menor e, as distâncias, muitas vezes, maiores do que mais tarde. De qualquer modo, lutas de eliminação numa área tão grande precisariam de muito mais tempo do que nas áreas vizinhas, menores.

É bem conhecida a maneira como, apesar de tudo o mais, finalmente surgiram Estados no interior do Império Romano-Germânico. Entre os domínios territoriais germânicos — ignorando aqui o processo análogo que ocorria na Itália — surgiu uma Casa Real que, acima de tudo se expandindo pela região colonial germânica ou semigermânica, lentamente ingressou na luta com o poder mais antigo dos Habsburgo: os Hohenzollern.[**] Seguiu-se um combate pela supremacia, culminando na vitória dos Hohenzollern e na sua formação de uma primazia inequívoca entre os governantes territoriais germânicos e, finalmente, passo a passo, na

---

[*] Ou guelfos, na forma latinizada. (RJR)
[**] Governantes do Brandemburgo, e mais tarde da Prússia. (RJR)

unificação dos territórios sob um único aparelho de governo. Essa luta pela supremacia entre os dois componentes mais poderosos do Império, porém, embora resultasse em maior integração, na formação de Estados em seu interior, implicou também mais um passo na desintegração do velho Império. Com a derrota, as terras dos Habsburgo deixaram a união. Esta foi, na verdade, uma das últimas fases da lenta e contínua decadência do Império. No correr dos séculos, mais e mais partes se haviam separado, transformando-se em domínios independentes. O Império, como um todo, era grande e diversificado demais para ser outra coisa que não um obstáculo à formação de Estados.

Refletir sobre o motivo por que a formação de Estados no Império Romano-Germânico foi tão mais trabalhosa e demorada do que em seus vizinhos ocidentais certamente ajuda-nos a compreender melhor o século XX. A experiência moderna sobre a diferença entre os Estados do Ocidente mais antigos, equilibrados e que tiveram expansão mais completa, e os Estados de estabelecimento recente, descendentes do velho Império, Estados que se expandiram relativamente mais tarde, confere a essa questão uma importância atual. Do ponto de vista estrutural, não parece difícil responder a ela, pelo menos não mais do que à questão complementar, que dificilmente tem importância menor para a compreensão das estruturas históricas — a questão do motivo por que esse colosso, a despeito de sua estrutura desfavorável e da força inevitável das forças centrífugas que nele atuavam, resistiu por tanto tempo, por que o Império não se desintegrou mais cedo.

5. Como um todo, ele realmente desmoronou tarde. Durante séculos, porém, as áreas lindeiras do Império — em particular a oeste e sul — vinham se separando e tomando seu caminho próprio, mas a colonização e a incessante expansão das colônias germânicas a leste compensava, até certo ponto, as perdas no Ocidente, embora apenas até certo ponto. Até fins da Idade Média, e em certa medida mesmo mais tarde, o Império espraiava-se para o oeste até o Maas e o Ródano. Se ignorarmos as irregularidades e levarmos em conta apenas a tendência geral desse movimento, formamos uma impressão dos atritos e da redução constante do Império, acompanhados por uma lenta mudança na direção da expansão, e do deslizamento do centro de gravidade, do oeste para leste. Resta ainda demonstrar essa tendência com mais exatidão do que podemos fazer aqui. Mas, em termos exclusivamente de área, a tendência ainda é visível nas mudanças mais recentes no território germânico propriamente dito:

Confederação Germânica antes de 1866   630.098km^2
Alemanha após 1870   540.484km^2
Alemanha após 1918   471.000km^2

Na Inglaterra, e também na França, a tendência se desenvolvia em sentido quase inverso. Em primeiro lugar, as instituições tradicionais evoluíram em áreas relativamente restritas e só mais tarde estenderam seu alcance. O destino da instituição central, a estrutura e o desenvolvimento de toda a máquina de governo nesses países não podem ser compreendidos, nem se explicar as diferenças entre eles e as formações correspondentes nos Estados que descenderam do velho Império, a menos que se leve em conta esse fator simples, o lento crescimento de pequeno para maior.

Comparado com o Império Romano-Germânico, o território insular que o duque normando Guilherme, o Conquistador, tomou em 1066 era de dimensões bem reduzidas. Ele nos lembra mais ou menos a Prússia sob os primeiros reis. Compreendia, à parte pequenas áreas na fronteira norte com a Escócia, a atual Inglaterra, uma área de mais ou menos 131.764km². Gales estava apenas parcialmente unificada com a Inglaterra, em fins do século XIII (a Inglaterra e Gales, juntas, têm 151.130km²). A união com a Escócia só se realizou em 1603. Esses fatos nos lembram que a formação da nação inglesa, e, mais tarde, britânica, ocorreu num contexto que, comparado ao das grandes nações da Europa Continental, dificilmente excedia, em sua fase decisiva, a de um domínio territorial. O que Guilherme, o Conquistador, e seus sucessores imediatos consolidaram nada mais foi, na verdade, do que um grande território do Império Franco do Ocidente, não muito diferente dos que, na mesma época, existiam na Frância, Aquitânia ou Anjou. A tarefa que os governantes territoriais dessa área enfrentaram na luta pela supremacia — determinada pela pura necessidade de expandir-se a fim de evitar a dominação por outros —, essa tarefa de modo algum podia ser comparada com a que o suserano do Império continental teve que arrostar. Isso é verdade mesmo na primeira fase, na qual o território insular era uma espécie de colônia franca, quando seus governantes normandos ou angevinos controlavam também consideráveis territórios no continente e, por conseguinte, todos eles ainda lutavam pela supremacia na área franca do Ocidente. Mas isso é verdade, acima de tudo, da fase em que foram repelidos do continente, voltaram à ilha e tiveram que se unificar sob um único governo na base apenas da Inglaterra. E se a função real, tal como a relação entre o rei e os estados, assumiu na Inglaterra uma forma diferente da que vigorou no Império continental, um dos fatores que influiu nesse particular, embora certamente não tenha sido o único, foi a relativa pequenez e também, claro, a posição isolada da área a ser unificada. Era bem menor a probabilidade de uma grande diferenciação regional, e mais simples a luta pela supremacia entre dois governantes rivais do que entre as muitas facções do Império. O parlamento inglês, no que interessava a seu modo de formação e, por conseguinte, a sua estrutura, de maneira alguma se podia comparar à Dieta Imperial Germânica, mas apenas aos estados regionais. Quase a mesma coisa se aplica a todas as demais instituições. Elas cresceram, tal como a própria Inglaterra, de dimensões menores para maiores. Já as instituições dos territórios feudais evoluíram continuamente e se transformaram nas do Estado e do Império.

Igualmente no Império Britânico, contudo, forças centrífugas começaram imediatamente a atuar, tão logo o território foi unificado além de certo ponto. Mesmo com a integração e comunicações do presente, esse Império está se revelando perigosamente extenso. É mantido coeso, com grande dificuldade, apenas pela existência de governos experientes e flexíveis. A despeito das precondições muito diferentes das que prevaleciam no velho Império Germânico, ele também mostra que um império muito extenso, plasmado pela conquista e a colonização, tende finalmente a desintegrar-se em certo número de unidades mais ou menos independentes, ou pelo menos a se transformar numa espécie de "Estado Federal". Visto assim de perto, o mecanismo parece de uma evidência quase palmar.

6. A região nativa dos Capeto, o ducado de Frância, era menor do que o território inglês controlado pelos duques normandos. Tinha aproximadamente o mesmo tamanho do Eleitorado de Brandenburgo ao tempo dos Hohenstaufen. Mas nela, que se inseria na estrutura do império, foram precisos cinco ou seis séculos para que a pequena área colonial se tornasse capaz de enfrentar os velhos e tradicionais territórios do Império. No contexto mais limitado da área franca ocidental, o poder desse território, juntamente com a ajuda material e espiritual dada pela Igreja aos Capeto, foi suficiente para permitir à Casa reinante iniciar a luta pela supremacia sobre largas áreas da França já num estágio bem anterior.

A área remanescente do Império Franco do Ocidente, a base do que seria a futura França, ocupava aproximadamente uma posição intermediária, no que dizia respeito à extensão, entre o que se transformaria na Inglaterra e o Império Romano-Germânico. As divergências regionais, e, consequentemente, as forças centrífugas, eram menores nela do que no Império vizinho; foi, por conseguinte, menos árdua a tarefa do potencial suserano. As divergências e forças centrífugas foram, porém, maiores do que na ilha britânica.[79] Na Inglaterra, a própria exiguidade do território facilitou, em certas circunstâncias, a aliança dos diferentes estados e, acima de tudo, dos guerreiros de todo o território *contra* o suserano. Além disso, a distribuição de terras feita por Guilherme, o Conquistador, facilitou os contactos e promoveu interesses que eram comuns a toda a classe dona de terras pela inteira Inglaterra, pelo menos no que interessava às relações com o suserano. Resta demonstrar como um certo grau de fragmentação e separação num domínio, não o suficiente para permitir a desintegração, mas o bastante para tornar difíceis alianças diretas dos estados no país como um todo, fortalece a posição do suserano.

As possibilidades, portanto, oferecidas pela antiga região franca ocidental em termos de tamanho não foram desfavoráveis ao aparecimento de um suserano e à formação do poder monopolista.

Queda ainda por mostrar em detalhes como os Capeto tiraram vantagens dessas oportunidades e, de modo geral, através de que mecanismos o governo monopolista foi estabelecido nesse território.

III

Sobre o Mecanismo Monopolista

1. A sociedade do que hoje denominamos era moderna caracteriza-se, acima de tudo no Ocidente, por certo nível de monopolização. O livre emprego de

armas militares é vedado ao indivíduo e reservado a uma autoridade central, qualquer que seja seu tipo,[80] e de igual modo a tributação da propriedade ou renda de pessoas concentra-se nas suas mãos. Os meios financeiros arrecadados pela autoridade sustentam-lhe o monopólio da força militar, o que, por seu lado, mantém o monopólio da tributação. Nenhum dos dois tem, em qualquer sentido, precedência sobre o outro, pois são dois lados do mesmo monopólio. Se um desaparece, o outro segue-o automaticamente, embora o governo monopolista possa ser, às vezes, abalado mais fortemente num lado do que no outro.

Precursores desse controle monopolista da tributação e do exército existiram antes, em territórios relativamente grandes, em sociedades em que era menos avançada a divisão de funções, principalmente como resultado de conquista militar. É preciso haver uma divisão social muito avançada de funções antes que possa surgir uma máquina duradoura, especializada, para administração do monopólio. E só depois que surge esse complexo aparelho é que o controle sobre o exército e a tributação assumem seu pleno caráter monopolista. Só nessa ocasião está firmemente estabelecido o controle militar e fiscal. A partir desse momento, os conflitos sociais não dizem mais respeito à eliminação do governo monopolista, mas apenas à questão de quem deve controlá-lo, em que meio seus quadros devem ser recrutados e como devem ser distribuídos os ônus e benefícios do monopólio. Apenas quando surge esse monopólio permanente da autoridade central, e o aparelho especializado para administração, é que esses domínios assumem o caráter de "Estados".

Neles, certo número de outros monopólios cristalizam-se em torno dos já mencionados. Mas esses dois são e continuam a ser os monopólios decisivos. Se entram em decadência, o mesmo acontece com todo o resto e, com eles, o "Estado".

2. A questão em debate é como e por que surge essa estrutura monopolista. Na sociedade dos séculos IX, X e XI, ela definitivamente não existia. A partir do século XI — no território do antigo Império Franco do Ocidente — vemos que ela lentamente se cristaliza. No início, cada guerreiro que controla uma gleba de terra exerce todas as funções de governo. Mais tarde, elas são gradualmente monopolizadas por um suserano, cujo poder é administrado por especialistas. Quando bem entende, inicia guerras para conquistar novas terras ou defender as suas. A aquisição de terras e as funções governamentais que lhe acompanham a posse pertencem, como também a defesa militar, à "iniciativa privada", para usar a linguagem de uma época posterior. E uma vez que, com o aumento da população, a fome de terras se torna extremamente forte, a competição por elas se torna acirrada em todo o país. Nessa competição, são utilizados meios militares e econômicos, em contraste com o que aconteceria no século XIX, por exemplo, época em que, dado o monopólio estatal da violência física, o conflito só é realizado por meios econômicos.

Um lembrete sobre as lutas competitivas e a monopolização que vemos sucederem diretamente a nossos olhos não deixa de ter algum valor para a compreensão dos mecanismos monopolizadores que funcionaram em fases mais antigas da sociedade. Além disso, o estudo do antigo, em conjunto com o novo, ajuda-nos a observar o desenvolvimento social como um todo. A parte posterior do movimento pressupõe a anterior e o centro de ambas é a acumulação dos principais meios de produção da época, ou, pelo menos, o controle dos mesmos num número cada vez menor de mãos — antes a acumulação de terras e, mais tarde, de moeda, dinheiro.

O mecanismo da formação de monopólios já foi, aliás, sumariamente discutido:[81] se, *numa grande unidade social* — como esse mecanismo pode ser mais ou menos descrito —, *um grande número de unidades sociais menores que, através de sua interdependência, constituem a maior, são de poder social aproximadamente igual e, portanto, capazes de competir livremente — não estando prejudicadas por monopólios preexistentes — pelos meios do poder social, isto é, principalmente pelos meios de subsistência e produção, é alta a probabilidade de que algumas sejam vitoriosas e outras derrotadas e de que, gradualmente, como resultado, um número sempre menor de indivíduos controle um número sempre maior de oportunidades, e unidades em número cada vez maior sejam eliminadas da competição, tornando-se, direta ou indiretamente, dependentes de um número cada vez menor.* A configuração humana capturada nesse movimento, por conseguinte, aproximar-se-á, a menos que medidas compensatórias sejam tomadas, de um Estado em que todas as oportunidades são controladas por uma única autoridade: um sistema de oportunidades abertas transforma-se num de oportunidades fechadas.[82]

É muito simples o modelo geral seguido pela sequência: há na área social certo número de pessoas, e um certo número de oportunidades que são escassas ou insuficientes em relação às necessidades daquelas. Se supomos, para começar, que cada pessoa luta com outra pelas oportunidades disponíveis, é extremamente pequena a probabilidade de que se mantenha indefinidamente esse estado de equilíbrio e de que nenhum dos parceiros triunfe em qualquer um desses pares, se esta for realmente uma competição livre não influenciada por qualquer poder monopolista — e muito alta a possibilidade de que, cedo ou tarde, alguns participantes vençam seus adversários. Mas se alguns dos participantes saem vitoriosos, suas oportunidades se multiplicam; as dos derrotados diminuem. Maiores oportunidades se acumulam nas mãos de um grupo dos rivais iniciais, sendo os demais eliminados de competição direta com eles. Supondo que, nesse momento, cada um dos vitoriosos lute com os outros, o processo se repete: mais uma vez, um grupo alcança vitória e obtém controle das oportunidades de poder dos vencidos; um número ainda menor de pessoas controla um número maior de possibilidades de poder; um número ainda maior de pessoas é eliminado da livre competição; o processo se repete até que, finalmente, no caso extremo, um único indivíduo controla todas as possibilidades de poder e todos os demais passam a depender dele.

Na realidade histórica, certamente não são sempre indivíduos isolados que praticam esse mecanismo. Com frequência, entram em jogo grandes associações de pessoas, como, por exemplo, territórios ou Estados. O curso dos fatos, na realidade, é em geral bem mais complicado do que nesse modelo esquemático, comportando inúmeras variações. Acontece frequentemente, por exemplo, de certo número de partes mais fracas combinar-se para derrubar um indivíduo que acumulou possibilidades demais e se tornou insuportavelmente forte. Caso tenham sucesso e assumam as possibilidades dessa parte, ou algum volume das mesmas, elas depois lutam entre si para obter a predominância. O efeito, a mudança nos equilíbrios de poder, é sempre o mesmo. Neste caso, também, um número sempre maior de possibilidades de poder tende a acumular-se nas mãos de um número sempre menor de pessoas, através de uma série de provas eliminatórias.

O curso e ritmo dessa mudança em favor dos poucos e a expensas dos muitos depende em alto grau da relação entre a oferta e a demanda de oportunidades. Se supomos que o nível da demanda e o número de oportunidades permaneceram no todo inalterados no curso do movimento, a demanda de oportunidades aumenta com a mudança nas relações de poder; o número de dependentes e o grau de dependência aumentarão e mudarão em espécie. Se funções sociais relativamente independentes são cada vez mais substituídas por outras, dependentes, na sociedade — como, por exemplo, cavaleiros livres por cavaleiros cortesãos e, finalmente, apenas por cortesãos, ou mercadores relativamente independentes por mercadores ou empregados dependentes — a modelagem dos afetos, a estrutura das pulsões e consciência, em suma, toda a estrutura social da personalidade e as atitudes sociais das pessoas mudam necessariamente ao mesmo tempo. E isso não se aplica menos àqueles que se aproximam da obtenção de uma posição monopolista do que àqueles que perderam a possibilidade de competir e caíram em dependência direta ou indireta.

3. Essa situação não deve absolutamente ser entendida apenas como um processo pelo qual um número cada vez menor de pessoas se torna "livre", e mais e mais se torna "não livre", embora, em algumas fases, pareça corresponder a essa descrição. Se o movimento é considerado como um todo, podemos reconhecer sem dificuldade que — pelo menos em sociedades altamente diferenciadas — em certo estágio do processo a dependência passa por uma mudança qualitativa peculiar. Quanto mais pessoas são tornadas dependentes pelo mecanismo monopolista, maior se torna o poder do dependente, não apenas individual mas também coletivamente, em relação a um ou mais monopólios. Isso acontece não só por causa do pequeno número dos que galgam a posição monopolista, mas devido a sua própria dependência de cada vez mais dependentes, para preservarem e explorarem o potencial de poder que monopolizaram. Seja uma questão de terra, de soldados ou de dinheiro, sob qualquer forma, quanto mais é acumulado por um indivíduo, menos facilmente pode ele supervisioná-los e mais dependente se torna de seus dependentes. Essas mudanças nas relações de poder e dependência precisam, com frequência, de séculos para se tornarem perceptíveis, e de mais séculos ainda para encontrarem expressão em instituições duradouras. Características estruturais particulares da sociedade podem levantar obstáculos infindáveis no correr do processo, mas, ainda assim, seu mecanismo e tendência são inequívocos. Quanto mais abrangente o potencial de poder monopolizado, maior a rede de funcionários que o administra e maior a divisão do trabalho entre eles; em suma, quanto maior o número de pessoas de cujo trabalho ou função o monopólio depende de qualquer maneira, mais fortemente

esse campo controlado pelo monopolista faz valer seu próprio peso e suas regularidades internas. O governante monopolista pode reconhecer esse fato e impor a si mesmo restrições que sua função de autoridade central de uma formação social tão poderosa exige, ou satisfazer suas próprias inclinações e dar a elas precedência sobre todas as demais. No último caso, o complexo aparato social que se desenvolveu juntamente com a acumulação privada de possibilidades de poder cedo ou tarde entrará em desordem e fará com que sua resistência, sua estrutura autônoma, seja ainda mais fortemente sentida. Em outras palavras, quanto mais abrangente se torna a posição monopolista e mais altamente desenvolvida sua divisão de trabalho, com mais clareza e certeza ela se moverá para um ponto em que o governante monopolista (seja ele um só ou um grupo) se tornará o funcionário central de uma máquina composta de funções diferenciadas, mais poderosa do que outras, talvez, mas pouco menos dependente e agrilhoada. Essa mudança pode ocorrer quase imperceptivelmente, em pequenos passos e lutas, ou quando grupos inteiros fazem valer, pela força, seu poder social sobre os governantes monopolistas. De uma forma ou de outra, o poder inicialmente adquirido através da acumulação de oportunidades em lutas privadas tende, a partir de um ponto assinalado pelo tamanho ótimo das posses, a escorregar das mãos dos governantes monopolistas para as mãos dos dependentes como um todo, ou, para começar, para grupos de dependentes, tais como a administração monopolista. O monopólio privadamente possuído por um único indivíduo ou família cai sob o controle de um estrato social mais amplo e se transforma, como órgão central do Estado, em monopólio público.

O desenvolvimento do que hoje chamaríamos de "economia nacional" constitui um bom exemplo do processo. A economia nacional desenvolveu-se a partir da "economia privada" das Casas feudais governantes. Ou mais exatamente, não havia no princípio distinção entre o que mais tarde foi separado como rendas e despesas "públicas" e "privadas". A renda dos suseranos originava-se principalmente da produção das possessões de sua família ou do domínio; as despesas da corte, tais como caçadas, roupas ou presentes, eram custeadas por essa renda, exatamente da mesma maneira que o custo relativamente baixo com a pequena administração que então havia, com soldados mercenários, se necessários, ou com a construção de castelos. À medida que mais e mais terras caíam nas mãos de uma única Casa reinante, o gerenciamento da renda e das despesas, da administração e defesa das propriedades, tornaram-se cada vez mais difíceis para um único indivíduo. Mas, ainda à época em que as propriedades diretas da Casa reinante, de seus domínios, já tinham deixado de ser a fonte principal de sua renda, mesmo quando, com o aumento do comércio, tributos de toda a região fluíam para as "câmaras" do suserano e quando, com o monopólio da força, o monopólio da terra se tornara simultaneamente o dos tributos, ou impostos, mesmo nessa ocasião, ele ainda continuou a controlar a receita como se ela fosse renda pessoal de sua família. Ele ainda podia decidir quanto dela seria gasto em castelos, presentes, cozinha e corte e quanto na manutenção das tropas e pagamento da administração. Era prerrogativa sua a distribuição da renda gerada pelos recursos monopolizados. Examinando de perto o assunto, porém, descobrimos que a liberdade de decisão do monopolista era cada vez mais restringida pela imensa teia humana em que gradualmente se transformaram suas propriedades. Sua dependência do pessoal administrativo aumentou, e com ela a influência deste último; os custos fixos da máquina monopolista subiam constantemente; e, no fim desse desenvolvimento, o governante absoluto, com seu poder aparentemente ilimitado, era, num grau extraordinário, governado, sendo funcionalmente dependente da sociedade a que governava. Sua soberania absoluta não era simples consequência do controle monopolizado de oportunidades, mas função de certa peculiaridade estrutural da sociedade nessa fase, assunto sobre o qual teremos mais a dizer adiante. Mas, como quer que fosse, o orçamento do absolutismo francês não continha ainda uma distinção entre as despesas "públicas" e "privadas" do rei.

É fato conhecido como a sua transformação em monopólio público encontrou, finalmente, expressão no orçamento. O indivíduo que exerce o poder central, a qualquer título que fosse, é contemplado com uma verba no orçamento, exatamente igual a qualquer outro funcionário; com ela, o suserano, rei ou presidente, atende às despesas de sua família ou corte; as despesas necessárias à organização governamental do país são rigorosamente separadas das que são usadas pelo indivíduo para fins privados. O poder monopolista privado transforma-se em monopólio público, mesmo quando se encontra nas mãos de indivíduos que agem como funcionários da sociedade.

O mesmo quadro emerge se estudamos a formação da máquina governamental como um todo. Ela surgiu a partir do que poderíamos chamar de corte "privada", e de administração dos domínios de reis ou príncipes. Praticamente todos os órgãos do governo do Estado resultaram da diferenciação das funções da Família Real, ocasionalmente com a incorporação de órgãos autônomos de administração local. Quando essa máquina governamental finalmente se transformou no conjunto de assuntos públicos do Estado, a família do suserano passou a ser, no máximo, um órgão entre outros e, no fim, quase nem mesmo isso.

Teríamos que fazer uma digressão longa demais para mostrar o que realmente temos em mente quando dizemos que o poder "privado" de indivíduos sobre recursos monopolizados se transformou em poder "público", do "Estado", ou "coletivo". Conforme dissemos antes, essas expressões assumem seu significado pleno apenas quando aplicadas a sociedades dotadas de extensa divisão de funções; só nelas as atividades e funções de cada indivíduo dependem direta ou indiretamente das de muitos outros; só nelas o peso dessas muitas ações e interesses entrelaçados adquire tanta importância que mesmo os poucos que exercem controle monopolista sobre possibilidades imensas não conseguem escapar de sua pressão.

Processos sociais que utilizam mecanismos de monopólio são encontrados em numerosas sociedades, mesmo em algumas com divisão de funções e integração relativamente baixas. Nelas, também, todos os monopólios tendem, a partir de certo grau de acumulação, a escapar do controle de um único indivíduo e passar para o de grupos sociais completos, começando frequentemente com os antigos funcionários do governo, os primeiros servidores dos monopolistas. O processo de feudalização é um exemplo disso. Mostramos antes que, no curso desse processo, o controle sobre propriedades territoriais relativamente grandes e o poder militar escaparam em sucessivas ondas ao governante monopolista, inicialmente passando a seus antigos funcionários ou seus herdeiros, e depois à classe de guerreiros como um todo, com sua própria hierarquia interna. Em sociedades em que é menor o grau de interdependência entre funções sociais, esse afastamento do controle monopolista privado resulta ou numa espécie de "anarquia", uma decadência mais ou menos completa do monopólio, ou em sua tomada por uma oligarquia, em vez de uma única dinastia individual. Mais tarde, essas mudanças, em benefício de muitos, não culmina em desintegração do monopólio, mas apenas numa forma diferente de controle sobre o mesmo. Só no curso de uma crescente interdependência social de todas as funções é que se torna possível arrancar os monopólios da exploração arbitrária por uns poucos sem fazer com que se desintegrem. Em todos os casos em que é alta e crescente a divisão de funções, os poucos que, em ondas sucessivas, reivindicam o poder monopolista, cedo ou tarde acabam enfrentando uma situação desvantajosa diante dos muitos, porque precisam de seus serviços e, assim, se estabelece sua dependência, funcional dos mesmos. A teia humana como um todo, dada sua divisão de funções sempre maior, manifesta uma tendência inerente a se opor com veemência crescente a toda monopolização privada de recursos. A tendência dos monopólios, como, por exemplo, da força ou da tributação, a se transformarem de monopólios "privados" em "públicos", ou "estatais", nada mais é do que uma função da interdependência social. A teia humana, com sua elevada e crescente divisão de funções, é impelida por seu próprio peso coletivo para um estado de equilíbrio em que se torna impossível a distribuição das vantagens e renda das oportunidades monopolizadas em favor de uns poucos. Se hoje parece evidente que certos monopólios, acima de tudo o monopólio decisivo do governo, são "públicos", controlados pelo Estado, embora este não fosse absolutamente o caso antes, observa-se um passo na mesma direção. É inteiramente possível que obstruções sejam repetidamente colocadas no caminho desse processo por condições particulares da sociedade. Um exemplo característico dessas obstruções foi mencionado antes, no tocante ao desenvolvimento do velho Império Romano-Germânico. E em todos os casos em que a rede social excede certo tamanho ótimo para essa formação monopolista particular, decomposições semelhantes ocorrem. Permanece perceptível, porém, o impulso dessa teia humana na direção de uma estrutura bem-definida, na qual os monopólios são administrados em benefício de toda a configuração humana, pouco importando que fatores possam repetidamente interferir, como mecanismos compensatórios, para deter o processo, em situações repetidas de conflito.

Considerado em termos gerais, por conseguinte, o processo de formação do monopólio possui uma estrutura muito clara. Nela, a livre competição tem um lugar exatamente definível e uma função positiva: é uma luta entre muitos por recursos ainda não monopolizados por qualquer indivíduo ou pequeno grupo. Todo monopólio social é precedido por esse tipo de prova eliminatória, e cada uma delas tende para o monopólio.

Em contraste com esse estágio de livre competição, a formação do monopólio significa, por um lado, o fechamento do acesso direto a certos recursos para números crescentes de pessoas e, por outro, a progressiva centralização do controle sobre esses recursos. Dada a centralização, os recursos são postos fora da concorrência direta dos muitos. Nos casos extremos, são controlados por uma única entidade social. Esta última, o monopolista, jamais chega à posição de usar apenas para si mesma os lucros do monopólio, em especial em sociedades em que vigora uma elevada divisão de funções. Se dispõe de poder social suficiente, pode, no início, reivindicar para si quase todos os lucros derivados do monopólio e remunerar os serviços alheios com o estritamente necessário para a mera sobrevivência. Mas é obrigado, exatamente porque depende dos serviços e funções dos demais, a alocar a outras pessoas grande parte dos recursos que controla — e uma parte crescentemente maior, quanto mais vastas se tornem suas propriedades acumuladas e maior sua dependência dos demais. Uma nova luta sobre a destinação desses recursos, portanto, surge entre os que deles dependem. Mas se, na fase precedente, a competição era "livre", isto é, seu resultado dependia exclusivamente de quem se mostrasse mais forte ou mais fraco num dado momento, agora ela depende da função ou finalidade para as quais o monopolista precisa do indivíduo para supervisionar o seu domínio. A livre competição é substituída por outra, controlada, ou pelo menos controlável, por agentes humanos situados numa posição central; e as qualidades que auguram sucesso nessa competição restrita, a seleção que ela promove, os tipos humanos que produz, diferem profundamente do que havia na fase precedente, de livre competição.

Temos exemplo disso na diferença entre a situação da nobreza feudal livre e a da nobreza de corte. No primeiro caso, o poder social da Casa isolada, que era função de sua capacidade econômica e militar e da força física e perícia do indivíduo, determinava a alocação dos recursos: nessa livre competição tornava-se indispensável o uso direto da força. Na última, a destinação de recursos é, em última análise, decidida pelo homem cuja Casa ou cujos predecessores emergiram, pela violência, vitoriosos da luta, de modo que ele, nesse momento, exerce o monopólio da força. Devido a esse monopólio, o emprego direto da força se vê excluído de quase toda a competição, entre membros da nobreza, pelas oportunidades de que o príncipe dispõe para distribuir. Os meios de luta foram refinados ou sublimados. Aumentou a restrição aos afetos, imposta ao indivíduo por sua subordinação ao governante monopolista. E os indivíduos assim oscilam entre a resistência à compulsão à qual estão submetidos, o ódio à dependência em que vivem e à falta de liberdade, a nostalgia da livre rivalidade entre cavaleiros, por um lado, e o orgulho pelo autocontrole que adquiriram ou a satisfação ante as novas possibilidades de prazer de que desfrutam, por outro. Em suma, um novo estímulo é aplicado ao processo civilizador.

O passo seguinte ocorre quando a burguesia conquista os monopólios da força física e da tributação, juntamente com todos os demais monopólios governamentais que nele se baseiam. A burguesia, nessa fase, é uma classe que, como um todo, controla certas oportunidades econômicas à maneira de um monopólio organizado. Mas as oportunidades são ainda tão uniformemente espalhadas entre seus membros que um número relativamente grande deles ainda pode competir livremente. O que essa classe disputa com os príncipes, e finalmente consegue, não é a destruição do governo monopolista. A burguesia não aspira a realocar esses monopólios fiscal, militar e policial a seus membros individuais, que aliás não querem se tornar proprietários de terras, cada um deles controlando suas próprias forças militares e receita proveniente de impostos. A existência de uma coleta de impostos monopolizada e de um monopólio na aplicação da violência física constitui a base de sua própria existência social: é a precondição para restringir-se a livre competição a meios econômicos, não violentos, concorrendo eles entre si por certas oportunidades econômicas.

O que os burgueses procuram alcançar na luta pelo governo monopolista, e finalmente conseguem, não é a divisão dos monopólios existentes, mas uma nova distribuição de seus ônus e benefícios. Dá-se um passo nessa direção quando o controle desses monopólios passa a depender de uma classe inteira, e não de um príncipe absoluto. Ocorre um avanço quando as oportunidades proporcionadas pelo monopólio passam a ser distribuídas cada vez menos segundo o favor pessoal e no interesse de indivíduos, e cada vez mais de conformidade com um plano mais impessoal e exato, no interesse de muitos associados interdependentes e, finalmente, no interesse de toda uma configuração humana interdependente.

Em outras palavras, graças à centralização e à monopolização, oportunidades que antes tinham que ser conquistadas por indivíduos com emprego de força militar ou econômica tornam-se passíveis de planejamento. A partir de certo ponto do desenvolvimento, a luta pelos monopólios não visa mais à sua destruição. É uma luta pelo controle do que eles produzem, por um plano de acordo com o qual seus ônus e benefícios sejam mais divididos, numa palavra, pelas chaves para a distribuição. A distribuição em si, a tarefa do governante monopolista e da administração, passa, assim, de uma função relativamente privada para pública. Sua dependência de todas as demais funções da rede humana interdependente emerge cada vez mais claramente numa forma organizacional. Em toda essa estrutura, os funcionários mais importantes são, como todos os demais, dependentes. Instituições permanentes para controlá-los são formadas por maior ou menor proporção de pessoas dependentes da máquina monopolista. O controle do monopólio, o preenchimento de suas posições decisivas, não é mais decidido pelas vicissitudes da "livre" competição, mas por provas de eliminação que se repetem, sem uso de armas, e que são reguladas pela máquina e, assim, pela competição "não livre". Em outras palavras, forma-se o que estamos acostumados a chamar de "regime democrático". Esse tipo de regime não é — como o mero exame de certos processos de monopólio econômico em nossa época poderia levar-nos a pensar — incompatível com monopólios, como tais, nem depende para sua existência da competição a mais livre possível. Muito ao contrário: pressupõe monopólios altamente organizados e só pode surgir ou sobreviver em certas circunstâncias, numa estrutura social muito específica e num estágio bem avançado de formação de monopólios.

Tanto quanto podemos até o momento julgar, duas fases principais podem se distinguir na dinâmica do mecanismo do monopólio. Em primeiro lugar, o estágio da livre competição ou de provas eliminatórias, tendendo os recursos a se acumularem num número cada vez menor de mãos e, finalmente, em apenas duas mãos, ou a fase da formação do monopólio; em segundo, a etapa em que o controle dos recursos centralizados e monopolizados tende a passar de um indivíduo para números sempre maiores até, finalmente, tornar-se função da rede humana interdependente como um todo. É esta a fase em que o monopólio relativamente "privado" torna-se "público".

Sinais da segunda fase são observados até mesmo em sociedades em que é relativamente baixa a divisão de funções. Mas, evidentemente, ela só pode atingir pleno desenvolvimento naquelas com uma divisão de funções elevada e em permanente expansão.

O movimento global pode, portanto, ser reduzido a uma fórmula muito simples. Seu ponto de partida é uma situação em que uma classe inteira controla oportunidades de monopólio desorganizadas e em que, consequentemente, a distribuição dessas oportunidades entre os membros da classe é decidida pela livre competição e pela força bruta; e ele ruma para uma situação em que o controle das oportunidades dos monopólios, e de quem deles depende, por uma classe é organizado a partir de um centro e garantido por instituições; agora a distribuição dos produtos do monopólio segue um plano que não é exclusivamente determinado pelos interesses de indivíduos isolados ou grupos, mas está orientado pela teia geral de interdependências que articula todos os grupos e indivíduos entre si, para um seu funcionamento ótimo. Isto porque, a longo prazo, a subordinação da busca do funcionamento ótimo da rede global de interdependências à otimização de interesses particulares invariavelmente destrói seu próprio objetivo.

Basta, no que interessa ao mecanismo geral da competição e à formação do monopólio. Essa generalização esquemática assume sua plena importância apenas em associação com fatos concretos; através deles, ela tem que provar seu valor.

Quando falamos em "livre competição" e "formação de monopólio", em geral temos em mente fatos correntes: pensamos, em primeiro lugar, na "competição livre" por vantagens "econômicas", da qual participam pessoas ou grupos, dentro de um dado conjunto de regras, empregando-se o poder econômico, e no curso da qual alguns aumentam gradualmente seu controle sobre as vantagens econômicas, simultaneamente destruindo, submetendo ou restringindo a existência econômica dos demais.

As lutas econômicas de nossos dias, porém, não só culminam, diante de nossos olhos, numa restrição constante à competição realmente "livre de monopólios" e na lenta formação de estruturas monopolistas. Conforme já indicamos, tais lutas pressupõem a existência assegurada de certos monopólios muito desenvolvidos. Sem a organização monopolista da violência física e da tributação, limitada no presente às fronteiras nacionais, a restrição dessa luta por vantagens "econômicas" ao emprego de poder "econômico", bem como a observância de suas regras básicas, seriam impossíveis em qualquer época, mesmo em Estados isolados. Em outras palavras, as lutas econômicas e os monopólios dos tempos modernos ocupam seu lugar dentro de um contexto histórico mais amplo. E só em relação a esse contexto mais amplo é que nossas observações genéricas sobre o mecanismo da competição e do monopólio podem assumir todo o seu significado. Só se levarmos em conta a sociogênese dessas instituições monopolistas firmemente enraizadas do "Estado" — que durante uma fase de expansão e diferenciação em grande escala abriu a "esfera econômica" à competição individual irrestrita, e assim à formação de novos monopólios privados —, só então poderemos distinguir mais claramente, em meio ao grande número de fatos históricos particulares, a interação dos mecanismos sociais, a estrutura organizada da formação desses monopólios.

De que modo vieram a ser criadas essas organizações monopolistas do "Estado"? Foram geradas por que tipos de lutas?

Deve ser suficiente, para o que nos interessa, estudar esses processos na história do país onde tomaram um curso mais persistente e que, parcialmente devido a isso, foi durante longos períodos a principal potência da Europa, dando exemplo às demais: a França. Assim procedendo, não deveremos evitar os detalhes, porque, de outra maneira, nosso modelo geral nunca acumularia a riqueza de experiência e se conservaria oco — tal como a riqueza de experiência permanece caótica para quem não consegue divisar nela a ordem e as estruturas.

IV
Primeiras Lutas no Contexto do Reino

1. No antigo território franco do Ocidente era muito elevada a probabilidade de que, cedo ou tarde, uma das Casas guerreiras rivais obtivesse a predominância e depois uma posição monopolista, de modo que muitos dos territórios feudais menores fossem enfeixados numa unidade mais ampla.

O fato de uma determinada Casa, a dos Capeto, emergir vitoriosa das lutas eliminatórias, tornando-se ela a agente do mecanismo monopolizador, contava por sua vez com probabilidades bem menores, mesmo que certo fatores em seu favor possam ser facilmente discernidos. Cabe mesmo dizer que foi apenas o curso tomado pela Guerra dos Cem Anos que resolveu, de uma vez por todas, se os descendentes dos Capeto ou de outra Casa se tornariam os monopolistas, ou suseranos, do Estado que emergia.

É importante levar em conta a diferença entre essas duas ordens de questões, entre o problema geral do monopólio e da formação do Estado, e a questão mais específica do motivo por que uma Casa particular conquistou e conservou a hegemonia. Estivemos estudando a primeira questão, e não a segunda, e é ela que continuará a nos interessar aqui.

A primeira mudança na direção do monopólio após o nivelamento geral das relações de propriedade que se prolongou pelo século X, e mesmo pelo XI, já foi sumariamente descrita anteriormente. Ela significava a formação de um monopólio dentro dos limites de um território. Nessa pequena área, foram travadas as primeiras batalhas eliminatórias, com o fiel da balança se movendo inicialmente em favor de uns poucos e, finalmente, de um único dos participantes. Uma Casa — pois a Casa ou a família é sempre a unidade social que se firma e faz valer seus direitos, e não um indivíduo — acumulava tanta terra que as outras não podiam mais rivalizar com ela em termos militares e econômicos. Enquanto houvesse possibilidade de competir com ela, a relação entre senhor feudal e vassalo era mais ou menos nominal. Com a mudança no poder social, tal relação assumiu uma nova realidade. Estabeleceu-se a dependência de muitas Casas face a uma única, ainda que, na falta de uma máquina central altamente desenvolvida, ela carecesse da continuidade e solidez que mais tarde veio a assumir no contexto do regime absolutista.

Era característico da força com que operava esse mecanismo monopolista que processos análogos ocorressem, aproximadamente na mesma época, em praticamente todos os territórios da região franca ocidental. Luís VI, duque de Frância, e nominalmente rei de toda a região, era bastante representativo desse estágio de formação do monopólio.

2. Se examinamos um mapa da França em 1032, formamos uma clara impressão de sua fragmentação política, em bom número de territórios mais e menos poderosos.[83] O que temos diante de nós certamente ainda não é a França que conhecemos. Essa França emergente, a antiga região franca do Ocidente, estava limitada a sudeste pelo Ródano; Arles e Lyon ficavam de fora, no reino da Borgonha; fora também, ao norte, estendia-se a região das atuais Toul, Bar le Duc e Verdun, que pertenciam, como as áreas em volta de Aachen, de Antuérpia e, mais ao norte, a Holanda, ao reino de Lorena. As tradicionais fronteiras oriental e setentrional da antiga região franca do Ocidente estavam bem para dentro da França atual. Mas nem essa fronteira do império nominal dos Capeto nem as fronteiras das unidades políticas menores nele contidas tinham, na época, a mesma função ou fixidez das atuais fronteiras internacionais. Divisões geográficas, vales de rios e cadeias de montanhas, bem como diferenças linguísticas e tradições locais, davam, é verdade, certa estabilidade às fronteiras. Mas uma vez que todas as regiões, grandes ou pequenas, constituíam propriedade de uma família de guerreiros, o que fundamentalmente decidia a composição da unidade territorial eram as vitórias e derrotas, os casamentos, as compras e vendas feitas por essa família. E em cada região eram muito grandes as mudanças de hegemonia.

Indo do sul para o norte vemos, em primeiro lugar, ao norte do condado de Barcelona, isto é, ao norte dos Pireneus, o ducado da Gasconha, que se estende até a região de Bordeaux e ao condado de Toulouse. Em seguida, e para mencionar apenas as unidades maiores, temos o ducado de Guyenne, isto é, a Aquitânia, o condado de Anjou, sede da segunda Casa Real franco-inglesa, os condados de Maine e Blois, o ducado de Normandia, sede da primeira Casa Real franco-inglesa, os condados de Troyes, Vermandois e Flandres e, finalmente, em meio aos domínios normandos — os condados de Blois, Troyes e outros — o pequeno domínio dos Capeto, o ducado de Frância. Já enfatizamos que esse pequeno domínio dos Capeto não constituía, mais do que qualquer outro território, uma unidade completa nos sentidos geopolítico ou militar da palavra. Era constituído de duas ou três regiões contíguas razoavelmente grandes, a île-de-France, Berry e Orléans, bem como de propriedades menores espalhadas pelo Poitou, no sul, e pelas partes as mais diversas da França, que por um meio ou outro haviam passado à posse dos Capeto.[84]

3. Na maioria desses territórios, à época de Luíz VI, uma dada Casa já obtivera predominância sobre as demais, mediante uma acumulação de terras. Conflitos entre essas Casas principescas e a pequena nobreza que vivia no seu domínio estavam sempre eclodindo, e durante muito tempo continuaram perceptíveis as tensões entre elas.

Não eram muito animadoras, porém, as possibilidades de resistência bem-sucedida por parte das Casas feudais menores. A dependência delas face ao senhor feudal ou ao governante territorial vai se tornando mais evidente no curso do século XI. A posição monopolista das Casas principescas em seus territórios agora raramente é abalada. O que passa a caracterizar, cada vez mais, a sociedade é a luta entre as Casas de príncipes, pela predominância em áreas mais extensas. As pessoas eram envolvidas nesses conflitos pelas mesmas compulsões presentes na fase anterior: quando um vizinho se expandia e, portanto, tornava-se mais forte, o outro corria o risco de ser esmagado por ele e de tornar-se seu dependente. Ele tinha que vencer, a fim de não ser subjugado. E embora, para começar, as Cruzadas e guerras de conquista reduzissem até certo ponto a pressão interna, ela se tornou mais forte tão logo diminuíram as possibilidades de expansão pelo exterior. O mecanismo da livre competição operava nesse momento em um círculo mais limitado, isto é, entre as famílias de guerreiros que se haviam tornado as Casas principais de seus territórios.

4. A conquista da Inglaterra pelo duque normando foi uma das campanhas expansionistas características dessa época — uma entre muitas. Confirmava também a fome geral de terras que afligia a população crescente, particularmente de guerreiros, fossem eles ricos ou pobres.

O enriquecimento do duque normando, a ampliação de seus meios militares e financeiros, porém, constituíram grave perturbação para o equilíbrio anterior vigente entre os governantes territoriais da França. A plena extensão da mudança não foi evidente de imediato, uma vez que o conquistador precisou de tempo para organizar o poder dentro dos novos domínios e, mesmo quando isso aconteceu, a ameaça decorrente desse engrandecimento, em relação aos outros governantes territoriais, só se fez sentir, dada a baixa integração dos territórios francos do Ocidente, na vizinhança direta da Normandia, isto é, no norte da França, e não ao sul. Foi sentida, porém, e mais diretamente pela Casa com reivindicação tradicional à predominância na área a leste vizinha da Normandia, a Casa dos duques de Frância, os Capeto. Não é improvável que a ameaça representada por esse vizinho mais forte constituísse um fator a impelir Luís VI na direção que ele seguiu tão tenaz e energicamente durante toda a vida, o anseio de consolidar o poder e derrotar qualquer rival possível dentro de seu território.

O fato de ele, o rei nominal e senhor feudal da região franca do Ocidente, ser na verdade, pela dimensão de seus domínios, bem mais fraco que seu vassalo e vizinho, que nesse momento como governante da Inglaterra também portava uma coroa, evidenciou-se em todos os conflitos que travaram.

Guilherme, o Conquistador, uma vez que conquistara recentemente seu território insular, teve a oportunidade de criar o que constituía para a época uma organização governamental muito bem-centralizada. Distribuiu a terra de uma maneira que visava, tanto quanto possível, a impedir a formação de Casas e famílias tão ricas e poderosas como a sua, e que pudessem rivalizar com esta. O governo do suserano inglês foi o mais moderno de seu tempo; até para a receita monetária, ele criou um organismo especial.

O exército com que conquistara a ilha consistia apenas em parte de seus vassalos feudais, sendo o restante constituído de cavaleiros mercenários, movidos pelo mesmo desejo de possuir terras. Só nesse momento, encerrada a conquista, tornou-se o tesouro do governante normando suficientemente rico para contratar soldados, e, independentemente da importância de seus vassalos feudais, isso lhe conferiu superioridade militar sobre os vizinhos da Europa continental. Luís, o Gordo, da França, não podia, como não puderam seus predecessores, fazer o mesmo. Acusaram-no de ganancioso, de procurar, por todos os meios à sua disposição, apropriar-se de dinheiro. Na verdade, foi exatamente nessa época, como aliás em muitos períodos em que a moeda é relativamente escassa e se sente agudamente a desproporção entre a que existe e a que é necessária, que a vontade ou a "cobiça" de dinheiro mais se destacou. Luís VI, porém, encontrava-se em situação particularmente difícil, se comparado com seu vizinho mais próspero. Nesse aspecto, como no da organização, centralização e eliminação de possíveis rivais internos, o território insular deu um exemplo que os governantes da Europa continental tiveram que seguir, para não sucumbir na luta pela supremacia.

No início do século XII, portanto, a Casa dos Capeto era visivelmente mais fraca do que a rival, que controlava terras e gentes do outro lado do mar. Luís VI foi derrotado em praticamente todas as batalhas que travou com o rival inglês, embora este último não conseguisse penetrar no território da própria Frância. Nessa situação, o senhor de Frância limitou-se a ampliar sua base de poder, as propriedades de sua família, e a esmagar a resistência dos senhores feudais menores no interior ou nos interstícios de seus territórios. Ao assim proceder, preparava sua Casa para aquela grande luta, para aqueles séculos de conflito pela supremacia na antiga região franca do Ocidente, no curso da qual um número cada vez maior de territórios foi se fundir num único bloco, em mãos de uma única Casa, e na qual se envolveram direta ou indiretamente todos os territórios da região — a luta pela coroa da França, entre os soberanos da Île-de-France e os soberanos da ilha inglesa.

5. A Casa que retomou a luta contra os Capeto quando se extinguiu a família de Guilherme, o Conquistador, foi a dos Plantageneta. Essa família tinha por domínio o Anjou[85], uma região também vizinha da Frância. Começou sua ascensão mais ou menos na mesma época que os Capeto e quase que da mesma maneira. Da mesma forma que na Frância sob Felipe I, na vizinha Anjou sob Foulque, o real poder dos condes em relação a seus vassalos tornara-se bastante débil. Tal como o filho de Felipe, Luís VI, o Gordo, o filho de Foulque, Foulque, o Moço,

e o filho deste, Godofredo Plantageneta, gradualmente subjugou os senhores feudais e de porte médio de seu domínio, assim lançando as bases para a expansão futura.

Na própria Inglaterra, ocorreu, inicialmente o processo inverso exibindo, pelo avesso, os mecanismos que moviam essa sociedade de guerreiros. Quando Henrique I, neto de Guilherme, o Conquistador, faleceu sem deixar herdeiros, Estêvão de Blois, filho de uma das filhas de Guilherme, reivindicou o trono. Obteve o reconhecimento dos senhores feudais seculares e da Igreja, mas ele mesmo não passava de um senhor feudal normando de porte médio. Sua riqueza pessoal e o poder de sua família, dos quais tinha que depender, eram limitados. Por isso mesmo, tornou-se quase inerme diante de outros guerreiros e também do clero locais. Com sua ascensão ao trono, começou imediatamente a desintegração do poder governamental na ilha. Os senhores feudais construíam castelo após castelo, cunhavam moeda própria, cobravam impostos em suas regiões, em suma, assumiam todos os poderes que até então, dada a força superior que possuíam, haviam sido monopólio dos soberanos normandos. Além do mais, Estêvão de Blois cometeu uma série de erros graves, dos quais o principal foi perder o apoio da Igreja, o que um governante mais forte poderia, talvez, ter sido capaz de superar, mas não um homem que dependia do auxílio alheio. Tais fatos favoreceram seus rivais.

Esses rivais eram os condes de Anjou. Godofredo Plantageneta se casara com a filha do último rei anglo-normando. E dispunha de poder necessário para sustentar a reivindicação que fez com base no casamento. Lentamente, construiu uma cabeça-de-ponte na Normandia. Seu filho, Henrique Plantageneta, unificou o Maine, o Anjou, a Touraine e a Normandia sob seu domínio. Armado desse poder, pôde empreender a reconquista dos domínios ingleses de seu avô, exatamente como o duque normando fizera antes dele. Em 1153, cruzou o Canal da Mancha. Em 1154, à idade de 22 anos, coroou-se rei, e um rei que, em virtude de seu poder militar e financeiro, energia pessoal e talento, tornou-se uma poderosa força centralizadora. Dois anos antes, além do mais, tornara-se, pelo casamento com a herdeira da Aquitânia, senhor dessa região no sul da França. Combinava assim, com suas terras inglesas, um território na Europa Continental, frente ao qual o domínio dos Capeto parecia realmente insignificante. A questão se os territórios francos do Ocidente deviam ser integrados em volta da Île-de-France ou de Anjou permanecia inteiramente em aberto. A própria Inglaterra era território conquistado e mais um objeto do que propriamente um tema no jogo político.[86] Era — se queremos — uma província semicolonial na frouxa federação de territórios francos do Ocidente.

A distribuição de poder naquela época guardava uma distante semelhança com a que atualmente existe no Extremo Oriente. Um pequeno território insular e um domínio continental muitas vezes maior encontravam-se sob o mesmo governo. Toda a parte sul do antigo reino dos Capeto a ele pertencia. A principal área ao sul que não pertencia aos domínios dos Plantageneta era o condado de Barcelona. Seus soberanos estavam empenhados num análogo movimento expansionista e se tornaram reis de Aragão, mais uma vez sobre bases matrimoniais. Lentamente, sem que no início mal se percebesse, eles abandonaram a união dos territórios francos do Ocidente.

Além disso, excluído do domínio meridional anglo-angevino — salvo um território menor pertencente à Igreja —, havia o condado de Toulouse. Seus soberanos, como senhores feudais menores ao norte da região de Aquitânia, começaram, ante a ameaça do reino angevino, a se inclinar para o centro de poder rival, formado pelos Capeto. Os equilíbrios de poder que encontramos em configurações como essas tendem a determinar, sempre da mesma maneira, a conduta das pessoas. Na esfera menor da federação territorial franca, o seu modo operante pouco diferiu do que vemos na política dos Estados na Europa moderna, por exemplo, e mesmo, incipientemente, em todo o globo. Enquanto nenhum poder absolutamente dominante surgir — um poder que tenha superado inequivocamente toda concorrência e assumido posição de monopólio —, unidades de segunda classe procuram formar blocos contra aquele que, ao unificar numerosas regiões, chegou mais perto da supremacia. A formação de um bloco provoca a criação de outro e, embora por muito tempo o processo possa oscilar de um lado para outro, o sistema como um todo tende a consolidar regiões cada vez maiores em torno de um centro, a concentrar o poder de decisão real num número sempre menor de mãos e, finalmente, num único centro.

A expansão do duque normando gerou um bloco que deslocou em seu benefício o equilíbrio, começando pela região norte da França. A expansão da casa de Anjou aproveitou esse fato e deu um passo adiante. O bloco do reino angevino ameaçou o equilíbrio de toda a região franca do Ocidente. Por menos organização que esse bloco demonstrasse, por mais rudimentares fossem seu governo e sua centralização, ainda assim o movimento através do qual, sob pressão da fome geral de terras, uma Casa incessantemente impelia outra a unir-se a ela e a obter "mais" terras, manifestou-se com clareza suficiente nessas formações políticas. À parte o sul, uma larga faixa abrangendo toda a região ocidental da França pertencia, então, aos Plantageneta. Tradicionalmente, o rei da Inglaterra era vassalo dos reis Capeto no tocante a essa área da Europa continental. O "Direito", contudo, de pouco vale quando não se apóia num poder social correspondente.

Quando, em 1177, o sucessor de Luís VI, Luís VII de Frância, agora um homem velho e cansado, se encontrou com o representante da Casa rival, Henrique II, o jovem rei da Inglaterra, disse a este último:

> Real Senhor, desde o começo de vosso reinado, e antes mesmo, tendes cometido ofensas a mim, calcando aos pés a lealdade que me deveis e a vassalagem que me prestastes; e de todas essas ofensas, a mais grave e flagrante foi a injusta usurpação da Auvergne, que conservais em prejuízo da coroa francesa. Para ser franco, a velhice me aflige e rouba-me a força necessária para recuperar essa terra e outras, mas perante Deus, perante esses Barões do Reino e nossos leais súditos, publicamente protesto e defendo os direitos de minha Coroa, acima de tudo sobre a Auvergne, o Berry, Chateauroux, Gisors e o Vexin normando, implorando ao Rei dos Reis, que me deu um herdeiro, que lhe conceda o que a mim negou.[87]

O Vexin — uma espécie de Alsácia-Lorena normanda — era uma terra fronteiriça contestada entre o domínio dos Capeto e o domínio normando dos Plantageneta. Mais ao sul, a fronteira entre os domínios dos Capeto e o angevino corria pelo Berry. Os Plantageneta já se sentiam suficientemente fortes para ocupar partes do domínio dos Capeto. A luta pela supremacia, entre os Capeto e os Plantageneta, estava em pleno desenvolvimento e o soberano angevino era, além do mais, muito mais forte do que seu colega da Frância.

Por isso mesmo, as exigências que o Capeto faz a seu adversário são na verdade muito modestas: quer que lhe devolva algumas terras que considera pertencerem a seus domínios. Por algum tempo, não pode aspirar a nada mais. Compreende perfeitamente a glória do domínio angevino e a insignificância da sua. "Nos franceses", disse ele certa vez, comparando-se ao rival, "nada mais temos do que pão, vinho e contentamento."

6. Essa maneira de governar, porém, ainda não se revestia de grande estabilidade. Era, na verdade, uma "empresa privada" e, como tal, estava sujeita à dinâmica social inerente a uma luta entre unidades que competiam livremente entre si; era muito mais fortemente influenciada pelas capacidades dos concorrentes — sua idade, sucessão e fatores pessoais análogos — do que as formações políticas de fases posteriores, quando não só a pessoa de quem controla o monopólio, mas uma certa divisão de funções, uma multiplicidade de interesses organizados e uma máquina governamental mais estável são o que mantêm a coesão de unidades mais amplas.

Em 1189, um Capeto, mais uma vez, se chocou com um Plantageneta. Entrementes, quase todas as áreas contestadas haviam voltado ao domínio dos Capeto. Nesse momento, o Plantageneta é um velho e, o Capeto, mais moço, o filho de Luís VII, Felipe II, apelidado de Augusto. A idade, conforme já notamos, significa muito numa sociedade em que o homem que exerce o poder ainda não pode delegar a liderança militar, onde muito depende de sua iniciativa pessoal e onde ele tem que atacar ou defender-se em pessoa. Henrique II, da Inglaterra, pessoalmente um soberano forte que ainda controlava firmemente seus grandes domínios, nessa data é afligido, além da idade, pelas rebeliões e mesmo pelo ódio de seu filho mais velho, Ricardo, conhecido como Coração de Leão, que, às vezes, até faz causa comum com os inimigos Capeto de seu pai.

Explorando a fraqueza do adversário, Felipe Augusto retoma a Auvergne e as partes do Berry mencionadas por seu pai. Um mês depois, enfrentam-se ambos em Tours. Henrique II falece aos 56 anos.

Em 1193 — Ricardo, o Coração de Leão, está na prisão —, Felipe conquista a longamente contestada Vexin, tendo como aliado João, o irmão mais moço do prisioneiro.

Em 1199, falece Ricardo. Ele, tal como seu irmão e sucessor, João, que seria chamado de João Sem Terra, dilapidou grande parte de seu poder, as posses de família e os tesouros do pai. Enfrentando João como rival, contudo, há um homem que sentiu até os ossos toda a humilhação e asfixia do poder dos Capeto, causadas pelo crescimento dos anglo-angevinos, e cuja energia, despertada por essa experiência, era canalizada numa única direção: mais terras e mais poder. Mais e mais. Ele — tal como o primeiro Plantageneta antes dele — é obcecado por esse anseio. Quando João Sem Terra lhe pergunta se não poderia ter de volta como pagamento algumas terras que perdera para ele, Felipe responde perguntando-lhe se ele não conhece alguém que deseje vender terras: pois também ele gostaria de comprar mais. Nessa ocasião, Felipe já é um homem rico em terra e poder.

Evidentemente, não ocorria ainda uma luta entre Estados ou nações. Toda a história da formação de organizações monopolistas posteriores, de nações-Estados, permanecerá incompreensível até que se entenda o caráter especial dessa outra fase social, bem anterior, de "iniciativa privada". Travava-se uma luta entre Casas Reais concorrentes ou rivais que, acompanhando a evolução geral dessa sociedade, impelia todas as unidades, inicialmente pequenas e em seguida cada vez maiores, a se expandirem e a lutarem por mais posses.

A batalha de Bouvines, em 1214, decidiu provisoriamente a questão. João da Inglaterra e seus aliados foram derrotados por Felipe Augusto. E como acontecia com tanta frequência na sociedade belicosa feudal, a derrota em batalha externa implicava também um debilitamento interno. Voltando para casa, João encontra os barões e o clero em clima de revolta, a exigir a Magna Carta. Inversamente, no caso de Felipe Augusto, a derrota na guerra externa fortalece-lhe o poder em seus domínios.

Na qualidade de herdeiro do pai, Felipe Augusto recebeu basicamente a região de Paris e Orléans, juntamente com partes de Berry. Acrescentou a eles — para mencionar apenas suas grandes aquisições — a Normandia, na ocasião um dos maiores e mais ricos territórios de todo o reino; o Anjou, o Maine e a Touraine; partes importantes do Poitou e de Saintonge; o Artois, o Valois, o Vermandois; a região de Amiens e boa parte da região em volta de Beauvais. "O senhor de Paris e Orléans converteu-se no maior senhor territorial do norte da França".[88] Tornou a "Casa dos Capeto a família mais rica da França".[89] Seus domínios haviam obtido saídas para o mar. Em outros territórios do norte da França, na Flandres, Champagne, Borgonha e Bretanha, crescia sua influência na proporção do poder que possuía. E mesmo no sul já controlava uma área considerável.

O domínio dos Capeto, contudo, podia ser tudo mas não era ainda um território integrado. Entre o Anjou e a região de Orléans estendia-se o domínio do conde de Blois. Ao sul, os distritos costeiros em volta de Saintes e, mais para leste, Auvergne, quase não tinham ligações com as regiões setentrionais. Estas últimas, porém, o velho domínio familiar, juntamente com a Normandia e áreas recém-conquistadas que se estendiam para além de Arras no norte, constituíam, em termos puramente geográficos, um bloco na maior parte autossuficiente.

Nem mesmo Felipe Augusto tinha ainda em vista a "França" em nosso sentido, e seus domínios reais não eram essa França. O que almejava acima de tudo era a expansão territorial, militar e econômica do poder de sua família e a subjugação de seus concorrentes mais perigosos, os Plantageneta. Em ambos os objetivos, teve sucesso. Por ocasião de sua morte, os domínios dos Capeto eram aproximadamente quatro vezes maiores do que quando subira ao trono. Os Plantageneta, ao contrário, que tinham vivido até então mais na Europa continental do que na ilha — e cuja administração na própria Inglaterra era constituída tanto de normandos europeus e indivíduos de seus outros domínios no continente quanto de nativos da ilha — controlavam nesse momento, no continente, apenas uma parte da antiga Aquitânia, a área ao norte da região central e ocidental dos Pireneus, ao longo da costa, chegando até o estuário do Gironda sob o nome de ducado de Guyenne. À parte isso, algumas ilhas no arquipélago normando. O fiel da balança mudara contra eles. Reduzira-se o poder que exerciam. Mas, graças ao domínio na ilha, esse poder não foi quebrado. Após certo tempo, o equilíbrio no continente voltou a beneficiá-los. Durante muito tempo, permaneceu indeciso o resultado dessa luta pela hegemonia na antiga área franca do Ocidente. Parece que Felipe Augusto considerava como seus principais rivais, em seguida aos Plantageneta, os condes de Flandres, e o fato de que um novo centro de poder realmente surgira nessa região é demonstrado por toda a história subsequente da França. Conta-se que Felipe disse certa vez que ou a Frância se tornaria flamenga ou Flandres se tornaria francesa. Ele certamente não perdia de vista que, em todos esses conflitos entre Casas territoriais menores, o que estava em jogo era a supremacia ou a perda da independência. Mas ainda podia imaginar tanto a Flandres como a Frância dominando toda a área.

7. No início, os sucessores de Felipe Augusto seguiram com firmeza o curso que ele traçara: procuraram consolidar e estender ainda mais o domínio ampliado. Tão logo Felipe Augusto faleceu, os barões do Poitou voltaram-se para os Plantageneta. Luís VIII, filho de Felipe Augusto, reconquistou a região e incluiu-a em seus domínios, o mesmo fazendo com Saintonge, Aunis e Languedoc, parte da Picardia e o condado de Perche. Parcialmente sob a forma de uma guerra religiosa, a luta contra os heréticos albigenses, a Casa dos Capeto começou a avançar para o sul e a penetrar na esfera do único grande senhor territorial que podia, além dos Plantageneta, rivalizar com ela em poder, o conde de Toulouse.

O Capeto seguinte, Luís IX, São Luís, teve mais uma vez que defender suas posses, apressadamente unificadas, contra todos os tipos de ataque interno e externo. Simultaneamente, continuou a reforçar seu poder, anexando partes do Languedoc a nordeste dos Pireneus, os condados de Mâcon, Clermont e Mortain, e algumas áreas menores, às propriedades de sua família. Felipe III, o Audaz, conquistou o condado de Guines, entre Calais e Saint-Omer, mas apenas para perdê-lo 12 anos depois para os herdeiros do conde. Através de compra ou proteção, adquiriu todas as propriedades menores nas vizinhanças que estivessem oferecidas à venda, e preparou a incorporação da Champagne e do grande território de Toulouse aos domínios de sua Casa.

Nesse momento, praticamente não havia em toda a área franca do Ocidente um único soberano territorial que pudesse, sem aliados, fazer frente aos Capeto, com exceção dos Plantagenetas. Estes últimos, para sermos exatos, não estavam menos preocupados que os Capeto em expandir sua esfera de poder. Na Europa continental, sua soberania mais uma vez se estendera para além do ducado de Guyenne. Do outro lado do mar, haviam submetido Gales e procediam à conquista da Escócia. E ainda tinham possibilidades de expansão que não os levariam a um choque direto com os Capeto. Estes últimos, igualmente, tinham espaço para se expandir em outras direções. Simultaneamente, sob Felipe, o Belo, seus domínios estavam se estendendo às fronteiras do Império Romano-Germânico, por um lado, até o rio Maas, que nessa época era considerado a fronteira natural e tradicional — em homenagem à partilha do Império Carolíngio em 843 — da área franca do Ocidente; e por outro — mais ao sul — prolongava-se até o Ródano e o Saône, isto é, até a Provença, o Delfinado e o condado de Borgonha, que, de igual maneira, não pertenciam à confederação tradicional dos territórios francos do Ocidente. Pelo casamento, Felipe adquiriu a Champagne e Brie, com suas muitas áreas anexadas, algumas delas no território do próprio Império Romano-Germânico. Do conde de Flandres obteve os domínios de Lille, Douai e Béthune, e tomou dos condes de Blois o condado de Chartres e a propriedade Beaugency. Além disso, adicionou às suas terras os condados de Marche e Angoulême, as propriedades eclesiásticas de Cahors, Mende e Puy e, mais ao sul, o condado de Bigorre e o viscondado de Soule.

Seus três filhos, Luís X, Felipe V e Carlos IV faleceram um após o outro sem deixarem herdeiro do sexo masculino. As propriedades da família e a coroa dos Capeto passaram ao descendente do filho mais moço da Casa, que possuía como apanágio o condado de Valois.

Até esse momento, através de gerações, um esforço contínuo fora feito mais ou menos na mesma direção: acumular terras. No que nos interessa, deve ser suficiente sumariar aqui os resultados desse trabalho. Mesmo assim, mesmo em sumário, a mera enumeração das muitas terras que gradualmente anexaram dá-nos uma ideia da luta incessante, declarada ou disfarçada, na qual se empenharam as várias Casas principescas, e na qual, uma após outra, derrotadas por alguém mais poderoso, desapareciam. Compreendamos ou não plenamente o significado desses nomes, eles nos são uma imagem da força do impulso que tinha origem na situação social dos Capeto, um impulso que continuou a se fazer sentir na mesma direção através de indivíduos tão diferentes.

Com a morte de Carlos IV, o último da linhagem a subir ao trono mediante sucessão direta, os grandes domínios dos Capeto — isto é, o complexo agrupado diretamente em torno do ducado de Frância — estendiam-se da Normandia a oeste até Champagne no leste e Canche no norte; a região de Artois, contígua a esta, fora dada como apanágio a um membro da família. Um pouco ao sul — separada pela região de Anjou, também dada em apanágio —, o condado de Poitiers fazia parte da área controlada diretamente pelos príncipes de Paris; ainda mais ao sul, o condado de Toulouse lhes pertencia, além de partes do antigo ducado de Aquitânia. Embora tudo isso já constituísse um poderoso complexo de terras, não era ainda um região coesa. Conservava a aparência típica de um domínio territorial de família, cujas partes separadas eram mantidas juntas menos por dependência recíproca, ou por divisão de funções, do que pela pessoa do dono, através de uma "união pessoal" e de um centro administrativo comum. Ainda se sentia profundamente a identidade distinta de cada região e os interesses e caráter específicos de cada território. Ainda assim, a união dos mesmos sob uma única Casa e, em parte, sob uma só administração removia toda uma série de obstáculos a uma integração mais completa. Respondia à tendência de ampliação das relações de comércio, à intensificação de ligações para além do nível local, já discerníveis em pequenas partes da população urbana, mesmo que essa tendência não desempenhasse nem remotamente o mesmo papel como força propulsora na união ou expansão das Casas principescas que viria a ter no século XIX, por exemplo, num estágio inteiramente diferente do desenvolvimento dos estratos burgueses urbanos. Nos séculos XI, XII e XIII, a luta pela terra, a rivalidade entre um número cada vez menor de famílias de guerreiros, era o principal impulso por trás da formação de territórios maiores. A iniciativa coube às poucas famílias de guerreiros em ascensão, às Casas principescas, sob cuja proteção floresceram as cidades e o comércio. Estes lucravam com a concentração de poder e contribuíram para ela, conforme será discutido adiante. E, com toda a certeza, tão logo que regiões mais extensas foram unificadas sob uma única soberania, os estratos urbanos desempenharam um papel importante na consolidação da união territorial, já naquela época. Sem a ajuda dos recursos humanos e financeiros que fluíam dos estratos urbanos para os príncipes, e da crescente comercialização, não seriam concebíveis a expansão e a organização governamental desses séculos. Mas era ainda sobretudo indireta a importância das cidades e do avanço do comércio para a integração de áreas maiores, na medida em que constituíam instrumentos ou órgãos das Casas principescas. A integração significou, antes e acima de tudo, a derrota de uma Casa de guerreiros por outra, isto é, a absorção de uma por outra ou, pelo menos, sua sujeição, sua subordinação ao vitorioso.

Se a área é considerada desse ponto de vista, tal como aparece no início do século XIV ao se extinguir a linhagem direta dos Capeto, pode-se perceber claramente a direção da mudança. A luta de Casas menores e de porte médio pela terra certamente não cessara, mas essas rixas nem remotamente desempenhavam o mesmo papel que no tempo de Luís VI, para nada dizer de seus predecessores. Naquele tempo, as terras eram distribuídas de maneira mais ou menos uniforme entre muitos; é verdade que entre elas as diferenças podem ter parecido bastante grandes para os homens da época. Mas até mesmo as posses e poder das Casas ditas principescas eram tão pequenos que bom número de famílias de cavaleiros nas vizinhanças podia desafiá-las quanto à terra ou ao poder. Cabia à "iniciativa privada" de todas essas Casas decidir até que ponto participavam dessa luta geral. Nesse momento, no século XIV, essas muitas Casas de guerreiros não constituíam mais, em separado, forças a levar em conta; no máximo, coletivamente, como classe, possuíam ainda certa importância social. Mas a real iniciativa nesse tempo cabia a umas poucas Casas que haviam emergido como vencedoras na época dos conflitos precedentes, acumulando tanta terra que as demais não podiam desafiá-las, tendo de se tornar suas dependentes. Para essas outras, ou a maioria dos guerreiros, a possibilidade de obter novas terras por iniciativa própria numa livre competição estava praticamente fechada e, com ela, a possibilidade de uma ascensão independente na sociedade. Todas as Casas de guerreiros teriam, no máximo, de permanecer no degrau da escada social que haviam galgado, a menos que algum de seus membros conseguisse alçar-se mais alto graças ao favor de um dos grandes senhores — ou seja, colocando-se em sua dependência.

Diminuíra o número dos que ainda podiam competir independentemente, na região franca do Ocidente, por terra e poder. Não mais existem um duque ou Casa independente da Normandia, nem da Aquitânia: a assimilação ou supressão haviam eliminado — para mencionar apenas os mais importantes — os condados de Champagne, Anjou e Toulouse. Nessa região, além da Casa de Frância, apenas quatro casas importavam: os ducados de Borgonha e Bretanha, o condado de Flandres e, mais poderoso de todos, o rei da Inglaterra, duque de Guyenne e senhor de várias áreas menores. Uma sociedade de guerreiros, em competição relativamente livre, transformara-se numa sociedade em que a competição era restringida à maneira de um monopólio. E mesmo entre as cinco grandes Casas que ainda possuíam algum grau de poder competitivo e preservavam certa independência correspondente, duas se destacavam como as mais poderosas, a dos Capeto e seus sucessores, reis de França, e os Plantageneta, reis da Inglaterra. O confronto entre eles teria que decidir quem, finalmente, controlaria o poder monopolista na região franca do Ocidente e onde ficariam o centro e as fronteiras do monopólio.

V

O Ressurgimento das Tendências Centrífugas: A Configuração dos Príncipes Rivais

8. Não obstante, a formação do monopólio do governo não se realizou por meios tão diretos quanto pareceria considerando-se apenas a acumulação de terras. Quanto mais aumentava a área gradualmente unificada e centralizada pelos Capeto, mais se fazia sentir o movimento em sentido oposto e cresciam as tendências à descentralização. Essas tendências eram representadas, antes e acima de tudo, pelos parentes mais próximos e vassalos do governante monopolista, como aliás fora o caso na fase anterior, em que a economia de troca estivera mais intacta, e também no período carolíngio. Mudara consideravelmente, porém, o modo de ação das forças sociais descentralizadoras. A moeda, os ofícios e o comércio desempenhavam agora um papel bem maior do que naquela época e os grupos que nisso tinham sua principal ocupação, a classe burguesa, haviam conquistado importância social própria. Desenvolvera-se o transporte. Assim se ofereciam à organização governante do grande território oportunidades antes inexistentes. Os servidores que o governante central enviava ao interior para administrar e supervisionar suas posses não achavam mais tão fácil se tornarem independentes. Além do mais, uma proporção crescente dos servidores já procedia dos estratos urbano. Era incomparavelmente menor o perigo de que esses burgueses se transformassem em rivais do governante, como sucedia quando este era forçado a escolher alguns de seus auxiliares na classe dos guerreiros, e quando os próprios servos a quem ele favorecesse podiam rapidamente adquirir, graças

às terras com que lhes recompensava os serviços, o poder e categoria social de guerreiro ou nobre.

Entretanto, uma categoria especial de pessoas ainda constituía autêntica ameaça à coesão de domínios maiores sob um governo único, mesmo que seu poder se tivesse reduzido, mudando seu modo de ação. Nas novas circunstâncias sociais, os principais defensores da descentralização foram os parentes mais próximos do governante — seus tios, irmãos, filhos, ou mesmo, embora menos, irmãs e filhas.

O domínio e o monopólio do governo não pertenciam nessa época a um único indivíduo, mas a uma família, a uma Casa de guerreiros. Todos os parentes próximos da Casa tinham e reclamavam direitos a pelo menos parte das propriedades. E era uma reclamação que o chefe da Casa, durante muito tempo, mostrou-se menos disposto ou capaz de recusar, à medida que cresciam as posses da família. Não se tratava de um "direito legal" no sentido moderno da palavra. Nessa sociedade dificilmente haveria mais do que rudimentos de um "Direito" geral, abrangente, ao qual até os grandes governantes guerreiros estivessem sujeitos. E isso porque ainda não havia um poder geral que pudesse fazer cumprir tal Direito. Só com a formação de monopólios de governo, centralizando-se as funções de administração, é que um código comum foi promulgado para grandes áreas. Prover o sustento dos filhos era uma obrigação social que frequentemente encontramos nos "Costumes"*. Indubitavelmente, só as famílias mais aquinhoadas podiam seguir esse costume. Por isso mesmo, ele possuía certo prestígio. De que modo a Casa mais rica da terra, a Casa Real, poderia escapar a essa obrigação prestigiosa?

As propriedades territoriais das Casas continuaram a ser, ainda que em sentido cada vez mais restrito, o que chamaríamos de propriedade privada. O chefe da Casa controlava-as sob tão poucas restrições, e talvez com liberdade ainda maior do que o grande latifundiário hoje tem sobre suas terras, ou o chefe de uma grande firma familiar sobre seu capital, renda ou filiais. Da mesma maneira que o latifundiário pode dividir uma de suas propriedades para dá-la a um filho mais jovem ou como dote a uma filha, sem perguntar aos rendeiros se o novo senhor lhes agrada; ou que o dono da firma pode sacar capital para o dote da filha ou nomear o filho diretor de uma subsidiária, sem dever aos empregados a menor explicação: da mesma maneira os príncipes daquela fase dispunham das aldeias, cidades, propriedades e territórios de seu reino. E o impulso que levava o dono de grandes propriedades a prover seus filhos e filhas era mais ou menos o mesmo em todos esses casos. Independentemente da eventual preferência do soberano por um dos filhos mais jovens, dotá-los de maneira apropriada era necessário para a preservação e ostentação do *status* da Casa; e — pelo menos aparentemente,

---

* *Coutumes*, no original: costumes, práticas, direito consuetudinário, que na época têm força superior à lei promulgada, porque esta parece depender da vontade humana e de seu arbítrio, enquanto a tradição e o imemorial são considerados representarem a vontade e a ordenação de Deus. (RJR)

pelo menos a curto prazo — isso aumentava as probabilidades da Casa de obter poder e permanência. O fato de que esse fracionamento de posses e funções em favor dos parentes pusesse em risco, com grande frequência, precisamente o poder e permanência da Casa, muitas vezes só penetrava na consciência dos príncipes após longas e dolorosas experiências. Na França, Luís XIV foi realmente o primeiro a tirar uma conclusão completa e cabal dessa experiência. Com implacável severidade manteve todos os parentes — até o herdeiro do trono, tanto quanto isso foi possível — longe de todas as funções governantes e posições independentes de poder.

9. No início dessa linha de desenvolvimento, naquela fase inicial em que as posses familiares dos Capeto eram pouco maiores do que as de numerosas outras famílias de guerreiros, fora imediatamente óbvio o perigo inerente a qualquer fragmentação das propriedades. A ameaça direta das famílias feudais vizinhas raramente desaparecia. Esse fato fazia que cada Casa mantivesse unidas tanto a família como as propriedades. Sem dúvida havia rixas, brigas, dentro da família, como em toda parte. Mas, ao mesmo tempo, toda ou pelo menos parte da família trabalhava constantemente para defender ou expandir as posses de todos. As propriedades relativamente pequenas da Família Real eram, como as de todas as famílias de guerreiros, essencialmente autárquicas, careciam de qualquer importância social mais extensa e, na verdade, tinham praticamente o caráter de uma empresa de pequena família. Os irmãos e filhos, e mesmo as mães e esposas dos chefes da família tinham voz na administração da propriedade, variando conforme suas qualidades e circunstâncias pessoais. Mas dificilmente ocorreria a quem quer que fosse separar uma parte importante das posses da família e entregá-la a um de seus membros. Os filhos mais jovens podiam receber uma pequena propriedade aqui e ali, ou casar-se com alguma dama que a possuísse, mas sabemos também da existência de um ou outro filho mais moço de Família Real que levou uma vida de quase pobreza.

Tudo mudou quando a Casa Real enriqueceu. Logo que os Capeto se tornaram a família mais rica de todo o território e, na verdade, do país, era impossível deixar que os filhos mais jovens da Casa vivessem como modestos cavaleiros. A reputação da Casa Real exigia que todos os seus membros, até os filhos e filhas mais jovens do rei, recebessem um dote apropriado, o que implicava dizer uma área considerável que pudessem governar e da qual tirar seu sustento. Além do mais, nesse momento em que os Capeto superavam, de longe, a maioria das demais famílias do país em propriedades e riqueza, já não se sentia tão agudamente o perigo de divisão de suas propriedades. Dessa maneira, a ampliação do domínio dos Capeto fez-se acompanhar pela ampliação das áreas que, como apanágios, eram dadas aos filhos mais jovens do rei. A desintegração iniciava-se a partir de uma nova base.

Luís VI, o Gordo, deu ao filho Roberto o condado, não muito grande, de Dreux. Felipe Augusto, responsável pela primeira grande ascensão da família, a partir de circunstâncias muito difíceis, conservou com firmeza as posses que conquistara a tão duras penas. A única coisa a que renunciou foi uma pequena propriedade, St. Riquier, que concedeu à irmã como dote.

Luís VIII, contudo, deixou consignado em testamento que os condados de Artois, Poitiers, Anjou e Maine, isto é, partes consideráveis das propriedades da família, embora nunca seu centro, deviam tornar-se apanágios de seus filhos.

Luís IX deu Alençon, Perche e Clermont em apanágio aos filhos; Felipe III doou a um filho mais moço o condado de Valois. Poitiers, Alençon e Perche, porém, voltaram aos reis Capeto quando seus príncipes faleceram sem deixar herdeiros do sexo masculino.

Em 1285, cinco condados — Dreux, Artois, Anjou, Clermont e Valois — foram tornados apanágios; com a morte de Carlos, o Belo, em 1328, o número subiu para nove.

Quando Felipe de Valois herdou as propriedades e a coroa dos Capeto, os apanágios de sua casa, Valois, Anjou e Maine, foram reunificados com as propriedades mais vastas da família reinante. O condado de Chartres voltou à coroa com a morte de outro Valois. O próprio Felipe obteve alguns novos pequenos domínios, entre eles Montpellier, que comprou ao rei de Maiorca. Durante seu reinado, porém, o mais importante território a cair nas mãos dos Capeto foi o Delfinado. Com essa aquisição, a expansão dos Capeto deu um grande passo no rumo leste, para além das fronteiras tradicionais do Império Franco do Ocidente, penetrando na antiga região lotaríngia — expansão essa que Felipe, o Belo, começara com a aquisição do arcebispado de Lyon e com uma associação mais estreita com os bispos de Toul e Verdun.

A maneira como o Delfinado passou aos príncipes de Paris, porém, é menos característica da relação entre as forças centralizadoras e descentralizadoras desse período do que da importância dos apanágios. O Delfinado pertencia ao reino arlesiano ou borguinhão que havia surgido, em seguida ao interregno lotaríngio, a leste dos rios Ródano e do Saône. Seu último soberano, Humberto II, doou ou, mais exatamente, vendeu seus domínios ao herdeiro Capeto, após a morte de seu único filho, de acordo com certo número de condições. Incluíam elas o pagamento de suas enormes dívidas e, também, a estipulação de que o segundo filho de Felipe, e não o primogênito, é que receberia o Delfinado. Evidentemente, o Delfim Humberto queria entregar suas terras a alguém suficientemente rico para pagar as somas de que necessitava. Ao doá-las em testamento ao soberano da França, evitava que se tornassem pomo de discórdia entre outros vizinhos após sua morte. E esse não foi o único exemplo da atração que o imenso poder dos Capeto despertava nos vizinhos mais fracos. A necessidade de proteção dos menos fortes era um dos fatores que promoviam o processo de centralização e monopolização tão logo ele atingia certo nível.

Mas ao mesmo tempo o velho Delfim, cujo herdeiro falecera, evidentemente desejava impedir que sua terra perdesse por completo a independência ao passar ao domínio francês. Esse o motivo por que exigiu que o domínio fosse dado em apanágio ao segundo filho do rei. Isso implicava a expectativa de que a região se tornasse uma Casa reinante por direito próprio, dessa forma preservando sua existência independente. Nessa época, os apanágios começavam a tomar cada vez mais claramente esse rumo.

Felipe de Valois, contudo, não cumpriu o acordo. Deu o Delfinado não ao filho mais jovem, mas ao primogênito, João, herdeiro do trono, "em reconhecimento" do fato, como dizia o documento de doação, "de que o Delfinado se situa na fronteira, de que um governo bom e forte no Delfinado é necessário para a defesa e segurança do Reino, e de que se agíssemos de outra maneira grande perigo para o futuro do Reino poderia surgir."[90] O perigo que acompanhava o desmembramento do território em benefício de filhos mais jovens já era, portanto, claramente percebido, o que se confirma por grande número de pronunciamentos. Persistiu, porém, a necessidade do rei de dotar convenientemente o filho mais jovem. Negou-lhe o Delfinado por razões de segurança, mas, em seu lugar, deu-lhe a região de Orléans como ducado e também certo número de condados.

10. João, o Bom, subiu ao poder em 1350. Sob seu predecessor, irrompera a longa e latente tensão entre as duas maiores potências e as duas mais poderosas Casas guerreiras da região franca do Ocidente. Em 1337, iniciou-se a série de conflitos militares conhecida como "A Guerra dos Cem Anos". Para os Plantageneta, soberanos da ilha, estava bloqueada toda expansão ulterior pela Europa Continental, e mesmo os domínios que tinham nesta viveriam sob constante ameaça até que destruíssem o poder dos Capeto e impedissem a formação de outra grande potência no continente. De idêntica maneira, a expansão ulterior dos soberanos de Paris estava limitada, e sua posição viveria sob permanente ameaça até que os insulares fossem subjugados ou pelo menos expulsos do território continental. E foi a compulsão irresistível dessa genuína competição que lançou as duas Casas e seus dependentes ao conflito e que — porquanto, por muito tempo, nenhum dos antagonistas teve condições de derrotar inapelavelmente o outro — tornou a luta tão demorada.

Para começar, contudo, os reis de Paris, por uma grande variedade de razões, estavam em desvantagem. João, o Bom, foi capturado pelo herdeiro inglês, o Príncipe de Gales, na Batalha de Poitiers, em 1356, e enviado para a Inglaterra. Imediatamente, as tensões latentes em seu território, nesse momento governado, como regente, pelo Delfim Carlos, que não tinha ainda 20 anos de idade, explodiram: revolução em Paris, revoltas de camponeses, cavaleiros pilhando o campo. As tropas inglesas, aliadas a outro descendente da Casa dos Capeto e senhor de regiões anteriormente dadas em apanágio, o rei de Navarra, ocuparam vasta extensão do oeste da França, chegando mesmo às vizinhanças de Paris. João, o Bom, para libertar-se, concluiu um tratado com os Plantageneta e seus aliados, entregando-lhes toda a área interiorana que Ricardo, o Coração de Leão, fora o último a controlar, no início do século XII. Os Estados Gerais dos domínios franceses, porém, convocados em 1356 pelo Delfim, declararam que o tratado não devia ser aprovado nem executado, e que a única resposta conveniente seria uma guerra bem-conduzida. E foi esta uma clara manifestação de como a interdependência se tornara forte no grande domínio dos herdeiros Capeto, com a autonomia e os interesses próprios dos governados tendendo a privar a monarquia de seu caráter de um monopólio privado. Nesse estágio, porém, a tendência apenas começava. Voltaram as hostilidades e o Tratado de Brétigny, que as encerrou provisoriamente em 1359, foi um pouco mais favorável aos Valois do que o primeiro, negociado pelo próprio João na Inglaterra. Não obstante, aproximadamente um quarto do que Felipe, o Belo, possuíra teve que ser cedido aos Plantageneta, acima de tudo Poitou, Saintonge, Aunis, o Limousin, o Périgord, Quercy e Bigorre, ao sul do Loire, juntamente com alguns outros distritos que constituíam, com a possessão inglesa mais antiga de Guyenne, o reino de Aquitânia; e mais ao norte, Calais, os condados de Guines, Ponthieu e Montreuil-sur-Mer; além de tudo isso, três milhões de coroas de ouro, em vez dos quatro milhões exigidos pelo tratado de Londres como resgate pelo rei. Este último, porém, um homem digno e fidalgo, voltou da prisão inteiramente inconsciente da extensão de sua derrota. A conduta que adotou nessa situação mostrou claramente até que ponto ele era ainda a única autoridade no controle do território que lhe restara, que um dia se tornaria a "França", um Estado e nação. Achava ele que, nesse momento, sua Casa devia ainda mais ostentosamente demonstrar sua glória. O senso de inferioridade resultante da derrota levou-o a enfatizar em excesso o próprio prestígio. Pensava o rei que a dignidade e a glória de sua Casa não podiam encontrar melhor expressão do que transformando todos os filhos em duques quando da ratificação do tratado de paz. Um de seus primeiros atos após a volta da prisão foi, por isso mesmo, transformar em ducados partes de seu domínio e dá-los como apanágios aos filhos. O filho mais velho já era duque da Normandia e Delfim; do segundo, fez duque de Anjou e Maine; ao terceiro, João, deu o Berry e a Auvergne; e ao mais jovem, Felipe, doou a Touraine. Tudo isso no ano de 1360.

Um ano depois, em 1361, faleceu o jovem duque de Borgonha, aos 15 anos de idade. Dois anos antes, ele se casara com Margarida, filha e única herdeira do conde de Flandres, mas faleceu sem deixar filhos. Uma grande região ficava assim sem governante com a inesperada morte do jovem duque. Compreendia ela não só o ducado da Borgonha propriamente dito, mas também os condados de Boulogne e Auvergne, juntamente com o condado da Borgonha, o Franco-Condado e outras áreas situadas além das fronteiras tradicionais do Império Franco do Ocidente. Alegando relações de família algo complexas, João, o Bom, reivindicou para si toda a região. Não houve ninguém a contestar-lhe a pretensão e, em 1363, doou-a ao filho mais jovem, Felipe, a quem dedicava especial amor. Felipe lutara com grande bravura a seu lado na Batalha de Poitiers e o acompanhara na prisão. Este seria seu apanágio, em lugar da Touraine, "sabendo nós", disse o rei, "que somos determinados pela natureza a dar a nossos filhos o suficiente para permitir-lhes honrar a glória de suas origens e que temos de ser especialmente generosos com aqueles que particularmente a mereceram".[91]

A existência desses apanágios e sua motivação demonstram inequivocamente até que ponto o poder territorial francês ainda conservava o caráter de possessões de família, mas também como isso promovia a sua fragmentação. Sem dúvida, fortes tendências já operavam em direção contrária, tendências que restringiam o caráter privado ou dominial do governo. Os grupos que representavam essas tendências opostas na corte serão discutidos a seguir. O caráter pessoal e a fortuna e infortúnios de João, o Bom, desempenharam um papel em sua propensão de dotar ricamente todos os filhos, tendo em vista o prestígio da família. Essa tendência, porém, claramente não devia menos ao aguçamento da competição, que encontrou expressão na Guerra dos Cem Anos, e que, após a derrota dos Capeto, deu origem a uma demonstração insistente da riqueza de seus herdeiros. De qualquer modo, sob João, a tendência específica das grandes propriedades familiares foi simplesmente reforçada, uma tendência à qual, além de certo ponto de crescimento, nenhum dos representantes precedentes da Casa dos Capeto pôde resistir. E suas consequências foram claras.

Ao falecer João, o Bom, a existência e ocupação da função central, a despeito da debilitação e da derrota, não estavam de maneira nenhuma em dúvida. Havia aí uma indicação da firmeza com que o poder do soberano central já se assentava em outras funções sociais que não a de chefe do exército. O Delfim, homem fisicamente fraco, mas hábil e experiente, dadas as tribulações por que passara na juventude, assumiu o poder sob o nome de Carlos V. Era o titular de todas as possessões deixadas aos Capeto pelo Tratado de Brétigny, incluindo as que se encontravam sob regime de apanágio. Mas, examinando atentamente a distribuição de poder, podemos ver que, sob o véu da soberania do rei, tendências centrífugas haviam ganho novas forças. Mais uma vez, emergiram no domínio dos Capeto algumas formações territoriais que aspiravam mais ou menos abertamente à autonomia, rivais entre si. Mas o que deu à rivalidade na região franca do Ocidente seu caráter especial foi o fato de quase todos os envolvidos serem descendentes da própria Casa dos Capeto. Com poucas exceções, eram homens beneficiados com apanágios ou seus filhos que se enfrentavam como competidores potenciais. Havia outros grandes senhores territoriais que não eram membros da Casa Real, ou pelo menos não diretamente. Mas, na luta pela supremacia, não eram mais protagonistas de primeira classe.

O primeiro deles, à época de João, o Bom, foi Carlos, o Mau, rei de Navarra. Seu pai, Felipe de Evreux, era neto de Felipe III, sobrinho de Felipe, o Belo e de Carlos de Valois; sua mãe era filha de Luís X e neta de Felipe, o Belo. Além disso, ele mesmo era genro de João, o Bom. A ele pertenciam, além do território de Navarra, nos Pireneus, certo número de antigos apanágios dos Capeto destacando-se o condado de Evreux e partes do ducado da Normandia. Suas possessões estendiam-se perigosamente até perto da própria Paris.

Carlos, o Mau, de Navarra foi um dos primeiros partícipes dessa luta, entre príncipes dos Capeto contemplados com apanágios, pela supremacia na região franca do Ocidente e, em última análise, pela coroa. Na primeira fase da Guerra dos Cem Anos, foi o principal aliado dos Plantageneta no continente. Durante essa guerra, exerceu por algum tempo (1358) o comando militar de Paris. Até mesmo os burgueses da cidade, até mesmo Étienne Marcel, ficaram por um tempo a seu lado. Seu sonho, de arrebatar a coroa ao outro herdeiro Capeto, pareceu prestes a realizar-se. Na perseguição desse objetivo, a condição de membro da família real dava-lhe estímulo, poderes e direitos de que outros careciam.

O Plantageneta a quem se aliou, Eduardo III, era também, embora apenas através da linha feminina, parente próximo dos Capeto. Também era neto de

Felipe III e sobrinho de Felipe, o Belo, e de Carlos de Valois; sua mãe era filha de Felipe, o Belo, sobrinha de Carlos de Valois e assim tinha ele um vínculo com os Capeto pelo menos tão próximo como o do rei francês a quem enfrentava, João, o Bom, neto de Carlos de Valois.

Contíguas ao território dos Plantageneta, ao norte, ficavam as regiões que João, o Bom, dera aos filhos mais jovens, os territórios de Luís, duque de Anjou, João, duque de Berry, e Felipe, o Intrépido, duque de Borgonha, juntamente com as terras de Luís, duque de Bourbon. Este descendia dos Capeto através de um irmão de Felipe III, Roberto, conde de Clermont, que se casara com Beatriz, herdeira dos Bourbon; sua mãe era uma Valois; sua irmã fora esposa de Carlos V; ele era portanto, pelo lado da mãe, tio de Carlos VI, da mesma forma que os duques de Anjou, Borgonha e Berry o eram pelo lado paterno. Esses foram os principais atores a ocupar o palco nas lutas do período de João, o Bom, Carlos V e Carlos VI. À parte os Plantageneta e os Bourbon, todos eles eram senhores de apanágios que provinham do patrimônio Capeto, agora lutando ao seu lado para aumentar o poder da família e, depois, conquistar a supremacia.

Nesse clima de tensões, o fiel da balança inclinou-se inicialmente, sob Carlos V, para o Valois reinante. Ao falecer ele, seu filho e sucessor contava com apenas 12 anos de idade. Neste caso, como sempre, as circunstâncias — acidentes, do ponto de vista de toda a evolução dos acontecimentos — estimularam certas tendências já inerentes à estrutura da sociedade. A juventude e a franqueza do Valois reinante fortaleceram as forças centrífugas que há muito tempo se vinham acumulando e liberaram pressões encobertas.

Carlos V absorvera definitivamente o Delfinado nas possessões de sua família; recuperara os territórios normandos do rei de Navarra, além de certo número de outros apanágios, como o ducado de Orléans e o condado de Auxerre. Ao falecer, porém, já havia na terra sete grandes senhores feudais, descendentes de São Luís e, portanto, da Casa Capeto. Eram denominados de "princes des fleurs de lis"[*]; e nesse momento havia — afora alguns senhores menores e de porte médio, que desde muito tinham deixado de representar papel próprio nas lutas pelo poder[92] — apenas duas grandes Casas, além da dos Plantageneta, cujos membros não se incluíam na linha direta de descendência masculina da Casa dos Capeto, os duques da Bretanha e os condes de Flandres. Na época, porém, o conde de Flandres só tinha uma herdeira, uma filha. Pela mão da moça e do futuro domínio sobre a Flandres surgiu, após a morte do jovem duque de Borgonha, a quem ela fora originariamente prometida, um inevitável conflito entre os herdeiros dos Plantageneta e dos Capeto. Depois de muita vacilação, a mão da herdeira da Flandres foi dada finalmente, com a ajuda do chefe da família Valois, Carlos V, ao seu irmão mais moço, Felipe, que através da intervenção do pai já se tornara duque da Borgonha. Os casamentos dos grandes senhores feudais eram combinados por um ponto de vista que hoje chamaríamos de puramente "comercial", tendo em vista a expansão e o sucesso na competição por território. Felipe, o

---

[*] "Príncipes da flor de lis", nome devido ao emblema da Casa Real francesa. (RJR)

Audaz, portanto, unificou, após a morte do conde de Flandres, as terras deste com as de Borgonha. Das outras grandes e antigas Casas feudais no continente restava apenas o ducado da Bretanha. Esse estrato mais antigo, no entanto, fora substituído por um círculo menor de senhores territoriais, que tinham sua origem na Casa dos Capeto e que eram lançados no conflito pelo mecanismo da competição por territórios. As compulsões que — devido ao baixo grau de integração ou divisão de funções presente em qualquer sociedade de economia de troca e, sobretudo, nas sociedades de guerreiros — ameaçavam o monopólio de poder e posse sobre grandes regiões, voltaram novamente a primeiro plano. Mais uma vez, ocorreu uma dessas mudanças rumo à desintegração como a que, séculos antes, resultara na desagregação dos domínios carolíngios e, posteriormente, formara a ordem social feudal do século XII. Novamente, indivíduos a quem o governante supremo distribuíra terras de suas largas posses tenderam a se tornar independentes e rivais da debilitada Casa central. A possibilidade de entrarem na competição, no entanto, estava limitada a alguns descendentes da Casa reinante original, numa clara indicação da medida em que mudara a estrutura das relações humanas na sociedade, da medida em que a teia humana se tornara, pelo menos no setor agrário, um sistema de oportunidades fechadas.

11. A rivalidade entre os mais poderosos "princes des fleurs de lis" irrompeu imediatamente após a morte de Carlos V, na luta pela regência e tutela do herdeiro do trono, que ainda era menor de idade. Carlos V nomeara regente seu irmão Luís, duque de Anjou, e outro irmão, Felipe, duque de Borgonha, e seu cunhado Luís, duque de Bourbon, como tutores do filho. Fora evidentemente a única coisa que pudera fazer para evitar que o poder caísse inteiramente nas mãos de um único homem. Mas era exatamente o poder total o que Luís de Anjou e Felipe realmente pretendiam. Desejavam unificar a tutela e a regência. Os conflitos entre os membros rivais da Casa Real tomaram todo o reinado de Carlos VI, que possuía pouco poder de decisão e finalmente sucumbiu a uma espécie de loucura.

De tempos em tempos, mudavam as principais figuras na luta pela supremacia entre os parentes do rei. O lugar de Luís de Anjou, como mais forte rival do duque borguinhão, por exemplo, foi ocupado em certo estágio da luta pelo irmão mais moço de Carlos VI, Luís, que detinha o ducado de Orléans em apanágio. Mas como quer que mudassem as pessoas, subsistia uma mesma a rede de compulsões que as impeliam: repetidamente, duas ou três pessoas dentro desse círculo pequeno de competidores enfrentavam-se, embora nenhuma delas estivesse disposta ou pudesse — sob o risco de aniquilação — deixar que qualquer uma das outras se tornasse mais forte do que ela mesma. Esses conflitos entre os parentes do rei, contudo, necessariamente se emaranharam no conflito mais importante da época e que ainda estava bem longe de se decidir — luta com os Plantageneta, cujos descendentes também se envolveram em rivalidades semelhantes devido à ação de mecanismos análogos.

É preciso entender bem a situação desses membros da Casa Real: durante toda a vida, eles estiveram no segundo ou terceiro lugares. Seus sentimentos diziam a cada um deles, com frequência, que poderiam ser monarcas melhores e mais fortes do que o homem que, por um acaso, era o herdeiro legítimo da coroa e das principais terras. Entre eles e a meta havia, usualmente, uma única pessoa, muitas vezes, apenas duas ou três. Na história não faltam exemplos de pessoas nessas condições, que falecem rapidamente uma após a outra, abrindo o caminho do poder para o seguinte na linha de sucessão. Mas, mesmo nesses casos, ocorriam duras lutas com os rivais. Nessa situação, o menos poderoso raramente subia ao trono se pertencesse a uma linhagem secundária da família, ainda que fosse titular dos melhores direitos. Sempre havia outros que lhe contestavam esses direitos. Os seus poderiam ser mais duvidosos, mas venceriam se fossem mais fortes. Por tudo isso, os que estavam próximos na linha de ascendência ao trono, e que já governavam apanágios de variados tamanhos, preocupavam-se em constituir e ampliar uma base de apoio, aumentando suas posses, rendas e poder. Se não tinham acesso direto ao trono, seu governo não seria menos rico, poderoso e ostentoso do que o dos rivais, se possível superando mesmo o do rei que, afinal de contas, nada mais era do que o maior dentre todos os rivais ou competidores.

Tais eram a situação e atitudes dos parentes mais próximos do fraco Carlos VI, seus tios — não todos, mas alguns — e também seu irmão. Com certas mudanças, com possibilidades cada vez menores para o segundo e terceiro na linha, essa atitude, essa situação, essas tensões em volta do trono foram levadas adiante através de indivíduos dos talentos os mais diversos, até a época em que, com Henrique de Navarra, um governante territorial relativamente pequeno tornou-se, pela última vez, rei de França. E, como dissemos acima, vestígios dessas tendências são encontrados até o reinado de Luís XIV.

O competidor mais forte entre os "princes des fleurs de lis" era Felipe, o Audaz, filho mais moço de João, o Bom. No começo, ele possuía como apanágio apenas o ducado da Borgonha. Mais tarde, anexou a seu ducado — principalmente através de casamento — o condados de Flandres, a região de Artois, o condado de Nevers e o baronato de Doncy. Seu segundo filho, Antônio, duque de Brabante e senhor de Antuérpia, tornou-se, por casamento, duque de Luxemburgo, casando ainda o filho com a herdeira de Hainaut. Esses foram os primeiros passos dos senhores de Borgonha para uma expansão por iniciativa própria, voltada à fundação de um reino seguro, situado, pelo menos em parte, fora da esfera de influência dos reis de Paris, no território da atual Holanda.

Curso semelhante de ação foi adotado pelo irmão de Carlos VI, Luís, o mais forte rival de Felipe, o Audaz, na luta pela supremacia na França. Ambos exploraram com grande presteza e determinação o poder da própria família. Luís recebeu inicialmente como apanágio o ducado de Orléans, que sob Carlos V, após a morte de seu tio, Felipe V de Orléans, retornara ao patrimônio da coroa.

Depois, obteve três ou quatro condados e grandes propriedades na Champagne. Adquiriu ainda por compra — graças ao grande dote trazido pela esposa, Valentina Visconti — vários outros condados, incluindo o de Blois. Por último, através da esposa, passou a ser senhor do condado de Asti, em território italiano e, por direito de reversão de resíduos de herança, de vários outros territórios na Itália. Os borguinhões se expandiram na direção da Holanda e os Orléans pela Itália. No antigo território franco do Ocidente propriamente dito, as relações de domínio estavam consolidadas: a maior parte dessa região pertencia aos reis de Londres ou Paris; e, neste contexto, nem mesmo um "prince des fleurs de lis" poderia firmar seus direitos, ou competir pela supremacia, se não conseguisse constituir algum poder próprio de escala significativa. Da mesma forma que as velhas lutas eliminatórias no regime feudal pós-carolíngio, nesse momento tensões análogas impeliam os membros do círculo bem mais fechado dos grandes senhores territoriais Capeto a expandir suas terras, a lutar incessantemente por mais posses. Como meios de expansão, porém, o casamento, a herança e a compra desempenhavam agora um papel pelo menos tão importante como a guerra e as rixas. Não foram apenas os Habsburgo que se casaram com a grandeza. Uma vez que conjuntos relativamente grandes de propriedades, com potencial militar correspondentemente elevado, existiam então na sociedade, indivíduos e Casas de guerreiros que queriam ascender só podiam ter a esperança de sobreviver a um confronto militar caso já tivessem alcançado controle sobre territórios que os tornassem militarmente competitivos. E esse fato demonstrava, também, como haviam diminuído verticalmente nessa fase as possibilidades de competir na esfera da grande posse de territórios, e como a estrutura de tensões interpessoais necessariamente gerava monopólios de governo em territórios acima de uma certa dimensão.

A área franco-inglesa ainda constituía um sistema territorial interdependente. Toda mudança em poder social, para vantagem ou desvantagem de uma das Casas rivais, cedo ou tarde afetava todas as outras e, assim, o equilíbrio de todo o sistema. Em qualquer momento dado, poderíamos identificar, com considerável precisão, onde se faziam sentir as maiores e as menores tensões. O balanço de poder, sua dinâmica e curva de desenvolvimento podem ser acompanhados com razoável exatidão. Por tudo isso, a Guerra dos Cem Anos deve ser considerada não apenas como uma série de choques militares entre certo número de príncipes ambiciosos — embora fosse isso, também — mas como uma das descargas inevitáveis em uma sociedade inçada de tensões, numa sociedade que se compunha de posses territoriais de certo tamanho, como uma sequência de lutas competitivas entre Casas rivais e num sistema interdependente de domínios no qual prevalecia um equilíbrio bastante instável. As Casas de Paris e Londres, que gradualmente vieram a ser representadas por famílias oriundas de Casas Reais mais antigas, a Valois e a Lancaster, tornaram-se, graças ao tamanho de suas propriedades e potencial militar, os dois principais rivais. Às vezes, as aspirações dos soberanos de Londres — e, ocasionalmente, dos de Paris — chegaram ao ponto de desejarem unificar toda a área franca do Ocidente, os territórios do continente e o extenso reino insular, sob um único governo. Só no curso dessas lutas é que se tornou inequivocamente claro como eram consideráveis, nesse estágio do desenvolvimento social, as resistências à conquista militar e, acima de tudo, à subsequente coesão interna de um território tão grande e diversificado sob um mesmo soberano e a mesma máquina governamental. Pode-se indagar se, nesse estágio do desenvolvimento social, a criação de um monopólio central e a integração permanente dos territórios continental e insular sob a supremacia de Londres teria sido possível, caso os Valois tivessem sido completamente derrotados pelos reis da ilha e seus aliados. Como quer que fosse, eram as Casas de Paris e Londres as principais a competir pela supremacia. Todas as demais tensões competitivas na área, e acima de tudo as que existiam entre os diferentes ramos da Casa de Paris, cristalizaram-se em torno da tensão principal de todo o sistema territorial. Por isso mesmo, nessa guerra os Valois borguinhões, por exemplo, ora tomavam um partido, ora outro.

O avanço da divisão de funções e da interdependência para além do nível local não se limitou, porém, a aproximar as diferentes unidades da sociedade territorial franca do Ocidente ampliada, como amigas ou inimigas. De modo menos claro, mas igualmente inequívoco, a interdependência e as mudanças no equilíbrio territorial começaram, por essa época, a se tornar visíveis na área mais vasta da Europa ocidental como um todo. A sociedade territorial franco-inglesa tornou-se gradualmente, no curso de sua crescente integração, um sistema parcial dentro do mais abrangente sistema europeu. Na Guerra dos Cem Anos, a crescente interdependência de áreas maiores, que sem dúvida nunca deixara inteiramente de existir, manifestou-se com toda a clareza. Príncipes germânicos e italianos já empenhavam seus interesses e poder na luta anglo-francesa, embora desempenhassem um papel ainda periférico. Surgia aí o primeiro sinal daquilo que emergiria com nitidez maior, alguns séculos depois, na Guerra dos Trinta Anos. O continente europeu como um todo começava a tornar-se um sistema interdependente de países, com um equilíbrio dinâmico próprio, no qual toda mudança de poder envolvia direta ou indiretamente todas as unidades, todos os países. Passados mais alguns séculos, na guerra de 1914-8, a primeira "Guerra Mundial" como foi chamada, pudemos ver os primeiros sinais de como tensões e mudanças de equilíbrio, no mesmo processo sempre maior de integração, afetavam unidades numa área bem mais ampla, países em partes distantes do mundo. A natureza e os estágios da monopolização, para a qual evoluem as tensões desse entrelaçamento mundial, tal como seu possível resultado, isto é, as unidades maiores de governo que talvez surjam dessas lutas — tudo isso nos aparece apenas vagamente, como se mal tivesse despontado acima do horizonte de nossa consciência. Mas isso mostra pouca diferença face às Casas territoriais e aos grupos humanos envolvidos na Guerra dos Cem Anos. Neste caso, também, cada unidade sentia apenas a ameaça direta que o tamanho ou o aumento das outras implicava, porquanto as unidades maiores que lentamente nasceram dessas lutas, a França e a Inglaterra, como as denominamos hoje, dificilmente estariam mais presentes na consciência dos que as construíram do que a "Europa", para nós, como unidade política.

A maneira como tensões isoladas entre grupos e Casas rivais foram resolvidas, como o equilíbrio entre os principais protagonistas, os Lancaster ingleses, os Valois franceses, e o Valois de Borgonha, inclinou-se ora nesta ora naquela direção, como os ingleses conquistaram uma parte ainda maior da terra e mesmo da realeza francesas, e como, finalmente, graças ao aparecimento de Joana d'Arc, todas as forças que apoiavam o Valois francês se uniram numa bem-sucedida resistência e restauraram o fraco rei, primeiro para coroá-lo em Rheims e depois para governar em Paris — relatos de tudo isso podem ser encontrados facilmente nos livros de história.

A questão que assim se decidia era se Londres e a ilha anglo-normanda, ou Paris e o domínio dos soberanos da Frância, se transformariam no centro da cristalização da antiga região franca do Ocidente. A pendência se decidiu em favor de Paris, e o governo de Londres ficou reduzido à ilha. A Guerra dos Cem Anos acelerou e tornou irreversível o rompimento entre o território continental, que só nesse momento se tornou "la France", isto é, o domínio dos soberanos da Frância, e a região de além-mar que, antes, não passava de uma colônia dos governantes do continente. A primeira consequência da guerra foi, portanto, a desintegração. Os ilhéus, descendentes dos conquistadores continentais e dos nativos, tornaram-se uma sociedade separada, tomando caminho próprio, criando suas próprias instituições específicas de governo e transformando sua língua mista numa entidade de novo tipo. Nenhum dos rivais conseguira obter e manter o controle de toda a área. Os reis franceses e seu povo perderam finalmente o direito ao reino da ilha; a tentativa dos reis ingleses de derrotar seus rivais de Paris e recolonizar o continente fracassou. Se o povo da ilha precisava de novas terras, novas áreas para colonizar, novos mercados, teria, a partir desse momento, que procurá-los mais longe. Os reis ingleses haviam sido eliminados das lutas no continente pela coroa francesa. Num processo não muito diferente, séculos depois, na comunidade dos Estados territoriais germânicos, o resultado foi a vitória da Prússia sobre a Áustria. Em ambos os casos, como consequência da desintegração, a integração ficou limitada a áreas menores e, dessa maneira, tornou-se bem mais fácil.

Com a expulsão dos ingleses do continente e a eliminação de seus reis da luta pela supremacia, alteraram-se as tensões e equilíbrio na área. Enquanto os reis de Londres e Paris se apoiavam um no outro com dificuldades e enquanto a luta entre ambos constituía o eixo principal das tensões, as rivalidades entre os vários governantes territoriais no continente tinham importância apenas secundária. Podiam exercer considerável influência na decisão, se a luta principal se decidia em favor de Londres ou Paris, mas não podiam diretamente fazer que qualquer um dos competidores alcançasse a supremacia.

Nesse momento, com a partida dos ingleses, a competição entre os vários governantes territoriais, e, acima de tudo, a rivalidade entre os diferentes ramos da própria Casa dos Capeto, passou a ser a tensão dominante. O resultado da Guerra dos Cem Anos não decidiu, ou pelo menos não de uma vez por todas, através de qual desses ramos e dentro de que fronteiras a integração dos territórios continentais do antigo Império Franco do Ocidente seria realizada. Nessa direção, portanto, continuou a luta.

Nos últimos anos de Carlos VII, havia, além da Casa de Paris, pelo menos oito outras grandes Casas que podiam lançar seu peso nas lutas decisivas pela supremacia. Eram elas as Casas de Anjou, Alençon, Armagnac, Bourbon, Borgonha, Bretanha, Dreux e Foix. Todas elas já eram representadas por vários ramos. A mais poderosa era a Casa de Borgonha que, tendo na Borgonha e em Frandres o núcleo de seu poder, trabalhava com tenacidade e um só propósito para criar um grande domínio, no espaço da antiga Lotaríngia, entre o Império e a França. A rivalidade entre a Borgonha e os reis de Paris formava então o principal eixo do sistema de territórios feudais do qual, com a vitória da última, a "França" finalmente emergiria. Mas, no começo, as casas de Bourbon e Bretanha eram também centros de poder de grande importância.

Com exceção da última, a Casa ducal da Bretanha, todos os membros das famílias mencionadas eram descendentes ou parentes de pessoas que haviam recebido apanágios dos Capeto e, por consequência, prolongamentos seus. O feudalismo senhorial pós-carolíngio "encolhera", como disse um autor, e se transformara em feudalismo "principesco", Capeto.[93] Dos conflitos entre as muitas grandes e pequenas Casas de guerreiros da região franca do Ocidente, emergira vitoriosa uma única Casa. A região se tornara um monopólio dos descendentes dos Capeto.

No correr das gerações, porém, a família e as posses territoriais por ela acumuladas haviam se dispersado mais uma vez, e nessa época ramos diferentes lutavam pela supremacia. A formação do monopólio não ocorreu em linha reta, como pode parecer à primeira vista. O que temos ante os olhos — no período que se seguiu à Guerra dos Cem Anos — não é ainda a concentração ou centralização completas de poder num único lugar e num par de mãos, mas um estágio no caminho para a monarquia absoluta.

Tinha-se estabelecido um estado de competição altamente restrita. No caso dos que não pertenciam a uma família particular, as possibilidades de alguém adquirir e possuir um grande domínio, ou ampliar o que já se possuía, e assim tomar parte nas ulteriores lutas eliminatórias, haviam se tornado extremamente pequenas.

VI

As Últimas Fases da Luta Competitiva Livre e a Posição Monopolista Final do Vencedor

12. O que dá ao processo monopolizador seu caráter especial — e que os observadores recentes, em especial no século XX, claro, devem levar em conta ao estudar esse período — é o fato de que funções sociais que se separaram em tempos mais modernos ainda eram um tanto indiferenciadas nessa fase. Já salientamos, aliás, que o papel social do grande senhor ou príncipe feudal, a função de homem mais rico e detentor dos principais meios de produção, a princípio não se distinguia em absoluto do poder militar e da jurisdição. Funções hoje exercidas por diferentes pessoas e grupos ligados pela divisão do trabalho, isto é, as funções de grande latifundiário e de chefe de governo, constituíam, nessa época em que estavam inseparavelmente ligadas, uma espécie de propriedade privada. A situação se explica em parte pelo fato de que nessa sociedade,

que ainda possuía uma economia baseada na troca, embora já em declínio, a terra constituía o mais importante meio de produção, até que, em sociedades posteriores, fosse suplantada nesse papel pela moeda. E se explica igualmente pelo fato de que, na fase posterior, a chave de todo o poder monopolista, o monopólio da violência física, militar, é uma instituição social firmemente estabelecida que se estende por extensa área, enquanto, no estágio precedente, ela desenvolveu-se apenas lentamente ao longo de séculos de luta, sobretudo sob a forma de monopólio privado, familiar.

Estamos acostumados a separar as duas esferas, a "econômica" e a "política", e dois tipos de função social, a "econômica" e a "política". Por "econômica" entendemos toda a cadeia de atividades e instituições que servem à criação e aquisição de meios de consumo e produção. Mas damos por certo também, ao pensar em "economia", que a produção e, acima de tudo, a aquisição desses meios, normalmente ocorre sem ameaça ou emprego de violência física ou militar. Nada é menos evidente. Em todas as sociedades de guerreiros que possuem uma economia de troca — e não apenas no caso delas —, a espada é instrumento frequente e indispensável para adquirir os meios de produção e, a violência, meio indispensável de produção. Só quando a divisão de funções está muito adiantada, só então, como resultado de longas lutas, forma-se um monopólio especializado de administração, que exerce as funções de governo como sua propriedade social. Só quando um monopólio centralizado e público de força existe numa grande área é que a competição pelos meios de consumo e produção se desenvolve de modo geral sem intervenção da violência física; só então existem, de fato, o tipo de economia e de luta que estamos acostumados a designar pelos termos "economia" e "competição" em sentido mais específico.

A relação competitiva propriamente dita é um fato social bem mais geral e abrangente do que parece quando o conceito de "competição" é limitado a estruturas econômicas[94] — geralmente as dos séculos XIX e XX. Surge competição em todos os casos em que certo número de pessoas se esforça para desfrutar as mesmas oportunidades, quando a demanda excede as possibilidades de atendimento, estejam ou não essas possibilidades controladas por monopolistas. O tipo específico de competição que vimos discutindo aqui, a chamada "livre competição", caracteriza-se pelo fato de que a demanda se volta para oportunidades ainda não controladas por alguém que, pessoalmente, não pertence ao círculo de competidores. Essa fase de "livre competição" ocorre na história de numerosas sociedades, se não em todas. A "luta competitiva livre" surge também, por exemplo, quando a terra e as oportunidades militares são distribuídas entre várias partes independentes de modo tão uniforme que nenhuma delas tem a primazia, a predominância na sociedade. Ocorre, por conseguinte, naquela fase da relação entre as Casas feudais de guerreiros ou entre Estados em que nenhuma parte venceu claramente a rivalidade das demais e ainda não existe um monopólio centralizado, organizado. De idêntica maneira, há "luta competitiva livre" quando as oportunidades financeiras de numerosas pessoas interdependentes estão relativamente bem-distribuídas. Em ambos os casos, a luta é intensificada pelo crescimento da população e da demanda, a menos que as oportunidades cresçam à mesma taxa.

Além do mais, o curso tomado por essas lutas competitivas livres é relativamente pouco afetado pelo fato de que, num caso, elas sejam provocadas pela ameaça e uso de violência física e, no outro, apenas pela ameaça de decadência social, perda de independência econômica, ruína financeira ou tribulações materiais. Nas lutas das Casas feudais, as duas formas de violência que distinguimos como física/militar e força econômica agiam mais ou menos como se fossem uma única. Esses conflitos feudais têm, na sociedade moderna, uma analogia funcional tanto na competição econômica livre —, por exemplo nas lutas entre certo número de firmas pela supremacia no mesmo campo econômico —, como nas lutas entre Estados pela predominância num sistema territorial dado, uma espécie de conflitos que são resolvidos pela violência física.

Em todos esses casos, o que na esfera ainda não monopolizada se manifesta como luta é apenas um nível da competição contínua, geral, por oportunidades limitadas, que se dá em toda a sociedade. As oportunidades abertas a quem está empenhado na livre competição, isto é, na competição sem monopólio, constituem por sua vez um monopólio desorganizado, do qual está excluído todo aquele que é incapaz de competir por contar apenas com recursos escassos. Estes últimos, portanto, direta ou indiretamente dependem dos competidores "livres" e travam entre si uma competição não livre por suas oportunidades limitadas. A pressão exercida no interior da esfera relativamente independente mantém a mais estreita relação funcional com a que exercem, de todos os lados, aqueles que já dependem de oportunidades monopolizadas.

Tanto nos tempos feudais como nos modernos, a livre competição pelas oportunidades ainda não centralmente organizadas ou monopolizadas tende, através de todas suas ramificações, a subjugar e eliminar um número sempre crescente de rivais, que são destruídos como unidades sociais ou reduzidos à dependência; a acumular oportunidades nas mãos de um número sempre menor de rivais; tende à dominação e, finalmente, ao monopólio. Além do mais, o evento social da monopolização não se limita aos processos em que pensamos normalmente quando se fala em "monopólios". A acumulação de possibilidades que possam ser convertidas em somas de dinheiro, ou pelo menos expressas dessa maneira, foi apenas uma mudança histórica entre muitas outras que ocorreram no processo de monopolização. Processos funcionalmente semelhantes, isto é, que tendem a formar uma estrutura global de relações humanas, na qual indivíduos ou grupos possam, pela ameaça direta ou indireta de violência, restringir e controlar o acesso de outros a certas possibilidades contestadas — tais processos ocorreram, sob grande variedade de formas, em pontos muito distintos da história humana.

Nas lutas travadas em ambos esses períodos, correu risco a existência social dos próprios participantes. E é esta a compulsão por trás das lutas. É isso o que torna tais combates, e seus resultados, inescapáveis desde que surge a situação básica da livre competição. Tão logo a sociedade inicia um movimento desse tipo, todas as unidades sociais existentes na esfera ainda não monopolizada —

quer se trate de famílias de cavaleiros feudais, empresas econômicas, territórios ou Estados — enfrentam sempre a mesma opção.

Elas podem ser ou derrotadas — resolvas ou não lutar —, o que nos casos extremos significa prisão, morte violenta, dificuldades materiais, talvez a fome, ou, nos casos mais benignos, a decadência social e, portanto, a destruição do que lhes dá significado, valor e continuidade à vida, mesmo que, a seus contemporâneos, ou aos pósteros, essas coisas pareçam contrárias a seu próprio significado, existência social e "continuidade" e, portanto, a destruição que ocorreu receba o assentimento desse público.

Ou elas podem repelir e vencer os rivais mais próximos. Neste caso, sua vida, existência social, esforços, se coroam de êxito, conquistando-se as oportunidades em disputa. A mera preservação da existência social exige, na livre competição, uma expansão constante. Quem não sobe, cai. A vitória, por conseguinte, significa, em primeiro lugar — seja ou não essa a intenção —, domínio sobre os rivais mais próximos e sua redução ao estado de dependência. O ganho de um neste caso é necessariamente a perda de outro, que se dê em termos de terra, capacidade militar, dinheiro ou qualquer outra manifestação concreta de poder social. Mas, além desse ponto, a vitória significará, cedo ou tarde, o confronto e conflito com um rival de tamanho comparável ao seu; mais uma vez, a situação impele à expansão de um e à absorção, subjugação, humilhação ou destruição do outro. A mudança nas relações de poder, com o estabelecimento da dominação, pode ter sido conseguida por uma ação militar ostensiva ou pela força econômica, ou até mesmo por um acordo pacífico, mas, como quer que seja, todas essas rivalidades são tangidas, lenta ou rapidamente, através de uma série de quedas e ascensões, de avanços e perdas, de significados realizados ou destruídos, na direção de uma nova ordem social, uma ordem monopolista que nenhum dos participantes realmente quis ou previu e que substitui a livre competição pela competição sujeita ao monopólio. E é apenas a formação de tais monopólios que finalmente torna possível regulamentar a distribuição das oportunidades — e, por conseguinte, os próprios conflitos — no interesse da colaboração sem atritos, à qual as pessoas estarão presas para o melhor e para o pior.

Alternativas desse tipo eram enfrentadas já pelas famílias de guerreiros na sociedade medieval. A resistência dos grandes senhores feudais, e finalmente do feudalismo dos Capeto, ou principesco, ao aumento do poder real, precisa ser entendida nesse sentido. O rei de Paris era, tanto de fato como na opinião de outros senhores territoriais, um deles e nada mais. Era um rival e, a partir de certa época, o mais poderoso e ameaçador. Se ele ganhasse, a existência social desses senhores, se é que também não a física, seria destruída; se perdessem, aquilo que a seus olhos lhes dava à vida significado e esplendor — a independência, o controle das posses da família, a honra, a posição social, o *status* — seria, na pior das hipóteses, aniquilado e, na melhor, reduzido. Se vencessem, a centralização, a dominação, o monopólio, o Estado seriam bloqueados por algum tempo. A Borgonha, o Anjou, a Bretanha e outros territórios permaneceram durante algum tempo como domínios mais ou menos independentes. Isso podia soar absurdo a muitos contemporâneos, em especial aos servidores reais e, em retrospecto, até mesmo para nós, uma vez que, em virtude de nosso diferente estágio de integração social, não costumamos nos identificar com unidades geograficamente limitadas. Mas para eles, para os soberanos da Borgonha ou Bretanha e grande número de seus dependentes, era especialmente importante impedir a formação em Paris de um governo central cada vez mais poderoso, que lhes implicaria a queda como unidades sociais independentes.

Se vencessem, porém, cedo ou tarde os vencedores se defrontariam como rivais, e as tensões e conflitos decorrentes não poderiam terminar até que, mais uma vez, emergisse um poder claramente superior. *Da mesma maneira que, na sociedade capitalista do século XIX e, acima de tudo, do século XX, a tendência geral para a monopolização econômica revela-se claramente, pouco importando qual competidor particular triunfe e supere os outros; da mesma maneira que uma tendência análoga para a dominação mais clara, que precede cada caso de monopolização, cada caso de integração, está se tornando cada vez mais visível na competição entre os "Estados", acima de tudo na Europa, da mesma maneira, ainda, as lutas entre as Casas medievais e, mais tarde, entre os grandes senhores feudais e territoriais, demonstravam uma clara tendência para a formação de monopólios.* A única diferença era que, nesse caso, o processo ocorria numa esfera em que a propriedade da terra e o governo formavam uma unidade inseparável, ao passo que mais tarde — com o uso cada vez maior da moeda — ela assumiu a forma combinada de centralização dos impostos e de controle de todos os instrumentos que serviam à subjugação física.

13. É num período intermediário entre esses dois estágios — a segunda metade do século XV, após a morte de Carlos VII — que a rivalidade entre o ramo francês dos Valois, o ramo borguinhão — aliado ao que restava dos senhores feudais Capeto —, e o último representante dos grandes senhores anteriores aos Capeto, o duque da Bretanha, atingiu seu ponto culminante. Mais uma vez, forças centrífugas se reuniram para um ataque concentrado contra o Valois de Paris, Luís XI, cuja riqueza e poder eram sumamente perigosos para todos eles, uma vez eliminado aquele que fora o maior adversário do rei da França, o rei da Inglaterra. E vendo o centro de gravidade se inclinar, ameaçador, para o complexo reinante francês, o duque Valois de Borgonha, Carlos, o Temerário, veio a dizer com grande clareza o que a maior parte dos rivais do rei devia ter sentido e desejado diante desse perigo para sua própria existência social: "Em vez de um único rei, gostaria que tivéssemos seis!"[95]

No início, o próprio Luís XI não levou muito a sério a missão real. Muito ao contrário, como príncipe herdeiro, agiu praticamente da mesma forma e no mesmo espírito de outros grandes senhores feudais Capeto que trabalhavam pela desintegração do complexo territorial francês. E residiu durante algum tempo na corte do mais ferrenho rival da monarquia de Paris, o duque de Borgonha. Isso certamente tinha relação com fatos que podem ser considerados de natureza pessoal, acima de tudo o ódio profundo que lavrava entre Luís e o pai. Mas era também outra prova da individualização característica da Casa mais rica do país, que por seu turno estava ligada, por apanágios concedidos, a todos os príncipes. Fossem quais fossem as causas mais antigas do ódio do Delfim Luís ao pai, o controle de um território apenas seu orientava-lhe os sentimentos e ações para uma frente comum com os outros rivais do pai. Mesmo depois de subir ao trono, pensou inicialmente em vingar-se daqueles que o haviam hostilizado como príncipe herdeiro, inclusive muitos leais servidores da monarquia, e recompensar os que lhe haviam demonstrado amizade, incluindo numerosos adversários de sua Casa. O poder ainda era, em grau considerável, propriedade privada, dependendo das inclinações pessoais do governante. Mas já demonstrava, assim como todas as grandes possessões, uma regularidade própria muito rigorosa, que seu titular não poderia contrariar sem destruí-lo. Em pouco tempo, os inimigos da monarquia tornaram-se inimigos de Luís e, os que a apoiavam, *seus* amigos e serviçais. Suas ambições pessoais identificaram-se com as ambições tradicionais do suserano de Paris, e suas qualidades pessoais — a curiosidade, o desejo quase patológico de desvendar todos os segredos em volta, a esperteza, a violência invariável dos ódios e afeições, até mesmo a religiosidade ingênua e intensa, que o levava a cortejar os santos, e especialmente os santos padroeiros dos inimigos, oferecendo-lhes presentes, como se fossem eles venais seres humanos —, tudo isso rumava na direção para a qual Luís era impelido pela sua posição de governante dos domínios territoriais franceses. A luta contra as forças centrífugas, contra os senhores feudais rivais, tornou-se sua missão decisiva, e, a Casa de Borgonha, de seus amigos da época de príncipe herdeiro, passou a ser — como exigia a lógica imanente das funções reais que exercia — sua principal adversária.

A luta que enfrentava não era nada fácil. Às vezes, o governo de Paris parecia às beiras da ruína. Mas ao fim do reinado — em parte devido ao poder que suas grandes propriedades punham-lhe à disposição, até certo ponto por causa da perícia com que se servia de tal poder, e parcialmente graças a certo número de acidentes que o auxiliaram — seus rivais foram praticamente esmagados. Em 1476, Carlos, o Temerário, duque de Borgonha foi derrotado, em Granson e Murten, pelos suíços que Luís incitara contra ele. Em 1477, Carlos perdeu a vida, quando tentava conquistar Nancy. Dessa maneira, o principal inimigo dos Valois franceses entre os herdeiros Capeto seus concorrentes — e, após a exclusão do rei inglês, seu mais forte rival — foi também eliminado do conflito entre os senhores territoriais francos. Carlos deixou apenas uma filha, Maria, pela mão e herança da qual Luís concorreu com a potência que então emergia lentamente como principal rival da monarquia parisiense no contexto europeu, a Casa de Habsburgo. Aproximando-se do fim as lutas eliminatórias na área franca do Ocidente com a predominância e monopólio de uma única Casa, a rivalidade entre esta, vitoriosa, e potências de magnitude semelhante fora do país passou para o primeiro plano. Na competição pela Borgonha, os Habsburgo obtiveram sua primeira vitória com a mão de Maria, e Maximiliano apropriou-se de grande parte da herança borguinhã. Esse fator criou uma situação que durou mais de dois séculos, a forte rivalidade entre os Habsburgo e os reis de Paris. Não obstante, o ducado da Borgonha propriamente dito e mais duas anexações diretas de suas terras voltaram ao patrimônio régio dos Valois. As partes do patrimônio da Borgonha que eram especialmente necessárias para completar o território francês foram incorporadas a este.

Havia agora apenas quatro Casas, na região franca do Ocidente, controlando territórios de alguma importância. A mais poderosa ou, para sermos exatos, a mais importante e tradicionalmente a mais independente, era a casa da Bretanha. Mas nenhuma delas podia mais rivalizar com o poder social de Paris. O domínio do rei francês crescera a ponto de deixá-lo fora do alcance da concorrência por parte de governantes vizinhos seus. Em meio a estes, ele ocupava uma posição monopolista. Cedo ou tarde, por efeito de tratados, de violência ou de acidentes, todos eles se tornaram seus dependentes, perdendo a autonomia.

Constituiu puro acidente — se assim quisermos pensar — que, em fins do século XV, o duque de Bretanha deixasse apenas uma filha ao falecer, como antes acontecera com o duque de Borgonha. O conflito que esse acidente provocou mostra com grande clareza a constelação de forças dominante. Entre todos os governantes territoriais que restavam da velha área franca, nenhum era forte o bastante para contestar ao soberano de Paris a herança bretã. Como no caso da herança de Borgonha, o único a concorrer com ele veio de fora. Neste caso, igualmente, a questão era se um Habsburgo ou um Valois incorporaria a Bretanha pelo casamento, se Carlos VIII, o jovem filho de Luís XI, ou Maximiliano de Habsburgo, o Sacro Imperador Romano e senhor da Borgonha, cuja mão se tornara novamente livre com a morte da herdeira borguinhã. Como no primeiro caso, o Habsburgo, mais uma vez, venceu e se casou com a jovem Ana da Bretanha, pelo menos provisoriamente. Mas, depois de muita litigação — finalmente decidida por julgamento dos Estados Gerais bretões — a mão da herdeira coube, afinal de contas, a Carlos de França. Os Habsburgo protestaram, houve guerra entre os rivais e, finalmente, chegou-se a uma solução conciliatória: o Franco-Condado, que se situava fora do território francês e não pertencia ao complexo tradicional franco de terras, foi cedido aos Habsburgo; em troca, Maximiliano reconheceu a incorporação da Bretanha por Carlos VIII. Quando Carlos VIII faleceu sem deixar filhos, seu sucessor, Luís XII, um Valois do ramo Orléans, imediatamente conseguiu que seu casamento fosse anulado pelo Papa e casou-se com a viúva de 28 anos de seu predecessor, a fim de conservar-lhe a Bretanha no patrimônio de sua coroa. Gerando seu casamento apenas filhas, o rei casou a mais velha, que receberia a Bretanha como herdeira da mãe, com o herdeiro presuntivo do trono, o mais próximo descendente vivo da família, o conde Francisco de Angoulême. O perigo de que esse importante território pudesse cair nas mãos de um rival, acima de tudo de um Habsburgo, resultava sempre no mesmo curso de ação. E assim, sob pressão do mecanismo competitivo, o último território da região franca do Ocidente a preservar a autonomia no curso de todas as lutas eliminatórias, acabou se integrando nos domínios do rei de Paris. A princípio, quando o herdeiro do apanágio de Angoulême se tornou rei sob o nome de Francisco I, a Bretanha conservou certa autonomia. A tradição de independência de seus Estados Gerais conservou-se vivaz, mas o poder militar de um único território se tornara insignificante para enfrentar o grande domínio que já o cercava por todos os lados. Em 1532, foi institucionalmente confirmada a incorporação da Bretanha ao domínio francês. Apenas o ducado de Alençon, os condados de Nevers e Vendôme, e os domínios de Bourbon e Albret[96] continuavam como territórios independentes na antiga região franca, isto é, áreas que não pertenciam aos reis de Paris nem — como a Flandres e o Artois — aos

Habsburgo. Embora alguns de seus governantes, como o senhor de Albret ou a Casa de Bourbon ainda procurassem fazer tudo o que podiam para ampliar seus domínios e mesmo a sonhar com a coroa de rei,[97] suas regiões nada mais eram do que enclaves dentro dos domínios dos reis franceses. Quem cingisse a coroa ficava inteiramente acima da concorrência desses senhores territoriais. As Casas que outrora existiram nessas regiões tinham desaparecido ou estavam reduzidas a um estado de dependência. Na antiga região franca, os reis de Paris não tinham mais rivais; daí em diante, sua posição assumiu cada vez mais claramente o caráter de monopólio absoluto. Fora da região franca, porém, processos semelhantes haviam se desenvolvido, embora em parte alguma o processo monopolizador e as lutas eliminatórias avançassem até o ponto a que chegaram na França. Ainda assim, os Habsburgo haviam reunido posses familiares que, em potencial militar e financeiro, ultrapassavam de longe a maior parte dos outros domínios existentes na Europa continental. A situação que se revelara através das sucessões da Borgonha e da Bretanha apresentou, a partir de começos do século XVI, uma nitidez notável: a Casa dos imperadores Habsburgo e a Casa dos reis franceses, representadas nesse estágio por Carlos V e Francisco I, se enfrentavam como rivais numa nova escala. Ambas exerciam, em graus ligeiramente variáveis, o monopólio do poder numa vasta área; competiam por oportunidades e supremacia numa esfera mais ampla que, até então, não tinha um soberano monopolista e portanto vivia ainda uma situação de "livre competição". E assim a sua rivalidade tornou-se, e por um longo período se conservou, o eixo principal do sistema mais amplo de tensões que tomava forma na Europa.

14. Em tamanho, o domínio francês era bem menor do que o dos Habsburgo. Mas também muito mais centralizado e, acima de tudo, autossuficiente, mais bem-protegido militarmente por "fronteiras naturais". Tinha por fronteiras, a oeste, o Canal da Mancha e o Atlântico; toda a área costeira até Navarra se encontrava nesse momento nas mãos dos reis franceses. Como fronteira sul, o Mediterrâneo e, nessa zona, toda a costa — com a exceção de Roussillon e da Cerdagne — pertencia aos soberanos franceses. A leste, o Ródano formava a fronteira com o condado de Nice e o ducado de Savoia. Nessa época, a fronteira projetava-se além do Ródano e chegava aos Alpes no Delfinado e na Provença. Ao norte dessa zona, em frente ao Franco-Condado, o Ródano e o Saône continuavam a formar a fronteira do reino, as partes média e baixa do Saône um pouco ultrapassadas. No norte e nordeste, a fronteira ficava mais para baixo da França atual. Só tomando os arcebispados de Metz, Toul e Verdun é que o reino se aproximaria do Reno, mas nesse tempo eles eram enclaves, postos avançados dentro do Império Germânico. A fronteira com o Império corria ligeiramente a oeste de Verdun e, mais ao norte, aproximadamente na região de Sedan. Tal como o Franco-Condado, os condados de Flandres e Artois pertenciam aos Habsburgo. Uma das primeiras questões a decidir na luta pela supremacia era até que ponto a fronteira avançaria nessa área. Durante muito tempo, o domínio francês ficou contido dentro desses limites. Só nos anos entre 1610 e 1659 é que a região de Artois, juntamente com a área entre a França e os três arcebispados e — um novo enclave dentro do Império — a alta e baixa Alsácia, foram assimiladas; só então a

França se aproximou do Reno.[98] Grande parte do território que hoje constitui a França estava reunido sob um único governo. A única questão em dúvida era a medida da possível extensão dessa unidade, a questão se e onde ela encontraria finalmente suas fronteiras "naturais", isto é, facilmente defensáveis, no sistema europeu de tensões.

Alguém que pensasse retrospectivamente a partir de um Estado, de uma sociedade com monopólio estável e centralizado de violência física, um francês que vivesse na França ou um alemão na Alemanha, provavelmente acharia natural a existência desse monopólio de violência, a unificação de áreas desse tamanho e tipo. Haveria de considerar isso certo, útil, e mesmo o resultado de um planejamento consciente. Em consequência, tenderia a observar e avaliar as ações específicas que culminaram nesse ponto em termos de sua utilidade para uma ordem que lhe pareceria evidente por si mesma e autojustificável. Inclinar-se-ia a preocupar-se menos com os dilemas e necessidades reais, baseados nos quais grupos e pessoas agiram no passado, menos com seus planos diretos, desejos e interesses, do que com a questão se isto ou aquilo era bom ou mau para a situação com que se identificava. E exatamente como se os atores do passado já tivessem ante os olhos uma antevisão profética daquele futuro que para ele é tão evidente e, talvez, tão bem consolidado, louvaria ou condenaria esses atores, conceder-lhes-ia notas na medida em que seus atos levassem ou não ao resultado almejado.

Através dessas censuras, de manifestações de satisfação pessoal, de opiniões subjetivas ou partidárias sobre o passado, porém, geralmente bloqueamos nosso acesso às regularidades e mecanismos formativos elementares, à crônica estrutural e à sociogênese reais das formações históricas. Essas formações sempre se desenvolveram na luta entre interesses opostos ou, mais exatamente, na solução de interesses ambivalentes. O que nesses conflitos finalmente chegou a seu fim ou se fundiu em novas formações, à medida que os principados se moldavam em reinos e depois o poder real se transformava no Estado burguês, não foi menos indispensável do que o vitorioso para gestar essas novas formações. Sem ações violentas, sem as forças propulsoras da livre competição, não teria havido monopólio de força e, destarte, nenhuma pacificação, nenhuma supressão e controle da violência em grandes áreas.

As ramificações do movimento que culminou integrando regiões cada vez maiores em volta do ducado de Frância, como seu centro da cristalização, mostram bem que a integração final da antiga área franca do Ocidente decorreu de uma série de provas eliminatórias, num processo irresistível de entrelaçamentos, e que disso muito pouco resultou de uma visão profética ou de um plano rigoroso ao qual aderissem todas as partes individuais.

"Indubitavelmente", disse certa vez Henri Hauser,[99] "há sempre algo ligeiramente artificial quando o indivíduo, de sua posição *a posteriori*, olha a história de trás para a frente, como se a monarquia administrativa e a França centralizada de Henrique II tivessem sido destinadas, desde o começo dos tempos, a nascer e a viver dentro de determinados limites..."

Só se nos transportarmos, por um momento, para a paisagem do passado e presenciarmos as lutas entre as muitas Casas guerreiras, conheceremos suas necessidades vitais, seus objetivos imediatos; apenas se, numa única palavra, tivermos aos olhos toda a precariedade de suas lutas e existência social, é que poderemos compreender como era provável a formação de um monopólio nessa área, mas também como seriam incertos seu centro e fronteiras.

Até certo ponto é verdade, no que interessava aos reis franceses e a seus representantes, o que se disse certa vez sobre o pioneiro americano: "Ele não queria toda a terra. Queria simplesmente a terra que ficava junto à sua."[100]

Essa formulação simples e precisa expressa muito bem como, a partir do entrelaçamento de incontáveis interesses e intenções individuais — quer tendessem à mesma direção ou a direções divergentes e hostis —, surgiu algo que não foi planejado nem foi intenção de qualquer um desses indivíduos, mas emergiu a despeito de suas intenções e ações. E realmente aí se encontra todo o segredo das configurações sociais, sua dinâmica irresistível, suas regularidades estruturais, o caráter de seu processo e de seu desenvolvimento, e é esse o segredo da sociogênese e da dinâmica das relações.

Os representantes da monarquia francesa tinham sem dúvida, em virtude de sua posição mais central nas últimas fases do movimento, intenções e raios de ação mais amplos no processo de integração do que os pioneiros americanos isolados. Mas também eles só percebiam com clareza os poucos passos imediatamente a seguir e o pedaço de terra contíguo, que tinham de obter para evitar que caísse nas mãos de outros, impedindo assim que um vizinho ou rival incômodo se tornasse mais forte do que eles. E se alguns dentre eles de fato concebiam a imagem de um reino maior, essa imagem foi, durante muito tempo, mais a sombra dos monopólios passados, um reflexo das monarquias carolíngia e franca do Ocidente, mais um produto da memória do que da profecia ou de um novo conceito do futuro. Neste particular, como sempre, do emaranhado de inumeráveis interesses, planos e ações individuais, emergiu um único fenômeno, uma regularidade que pautou a totalidade dessas pessoas emaranhadas e que não foi intenção de nenhuma, dando origem a uma formação que nenhum dos atores realmente planejara: um Estado, a França. Por isso mesmo, a compreensão de uma formação desse tipo requer uma ponte para um nível ainda pouco conhecido da realidade: o nível das regularidades imanentes aos relacionamentos sociais, o campo da dinâmica das relações.

VII

Distribuição das Taxas de Poder no Interior da Unidade de Governo: Sua Importância para a Autoridade Central: A Formação do "Mecanismo Régio"

15. Distinguimos, acima, duas fases principais no desenvolvimento dos monopólios: a fase da livre competição, tendendo para a formação de monopólios privados, e a gradual transformação desses monopólios "privados" em "públi-

cos". Um estudo mais atento desse movimento, porém, mostra-nos que ele não consistiu numa simples sucessão de tendências. Embora a "abertura" dos monopólios no curso dessa mudança só alcance a plenitude e se torne um fenômeno dominante num estágio posterior, as estruturas que nela culminaram já estavam presentes e ativas na fase em que, em meio a numerosas lutas, o monopólio de poder lentamente foi emergindo sob a forma de uma posse privada.

Indubitavelmente, a Revolução Francesa, por exemplo, constituiu um grande passo para a abertura do monopólio da tributação e da força física na França. Nesse caso, os monopólios passaram, de fato, para o poder ou, pelo menos, para o controle institucionalmente garantido de amplas classes sociais. O dirigente central, qualquer que fosse o título que ostentasse, e todos aqueles que exerciam poder monopolista, tornaram-se, mais inequivocamente do que antes, uns funcionários entre outros, na complexa teia de uma sociedade baseada na divisão de funções. A dependência funcional deles face aos representantes de outras funções sociais tornara-se tão grande que se manifestava claramente na organização da sociedade. Contudo, essa dependência funcional dos monopólios e de seus diretores face a outras funções da sociedade já estava presente nas fases anteriores. Simplesmente era menos desenvolvida e, por essa razão, não se expressava de modo direto e inequívoco na organização e estrutura institucional da sociedade. Por isso, o poder do governante monopolista teve, no início, mais ou menos o caráter de "posse privada".

16. Conforme já notamos, manifestam-se tendências a algum tipo de "abertura" do monopólio de uma única família desde que se reúnam certas condições — a saber, quando a área controlada ou suas posses começam a crescer muito — mesmo em sociedades em que vigora a economia de troca. O que denominamos "feudalismo", o que descrevemos acima como a ação de forças centrífugas, nada mais foi do que uma expressão de tais tendências. Indicava que a dependência funcional do senhor face a seus servidores ou súditos, isto é, face a um estrato mais largo, estava aumentando. Culminou ela ao transferir-se o controle da terra e do poder militar, das mãos de uma única família de guerreiros e de seu chefe, em primeiro lugar para a hierarquia de seus servidores mais chegados e parentes e depois, em alguns casos, para toda a sociedade de guerreiros. Já observamos que na sociedade feudal, a "abertura", como resultado das peculiaridades da posse da terra e dos instrumentos de violência, implicou a dissolução do monopólio centralizado — mesmo que apenas frouxamente centralizado — e assim levou à transformação de uma única grande posse monopolista em grande número de outras menores e, assim, a uma forma descentralizada e menos organizada de monopólio. Enquanto a posse da terra se conservasse a forma dominante de propriedade, novas mudanças nesta ou naquela direção podiam ocorrer: o estabelecimento de supremacia dentro da livre competição, a reunião de grandes áreas e massas de guerreiros sob um único senhor supremo; tendências à descentralização sob seus sucessores, novas lutas em distintos estratos de seus servidores, de suas relações ou de seus súditos, novas tentativas de conquistar a supremacia. Todo esse fluxo e refluxo de centralização e descentralização podia às vezes — dependendo de fatores geográficos ou climáticos, de formas econô-

micas particulares, dos tipos de animais e plantas de que se alimentavam as pessoas, e sempre em conjunto com a estrutura tradicional da religião organizada —, tudo isso podia levar a uma complexa mescla de sedimentações produzidas pelas várias mudanças. A história de outras sociedades feudais não europeias, em toda a parte, segue a esse respeito o mesmo modelo. Por mais que esse tipo de fluxo e refluxo se possa detectar, na história da França, porém, aqui este movimento, em comparação com a maioria das outras sociedades, seguiu uma trajetória relativamente reta.

O ritmo que repetidamente ameaçou provocar a dissolução dos grandes monopólios de poder e terras foi modificado e acabou se rompendo apenas na medida em que, com a crescente divisão de funções na sociedade, a moeda, e não mais a terra, tornou-se a forma dominante de propriedade. Só então é que o grande monopólio centralizado, ao passar das mãos de um único soberano ou de um pequeno círculo para o controle de um círculo maior, em vez de se fragmentar em grande número de áreas menores, como ocorreu a cada avanço da feudalização, sofreu uma lenta transformação, convertendo-se, centralizado que era, em instrumento da sociedade funcionalmente dividida como um todo e, acima de tudo, no órgão central do que chamamos de Estado.

O aumento do uso da moeda e da troca, juntamente com as formações sociais que as empregavam, manteve uma relação recíproca permanente com a forma e o desenvolvimento do poder monopolista dentro de uma área particular. Essas duas séries de fenômenos, em entrelaçamento constante, impeliram-se mutuamente para cima. A forma e o desenvolvimento dos monopólios de poder foram influenciados de todos os lados pela diferenciação da sociedade, o aumento do emprego da moeda e a formação de classes que a ganhavam e possuíam. Por outro lado, o sucesso da própria divisão do trabalho, a proteção de rotas de comércio e mercados em grandes áreas, a padronização da cunhagem e de todo o sistema monetário, a garantia da produção pacífica contra a violência física e uma abundância de outras medidas de coordenação e regulação, dependiam fortemente da formação de grandes instituições monopolistas centralizadas. Quanto mais, em outras palavras, os processos de trabalho e a totalidade de funções na sociedade se tornavam diferenciados, mais longas e mais complexas se estendiam as cadeias de ações individuais que teriam que se interligar para que cada ação preenchesse sua finalidade social, mais claramente emergia uma característica específica do órgão central: *seu papel como coordenador e regulador supremo das configurações funcionalmente diferenciadas em geral.* A partir de certo grau de diferenciação funcional, a complexa teia de atividades humanas inter-relacionadas simplesmente não podia continuar a crescer, ou sequer funcionar, sem órgãos de coordenação em um nível correspondentemente alto de organização. Note-se que esse papel não faltou de todo nas instituições centrais de sociedades de organização mais simples e menos diferenciadas. Até mesmo sociedades frouxamente organizadas, como em muitos Estados autárquicos dos séculos IX e X, precisaram, em certas condições, de um coordenador supremo. Se um inimigo poderoso ameaçava de fora, tornando necessária a guerra, era preciso que houvesse alguém para assegurar a colaboração dos muitos cavaleiros, para lhes coordenar as atividades e tomar as decisões finais. Nessa situação, emergia com mais clareza a interdependência dos muitos governantes dispersos. Todos os indivíduos ficariam ameaçados se o exército não conseguisse agir em comum. E uma vez que, nessa situação, aumentava consideravelmente a dependência de todos face a um governante central, o rei, o mesmo acontecia com sua importância e poder social — contanto que ele cumprisse sua função social, contanto que não fosse derrotado. Mas, quando desaparecia a ameaça externa ou a possibilidade de expansão, tornava-se relativamente tênue a dependência de indivíduos e grupos face a um centro coordenador e regulador supremo. Essa função somente se tornou o trabalho permanente, especializado, do órgão central quando a sociedade, como um todo, se mostrou mais e mais diferenciada, quando sua estrutura celular, lenta mas incessantemente, formou novas funções, novos grupos profissionais e novas classes. Só então os órgãos centrais reguladores e coordenadores necessários para a manutenção de toda a teia social se tornaram tão indispensáveis que, embora alterações na estrutura de poder pudessem substituir seus ocupantes e mesmo suas organizações, elas não podiam dissolvê-las, como antes acontecera, no curso da feudalização.

17. A formação de órgãos centrais de forte estabilidade e especialização em grandes regiões constituiu um dos aspectos mais notáveis da história ocidental. Conforme antes dissemos, houve órgãos centrais de algum tipo em todas as sociedades. Mas como a diferenciação e a especialização de funções sociais atingiram um nível mais alto no Ocidente do que em qualquer outra sociedade na Terra — e como em outras regiões elas só começaram a atingir esse nível através do impulso dado pelo Ocidente —, foi no Ocidente que os órgãos centrais especializados atingiram um grau até então desconhecido de estabilidade. Não obstante, os órgãos centrais e seus funcionários não obtiveram necessariamente o poder social correspondente à sua crescente importância como coordenadores e reguladores sociais supremos. Caberia supor que, com a centralização em marcha e o controle e supervisão mais rigorosos de todo o processo social por autoridades estáveis, se alargasse a fenda entre governantes e governados. O curso da história, porém, mostra um quadro diferente. A história do Ocidente certamente não carece de fases em que os poderes da autoridade central foram tão grandes e amplos que podemos falar, com alguma justiça, em hegemonia de governantes centrais isolados. Mas exatamente na história mais recente de muitas sociedades ocidentais houve também fases em que, a despeito da centralização, o controle das próprias instituições centralizadas era tão disperso que se tornava difícil distinguir claramente quem eram os governantes e quem os governados. Variava a liberdade de decisão investida nas funções centrais. Às vezes, aumentava; assim, as pessoas que exerciam essas funções adquiriam o aspecto de "governante". Ocasionalmente, diminuía, sem centralização, ou a importância dos órgãos centrais, como centros mais elevados de coordenação e regulação, era reduzida. Em outras palavras, no caso dos órgãos centrais, como aliás no tocante a todas as demais formações sociais, duas características precisam ser distinguidas: *a função na rede humana a que pertencem e o poder social inerente a essa função.* O que chamamos de "governo" nada mais é, na sociedade

altamente diferenciada, do que o poder social específico com o qual certas funções, acima de tudo as funções básicas, investem seus ocupantes em relação aos representantes de outras funções. O poder social, contudo, é determinado, no caso das mais elevadas funções centrais de uma sociedade altamente diferenciada, exatamente da mesma maneira que todos os mais: ele corresponde — se essas funções não estão vinculadas a um controle permanente de um poder monopolista hereditário individual — exclusivamente ao grau de dependência das várias funções interdependentes entre si. O crescimento do "poder" de funcionários centrais constitui, em sociedades com alta divisão de funções, uma manifestação do fato de que, nessa sociedade, está aumentando a dependência de outros grupos e classes face a um órgão supremo de coordenação e regulação. Uma queda no último aparece-nos como uma limitação do primeiro. Não apenas os primeiros estágios da formação de Estados, que são fundamentais para o presente estudo, mas também para a história contemporânea da configuração de Estados no Ocidente, oferecem exemplos suficientes de tais mudanças no poder social dos funcionários centrais. Todos eles constituem indicações bastante seguras de mudanças específicas no sistema de tensões na sociedade em geral. Neste particular, mais uma vez, por baixo de todas as diferenças entre as estruturas sociais, encontramos certos mecanismos de entrelaçamento social que — pelo menos nas sociedades mais complexas — tendem de modo muito geral para a redução ou o aumento do poder social das autoridades centrais. Seja a nobreza e a burguesia, ou a burguesia e o proletariado, ou sejam, em conjunto com essas divisões maiores, um círculo governante menor, como as *coteries* rivais na corte do príncipe ou no aparelho partidário ou militar supremo, que formam os dois polos do eixo de tensões decisivo na sociedade numa dada época, é sempre um conjunto muito bem-definido de relações de poder social que fortalece a posição da autoridade no centro, e um conjunto diferente que a debilita.

Aqui se faz necessário estudar, brevemente, a dinâmica da configuração humana que determina o poder da autoridade central. O processo de centralização social no Ocidente, particularmente na fase em que estavam sendo formados os "Estados", permanecerá incompreensível, tal como o próprio processo civilizador, enquanto as regularidades elementares da dinâmica das configurações forem ignoradas como meios de orientação e como guias para o pensamento e as observações. Nas seções precedentes, mostramos essa "centralização", ou formação de Estados, do ponto de vista da luta pelo poder entre várias Casas e domínios de príncipes, isto é, do ponto de vista do que hoje chamaríamos de "assuntos externos" desses domínios. Neste momento, coloca-se o problema complementar: temos a tarefa de estudar os processos constitutivos da configuração humana *dentro* de uma das unidades que conferem à autoridade central — em comparação com a fase precedente — um poder e durabilidade especiais e, dessa forma, dotam toda a sociedade com a forma de "Estado absolutista". Na realidade histórica, esses dois processos — mudanças de poder entre classes *dentro* de uma mesma unidade, e deslocamentos no sistema de tensões *entre* unidades diferentes — constantemente se entrelaçam.

No curso da luta entre diferentes domínios territoriais, uma *única* Casa principesca — conforme mostramos acima — supera, lentamente, todas as demais. Assume, assim, a função de reguladora suprema de uma unidade maior, mas não cria essa função. Apropria-se dela em virtude do tamanho de suas posses, acumuladas no curso das lutas, e do controle monopolista que exerce sobre o exército e a tributação. A função propriamente dita deriva sua forma e poder da crescente diferenciação de funções na sociedade como um todo. Desse aspecto parece, à primeira vista, inteiramente paradoxal que o suserano, nessa fase primitiva da formação do Estado, venha a conquistar um poder social assim enorme. Isso porque, desde os fins da Idade Média, com o rápido aumento da divisão de funções, a monarquia tornou-se cada vez mais dependente de outras funções. Precisamente nessa época, as cadeias de ação baseadas na divisão de funções começaram a assumir um alcance e uma durabilidade que não cessaram mais de crescer. A autonomia dos processos sociais, a caracterização de quem detém a autoridade central como um funcionário, o que veio a receber expressão institucional mais clara após a Revolução Francesa, são bem mais importantes nessa época do que na Idade Média. A dependência dos senhores centrais face à receita gerada por seus domínios constituiu uma clara indicação desse fato. Luís XIV estava incomparavelmente mais preso a essa vasta e autônoma rede de cadeias de ações do que, por exemplo, Carlos Magno. Como, então, o governante central nessa fase teve uma tal liberdade de decisão e um tal poder social que nos acostumamos a chamá-lo de governante "absoluto"?

Não era apenas o controle monopolista do poder militar do príncipe que mantinha em seus lugares as demais classes no território e, especialmente, os poderosos grupos dirigentes. Devido a uma constelação social peculiar, nessa fase a dependência desses grupos face a um coordenador e regulador supremo da estrutura — e de suas tensões — era tão grande que, querendo ou não, eles renunciaram durante muito tempo a lutar pelo controle e a participar das decisões mais importantes.

Essa constelação peculiar não pode ser compreendida a menos que levemos em conta uma característica especial dos relacionamentos humanos que estavam surgindo com a crescente divisão de funções na sociedade: *sua ambivalência, declarada ou latente*. Nas relações entre indivíduos, e também entre diferentes estratos funcionais, manifestava-se mais fortemente uma *dualidade ou mesmo multiplicidade de interesses* específicos, na mesma medida em que se ampliava e adensava a interdependência social. Nessa situação, todas as pessoas, todos os grupos estados ou classes eram, de alguma maneira, dependentes uns dos outros. Eram amigos, aliados ou parceiros em potencial; e, ao mesmo tempo, adversários, concorrentes ou inimigos em potencial. Em sociedades sujeitas à economia de troca, observam-se ocasionalmente inequívocos relacionamentos negativos de inimizade pura e total. Quando nômades invadem um território colonizado, não precisa haver em suas relações com os colonos o menor traço de dependência funcional mútua. Entre esses grupos, existe uma inimizade pura até a morte. Muito maior nessas sociedades, também, é a possibilidade de relacionamentos de dependência mútua, clara e sem complicações, amizades sem reservas, alianças, relacionamentos de amor ou serviço. Na coloração peculiar (em preto e branco) de numerosos livros medievais, que com frequência em nada mais falam do que em bons amigos ou vilões, manifesta-se sem matizes a maior susceptibilidade da sociedade medieval face a relacionamentos desse tipo. Sem dúvida, nesse estágio, as cadeias de interdependência funcional eram relativamente curtas — por isso as rápidas mudanças de um extremo a outro, e a fácil transformação de amizade firme em inimizade violenta, ocorriam com maior frequência. Tornando-se os interesses e funções sociais cada vez mais complexos e contraditórios, encontramos no comportamento e sentimentos das pessoas uma cisão peculiar, a coexistência de elementos positivos e negativos, uma mistura de afeto e antipatia mútuos em proporções e nuanças variáveis. As possibilidades de inimizade pura, inequívoca, diminuem; e se evidencia mais e mais o quanto os atos cometidos contra um adversário ameaçam também a existência social de quem os perpetra, perturbando assim o mecanismo inteiro das cadeias de atos, das quais todos são partes. Seria necessário fazer uma digressão muito grande para estudar em detalhes essa *ambivalência de interesses*, que é fundamental, suas consequências na vida política ou na constituição psicológica do indivíduo, bem como sua sociogênese em relação à divisão de funções em progresso. Mas o pouco que já se disse acima mostra que ela foi uma das características estruturais mais importantes das sociedades altamente desenvolvidas, e um fator de alta relevância na modelação de uma conduta civilizada.

Cada vez mais ambivalentes, com a crescente divisão de funções, tornaram-se as relações entre as diferentes unidades de poder. As relações entre os Estados de nossa própria época, acima de tudo na Europa, oferecem um claro exemplo nesse particular. Mesmo que a integração e divisão de funções *entre* eles não tenham ainda avançado tanto quanto a divisão de funções *dentro* deles, ainda assim, qualquer choque militar ameaça de tal modo essa rede altamente diferenciada de nações como um todo que, no fim, o vencedor se encontraria em uma posição seriamente abalada. Ele não pode mais — nem quer — despovoar e devastar o país inimigo o suficiente para nele instalar parte de sua própria população. É obrigado, no interesse da vitória, a destruir tanto quanto possível o poderio industrial do inimigo e, ao mesmo tempo, no interesse de sua própria paz, a tentar, dentro de certos limites, preservar ou reconstruir esse aparato industrial. Pode conquistar possessões coloniais, proceder à revisão de fronteiras, obter mercados de exportação e vantagens econômicas ou militares, em suma, pode promover o aumento geral de seu poder. Mas, exatamente porque nas lutas de sociedades bastante complexas cada rival e adversário é, ao mesmo tempo, um parceiro na linha de produção da mesma maquinaria, toda mudança súbita e radical num setor dessa rede inevitavelmente provoca perturbação e mudanças em outro. Para sermos exatos, não deixa de operar, por essa razão, o mecanismo da competição e do monopólio. Mas os conflitos inevitáveis tornam-se cada vez mais arriscados para todo o precário sistema de nações. Ainda assim, através dessas próprias tensões e suas descargas, a configuração lentamente se move para uma forma mais inequívoca de hegemonia e para uma integração — talvez, no início, do tipo federativo — de unidades maiores em torno de centros hegemônicos específicos.

Da mesma maneira, as relações entre diferentes classes sociais *dentro* de um domínio tornam-se, com o avanço da divisão de funções, cada vez mais ambivalentes. Nesta situação, também, num espaço mais restrito, grupos cuja existência social é mutuamente dependente, através da divisão de funções, lutam por certas oportunidades. Eles são, simultaneamente, adversários e parceiros. Há situações extremas em que a organização da sociedade funciona tão mal, e as tensões nela se tornam tão fortes, que grande parte das pessoas e classes que nela vivem "não se importa mais". Nessa situação, o lado negativo das relações ambivalentes, a oposição de interesses, pode dominar a tal ponto o lado positivo, ou seja, a comunidade de interesses que surge da interdependência de funções, que ocorrem violentas descargas de tensões, bruscas mudanças no centro de gravidade social e a reorganização da sociedade numa base social modificada. Até que chegue essa situação revolucionária, as classes ligadas entre si pela divisão de funções são lançadas de um lado para o outro, por seus interesses diferentes e contraditórios. Oscilam entre o desejo de obter grandes vantagens sobre seus adversários sociais e o medo de arruinar todo o aparato da sociedade, de cujo funcionamento depende sua existência social. E é essa a constelação, a forma de relacionamentos, que fornece a chave para a compreensão das mudanças no poder social dos funcionários centrais. Se a cooperação entre poderosas classes funcionais não provoca dificuldades especiais, se seus conflitos de interesse não são suficientemente fortes, para esconder delas sua dependência mútua e para ameaçar o funcionamento de toda a máquina social, o raio de ação da autoridade central se vê restringido. Mas ele tende a aumentar quando cresce a tensão entre certos grupos dirigentes da sociedade. Atinge o nível ótimo quando a maioria das classes funcionais está ainda tão interessada em preservar sua existência social na forma tradicional que teme qualquer perturbação maior no aparato como um todo e a concomitante desorganização de sua própria existência, enquanto, ao mesmo tempo, o conflito estrutural de interesses entre grupos poderosos é tão forte que uma solução conciliatória voluntariamente organizada se mostra difícil de se alcançar, e escaramuças sociais irritantes, sem nenhum resultado decisivo, tornam-se um aspecto permanente da vida social. Isso acontece de forma a mais aguda nas fases em que distintos grupos ou classes conseguiram aproximadamente o mesmo poder e se mantêm em equilíbrio recíproco, ainda que, como no caso da nobreza e da burguesia, ou da burguesia e do proletariado, possam estar institucionalmente em posição muito desigual. Aquele que, nessa constelação, numa sociedade cansada e perturbada por lutas inconclusivas, está em condições de obter poder sobre os órgãos supremos de regulação e controle, tem possibilidade de impor uma solução conciliatória entre os interesses divididos, a fim de preservar a repartição social de poder vigente. Os variados grupos de interesse não podem caminhar juntos nem separados, o que os torna dependentes do coordenador central supremo, para continuarem a existir socialmente, num grau muito diferente do que na situação em que os interesses interdependentes são menos divergentes e é mais fácil obter acordos diretos entre eles. Quando a situação do grosso das várias classes funcionais, ou pelo menos de seus grupos dirigentes ativos, não é ainda tão má que elas se disponham a pôr em risco sua existência social, e ainda se sentem tão ameaçadas uma pela outra e veem o poder tão uniformemente distribuído entre elas que cada uma teme a menor vantagem do outro lado, elas se atam mutuamente as mãos: isto confere à autoridade central melhores possibilidades do que qualquer outra configuração da sociedade. Confere aos investidos de autoridade, sejam quem forem, o raio de ação ótimo para decisão. Na realidade histórica, são muitas as variações dessa configuração. O fato de que apenas surja bem delineada em sociedades altamente diferenciadas, enquanto em sociedades menos interdependentes, com menor divisão de funções, sejam o sucesso militar e o poder que formam a base de uma forte autoridade central sobre vastos territórios — isto já foi bem explicado acima. Mesmo em sociedades mais complexas, o sucesso na guerra ou em conflitos com outras potências indubitavelmente desempenha um papel decisivo para as autoridades centrais fortes. Mas, se por um momento ignoramos essas relações externas da sociedade e sua influência sobre o equilíbrio interno, e perguntamos como é possível haver uma forte autoridade central numa sociedade altamente diferenciada, a despeito de uma interdependência de todas as funções elevada e uniformemente distribuída, sempre nos encontramos defronte daquela constelação específica que, neste momento, pode ser enunciada como um princípio geral: *A hora da forte autoridade central na sociedade altamente diferenciada soa quando a ambivalência de interesses dos mais importantes grupos funcionais se torna tão grande, e o poder é tão uniformemente distribuído entre eles, que não pode haver nem uma solução conciliatória decisiva nem um conflito decisivo entre eles.*

É a uma configuração desse tipo que se aplica a expressão "mecanismo régio". Na verdade, a autoridade central alcança o poder social ótimo da monarquia "absoluta" ao se conjugar com essa constelação de forças sociais. Mas esse mecanismo equilibrador seguramente não é a única força motriz sociogenética da monarquia mais poderosa. Encontramo-la em sociedades mais complexas, como o fundamento para o governo muito forte de um único homem, qualquer que possa ser o seu título. O homem ou homens que ocupam o centro sempre mantêm o equilíbrio entre grupos maiores ou menores que se contrabalançam como antagonistas interdependentes, simultaneamente como adversários e parceiros. Esse tipo de configuração pode, à primeira vista, parecer extremamente frágil. A realidade histórica, porém, demonstra com que poder irresistível e inescapável ela pode manter em servidão os indivíduos que a constituem — até que, finalmente, a contínua mudança de seu centro de gravidade, que lhe acompanha a reprodução através de gerações, torna viáveis mudanças mais ou menos violentas nos laços mútuos entre pessoas, dando assim origem a novas formas de integração.

18. As regularidades da dinâmica social colocam o governante central e a máquina de administração numa situação curiosa, e ainda mais na medida em que ela e seus órgãos se tornam mais especializados. O governante central e seus auxiliares podem ter alcançado o topo da administração central como propronentes de uma formação social particular, ou podem ter sido recrutados principalmente em determinada classe da sociedade. Mas tão logo alguém atinge uma posição na máquina central e a ocupa por algum tempo, ela lhe impõe suas próprias regularidades. Em graus variáveis, distancia-o de todos os demais grupos

e classes da sociedade, mesmo daqueles que o levaram ao poder e nos quais tem sua origem. A função específica cria para o governante central de uma sociedade diferenciada interesses também específicos. Constitui função sua superintender a coesão e segurança do todo da sociedade tal como ela existe e por isso mesmo, preocupa-o manter o equilíbrio de interesses dos demais grupos funcionais. Essa tarefa, que ele simplesmente enfrenta na experiência diária e que lhe condiciona toda a visão da sociedade — essa tarefa, repetimos, basta para afastá-lo de todos os outros grupos de funcionários. Mas ele também tem, como qualquer pessoa, de preocupar-se com sua própria sobrevivência social. Precisa trabalhar para que seu poder social não seja reduzido, e, se possível, aumente. Neste sentido, ele também é parte no jogo das forças sociais. Na medida em que seus interesses, pela peculiaridade de sua função, estão vinculados à segurança e ao funcionamento suave de toda a estrutura social, ele tem que favorecer alguns indivíduos na estrutura, vencer batalhas e negociar alianças, a fim de fortalecer sua posição pessoal. Mas, nesta situação, os interesses do governante central jamais se tornam *inteiramente* idênticos aos de qualquer outra classe ou grupo. Podem, é verdade, convergir para os de um grupo ou outro, mas se ele se identificar demais com um deles, se a distância entre ele e qualquer grupo diminuir demais, sua própria posição social cedo ou tarde será ameaçada. Isto porque sua força depende, conforme notamos antes, por um lado da preservação de um certo equilíbrio entre os diferentes grupos e de um certo grau de cooperação e coesão entre os diferentes interesses da sociedade, mas também, por outro lado, da persistência entre eles de tensões e conflitos nítidos e permanentes de interesses. O governante central solapa sua própria posição ao usar o poder e capacidade de dar apoio, de que dispõe, para tornar um grupo claramente superior a outros. A dependência de um coordenador supremo e, portanto, sua própria dominação funcional, necessariamente diminui quando um único grupo ou classe da sociedade prevalece inequivocamente sobre todos os outros, a menos que esse próprio grupo esteja dilacerado internamente. A posição do governante central também é debilitada e solapada se as tensões entre os principais grupos da sociedade se reduzirem a tal ponto que eles possam resolver entre si suas diferenças, e unir-se para empreender ações em comum. Isso é verdade pelo menos em tempos de relativa paz. Em tempo de guerra, quando o inimigo externo de toda a sociedade, ou pelo menos de seus grupos mais importantes, tem que ser repelido, a redução das tensões internas pode ser inócua e mesmo útil para o governante central.

Ou, dizendo o mesmo em poucas palavras, o governante central e sua máquina formam na sociedade um centro de interesses próprios. A posição que ocupam frequentemente aconselha uma aliança com o segundo grupo mais poderoso, e não uma identificação com o principal; e seus interesses exigem tanto uma certa cooperação quanto uma certa tensão entre as partes da sociedade. Sua posição, portanto, não depende só da natureza e força da ambivalência entre as diferentes formações que constituem a sociedade; seu próprio relacionamento com cada uma dessas formações é, já, ambivalente.

É muito simples o modelo básico de sociedade que surge dessa maneira. O governante único, o rei, é sempre um indivíduo incomparavelmente mais fraco do que toda a sociedade, da qual é o governante ou primeiro servidor. Se essa sociedade inteira, ou mesmo parte considerável dela, levantar-se contra ele, ele ficará impotente, como ficará qualquer pessoa ante a pressão de uma cadeia inteira de pessoas interdependentes. A posição excepcional, a abundância de poder inerente a uma única pessoa na qualidade de governante central, pode explicar-se, conforme dissemos antes, pelo fato de que os interesses das pessoas na sociedade são parcialmente iguais e parcialmente opostos, de que seus atos são simultaneamente ajustados e contrários às necessidades de cada um, e também pela ambivalência fundamental das relações sociais nas sociedades complexas. Há condições em que o lado positivo dessas relações torna-se dominante ou, pelo menos, não é reprimido pelo negativo. Mas no caminho para a dominação pelo lado negativo há fases de transição, nas quais os antagonismos e conflitos de interesses tornam-se tão fortes que a interdependência contínua de ações e interesses é obscurecida na consciência dos participantes, mas sem que percam inteiramente sua importância. A constelação que surge dessa forma já foi descrita: distintas partes da sociedade se mantêm aproximadamente em equilíbrio, em termos de poder social; as tensões entre elas encontram expressão numa série de escaramuças maiores ou menores; nenhum dos lados pode vencer e destruir o outro; não podem solucionar suas divergências porque qualquer fortalecimento de um lado ameaçará a existência social do outro; e não podem separar-se por inteiro, porque a existência social de ambos é interdependente. E é essa a situação que dá ao rei, ao homem no topo, ao governante central, o poder ótimo. E que lhe mostra inequivocamente onde estão seus interesses específicos. Através dessa interação de interdependências fortes e de poderosos antagonismos, surge um aparelho social que poderia ser considerado uma invenção perigosa, simultaneamente importante e cruel, se fosse obra de um único engenheiro social. Tal como todas as formações sociais nessas fases da história, contudo, esse "mecanismo régio", que atribui a um único homem um poder extraordinário na qualidade de coordenador supremo, surge muito devagar e sem constituir intenção de ninguém no curso dos processos sociais.

Esse mecanismo pode ser trazido à mente da forma a mais vívida e simples se imaginarmos um cabo de guerra. Grupos e forças sociais, que se mantêm reciprocamente controlados, puxam a corda. Um lado emprega toda a força contra o outro, ambos puxam incessantemente, mas nenhum consegue deslocar muito o outro de sua posição. Se nessa situação de tensão máxima entre grupos que puxam a mesma corda em direções opostas, mas ainda assim estão ligados por ela, surge um homem que não pertença inteiramente a qualquer dos grupos contendores, que tenha a possibilidade de lançar sua força pessoal ora de um lado, ora de outro, ao mesmo tempo tomando grande cuidado para não permitir que a tensão se reduza ou que qualquer dos lados obtenha uma clara vantagem, — então ele é a pessoa que realmente controla toda essa tensão. O poder mínimo à disposição de um único homem, que sozinho não poderia pôr nenhum dos grupos em movimento e, com certeza, nunca os dois juntos, é suficiente, mediante esse arranjo de forças sociais, para mover o todo. E é clara a razão por que é suficiente. Nesse mecanismo equilibrado, há forças enormes, mas controladas.

Sem alguém que as liberte, elas não poderão produzir qualquer efeito. Ao toque de um dedo, o indivíduo libera as forças de um lado, une-se às forças latentes que operam em uma direção, de modo que elas obtenham uma pequena vantagem. Essa ação permite que elas se manifestem. Esse tipo de organização social seria, por assim dizer, uma usina de força que automaticamente multiplica o menor esforço da pessoa que a controla. Mas é preciso uma manipulação extremamente cautelosa dessa máquina para que ela funcione durante qualquer período de tempo sem enguiçar. O homem no controle está sujeito às suas regularidades e compulsões exatamente no mesmo grau que todos os demais. Sua liberdade de decidir é maior que a deles, mas ele depende fortemente da estrutura da máquina, e seu poder é tudo, menos absoluto.

O que acima se disse nada mais é do que um esboço esquemático do arranjo de forças sociais que confere poder ótimo ao governante central. Este croqui, porém, também mostra claramente a estrutura fundamental de sua posição social. Não por acaso, não quando nasce uma forte personalidade governante, mas apenas quando uma estrutura social específica cria a oportunidade é que o órgão central consegue aquele optimum de poder que em geral encontra expressão nas fortes autocracias. A liberdade relativamente ampla de tomar decisões, aberta dessa maneira ao dirigente central de sociedades grandes e complexas, surge pelo fato de ele estar no meio do fogo cruzado das tensões sociais, de ser capaz de jogar com interesses e ambições que se movem em direções diferentes e se enfrentam em seu domínio.

Evidentemente, este esboço simplifica até certo ponto o estado real de coisas. O equilíbrio no campo de tensões, que constitui todas as sociedades, surge sempre em redes humanas diferenciadas, através da colaboração e das colisões de grande número de grupos e classes. A importância da tensão multipolar para a posição do governante central, porém, não é diferente daquela da tensão bipolar acima delineada.

Os antagonismos entre diferentes partes da sociedade certamente não assumem apenas a forma de um conflito consciente. Planos e metas conscientemente adotados são muito menos decisivos para produzir tensões do que a dinâmica anônima das configurações. Dando um exemplo, foi muito mais o avanço da monetarização e comercialização, do que os ataques deliberados promovidos pelos círculos urbanos e burgueses, que causou o declínio dos senhores feudais ao fim da Idade Média. Mas como quer que os antagonismos que nascem com o avanço da cadeia monetária se possam expressar nos planos e metas de pessoas ou grupos, com eles também cresce a tensão entre as classes urbanas, que estão ganhando força, e os senhores da terra, que estão decaindo funcionalmente. Com a ampliação dessa cadeia e dessa tensão, contudo, aumenta também o espaço de manobra daqueles que, tendo ganho a luta entre unidades competitivas inicialmente livres, transformaram-se em governantes centrais do todo — os reis —, até que finalmente, equilibrados entre a burguesia e a nobreza, elas atingem sua força ótima na formada monarquia absoluta.

19. Perguntamos acima como é possível que uma autoridade central, com poder absoluto, surja e sobreviva numa sociedade diferenciada, a despeito do

fato de que ela não é menos dependente do funcionamento de todo o mecanismo do que os ocupantes de outras posições. O modelo do mecanismo régio fornece a resposta. Não são mais *apenas* o poder militar ou o tamanho das propriedades e receita que podem explicar o poder social do suserano nessa fase, mesmo que nenhum deles possa funcionar sem esses dois componentes. Isso porque, para que os suseranos de sociedades complexas atinjam o poder máximo que tiveram na era do absolutismo, é também necessário ocorrer uma distribuição especial de forças na sociedade.

Na verdade, a instituição social da monarquia chega a seu maior poder na fase histórica em que uma nobreza em decadência já está obrigada a competir de muitas maneiras com grupos burgueses em ascensão, sem que qualquer um dos lados possa derrotar inapelavelmente o outro. A aceleração da monetarização e da comercialização no século XVI deu aos grupos burgueses um estímulo ainda maior e empurrou fortemente para trás o grosso da classe guerreira, a velha nobreza. Ao fim das lutas sociais nas quais essa violenta transformação da sociedade encontrou expressão, crescera consideravelmente a interdependência entre partes da nobreza e da burguesia. A nobreza, cuja função e forma social em si estavam passando por uma transformação decisiva, tinha nesse momento que enfrentar um terceiro estado, cujos membros haviam se tornado, em parte, mais fortes e mais socialmente ambiciosos do que até então. Numerosas famílias da velha nobreza guerreira se extinguiram, muitas famílias burguesas assumiram caráter aristocrático e, dentro de algumas gerações, seus próprios descendentes defendiam os interesses da nobreza transformada contra os da burguesia, interesses que, nessa ocasião, acompanhando a integração mais estreita, eram mais inescapavelmente opostos entre si.

O objetivo dessa classe burguesa, ou pelo menos de seus principais grupos, não era — como o de partes substanciais da burguesia em 1789 — eliminar a nobreza como instituição social. O mais alto objetivo do burguês enquanto indivíduo era, conforme já dissemos acima, obter para si e sua família um título aristocrático, com os privilégios que o acompanhavam. Os grupos representativos dirigentes da burguesia como um todo partiram para conquistar os privilégios e o prestígio da nobreza militar. Não queriam acabar com a nobreza como tal, mas, no máximo, assumir-lhe o lugar como nova nobreza, suplantando ou meramente suplementando a antiga. Incessantemente, esse grupo dirigente do terceiro estado, a *noblesse de robe*, insistiu no século XVII, e mais ainda no século XVIII, que sua nobreza era exatamente tão boa, importante e autêntica como a conquistada pela espada. A rivalidade assim expressada certamente não se manifestava apenas em palavras e ideologias. Por trás dela, travava-se uma luta mais ou menos disfarçada e sem decisão por posições de poder e vantagens entre os representantes dos dois estados.

Perde-se a compreensão da constelação social quando se parte do pressuposto de que a burguesia dessa fase seria aproximadamente a mesma formação social de hoje ou pelo menos de ontem — se, em outras palavras, se considerar o "mercador independente" como o representante típico e socialmente mais importante da burguesia. O exemplo mais representativo e socialmente influente da burguesia nos séculos XVII e XVIII foi, pelo menos nos maiores países europeus, o servidor, de classe média, dos príncipes ou reis, isto é, um homem cujos antepassados próximos ou distantes foram realmente artesãos ou mercadores, mas que, nesse momento, ocupava um cargo quase oficial na máquina do governo. Antes que as classes comerciais formassem os principais grupos da burguesia, havia, no topo do terceiro estado — para utilizar a linguagem de hoje —, os burocratas.

A estrutura e caráter dos cargos oficiais variavam profundamente segundo os países. Na velha França, o representante mais importante era uma mistura peculiar de *rentier* e servidor, um homem que comprara um cargo no serviço do Estado como propriedade pessoal e, por assim dizer, privada ou, o que equivalia, o herdara do pai. Graças a seu cargo oficial, desfrutava de certo número de privilégios bem específicos, — por exemplo, muitos desses cargos estavam isentos do pagamento de impostos e o capital investido rendia juros sob a forma de emolumentos, salário ou outro tipo de renda decorrente de seu exercício.

Foram homens desse tipo, homens da "robe" que, durante o *ancien régime* representaram a burguesia nas assembleias dos estados, e que em geral, mesmo fora das assembleias, eram seus porta-vozes, os expoentes de seus interesses perante os outros estados e os reis. O poder social que o terceiro estado acaso desfrutasse se expressava nas exigências e táticas políticas desse grupo dirigente. Indubitavelmente, os interesses dessa classe superior burguesa nem sempre eram idênticos aos de outros grupos burgueses. Comum a todos eles, porém, havia um interesse superior a todos os demais: a preservação de seus vários privilégios. Isto porque não era só a existência social do nobre ou do servidor que os distinguia com direitos e privilégios especiais: o mercador da época dependia igualmente deles e também as guildas de ofícios. O que quer que esses privilégios fossem em casos particulares, a burguesia, na medida em que possuía alguma importância social, foi até a segunda metade do século XVIII uma formação social caracterizada e mantida por direitos especiais, da mesma maneira que a própria nobreza. E, por isso mesmo, chegamos aqui a um aspecto particular da maquinaria, em virtude do qual essa burguesia nunca pôde desfechar um golpe decisivo contra seu antagonista, a nobreza. Poderia contestar este ou aquele privilégio especial da nobreza, mas nunca poderia eliminar a instituição social do privilégio como tal, que tornava a nobreza uma classe à parte, e tudo isto porque sua própria existência social, preservar a qual era seu principal interesse, era de idêntica maneira mantida e protegida por privilégios. Só quando formas burguesas de existência não mais baseadas em privilégios de classe emergiram em número cada vez maior no tecido da sociedade, quando, como resultado, um setor sempre maior da sociedade reconheceu esses direitos especiais garantidos ou criados pelo governo como um sério impedimento a toda a rede funcionalmente dividida de processos, só então surgiram forças sociais que puderam opor-se decisivamente à nobreza e que se esforçaram por eliminar não apenas privilégios particulares dos nobres, mas a própria instituição social dos privilégios a eles concedidos.

Mas os novos grupos burgueses que agora se opunham aos privilégios como tais, puseram as mãos, sabendo disso ou não, nos alicerces das velhas formações burguesas, o estamento burguês. Seus privilégios, toda a sua organização como um dos estados, tinham função social apenas enquanto existisse uma nobreza privilegiada em oposição a ela. Os estados eram parentes hostis ou, mais precisamente, células interdependentes da mesma ordem social. Se uma era destruída como instituição, a outra caía automaticamente e, com ela, toda a ordem social.

Na verdade, a Revolução de 1789 não foi simplesmente uma luta da burguesia contra a nobreza. Através dela, o estado da classe média — em especial o da *robe*, os servidores privilegiados do terceiro estado e também os das velhas guildas de ofícios — é tão destruído quanto a própria nobreza. Esse fim comum iluminou de uma só vez todo o emaranhamento social, a constelação específica de forças da fase precedente. E serve de exemplo do que antes dissemos, em termos gerais, sobre a interdependência e ambivalência dos interesses de certas classes sociais, sobre o mecanismo equilibrador que surge com ela, e sobre o poder social da autoridade central. As partes politicamente relevantes da burguesia que não constituíam um estado e emergiram com muita lentidão das mais antigas, desses grupos burgueses mais antigos, estavam ligadas inteiramente, em seus interesses, ações e pensamento, à existência e ao equilíbrio específico de uma ordem baseada nos estados. Por essa razão, em todos esses conflitos com a nobreza e, também, claro, com o primeiro estado, o clero, eles sempre caíam, tal como o último, na armadilha de seus interesses ambivalentes. Nunca ousaram avançar demais em sua luta com a nobreza, pois isso implicava cortar a própria carne; qualquer golpe decisivo contra ela, como instituição, abalaria todo o Estado e a estrutura social e por isso mesmo derrubaria, como num jogo de boliche, a existência social da burguesia privilegiada. Todas as classes privilegiadas estavam interessadas em não levar longe demais a luta entre si, pois o que elas mais temiam era uma sublevação profunda e uma mudança de poder na estrutura social como um todo.

Mas, ao mesmo tempo, não podiam evitar inteiramente o conflito entre si, uma vez que seus interesses, paralelos numa direção, eram diametralmente opostos em muitas outras. O poder social estava distribuído de tal maneira entre elas e tão grandes eram suas rivalidades que um lado se sentia ameaçado pela menor vantagem do outro e for qualquer coisa que lhe pudesse dar a mínima superioridade que fosse em poder. Em consequência, não havia, por um lado, falta de cortesia e mesmo de relacionamentos cordiais entre membros dos diferentes grupos, mas, por outro, suas relações, principalmente entre os principais grupos, permaneceram extremamente tensas durante todo o *ancien régime*. Todos se temiam mutuamente, todos observavam os passos dos demais com uma desconfiança constante, ainda que disfarçada. Além do mais, esse eixo principal de tensão entre nobreza e burguesia estava enraizado em grande número de outros não menos ambivalentes. A hierarquia oficial da máquina secular de governo mantinha uma competição franca ou latente por poder e prestígio com a hierarquia clerical. Os religiosos, por sua vez, sempre estavam, por uma razão ou outra, colidindo com este ou aquele círculo da nobreza. De modo que esse sistema multipolar de equilíbrio constantemente gerava pequenas explosões e escaramuças, provas sociais de força em vários disfarces ideológicos e pelas razões as mais diversas e, com frequência, inteiramente incidentais.

O rei, ou seus representantes, contudo, dirigia e controlava todo o mecanismo, lançando seu peso ora numa direção, ora em outra. E seu poder social era tão grande exatamente porque a tensão estrutural entre os principais grupos na cadeia social era forte demais para permitir que eles chegassem a um entendimento direto em seus assuntos e, assim, assumissem uma posição comum e determinada contra ele ou eles.

Como todos sabemos, só num país, nesse período, grupos burgueses e nobres assumiram com sucesso uma tal posição contra o rei: na Inglaterra. Fossem quais fossem as características estruturais da sociedade inglesa que permitiram relaxar-se a tensão entre os estados e estabelecerem-se contactos estáveis entre eles — a constelação social que, após grandes tribulações, resultou, na Inglaterra, em restrições ao poder do governante central, deixa claro, mais uma vez, em que consistem as diferentes constelações básicas que, em outros países, mantiveram o poder social e o absolutismo da autoridade central.

Durante o século XVI, e mesmo em princípios do século XVII, tampouco faltaram, na França, tentativas de indivíduos das origens sociais as mais diferentes para se concertarem contra o aumento ameaçador do poder real. Todas elas fracassaram. Essas guerras civis e revoltas revelaram em toda a nudez como, mesmo na França, era forte o desejo dos vários estados de restringir os poderes dos reis e de seus representantes. Mas mostraram também, com igual clareza, como eram fortes as rivalidades e conflitos de interesses entre esses grupos, o que os impediu de perseguir em comum o mesmo objetivo. Todos eles gostariam de limitar a monarquia em seu benefício próprio, e todos eram suficientemente fortes para impedir que os outros assim agissem. Todos se mantinham reciprocamente sob controle e, no fim, todos se resignaram à dependência comum de um rei forte.

Em outras palavras, nas grandes transformações sociais que tornam os grupos burgueses funcionalmente mais fortes e os aristocráticos mais fracos, ocorre uma fase em que uns e outros — a despeito de todas as tensões entre si e terceiros, e no interior de cada grupo — se equilibram no poder social de que dispõem. Dessa maneira se estabeleceu, por um período maior ou menor, aquela máquina que descrevemos como "o mecanismo régio": a antítese entre os dois grupos principais era demasiado grande para tornar provável uma solução conciliatória decisiva entre eles; e a distribuição de poder, juntamente com a estreita interdependência de ambos, impedia a luta final ou a clara predominância de um sobre o outro. Assim, incapazes de se unirem, incapazes de lutarem com toda sua força e de vencerem, tiveram todos que deixar ao suserano as decisões que eles mesmos não podiam tomar.

Esse mecanismo é formado de maneira cega, não planejada, no curso dos processos sociais. O fato de ser mais bem ou mais mal controlado depende muito da pessoa que exerce a função central. A menção de alguns fatos históricos particulares deve ser suficiente para mostrar como o aparelho foi formado e exemplificar o que se disse acima em termos gerais sobre o mecanismo real absolutista.

20. Na sociedade dos séculos IX e X, havia duas classes de homens livres, os religiosos e os guerreiros. Abaixo delas, ficava a massa dos mais ou menos sem liberdade, que geralmente eram proibidos de portar armas, não desempenhando um papel ativo na vida social, embora a existência da sociedade dependesse de suas atividades. Dissemos que, nas condições especiais da área franca, a subordinação dos guerreiros, que em seus territórios eram praticamente senhores autárquicos, à atividade coordenadora do governante central tinha pouca importância. Por razões as mais diversas, era muito maior a dependência dos religiosos em relação ao rei. A Igreja, na área franca, nunca conseguiu um grande poder secular, como o que teve no Império. Nela, os arcebispos não se tornavam duques. Os pares eclesiásticos costumavam permanecer fora do circuito de senhores territoriais que competiam entre si. Por isso mesmo, não eram muito fortes seus interesses centrífugos voltados para a debilitação do suserano. As propriedades dos religiosos espalhavam-se entre os domínios dos senhores seculares, estando eles constantemente expostos a seus ataques e usurpações. A Igreja, por conseguinte, desejava um suserano, um rei, que fosse forte o suficiente para protegê-la contra a violência secular. As rixas, as grandes ou pequenas guerras que explodiam incessantemente por toda a região via de regra eram muito mal recebidas pelos religiosos e monges que, embora mais competentes no plano militar e mesmo mais belicosos do que mais tarde se tornariam, de qualquer modo não viviam da guerra ou para a guerra. E, repetidamente, em todo o país, sacerdotes e abades maltratados, lesados, esbulhados de seus direitos, apelavam ao rei como juiz.

A ligação forte, e apenas ocasionalmente perturbada, entre os primeiros reis Capeto e a Igreja não foi fortuita, nem sua causa residiu exclusivamente na profunda fé pessoal desses primeiros soberanos. Expressava também uma óbvia conjunção de interesses. A dignidade da monarquia nessa época, o que quer mais que ela pudesse ser, sempre constituiu uma arma dos sacerdotes em seus conflitos com a classe dos guerreiros. A consagração, unção e coroação do rei eram influenciadas cada vez mais pelo poder da investidura e do cerimonial montados pela Igreja. A monarquia assumia uma espécie de caráter sagrado, tornava-se, em certo sentido, uma função eclesiástica. O fato de que esse elo, ao contrário do que aconteceu em outras sociedades, não fosse além dos meros primórdios da fusão de uma autoridade central mundana e eclesiástica, e logo depois viesse a ser quebrado, resultou em boa medida da própria estrutura da Igreja Cristã. Essa Igreja era mais antiga e sua organização estava mais firmemente assentada do que a maior parte dos domínios seculares da época. Possuía chefe próprio, que aspirava cada vez mais claramente a combinar sua preeminência espiritual com uma supremacia mundana, uma autoridade central que transcenderia todas as outras. Cedo ou tarde, por conseguinte, uma situação competitiva surgiria, uma luta pela primazia entre o Papa e o senhor central leigo de uma dada área. Essa luta, em toda parte, terminou com o Papa sendo repelido para uma posição de predominância apenas espiritual, com o caráter temporal do imperador e rei ressurgindo com mais clareza, diminuindo assim, embora não desaparecesse por completo, a assimilação pelos monarcas da hierarquia e ritual da Igreja. Mas o fato de ter havido até mesmo os começos de uma assimilação desse tipo já é digno de nota — especialmente na comparação de estruturas históricas e na explicação das diferenças entre os processos sociais em várias partes do mundo.

Os reis francos do Ocidente colaboraram, no início, estreitamente com a Igreja, de acordo com a fidelidade estrutural que lhes governava a função. Buscavam apoio no segundo grupo mais forte, em seus conflitos com outro mais forte e perigoso. Nominalmente, eram os suseranos de todos os guerreiros. Mas, nos domínios dos outros grandes senhores, eram praticamente impotentes, e mesmo em seu próprio território o poder que exerciam sofria grandes limitações. A estreita associação entre a Casa Real e a Igreja transformou em bastiões da monarquia os mosteiros, abadias e bispados situados nas terras de outros senhores territoriais, o que deixava à sua disposição parte da influência espiritual da Igreja em toda a região. Os reis, além disso, tiravam numerosas vantagens da habilidade do clero na escrita, da experiência política e organizacional da burocracia da Igreja e não menos em matéria de finanças. Constitui uma questão aberta se os reis Capeto dos primeiros períodos recebiam, além da receita gerada por seu próprio território, qualquer "renda régia" efetiva, isto é, tributos de todo o reino franco. Se a recebiam, provavelmente não era muita coisa além do que arrecadavam em suas propriedades. Mas uma coisa é certa: recebiam tributos de instituições da Igreja em regiões situadas fora de seus próprios domínios, como, por exemplo, a renda de uma diocese desocupada ou subsídios ocasionais em situações extraordinárias. E se alguma coisa deu à Casa Real tradicional vantagem em poder sobre as Casas concorrentes, se alguma coisa contribuiu para o fato de que, nessas primeiras lutas eliminatórias, iniciadas em seu próprio território, os Capeto fossem os primeiros a reconstruir seu poder, essa foi a aliança entre os suseranos nominais e a Igreja. Acima de tudo, a partir dessa aliança, em uma fase de poderosas tendências centrífugas, brotaram aquelas forças sociais que atuaram, independentemente de tal ou qual rei, pela continuidade da monarquia e no rumo da centralização. A importância do clero como força motriz da centralização diminuiu, contudo, sem desaparecer inteiramente, à medida que se tornava mais importante o terceiro estado. Mas, mesmo nessa fase, já era visível que as tensões entre os diferentes grupos sociais, começando com a que separava a classe sacerdotal da classe guerreira, beneficiavam o suserano. Mas era claro também que ele estava contido por essas tensões, prisioneiro delas. O excessivo poder de muitos senhores militares aproximava rei e Igreja, mesmo que não faltassem pequenos conflitos entre eles. A primeira grande divergência entre rei e Igreja, porém, ocorreu apenas à época em que recursos humanos e financeiros mais abundantes começaram a fluir para o tesouro real, procedentes do campo burguês, no período de Felipe Augusto.

21. Com a formação do terceiro estado, a rede de tensões tornou-se mais complexa e seu eixo moveu-se dentro da sociedade. Da mesma maneira que, em sistemas interdependentes de países ou territórios concorrentes, determinadas tensões tornam-se predominantes em épocas diferentes, ficando subordinados a elas todos os demais antagonismos até que um dos principais centros de poder assuma posição preponderante, analogamente houve, em cada domínio, certas tensões básicas, em torno das quais muitas das menores se cristalizavam e que

gradualmente pendiam para um lado ou outro. Se essas tensões incluíam, até os séculos XI e XII, um relacionamento ambivalente entre guerreiros e clero, a partir de então o antagonismo entre os guerreiros e os grupos urbano-burgueses passou, lenta mas ininterruptamente, para o primeiro plano. Com esse antagonismo, e com a extensa diferenciação na sociedade que ele expressava, o suserano adquiriu nova importância: cresceu a dependência de todas as camadas da sociedade face a um coordenador supremo. Os reis que, no curso das lutas pela predominância, se distanciavam cada vez mais do resto da classe dos guerreiros, à medida que se expandiam seus domínios, se distanciaram também deles na posição que adotaram frente às tensões entre os guerreiros e as classes urbanas. Não se aliaram aos guerreiros, a cuja classe pertenciam por origem. Em vez disso, emprestavam seu peso ora a um lado, ora a outro.

O primeiro marco dessa época foi a conquista de direitos comunais pelas cidades. Os reis dessa fase, acima de tudo Luís VI e Luís VII, assim como seus representantes e todos os demais senhores feudais, olhavam com desconfiança para as comunas nascentes e, para dizer o mínimo, com "parcial hostilidade",[101] particularmente em seus próprios domínios. Só aos poucos os reis compreenderam os usos que podiam dar a essas estranhas formações sociais. Como sempre, precisaram de algum tempo para perceber que o surgimento de um terceiro estado no tecido da sociedade implicava uma enorme ampliação de seu próprio raio de ação. Daí em diante, porém, promoveram os interesses do terceiro estado com invariável persistência, enquanto eles concordavam com os seus. Acima de tudo, fomentaram o poder financeiro, tributável, da burguesia. Mas se opuseram enfaticamente, em todos os casos em que dispunham de poder para assim agir, à reivindicação de funções governamentais pelos meios urbanos, reclamos estes que não podiam deixar de surgir com o crescente poder econômico e social das cidades. A ascensão da monarquia e a da burguesia estiveram ligadas na mais estreita interdependência funcional. Em parte deliberadamente e, até certo ponto, inconscientemente, essas duas posições sociais ajudaram a ascensão uma da outra, embora suas relações nunca deixassem de ser ambivalentes. Não faltaram animosidade e conflitos entre elas, nem ocasiões em que a nobreza e a burguesia se juntaram para tentar restringir o poder soberano dos reis. Durante toda a Idade Média, reis se viram em situações em que tinham que buscar a aprovação dos representantes reunidos em Cortes ou Estados Gerais para certas medidas. O curso seguido por essas assembleias, tanto as menores, regionais, quanto as maiores, que representavam grandes áreas do reino, mostrava claramente como, a despeito de todas oscilações, a estrutura das tensões na sociedade ainda não se confundia com a que existiu depois, no período absolutista.[102] Os Parlamentos dos estados — para usar o nome inglês — podem funcionar, de modo não muito diferente dos parlamentos partidários da sociedade burguesa industrial, enquanto for possível um acordo direto entre os representantes de diferentes classes sobre determinados objetivos; mas funcionam com menor eficiência ao se tornarem mais difíceis os acordos diretos e ao aumentarem as tensões na sociedade. No mesmo grau, aumentava o poder potencial do suserano. Dado o baixo grau de integração monetária e comercial presente no mundo medieval, no início nem a interdependência nem os antagonismos entre a classe guerreira possuidora de terras e a classe urbana burguesa foram de tal ordem que precisassem entregar ao suserano a regulação de suas relações. Ambos os estados, os cavaleiros e os burgueses, tal como o clero e não obstante os contatos que mantinham, viviam muito mais dentro de seus próprios limites do que depois viria a ocorrer. Os diferentes estados não competiam ainda tão frequente e diretamente pelas mesmas oportunidades sociais, e os principais grupos burgueses estavam ainda longe de alcançar poder suficiente para desafiar a preeminência social da nobreza, dos guerreiros. Só numa esfera da sociedade é que os elementos burgueses ascendentes, com a ajuda da monarquia, substituíram aos poucos os cavaleiros e o clero: na máquina governamental, como servidores.

22. A dependência funcional da monarquia frente a tudo o que acontecia na sociedade manifestou-se com grande clareza no desenvolvimento da máquina de governo, no desmembramento de instituições que, inicialmente, pouco mais haviam sido do que partes da administração doméstica e territorial real. Ao tempo em que a sociedade de homens livres consistia basicamente apenas de cavaleiros e do clero, a máquina do governo, também, era constituída acima de tudo desses elementos. Os sacerdotes, como servidores, o que aliás já foi mencionado, eram em geral funcionários leais e defensores dos interesses reais, ao passo que os senhores feudais, mesmo na corte e na administração civil, frequentemente se posicionavam como rivais do rei, mais interessados em fortalecer suas próprias situações do que em consolidar a dele. Depois, à medida que a classe guerreira de fora da máquina governamental se tornava mais complexa, e, no curso das lutas de eliminação, os grandes e pequenos senhores feudais ficavam mais nitidamente diferenciados, essa constelação se espelhou na estrutura da crescente máquina governamental: sacerdotes e membros das menores Casas de guerreiros formavam o grosso do pessoal administrativo, enquanto os grandes senhores se viam limitados a pouquíssimas posições, como, por exemplo, as de membros da grande assembleia, ou de um conselho mais restrito.

Mesmo nessa fase, porém, não havia falta na administração real de indivíduos do estrato inferior aos dos guerreiros e sacerdotes, embora elementos de origem subordinada não desempenhassem, no desenvolvimento da máquina central governamental francesa, o mesmo papel que na germânica. Talvez isso tenha origem no fato de que, na França, as comunidades urbanas e, portanto, o terceiro estado de homens livres, conseguiram uma importância independente mais cedo do que na Germânia. Na França, a participação de grupos urbanos na administração real cresceu com o desenvolvimento das cidades e, já em época tão remota como a Idade Média, membros desses grupos começaram gradualmente a se infiltrar na máquina governamental, numa extensão que na maior parte dos territórios germânicos só foi alcançada bem mais tarde, em pleno período moderno.

Eles ingressaram na máquina do governo através de dois caminhos principais:[103] inicialmente, graças a sua crescente participação em cargos seculares, isto é, em posições antes ocupadas por nobres e, depois, devido a sua participação em postos antes eclesiásticos, isto é, como amanuenses. O termo *clerc* começou a mudar lentamente de significado a partir de fins do século XII, recuando para um plano inferior sua conotação eclesiástica e aplicando-se mais e mais a indivíduos que haviam estudado, que podiam ler e escrever latim, embora possa ser verdade que os primeiros estágios de uma carreira eclesiástica fossem, por algum tempo, precondição para isso. Em seguida, em paralelo com a ampliação da máquina administrativa, o termo *clerc* e certos tipos de estudos universitários foram cada vez mais secularizados. As pessoas não aprendiam latim exclusivamente para se tornarem membros do clero, mas também para ingressar na carreira de servidores públicos. Para sermos exatos, também havia burgueses que passavam a integrar o conselho do rei simplesmente devido a sua competência comercial ou organizacional. A maioria dos burgueses, porém, chegava aos altos escalões do governo através do estudo, do conhecimento dos cânones e do Direito Romano. O estudo tornou-se um meio normal de progresso social para os filhos dos principais estratos urbanos. Lentamente, elementos burgueses suplantaram os elementos nobres e eclesiásticos no governo. A classe de servidores reais, ou "funcionários", tornou-se —, em contraste com a situação vigente nos territórios germânicos — uma formação social exclusivamente burguesa.

> Desde a era de Felipe Augusto, se não antes... surgem os advogados, os verdadeiros "cavaleiros da lei" (*chevaliers ès lois*); eles assumiriam a tarefa de amalgamar a lei feudal com os cânones e o Direito Romano, a fim de criar o Direito Monárquico... Formando um pequeno exército de trinta escribas em 1316, 104 ou 105 em 1359, cerca de 60 em 1361, esses amanuenses da chancelaria obtiveram numerosas vantagens graças ao constante aumento de suas fileiras nas proximidades do rei. O grosso deveria formar a classe de tabeliões privilegiados; a elite (três sob Felipe, o Belo, 12 já antes de 1388, 16 em 1406, oito em 1413) daria origem aos escrivães privados ou secretários financeiros... O futuro lhes pertencia. Ao contrário dos grandes servidores de um palatinado, eles não tinham ancestrais, eles mesmos eram os ancestrais.[104]

Com o crescimento das posses reais, formou-se uma classe de especialistas, cuja posição social dependia em primeiro lugar e, acima de tudo, dos cargos que ocupavam no serviço real e cujo prestígio e interesses eram, na maior parte, idênticos aos da monarquia e da máquina de governo. Tal como a Igreja fizera antes, e ainda fazia até certo ponto, membros do terceiro estado defendiam nesse momento os interesses da função central. Assim agiam nas capacidades as mais diversas, como escribas e conselheiros do rei, como coletores de impostos, como membros dos mais altos tribunais. E foram eles também que se esforçaram para garantir a continuidade da política real além da vida de um dado rei e, não raro, contra as inclinações pessoais que ele demonstrasse. Neste caso, também, as classes burguesas promoveram a monarquia e esta retribuiu na mesma moeda.

23. Excluindo-se quase por completo a nobreza da máquina de governo, a burguesia conquistou, com o passar do tempo, uma posição que teve a mais alta importância para o equilíbrio geral de poder na sociedade. Na França, até o fim do *ancien régime*, não foram os ricos mercadores ou as guildas que representaram diretamente a burguesia nos conflitos com a nobreza, mas sim a burocracia, sob suas várias formas. A debilitação social da nobreza e o fortalecimento da burguesia

ficaram demonstrados com a maior clareza pelo fato de que a alta camada desta última reivindicasse, pelo menos desde inícios do século XVII, um *status* social igual ao da nobreza. Nessa ocasião, o entrelaçamento de interesses e tensões entre nobreza e burguesia alcançou, de fato, um nível que assegurou um poder excepcional ao governo central.

Essa infiltração dos filhos da burguesia urbana na máquina central era uma das vertentes de um processo que indicava bastante bem a estreita interdependência funcional entre a ascensão da monarquia e a da burguesia. O estrato mais alto da burguesia, que gradualmente brotou da classe dos "servidores reais" mais altamente colocados, conseguiu, nos séculos XVI e XVII, um tal aumento de poder social que o suserano teria ficado à sua mercê, não fossem os contrapesos da nobreza e do clero, cuja resistência lhes neutralizava a força; não é difícil observar como certos reis, acima de todos Luís XIV, constantemente manipularam esse sistema de tensões. Na fase precedente, contudo, nobreza e clero — a despeito de toda a ambivalência inerente a seus relacionamentos — ainda eram adversários muito mais fortes da autoridade central do que a burguesia urbana. Exatamente por essa razão, burgueses ansiosos para obter ascensão social eram auxiliares tão bem-vindos quanto bem-dispostos do rei. Os reis permitiram que a máquina central se tornasse monopólio de membros do terceiro estado porque este ainda era socialmente mais fraco do que o primeiro e o segundo.

A interdependência entre o crescimento do poder do rei e da burguesia, e a debilitação da nobreza e do clero, pode ser vista de um aspecto diferente se levarmos em conta as conexões financeiras entre a existência social das várias partes. Já enfatizamos que a mudança, em detrimento da nobreza, só em pequena medida se pode atribuir a ações deliberadas e sistemáticas dos círculos burgueses. Ela foi, por um lado, consequência da ação do mecanismo competitivo, implicando que o grosso da nobreza caísse na dependência de uma única Casa nobre, a Casa Real, e assim, em certo sentido, descesse para o mesmo nível que a burguesia. Por outro, resultou do aumento da integração monetária. Paralelamente ao crescimento do volume de moeda, ocorreu uma constante desvalorização da mesma. Esse aumento e desvalorização se aceleraram, em grau extraordinário, no século XVI. A nobreza, que vivia da renda de suas propriedades, as quais não podia aumentar para acompanhar a desvalorização, por isso mesmo empobreceu.

As guerras religiosas — para mencionar apenas esse fato final — tiveram idêntica importância no enfraquecimento da nobreza, como, com tanta frequência, ocorre com as classes declinantes nas guerras civis: ocultaram para elas, durante algum tempo, a inevitabilidade de seu destino. A comoção e a inquietação, a confirmação do valor próprio na luta, a possibilidade de pilhagem e a facilidade de ganho, tudo isso estimulou a nobreza a acreditar que podia manter sua posição social, embora ameaçada, e salvar-se da decadência e do empobrecimento. A respeito das tempestades econômicas que os jogavam de um lado para outro, os que nelas estavam envolvidos mal formavam uma ideia. Notavam que o volume de moeda estava aumentando, os preços, subindo, mas nada entendiam. Brantôme, um dos guerreiros cortesãos do período, captou bem esse estado de espírito:

> ... muito longe de ter empobrecido a França, esta guerra civil realmente a enriqueceu, na medida em que desvendou e pôs à vista de todos uma infinidade de tesouros anteriormente escondidos sob a terra, onde não serviam a finalidade alguma... Colocou-os tão bem ao sol, e transformou-os em tal quantidade de boa moeda, que houve mais milhões em ouro tinindo na França do que houvera milhões em libras de prata antes, e apareceram também mais moedas novas de prata, de qualidade melhor, forjadas com esses finos tesouros escondidos, do que houvera cobre antes... E isso não foi tudo: os ricos mercadores, agiotas, banqueiros e outros sovinas, descendo até os padres, mantinham as moedas encerradas em seus cofres e não as desfrutavam pessoalmente nem as emprestavam, exceto a juros extorsivos e com excessiva usura, ou para adquirir a hipoteca de terras, bens ou casas por preço vil; de modo que os nobres que haviam sido arruinados durante as guerras estrangeiras, e que haviam empenhado ou vendido seus bens, estavam sem saber o que fazer, até mesmo sem lenha para se aquecerem, porque esses bandos de biltres e agiotas haviam embolsado tudo — essa boa guerra civil recolocou-os nos lugares que, por direito, lhes pertencia. Eu mesmo vi cavalheiros de alto nascimento que, antes da guerra civil, viajavam com apenas dois cavalos e um lacaio, e que depois se recuperaram a tal ponto durante e após a guerra que podiam ser vistos viajando pelo país com seis ou sete bons cavalos... *E foi assim que a honesta nobreza da França se recuperou pela graça ou, poderíamos dizer, pela graxa desta boa guerra civil.*[105]

Na realidade, a maior parte da nobreza francesa, ao voltar dessa "boa" guerra civil, descobriu que estava atolada em dívidas e, mais uma vez, arruinada. A vida se tornara mais cara. Credores, juntamente com ricos mercadores, agiotas e banqueiros e, acima de tudo, os altos servidores, os homens da toga, clamavam pelo resgate do dinheiro que haviam emprestado. Em todos os casos em que podiam, apossavam-se de propriedades nobres e também, com grande frequência, dos títulos.

Os nobres que se apegavam às suas propriedades logo depois descobriam que a renda que elas produziam não era mais suficiente para lhes cobrir o aumento do custo de vida.

> Os senhores que haviam cedido terras a seus camponeses, contra o pagamento de tributos em dinheiro, continuavam a receber a mesma receita, mas sem o mesmo valor. O que custava cinco *sous* no passado custava vinte na época de Henrique III. Os nobres empobreceram sem se dar conta disso.[106]

24. O quadro da distribuição de poder social que aqui se apresenta é meridianamente claro. A mudança na estrutura social, que durante muito tempo estivera trabalhando contra a nobreza guerreira e em benefício das classes burguesas, acelerou-se no século XVI. Os últimos ganharam em importância social, enquanto os primeiros perdiam. Cresceram os antagonismos na sociedade. A nobreza guerreira não entendeu esse processo que a expulsava de posições hereditárias, mas via-o corporificado nos indivíduos do terceiro estado com quem agora tinha de concorrer diretamente pelas mesmas oportunidades, acima de tudo por dinheiro, mas também, através do dinheiro, por sua própria terra e mesmo preeminência social. Dessa maneira, estabelecia-se um equilíbrio que concedia poder ótimo a um único homem, o suserano.

Nas lutas dos séculos XVI e XVII, deparamos com organizações burguesas que se haviam tornado ricas, numerosas e poderosas e suficiente para contestarem com firmeza os direitos da nobreza guerreira à dominação e ao poder, mas ainda não eram fortes o bastante para tornar os guerreiros, a classe militar, diretamente dependente delas. Vemos uma nobreza ainda forte e beligerante o suficiente para representar ameaça constante às classes burguesas em ascensão, mas já fraca demais, sobretudo no plano econômico, para controlar diretamente os moradores das cidades e seus tributos. O fato de, nessa época, a nobreza já ter perdido por completo as funções de administração e judicatura, que se encontravam nas mãos de corporações burguesas, contribuiu em não pequena medida para sua fraqueza. Ainda assim, parte alguma da sociedade era ainda capaz de conquistar e manter uma preponderância decisiva sobre os demais. Nessa situação, o rei, mais uma vez, aparecia a cada classe ou corporação como seu aliado contra as ameaças de grupos que eles não conseguiam dominar sozinhos.

Evidentemente, a nobreza e a burguesia consistiam em vários grupos e estratos cujos interesses nem sempre corriam na mesma direção. Nas tensões primárias entre essas duas classes, entrelaçavam-se numerosas outras, fosse dentro dos grupos, ou entre um e outro e o clero. Mas, simultaneamente, todos esses grupos e estratos eram, para subsistirem, dependentes uns dos outros, nenhum forte o suficiente nessa fase para derrubar a ordem vigente, como um todo. Os grupos dirigentes, os únicos que podiam exercer certa influência política no contexto das instituições existentes, eram os menos dispostos a propor mudanças radicais. Essa multiplicidade de tensões fortalecia ainda mais o poder potencial dos reis.

Claro que todos esses grupos principais, os nobres de mais alta linhagem, os "grandes" da corte, como também os da burguesia, os parlamentos, gostariam de restringir, em seu próprio benefício, o poder real. Esforços ou pelo menos ideias nessa direção foram feitos ou ventilados durante todo o *ancien régime*. Mas grupos sociais com interesses e desejos opostos divergiam também em sua atitude em relação à monarquia. Não faltaram ocasiões em que isso se tornou claro e foi negociado, mesmo, um certo número de alianças temporárias entre grupos nobres e urbanos burgueses, acima de tudo com os parlamentos, contra os representantes da monarquia. Mas se alguma coisa mostra a dificuldade enfrentada por essa reconciliação direta, e a força das tensões e rivalidades entre as partes, esta foi o destino dessas alianças ocasionais.

Vejamos, por exemplo, a *Fronda*. Luís XIV era ainda menor de idade e Mazarino governava. Mais uma vez, e pela última vez durante muito tempo, os grupos sociais mais díspares uniram-se para atacar a onipotência real, representada pelo ministro. Parlamentos e a nobreza em geral, corporações urbanas e indivíduos de mais alto nascimento, todos eles tentaram explorar o momento de fraqueza da monarquia, a regência da rainha, exercida pelo cardeal. O quadro configurado por esse levante, porém, mostra claramente como eram tensas as relações entre esses grupos. A Fronda foi uma espécie de experimento social. Pôs às claras, mais uma vez, a estrutura de tensões que dava à autoridade central sua força, mas que permanecia disfarçada enquanto estivesse firmemente estabelecida essa autoridade. Tão logo um dos aliados parecia obter a menor vantagem, todos os demais se sentiam ameaçados, desertavam da aliança, faziam causa comum com Mazarino contra seu antigo aliado e, depois, parcialmente retornavam para seu lado. Todas essas pessoas e grupos queriam limitar o poder real, mas cada um pretendia fazê-lo em proveito próprio. Todos temiam que o poder do outro pudesse crescer ao mesmo tempo. Finalmente — e não pouco graças à habilidade com que Mazarino explorou esse mecanismo de tensões — o antigo equilíbrio foi restabelecido em benefício da Casa Real. Luís XIV jamais esqueceu as lições desses dias. Muito mais deliberada e cuidadosamente que todos seus predecessores, fomentou esse equilíbrio e manteve as divergências e tensões existentes.

25. Durante boa parte da Idade Média, as classes urbanas, devido à posição social que ocupavam, foram invariavelmente mais fracas do que a nobreza guerreira. Nessa época, foi considerável a comunhão de interesses entre o rei e a parte burguesa da sociedade, ainda que não tão grande que faltassem por completo atritos, e mesmo conflitos, entre as cidades e o governante central. Uma das consequências mais visíveis dessa convergência de interesses foi a exclusão da nobreza da organização monárquica, e sua infiltração por gente de origem burguesa.

Em seguida, à medida que diminuía o poder social relativo da nobreza, em consequência do aumento da integração monetária e monopolização, os reis transferiram parte de seu peso de volta para os nobres. Assim garantiram a existência da nobreza como classe privilegiada contra o ataque burguês, mas só no grau necessário para preservar as diferenças sociais entre nobreza e burguesia e, dessa forma, o equilíbrio de tensões dentro do reino. Asseguravam ao grosso da nobreza, por exemplo, isenções de impostos, que a burguesia gostaria que fossem abolidas ou pelo menos diminuídas. Mas esses favores não foram suficientes para dar aos senhores de terra economicamente fracos uma base suficiente sobre a qual assentar a reivindicação de ser a classe superior, e satisfazer-lhe a necessidade de cultivar um estilo de vida visivelmente próspero. A despeito das isenções fiscais, a massa da nobreza fundiária levou, através de todo o *ancien régime*, uma vida muito modesta. Dificilmente podia concorrer em prosperidade material com o estrato superior da burguesia. Frente às autoridades, e, acima de tudo, à corte, a posição dela era longe de favorável, porquanto os cargos nesta última eram ocupados por indivíduos de origem burguesa. Demais disso, os reis, apoiados por parte da opinião aristocrática, defendiam o princípio de que o nobre que participava diretamente do comércio devia renunciar ao título e a todos os privilégios de sua classe, pelo menos enquanto durasse tal atividade. A norma em causa servia para manter as diferenças existentes entre burguesia e nobreza, que os reis, não menos que os nobres, faziam questão de preservar. Mas, ao mesmo tempo, bloqueava o único acesso direto da nobreza à maior prosperidade. Só indiretamente, através do casamento, podia o nobre beneficiar-se da riqueza gerada pelo comércio e pelos cargos oficiais. A nobreza nada teria do esplendor e prestígio social que ainda desfrutava nos séculos XVII e XVIII, infalivelmente teria sucumbido à burguesia cada vez mais próspera e talvez à nova nobreza burguesa, se não tivesse obtido — ou pelo menos uma parte dela —, com ajuda do rei, uma nova posição monopolista na corte. Essa benesse lhe permitiu um estilo de vida adequado à posição social e preservou-a de envolvimento em atividades burguesas. Os cargos na corte, as muitas e variadas posições oficiais na Casa Real, foram reservados à aristocracia. Dessa maneira, centenas e, no fim, milhares de nobres, conseguiram cargos relativamente bem pagos. O favor real, confirmado por donativos ou doações adicionais, era adicionado a isso. Demais, a proximidade em relação ao rei dava a esses cargos alto prestígio. Dessa forma, da ampla massa da aristocracia fundiária nasceu um estrato de nobres que podiam contrabalançar, em riqueza e influência, a alta burguesia: a nobreza cortesã. Da mesma forma que antes, quando a burguesia fora mais fraca que a aristocracia, os cargos na administração real haviam se tornado monopólio da burguesia com ajuda do rei, nesse momento em que a nobreza se debilitava, os cargos na corte, novamente com ajuda real, tornaram-se privilégio dos nobres.

O preenchimento exclusivo desses cargos por nobres não ocorreu de um só golpe ou mediante o plano de um único rei, como aliás não acontecera, antes, com a reserva de todos os outros postos à burguesia.

Sob Henrique IV, e ainda sob Luís XIII, os cargos na corte, como também a maioria das nomeações para postos militares e, ainda mais, para os cargos administrativos e judiciários, podiam ser adquiridos e constituíam, portanto, propriedade de seus ocupantes. Isso se aplicava até mesmo ao cargo de *gouverneur*, ou comandante militar, em certas regiões do país. Para sermos exatos, ocasionalmente, os ocupantes desse posto só podiam exercê-lo com aprovação do rei e, naturalmente, acontecia também que este ou aquele cargo só fossem preenchidos graças ao favor real. Mas de modo geral, a compra de cargos preponderava nessa época sobre a nomeação por favor. Uma vez que a maior parte da nobreza não competia com a alta burguesia em termos de riqueza, o terceiro estado, ou pelo menos famílias dessa origem e só recentemente contempladas com títulos de nobreza, vagarosa mas iniludivelmente assumiu também postos militares e na corte. As grandes famílias nobres eram as únicas que possuíam ainda renda suficiente, em parte devido ao tamanho de suas terras e até certo ponto pelo recebimento de pensões que lhes eram pagas pelo rei, para conservar cargos desse tipo diante de tal concorrência.

Não obstante, a disposição de ajudar à nobreza nessa situação foi inequívoca por parte de Henrique IV, como também de Luís XIII e Richelieu. Nenhum deles esqueceu, sequer por um momento, que também era aristocrata. Além do mais, Henrique IV subira ao trono à testa de um exército de nobres. Mas, à parte o fato de que mesmo eles eram, o mais das vezes, impotentes face a processos econômicos que os sitiavam, a função real tinha necessidades próprias e por isso era ambivalente sua relação com a nobreza. Henrique IV, Richelieu e todos seus sucessores, a fim de manter suas próprias posições, tudo fizeram para conservar a nobreza, tanto quanto possível, afastada de cargos de influência política. Mas, ao mesmo tempo, eram obrigados a preservá-la como um fator social independente no equilíbrio interno de forças.

A dupla face da corte absolutista correspondia exatamente a essa relação dividida entre rei e nobreza. A corte era a um só tempo instrumento para controlá-la e mantê-la, e foi nessa direção que ela gradualmente evoluiu.

O próprio Henrique IV dava por certo que o rei vivia dentro de um círculo aristocrático. Mas não era ainda política rígida sua exigir residência permanente na corte dos membros da nobreza que quisessem continuar a merecer os favores reais. Sem dúvida, ele também carecia de meios para financiar uma corte tão numerosa e distribuir cargos, favores e pensões prodigamente, como Luís XIV pôde fazer mais tarde. Além do mais, em sua época, a sociedade continuava ainda em estado de extrema fluidez. Famílias nobres declinavam e a burguesia subia. Os estados sobreviviam, embora drasticamente transformado seu regime de ocupação. O muro que dividia os estados parecia uma peneira, tantos eram os furos. Qualidades pessoais, ou a falta delas, a boa ou má sorte do indivíduo, desempenhavam frequentemente um papel tão grande no destino de uma família como seu nascimento neste ou naquele estado. Até mesmo os portões para a corte, e seus cargos, ainda se encontravam bem abertos para indivíduos de origem burguesa.

E tudo isso a nobreza deplorava. Era ela que desejava e que propôs que os cargos lhe fossem reservados. E não só eles. Desejava sua parte em muitos outros, queria recuperar posições perdidas na máquina de governo. Em 1627, sob o título "Solicitações e Artigos para a Restauração da Nobreza", ela dirigiu a Luís XIII uma petição contendo exatamente propostas nesse sentido.[107]

A petição começava dizendo que, depois da ajuda divina e da espada de Henrique IV, era à nobreza que se devia agradecer pela preservação da coroa numa época em que a maioria das outras classes fora incitada à insurreição. Ainda assim, a nobreza achava-se "no estado mais lamentável que jamais conhecera... esmagada pela pobreza... tornada cruel pela indolência... reduzida pela opressão até quase o desespero".

Em poucas palavras, assim se traçava um quadro da classe em declínio. E que correspondia fielmente à realidade. A maioria das grandes propriedades rurais vergava ao peso das dívidas. Muitas famílias nobres haviam perdido todas as posses. Não havia esperança para a juventude aristocrata; a inquietação e as pressões sociais geradas por essas pessoas deslocadas eram sentidas em toda a parte na vida da sociedade. O que se deveria fazer?

Entre as razões desse estado de coisas, era expressamente mencionada a desconfiança que certo número de nobres despertara no rei com sua arrogância e ambição. Esses fatos haviam finalmente levado os reis a acreditarem na necessidade de reduzir o poder desses nobres, excluindo-os de cargos oficiais que haviam talvez usado mal, e promovendo o terceiro estado; assim, os nobres haviam sido destituídos de seus deveres judiciários e fiscais, e expulsos dos conselhos do rei.

Finalmente, em 22 artigos, a nobreza exigia, entre outras coisas, o seguinte: além do comando militar dos vários *gouvernements* do reino, que as funções civis e militares da Casa Real — isto é, o esqueleto do que mais tarde tornaria a corte uma sinecura para a nobreza — deixassem de ser objeto de venda e ficassem reservadas à nobreza.

Demais disso, a nobreza exigia certa influência sobre a administração das províncias e acesso, para certo número de aristocratas particularmente credenciados, às altas cortes de justiça, aos parlamentos, pelo menos em capacidade consultiva e sem remuneração e, finalmente, que um terço da participação nos conselhos financeiros e militares e outras partes do governo real proviesse de seus quadros.

Entre todas essas exigências, se ignoramos algumas pequenas concessões, só uma foi atendida: os cargos na corte, que foram vedados à burguesia e reservados à nobreza. Todas as demais, na medida em que implicavam participação da nobreza, ainda que modesta, no governo ou administração, tiveram indeferimento.

Em numerosos territórios germânicos, nobres pleitearam e receberam cargos administrativos e judiciários, além dos militares, e pelo menos desde a Reforma podiam ser encontrados também nas universidades.[108] A maioria dos cargos mais altos do Estado permaneceu um virtual monopólio da nobreza; nos demais níveis, nobres e burgueses habitualmente se equilibravam em numerosos cargos públicos, de acordo com uma fórmula exata de distribuição.

No governo central francês, porém, as tensões e lutas constantes, abertas ou latentes, entre os dois estados manifestavam-se no fato de que toda a administração continuava a ser monopólio da burguesia, enquanto toda a corte, no sentido mais estreito, que sempre fora na maior parte preenchida por nobres, mas que passara a sofrer a ameaça de cair em mãos burguesas enquanto durou a venalidade dos cargos, tornava-se, de uma vez por todas no século XVII, monopólio dos nobres.

Richelieu, em seu testamento, recomendara que a corte fosse fechada a todos aqueles que "não possuíssem a boa sorte de uma origem nobre".[109] Luís XIV reduziu ao mínimo o acesso dos burgueses aos cargos da corte, mas nem mesmo ele conseguiu excluí-los inteiramente. Assim, após numerosos movimentos preparatórios, nos quais os interesses sociais da nobreza e da monarquia foram, por assim dizer, sondados mutuamente, à corte foi atribuído o claro papel de asilo da nobreza, por um lado, e de meio para controlar e domar a velha classe guerreira, por outro. A vida cavaleirosa sem rédeas nem limites era coisa do passado.

Para a maior parte da nobreza, não apenas sua situação econômica se tornou mais difícil, como também estreitaram-se seus horizontes e liberdade de ação. Dada sua medíocre renda, ela se via limitada a suas fazendas, no interior do país. Nem as campanhas militares lhe permitiam, quase nunca, escapar desse bloqueio. Mesmo na guerra, os nobres não lutavam mais na qualidade de cavaleiros livres, mas como oficiais, numa organização estrita. E sorte especial e relações eram necessárias para o indivíduo escapar permanentemente da nobreza fundiária e obter acesso aos horizontes mais amplos e ao maior prestígio do círculo nobre da corte.

Essa parte menor da nobreza encontrou na corte, em Paris e à sua volta, um novo e mais precário lar. Até o tempo de Henrique IV e Luís XIII, não era difícil a um nobre pertencente ao círculo da corte passar algum tempo em sua propriedade rural ou na de outro nobre. Havia, para sermos exatos, uma nobreza de corte distinta da nobreza mais ampla do interior, mas a sociedade continuava ainda relativamente descentralizada. Luís XIV, tendo aprendido bem cedo a lição da Fronda, explorou ao máximo a dependência da nobreza face a sua pessoa. Ele queria "colocar diretamente ante seus olhos todos aqueles que fossem possíveis chefes de levantes e cujos castelos pudessem servir como pontos focais de rebelião...".[110]

A construção de Versalhes correspondeu perfeitamente a ambas as tendências entrelaçadas da monarquia: sustentar e promover da maneira mais visível certos segmentos da nobreza e, ao mesmo tempo, controlá-la e domá-la. O rei concedia com liberalidade, em especial a seus favoritos. Mas exigia obediência, mantinha os nobres sempre cientes da dependência em que viviam, do dinheiro e de outras oportunidades que tinha para distribuir.

> O Rei (registra Saint-Simon em suas *Mémoires*[111] não exigia apenas que a alta nobreza estivesse presente na corte, mas também requeria o mesmo dos nobres de menor categoria. Nas cerimônias de seu levantar e deitar, nas refeições, nos jardins em Versalhes, olhava sempre em volta, notando a presença ou a ausência de todos. Levava a mal se os nobres mais ilustres não residiam permanentemente na corte, e se outros a ela compareciam apenas raramente, e a desgraça total esperava aqueles que mal apareciam ou nunca o faziam. Se um destes tinha um pedido, o rei respondia orgulhosamente: "Não o conheço." E seu julgamento era irrevogável. Não se importava se uma pessoa gostava de morar no campo, mas ela tinha que demonstrar moderação nisso e tomar precauções antes de longas ausências. Certa vez, em minha mocidade, quando fui a Rouen tratar de alguns assuntos jurídicos, o rei ordenou a um ministro que escrevesse, indagando de minhas razões.

A vigilância sobre tudo o que acontecia era muito característica da estrutura dessa monarquia. Demonstrava claramente como eram fortes as tensões básicas que o rei tinha que observar e controlar, a fim de manter seu domínio não só na sociedade imediata que o cercava mas também fora dela. "A arte de governar não é absolutamente difícil ou desagradável", disse certa vez Luís XIV em instruções ao herdeiro. "Consiste simplesmente em conhecer os verdadeiros pensamentos de todos os príncipes da Europa, em saber tudo o que as pessoas tentam ocultar-nos, seus segredos, e em mantê-las sob rigorosa vigilância."[112]

> A curiosidade do rei em saber de tudo que acontecia a seu redor (escreveu Saint-Simon em outro trecho)[113] tornou-se cada vez mais intensa. Encarregou seu primeiro valete e o governador de Versalhes de recrutarem uma guarda pessoal. Os membros dessa guarda receberam a libré real, prestavam contas apenas àqueles que acabamos de mencionar, e tinham a missão clandestina de vaguear pelos corredores, dia e noite, observando secretamente e seguindo pessoas, verificando aonde iam e quando voltavam, entreouvindo-lhes as conversas e informando tudo com exatidão.

Dificilmente alguma coisa seria tão característica da estrutura peculiar de uma sociedade que torna possível uma forte autocracia, como a necessidade de supervisionar detalhadamente tudo o que acontece dentro do reino. Essa necessidade demonstra, por igual, as imensas tensões e a precariedade da máquina social, sem a qual a função coordenadora não daria ao governante central uma taxa de poder tão alta. As tensões e equilíbrio entre os vários grupos sociais, e a atitude altamente ambivalente de todos eles para com o próprio governante central, certamente não foram criados por nenhum rei. Mas, uma vez estabelecida essa constelação, tornava-se de vital importância para o governante preservá-la com toda sua precariedade. A tarefa exigia uma vigilância rigorosa sobre todos os súditos.

Por boas razões, Luís XIV mantinha sob um olho especialmente vigilante as pessoas mais próximas à sua pessoa em posição social. A divisão do trabalho e a interdependência de todos, incluindo a dependência do governante central em relação às massas, não estavam ainda tão avançadas que a pressão do povo comum constituísse a maior ameaça ao rei, embora a inquietação popular, sobretudo em Paris, não deixasse de implicar um certo perigo, e tenha sido uma das razões para se transferir a corte para Versalhes. Mas em todos os casos, sob os predecessores de Luís, em que a insatisfação entre as massas culminou em insurreições, foram membros da Família Real ou da alta nobreza que se colocaram à frente delas, usando as facções e o descontentamento para promover suas próprias ambições. Era nos círculos mais próximos a sua pessoa que os rivais mais perigosos do monarca ainda podiam ser encontrados.

Mostramos acima que, no curso da monopolização, o círculo de pessoas capazes de competir pela oportunidade de governar gradualmente se reduziu aos membros da Casa Real. Luíx XI derrotou finalmente esses príncipes feudais e reintegrou-lhes os territórios na coroa. Nas guerras religiosas, porém, os diferentes contendores continuaram a ser liderados por ramos da Família Real. Com Henrique IV, após a extinção da linhagem principal, mais uma vez subiu ao trono um membro de uma linhagem secundária. E os príncipes de sangue, os "grandes", os duques e pares de França, continuaram a exercer poder considerável. A base desse poder era muito clara. Decorria principalmente de seus cargos de *gouverneurs*, comandantes militares de províncias e de suas fortalezas. Lentamente, com a consolidação do governo monopolista, esses possíveis rivais do rei assumiram o caráter de funcionários de uma poderosa máquina governamental. Mas resistiram à mudança. O irmão ilegítimo de Luís XIII, o duque de Vendôme, filho bastardo de Henrique IV, levantou-se contra a autoridade central à frente de uma facção. Governador da Bretanha, acreditava que tinha direito hereditário à província por motivo de casamento. Depois, foi o governador da Provença quem liderou a resistência, e mais tarde o governador do Languedoc, o duque de Montmorency. E até mesmo a tentativa de resistência da nobreza huguenote teve por base uma posição de poder análoga. O exército não estava ainda inteiramente centralizado e os comandantes de fortalezas e de fortins gozavam de alto grau de independência. Os governadores de províncias consideravam seus cargos, comprados e assalariados, como propriedade sua. Por tudo isso, ocorreram sucessivas explosões de tendências centrífugas. Sob Luís XIII, elas ainda eram perceptíveis. Seu próprio irmão, Gastão, duque de Orléans, levantou-se, como muitos outros irmãos reais antes dele, contra o rei. Renunciou formalmente à sua amizade com o cardeal, depois de assumir a liderança da facção que lhe era hostil, e dirigiu-se para Orléans a fim de iniciar a luta contra Richelieu e o rei a partir de uma forte posição militar.

Richelieu, no fim, venceu todas essas batalhas, principalmente com ajuda da burguesia e dos superiores recursos financeiros que ela lhe forneceu. Os grandes senhores que resistiam foram vencidos e desapareceram, terminando alguns na prisão, outros no exílio, quando não caíam em batalha. Richelieu deixou até mesmo que a mãe do rei morresse no estrangeiro.

> Era equivocada a crença de que, como filhos ou irmãos do rei, ou príncipes de seu sangue, eles poderiam, com impunidade, perturbar o reino. Era muito mais sensato consolidar o reino e a monarquia do que respeitar a impunidade assegurada pela posição social.

Assim escreveu o ministro em suas memórias. Luís XIV colheu os benefícios dessas vitórias, mas o senso de ameaça por parte da nobreza, principalmente da alta nobreza mais próxima à sua pessoa, era para ele uma segunda natureza. À pequena nobreza perdoava uma ocasional ausência da corte, se boas razões fossem apresentadas. No tocante aos "grandes", mostrava-se implacável. E o papel da corte como local de detenção emergia com particular clareza com relação a eles. "O lugar mais seguro para um filho de França é o coração do Rei", respondeu ele quando o irmão lhe pediu uma governadoria e uma fortaleza, um *place de sûreté*. Considerava com o maior desagrado o fato de seu filho mais velho manter uma corte separada em Meudon. Ao falecer o herdeiro do trono, o rei, apressadamente, mandou vender o mobiliário de seu castelo, tendo em vista a possibilidade de que o neto, que herdaria Meudon, lhe desse o mesmo uso e, mais uma vez, "dividisse a corte".[114]

Esse receio, diz Saint-Simon, não tinha o menor fundamento, uma vez que nenhum dos netos do rei teria ousado desagradá-lo. Mas quando a questão era manter o prestígio e assegurar o governo pessoal, a severidade do rei não estabelecia distinção entre parentes e outras pessoas.

O governo monopolista, fundamentado nos monopólios da tributação e da violência física, atingira, assim, nesse estágio particular, como monopólio pessoal de um único indivíduo, sua forma consumada. Era protegido por uma organização de vigilância muito eficiente. O rei latifundiário, que distribuía terras ou dízimos, tornara-se o rei endinheirado, que distribuía salários, e este fato dava à centralização um poder e uma solidez nunca alcançados antes. O poder das forças centrífugas havia sido finalmente quebrado. Todos os possíveis rivais do governante monopolista viram-se reduzidos a uma dependência institucionalmente forte de sua pessoa. Não mais em livre competição, mas apenas numa competição controlada pelo monopólio, apenas um segmento da nobreza, o segmento cortesão, concorria pelas oportunidades dispensadas pelo governante monopolista, e ela vivia ao mesmo tempo sob a constante pressão de um exército de reserva formado pela aristocracia do interior do país e por elementos em ascensão da burguesia. A corte era a forma organizacional dessa competição restrita.

Mas mesmo que nessa fase o controle pessoal exercido pelo rei sobre as oportunidades monopolizadas fosse muito grande, podia ser grande mas não ilimitado. Na estrutura desse monopólio relativamente privado já havia elementos inconfundíveis que, finalmente, transformaram o controle pessoal em controle público por camadas cada vez mais extensas da sociedade. No caso de Luís XIV, a declaração "L'Etat c'est moi" — "o Estado sou eu" — tinha um certo elemento de verdade, tenha ou não ele pronunciado essas palavras. Institucionalmente, a organização monopolista conservava ainda em grau considerável o caráter de propriedade pessoal. Funcionalmente, contudo, a dependência do governante monopolista face a outros estratos, a toda uma rede de funções sociais diferenciadas, já era muito grande e aumentava constantemente com o avanço da integração comercial e monetária da sociedade. Só a situação especial da sociedade, o peculiar equilíbrio de tensões entre a burguesia em ascensão e a aristocracia em decadência e, mais tarde, entre os grandes e pequenos grupos em toda a terra, davam ao governante central seus imensos poderes de controle e decisão. A independência com que antigos reis governavam seus domínios, o que era também uma manifestação de interdependência social mais baixa, desaparecera. A imensa rede humana que Luís XIV governava tinha um *momentum* próprio e um centro de gravidade também próprio, que ele era obrigado a respeitar. Custava-lhe um esforço colossal e um autocontrole não menor preservar o equilíbrio entre pessoas e grupos e, manipulando as tensões, dirigir o todo.

A capacidade do funcionário central de governar toda a rede humana, sobretudo em seu interesse pessoal, só foi seriamente restringida quando a balança sobre a qual se colocava se inclinou radicalmente em favor da burguesia e um novo equilíbrio social, com novos eixos de tensão, se estabeleceu. Só nessa ocasião, os monopólios pessoais passaram a tornar-se monopólios públicos no sentido institucional. Numa longa série de provas eliminatórias, na gradual centralização dos meios de violência física e tributação, em combinação com a divisão de trabalho em aumento crescente e a ascensão das classes burguesas profissionais, a sociedade francesa foi organizada, passo a passo, sob a forma de Estado.

VIII

Sobre a Sociogênese do Monopólio de Tributação

26. Certo aspecto dessa monopolização e, destarte, de todo o processo da formação do Estado, escapa facilmente ao observador retrospectivo porque, de modo geral, ele forma uma ideia mais clara dos estágios posteriores, dos resultados do processo, do que de fatos ocorridos em passado distante. Dificilmente pode ele conceber que essa monarquia absolutista e seu governo centralizado tenham surgido de forma muito gradual do mundo medieval, como algo novo e extraordinário aos olhos de seus contemporâneos. Não obstante, só se

fizermos uma tentativa de reconstruir esse aspecto teremos a possibilidade de compreender o que realmente aconteceu.

São claros os principais lineamentos da transformação. De um ponto central específico, ela pode ser descrita em poucas palavras: *a propriedade territorial de uma família de guerreiros, o controle que ela exercia sobre certas terras e seu direito a dízimos ou a serviços de vários tipos prestados por indivíduos que viviam nessas terras, foram transformados, com o aumento da divisão de funções e no curso de numerosas lutas, no controle centralizado do poder militar e dos tributos e impostos regulares sobre uma área muito mais ampla.* Nessa área, ninguém podia mais usar armas, erigir fortificações ou recorrer à violência física de qualquer tipo sem permissão do governo central. Tratava-se de algo muito novo numa sociedade em que, originariamente, uma classe inteira de pessoas podia usar armas e empregar violência física segundo seus meios e inclinações. E todos aqueles a quem o suserano solicitasse estavam agora obrigados a pagar-lhe certa parte de sua renda ou riqueza. Essa situação era ainda mais nova, se comparada com o que fora costume na sociedade medieval. Na economia de troca daquela época, quando a moeda era relativamente rara, a exigência de pagamentos monetários por príncipes e reis — deixando de lado certas ocasiões estabelecidas pela tradição — era considerada como algo inteiramente sem precedentes, e julgada como se fosse uma pilhagem ou o lançamento de tributos sobre uma terra conquistada.

"Constituti sunt reditus terrarum, ut ex illis viventes a spoliatione subditorum abstineant"[115], as receitas da terra destinavam-se a impedir que aqueles que nela viviam saqueassem seus súditos, disse São Tomás de Aquino. Com essas palavras, ele certamente não expressava só a opinião dos círculos eclesiásticos, embora as instituições da Igreja estivessem bastante expostas a essas medidas, por motivo de sua riqueza. Os próprios reis não pensavam de modo muito diferente, mesmo que, dada a escassez geral de moeda, eles não pudessem se refrear de exigir repetidamente esses tributos compulsórios. Felipe Augusto, por exemplo, provocou tanta inquietação e oposição com uma série de impostos, em especial a contribuição para as Cruzadas em 1188, a famosa *dîme saladine* (dízimo saladino), que, em 1189, proclamou que nenhum outro do mesmo tipo jamais voltaria a ser lançado. Para que, dizia o decreto real, nem ele nem seus sucessores jamais incidissem no mesmo erro, proibia, com sua autoridade real e toda a autoridade de todas as igrejas e barões do reino, essa afronta maldita. Se alguém, fosse ele o rei ou qualquer outra pessoa, tentasse "por audaciosa temeridade" revogar o édito, queria que fosse desobedecido.[116] É bem possível que, na edição desse decreto, sua pena tivesse sido guiada por notáveis do reino insatisfeitos. Mas à época em que se preparava para a Cruzada, em 1190, ordenou expressamente que, na eventualidade de sua morte na expedição, parte do tesouro de guerra fosse distribuído entre aqueles que haviam sido arruinados pelos impostos. Os tributos exigidos pelos reis naquela sociedade, com sua escassez relativa de moeda, eram diferentes dos impostos cobrados em sociedades mais comercializadas. Ninguém os aceitava como instituições permanentes; as transações de mercado e todo o nível de preços não contavam em absoluto com eles; de modo que os impostos caíam como um raio dos céus, arruinando grande número de pessoas. Os reis ou seus representantes, como pudemos ver, às vezes tinham consciência desse fato. Mas, dada a receita limitada que arrecadavam em seus domínios de raiz, eles enfrentavam constantemente a opção de utilizar todas as ameaças e força que tinham à disposição para levantar renda mediante impostos ou sucumbir a potências rivais. Ainda assim, a agitação provocada pelo "dízimo saladino" e a oposição que despertou parecem ter sido lembradas durante longo tempo. Só daí a 79 anos é que um rei voltou a lançar um imposto especial, uma *aide féodale* para sua cruzada.

A convicção generalizada entre os próprios reis era de que os governantes de um território e seu governo deviam sustentar-se com a renda de suas posses dominiais, no sentido mais limitado, isto é, com a renda de seus próprios bens de raiz. Para sermos exatos, no curso da monopolização, os reis e certo número de outros grandes senhores feudais já haviam galgado uma posição consideravelmente mais elevada que a massa dos demais senhores, e, em retrospecto, podemos observar que novas funções estavam surgindo nessa época. As novas funções, porém, só de desenvolviam lentamente, em constante conflito com os representantes de outras funções, e demoravam muito para se transformarem em instituições sólidas. Na época, o rei era um grande guerreiro, em meio a muitos outros guerreiros maiores ou menores. Tal como eles, vivia da produção de suas terras, mas, ainda como eles, tinha o direito tradicional de lançar impostos entre os habitantes de sua região, em certas ocasiões extraordinárias. Todos os senhores feudais exigiam e recebiam certos tributos quando casavam uma filha, quando o filho era armado cavaleiro, e ainda a título de resgate, se fosse o senhor feito prisioneiro de guerra. Estas eram as *aides féodales* originais, e os reis as exigiam como todos os demais senhores feudais. Outras exigências de dinheiro não tinham base nos costumes e era por isso que partilhavam da reputação semelhante à dos autores de pilhagem e extorsões.

Posteriormente, nos séculos XII e XIII, uma nova forma de receita dos príncipes começou a surgir. No século XII, as cidades começaram a crescer lentamente. De acordo com o antigo costume feudal, só homens da classe guerreira, os nobres, tinham o direito de portar armas. Nesse momento, porém, burgueses já haviam lutado, de espada na mão, por liberdades cívicas ou estavam prestes a fazê-lo. Por volta da época de Luís VI, tornou-se costumeiro convocar os moradores das cidades, os "burgueses", para serviço em guerras. Pouco depois, contudo, os moradores das cidades acharam melhor oferecer dinheiro aos senhores territoriais, em vez de serviços, para que eles pudessem contratar guerreiros. Comercializaram o serviço de guerra e, para os reis e outros grandes senhores feudais, a solução foi satisfatória. A oferta de serviços de guerra por guerreiros indigentes era geralmente maior do que o poder aquisitivo dos senhores feudais rivais. De modo que esses pagamentos por isenções de serviço militar rapidamente se tornaram costume ou instituição tradicionais. Os representantes do rei exigiam de cada cidade tal número de homens ou o pagamento de uma soma correspondente para determinada campanha, e as cidades concordavam ou negociavam uma redução. Mas mesmo esse costume era ainda considerado apenas como outra forma de *aides* feudais, em casos extraordinários. Denominavam-nos de *aide de l'ost* e eram arrecadados juntos sob a designação de "ajudas nos quatro casos".

Seria necessária uma digressão extensa demais para mostrar como as próprias comunidades urbanas começaram, aos poucos, a estabelecer uma espécie de sistema de tributação interna para os vários serviços comunais. Seja suficiente dizer aqui que as exigências dos reis serviram para desenvolver o sistema, da mesma maneira que, reciprocamente, as instituições fiscais urbanas que começavam a consolidar-se por volta de fins do século XII tiveram uma importância que não deve ser subestimada para a organização da tributação real. Neste caso, também, a burguesia e a Casa Real — em geral a contragosto — se impulsionaram reciprocamente. Mas com isso não queremos dizer que os burgueses, ou qualquer outra classe social, pagassem de bom grado e sem oferecer resistência. Da mesma forma que sucederia mais tarde com a tributação regular, ninguém pagava esses tributos adicionais a menos que se sentisse direta ou indiretamente forçado a tanto. Ambos os casos indicam exatamente a natureza da dependência de grupos na sociedade num estágio dado, e os equilíbrios de poder predominantes.

Os reis não desejavam nem tinham condições de provocar excessiva oposição, uma vez que o poder social da função real evidentemente ainda não era forte o suficiente para tal. Por outro lado, precisavam, para desempenhar suas funções, para sua autoafirmação e, acima de tudo, para financiar as lutas constantes com os rivais, de constantes e cada vez maiores somas em dinheiro que só podiam obter com tais *aides*. Mudaram as medidas que tomavam nesse particular. Sob pressão, os representantes reais tenteavam à procura de uma solução após outra, ora mudavam o principal ônus para esta ou aquela classe urbana. Mas, ainda assim, com todas essas reviravoltas, o poder social da monarquia aumentava constantemente e, com o crescimento, cada um fortalecendo o outro, os impostos gradualmente assumiram novo caráter.

Em 1292, o rei exigiu o tributo de um denário por libra sobre todas as mercadorias vendidas, sendo a dita soma de responsabilidade tanto do comprador quanto do vendedor. "Uma extorsão de tipo até então desconhecido no reino francês" — como a considerou um cronista da época. Em Rouen, a casa de contas dos coletores reais foi saqueada. Rouen e Paris, as duas cidades mais importantes do reino, finalmente compraram sua liberdade por uma soma fixa.[117] O imposto, no entanto, permaneceu durante muito tempo na memória popular sob o agourento nome de *mal-tôte*. E a oposição que provocou persistiu também longamente nas recordações dos funcionários reais. Em consequência, no ano seguinte, o rei tentou obter empréstimos compulsórios dos burgueses ricos. Ao provocar essa pretensão também violenta resistência, ele voltou em 1295 à *aide* em sua forma original: o tributo era exigido de todos os estados, e não apenas do terceiro. Deveria ser pago um centésimo do valor de todas as mercadorias. Mas, evidentemente, a soma levantada não era suficiente. No ano seguinte, o tributo foi elevado para um cinquenta avos. Nesse momento, claro, os senhores feudais, também atingidos pelo imposto, ficaram furiosos. O rei, em vista disso, declarou-se disposto a devolver à Igreja e aos senhores feudais parte da soma que levantara nos domínios dos mesmos. Dava-lhes, por assim dizer, uma parte no butim. Mas esse gesto não conseguia tranquilizá-los. Acima de tudo, os senhores feudais seculares, os guerreiros, sentiam-se cada vez mais ameaçados em seus direitos tradicionais, na sua capacidade de governar independentemente e, talvez, em sua própria existência social, pela máquina do governo central. Os homens do rei estavam se intrometendo em tudo e apropriavam-se de direitos e tributos que antes eram prerrogativa exclusiva do senhor feudal. E neste particular, como com tanta frequência acontecia, foram os tributos em dinheiro que constituíram a última gota. Quando em 1314, pouco antes da morte de Felipe, o Belo, altos impostos para custear uma campanha na Flandres foram novamente lançados, a inquietação e o descontentamento, reforçados pela má condução da guerra, transformaram-se em resistência declarada. "Não podemos tolerar a cobrança dessas 'aides'", disse um dos afetados,[118] "não podemos suportá-las com consciência tranquila, pois isso nos custaria a honra, os direitos e a liberdade." "Um novo tipo de extorsão injustificável, uma forma indecorosa de levantamento de receita desconhecida na França e especificamente em Paris", deixou registrado outro homem da época, "foram usados para custear as despesas. Dizia-se que se destinavam à guerra na Flandres. Os servis conselheiros e ministros do Rei queriam que compradores e vendedores pagassem seis denários por libra no preço de venda. Nobres e plebeus... juraram unir-se para conservar sua liberdade e a de sua pátria."

A inquietação tornou-se realmente tão ampla e difundida que as cidades e senhores feudais formaram uma aliança contra o rei. Foi um desses experimentos históricos nos quais podemos ver o grau de divergência de interesses e a força das tensões internas. Sob a ameaça das exigências fiscais dos representantes do rei, e a grande irritação que elas provocavam em todos os lados, uma aliança entre a burguesia e a nobreza ainda era possível. Duraria, seria eficiente? Já observamos acima que, em outros países, sobretudo na Inglaterra e tendo por base uma estrutura social diferente, uma aproximação e uma ação concertada entre certas classes urbanas e rurais ocorreram gradualmente — a despeito de todas as tensões e hostilidades entre elas —, o que finalmente contribuiu de forma notável para limitar o poder real. O destino de tais alianças na França, como nesse caso se poderia ver em forma embrionária e com muito mais clareza depois, seria bem diferente, dada a crescente interdependência dos estados. A unanimidade entre eles não sobreviveu por muito tempo e o impacto das ações combinadas foi quebrado pela desconfiança mútua. "A raiva e o descontentamento os aproximavam, mas seus interesses não admitiam unidade."[119]

Il sont lignée deslignée
Contrefaite et mal alignée*

dizia uma canção da época sobre os aliados. Ainda assim, essa reação violenta a impostos voluntariamente lançados produziu uma forte impressão, inclusive

---

* "Eles são linha desalinhada / malfeita e mal-alinhada". (RJR)

nos funcionários reais. Tais revoltas dentro do domínio não deixavam de se revestir de perigos para a luta contra rivais externos. A posição social do suserano não era ainda suficientemente forte para que ele se limitasse a ordenar a cobrança e a fixar o nível dos impostos. O poder ainda era distribuído de tal maneira que ele tinha que negociar, em cada ocasião, com os estados que tributava e conquistar-lhes a aprovação. E, nessa época, as *aides* nada mais eram do que pagamentos ocasionais e extraordinários para ajudar o governo numa finalidade concreta específica. Essa situação mudou apenas, e gradualmente, no curso da Guerra dos Cem Anos. Tornando-se ela permanente, o mesmo aconteceu com os impostos de que o suserano necessitava para levá-la a cabo.

27. "A luta enfrentada pela monarquia ao procurar estabelecer e desenvolver seu poder fiscal só pode ser compreendida se levarmos em conta as forças e interesses sociais que ela combatia como obstáculos a seus propósitos".[120] Essa afirmação indica, de fato, o aspecto básico da sociogênese do monopólio da tributação. Para sermos exatos, os próprios reis não podiam prever, nem seus adversários nessa luta, a nova instituição que gerariam. Na verdade, não tinham a menor intenção de "aumentar seu poder fiscal". A princípio, eles e seus representantes queriam simplesmente extrair tanto dinheiro quanto possível de seu domínio, numa ocasião após outra, e as tarefas e despesas que tornavam necessárias essas medidas eram sempre bem específicas e imediatas. Nenhum homem isolado criou impostos ou o monopólio de tributação. Nenhum indivíduo, ou série de indivíduos, durante todo o século em que essa instituição lentamente se formou, trabalhou para alcançar esse objetivo seguindo um plano deliberado. A tributação, como aliás todas as demais instituições, constituiu produto do entrelaçamento social. Surgiu — como que de um paralelograma de forças — dos conflitos de vários grupos e interesses sociais, até que, cedo ou tarde, o instrumento que fora desenvolvido nas constantes provas de força se tornou bem conhecido das partes interessadas e foi transformado, deliberadamente, em organização ou instituição. Dessa maneira, em combinação com a gradual transformação da sociedade e a mudança nas relações de poder dentro dela, as ajudas ocasionais a senhores de Estados ou territórios, cobradas para custear campanhas específicas, resgate, dotes a filhas ou dotação aos filhos, acabaram por assumir o caráter de pagamentos habituais. Expandindo-se lentamente os setores monetário e comercial da economia, à medida que uma dada Casa de senhores feudais se tornava a Casa do rei, com jurisdição sobre uma área sempre maior, as *aide aux quatre cas* feudais transformaram-se em tributação.

De 1328 em diante, e mais fortemente a partir de 1337, acelerou-se a transformação da ajuda extraordinária em tributos regulares. Em 1328, um imposto direto para custear a guerra com a Flandres tornou a ser lançado em certas partes do reino; em 1335, cobrou-se em algumas cidades do oeste um imposto indireto, uma alíquota sobre cada venda, a fim de equipar a Marinha de Guerra; em 1338, todos os funcionários reais tiveram uma dedução em seus salários; em 1340, o imposto sobre a venda de mercadorias voltou à baila e assumiu caráter geral; em 1341, instituiu-se um imposto adicional sobre a venda de sal, a *gabelle du sel*. Em 1344, 1345 e 1346, esses impostos indiretos tornaram a ser cobrados. Após a batalha de Crécy, os funcionários reais tentaram reintroduzir um imposto pessoal direto; em 1347 e 1348, voltaram à forma indireta, com o imposto sobre vendas. Tudo isso era, até certo ponto, experimental, considerando-se todos os impostos como uma ajuda temporária da sociedade para que o rei conduzisse a guerra; eram *les aides sur le fait de la guerre*. Repetidamente, o rei e seus servidores declararam que a exigência de mais dinheiro terminaria com o fim da guerra.[121] E em todos os casos em que tinham uma oportunidade, os representantes dos estados frisavam esse ponto, tentando verificar se o dinheiro gerado pelas *aides* estava sendo realmente usado para fins militares. Os próprios reis, contudo, pelo menos desde Carlos V, nunca cumpriram com muito rigor essa exigência. Controlavam os fundos levantados pelas *aides* e continuavam, quando achavam necessário, a custear as despesas de sua Casa ou premiar favoritos com esse dinheiro. Esse fenômeno em si, essa entrada de dinheiro no tesouro do rei, bem como a criação de uma força militar por ele custeada, lenta mas inexoravelmente levou a um extraordinário fortalecimento da função central. Os três estados, a nobreza acima de todos, opunham-se tanto quanto podiam a aumentar o poder da autoridade central. Mas, também neste particular, a divergência de interesses debilitava-lhes a resistência. Haviam sido afetados demais pela guerra, estavam interessados demais na expulsão dos ingleses para poderem recusar dinheiro ao rei. Além disso, a força dos antagonismos entre eles, juntamente com divergências locais, não apenas solapava qualquer frente comum para limitar as exigências financeiras ou supervisionar o uso que o rei desse a essa receita, mas impedia a organização direta da guerra pelos estados. A ameaça externa tornava as gentes dessa sociedade, na qual ainda era relativamente fraca a unidade e a interdependência, muito dependentes do rei enquanto coordenador supremo e de sua máquina governamental. De modo que tiveram que tolerar, ano após ano, a cobrança em nome do rei de "ajudas extraordinárias" para custear uma guerra que não terminava.

Finalmente, depois de ter sido aprisionado o rei João na batalha de Poitiers, e a fim de pagar o enorme resgate exigido pelos ingleses, pela primeira vez um imposto foi lançado não por um, mas por seis anos. Nesse caso, como acontece com tanta frequência, um evento importante mas fortuito meramente acelerou algo que estava há muito tempo em preparação na estrutura da sociedade. Na realidade, esse imposto foi arrecadado ininterruptamente não por seis, mas durante 20 anos, e podemos supor que, por essa época, certa adaptação do mercado a tais pagamentos estava ocorrendo. Demais disso, além desse imposto sobre as compras, com o objetivo de custear o resgate do rei, numerosos outros foram lançados para outros fins: em 1363, um imposto direto para cobrir os custos imediatos da guerra; em 1367, outro, para impedir as pilhagens praticadas pela soldadesca; em 1369, no reinício da guerra, novos impostos diretos e indiretos, incluindo um — especialmente odiado — sobre a casa de moradia, o *fouage*.

"Todos eles ainda são 'aides' feudais, mas generalizadas, tornadas uniformes e arrecadadas não só no domínio do rei, mas em todo o reino, sob a supervisão de uma máquina administrativa centralizada, especial."[122] Na verdade, nessa fase da Guerra dos Cem Anos, quando as *aides* lentamente se tornavam permanentes, aos poucos foi surgindo uma série de funções oficiais especializadas, com a finalidade de coletar e legalmente fazer cumprir esses "pagamentos extraordinários", como ainda eram chamados. Inicialmente, eram representados apenas por alguns *généraux sur le fait des finances*, que supervisionavam o exército dos responsáveis pela cobrança das *aides* no país inteiro. Em 1370, já havia dois administradores supremos, um dos quais especializado em questões jurídicas e o outro em financeiras, que surgiram em decorrência da cobrança das *aides*. Configurava-se aí a forma inicial do que mais tarde, durante todo o *ancien régime*, constituiu um dos órgãos mais importantes da administração fiscal, a *Chambre* ou *Cour des Aides*. Nos anos de 1370 a 1380, porém, essa instituição estava ainda em processo de formação, carecia de forma definida, era mais uma tentativa na guerra surda ou declarada na qual os diferentes centros de poder estavam constantemente submetendo a teste a força dos outros. E sua presença, como frequentemente acontece com instituições solidamente estabelecidas, não obliterava a recordação dos conflitos sociais dos quais resultara. Em todas as ocasiões em que a monarquia, encontrando resistência em diferentes segmentos da população, se viu obrigada a limitar suas exigências fiscais, essas funções oficiais igualmente recuavam para o segundo plano. Seu nível e curva de crescimento constituíam um indicador razoavelmente exato da força social da função central e da máquina de governo, em relação à nobreza, ao clero e às classes urbanas.

Sob Carlos V, conforme já mencionado, as *aides sur le fait de la guerre* tornaram-se tão permanentes como a própria guerra. Foram um peso sobre um povo que já estava sendo arruinado pela devastação, o fogo, os problemas de comércio e ainda por constantes assaltos de tropas que queriam ser alimentadas e se alimentavam pela força. Cada vez mais opressivos se tornavam os impostos exigidos pelo rei e, cada vez mais, julgava-se que o fato de se tornarem a regra, e não a exceção, constituía uma violação das tradições. Enquanto Carlos V viveu, nada disso teve expressão visível. As tribulações cresceram, ignoradas, e com elas o descontentamento. Parece, no entanto, que o rei percebia até certo ponto essa tensão crescente no país, os sentimentos reprimidos, particularmente contra os impostos. Ele, com toda a probabilidade, compreendia o perigo que esse estado de espírito poderia provocar se, em seu lugar, em lugar de um rei velho e experimentado, uma criança, seu filho, que ainda era menor, subisse ao trono sob a tutela de parentes rivais. E talvez esse receio do futuro se combinasse com dores de consciência. Certamente os impostos que o governo arrecadara ano após ano pareciam-lhe inevitáveis e indispensáveis. Mas mesmo para ele, o beneficiário, os impostos ainda tinham claramente uma marca de injustiça. De qualquer modo, algumas horas antes de sua morte, em 16 de setembro de 1380, assinou um decreto revogando o imposto mais opressivo e impopular, aquele sobre a casa de moradia, que pesava igualmente sobre ricos e pobres. O quanto esse edito foi apropriado para a situação criada pela morte do rei não demorou a se evidenciar. A função central debilitou-se e irromperam as tensões reprimidas no país. Os parentes concorrentes do rei morto, acima de todos Luís, de Anjou, e Felipe, o Audaz, da Borgonha, contestaram a predominância um do outro, bem como o controle do tesouro real. As cidades começaram a se revoltar contra os impostos, o povo pondo em fuga os coletores do rei. No início, a agitação dos estratos mais baixos da cidade até que agradou à burguesia mais rica. Os desejos de ambos os grupos corriam paralelos. Os notáveis urbanos que, em novembro de 1380, reuniram-se com representantes dos outros estados em Paris, exigiram a abolição dos impostos reais. Provavelmente, o duque de Anjou, chanceler do rei, sob uma tal pressão direta, terá prometido atender à exigência. No dia 16 de novembro de 1380, baixou um edito, em nome do rei, pelo qual "de agora em diante e para sempre, todas as imposições de 'fouage', os impostos sobre o sal e as quartas e oitavas, através dos quais nossos súditos foram tão afrontados, todas as ajudas e subsídios de todos os tipos que foram impostos por motivo das ditas guerras..." se viram abolidos.

"Todo o sistema financeiro dos dez últimos anos, todas as conquistas feitas nos anos de 1358/59 e 1367/68 foram sacrificadas. A monarquia foi arremessada para trás, para uma situação de quase um século antes. E acabou quase no mesmo ponto que no início da Guerra dos Cem Anos."[123]

Tal como um sistema de forças que ainda não alcançou o equilíbrio, a sociedade oscilou de um lado para o outro nessa luta pelo poder. Diz bem do poder social já detido pelo governo central e pela função real nessa época que eles tenham conseguido recuperar o terreno perdido com extraordinária rapidez, embora o novo rei fosse uma criança, inteiramente dependente dos administradores e servidores da monarquia. Aquilo que se manifestou uma vez mais, sob Carlos VIII, com especial clareza, emergiu bem visível mesmo nessa época: as oportunidades abertas à função real nessa estrutura da sociedade francesa e nessa situação já eram tão grandes que a monarquia pôde expandir seu poder social mesmo numa ocasião em que o rei era pessoalmente fraco e insignificante. A dependência dos grupos e classes na sociedade, face a um coordenador supremo que mantinha a cooperação entre os vários distritos e funções sociais, cresceu com a interdependência dos mesmos e ainda mais sob a pressão do perigo militar. E, querendo ou não, rapidamente eles restituíram os meios necessários para fazer guerra aos homens que lhes representavam os interesses comuns, acima de tudo nos conflitos com inimigos externos: o rei e seus representantes. Mas, ao fazê-lo, deram também à monarquia meios para controlá-los. Em 1382/83, a monarquia, isto é, o rei e todos seus parentes, conselhos e servidores, que, de alguma maneira, pertenciam à máquina de governo, encontrava-se mais uma vez em posição de impor às cidades, os principais centros de resistência, os impostos que considerava necessários.

A questão dos impostos constituiu o principal motivo dos levantes urbanos em 1382. Mas na luta por causa das taxas, e da distribuição de seu ônus pela máquina central, foi também submetida a teste e decidida a questão de toda a distribuição de poder. O objetivo de ter voz no lançamento e distribuição dos impostos, isto é, de supervisionar, a partir de uma posição central, o funcionamento da máquina de governo, foi perseguido da maneira a mais deliberada possível pelos notáveis urbanos da época, e não só por eles. Nas assembleias, representantes dos outros estados pressionavam às vezes na mesma direção. Os horizontes das classes baixa e média urbanas eram em geral mais limitados: o que queriam, acima de tudo, era a suspensão de seus fardos opressivos, nada mais. Mas, mesmo nessa direção, nem sempre coincidiam os objetivos dos vários grupos urbanos, ainda que — na relação que mantinham com a máquina central do país — não fossem necessariamente hostis entre si. No círculo menor das próprias cidades, os assuntos eram muito diferentes. Neste caso, os interesses dos diferentes estratos, a despeito de seu entrelaçamento e, de fato, precisamente por esse motivo, divergiam não raro diametralmente.

As comunidades urbanas dessa época já eram formações sociais altamente complexas. Havia nelas um estrato superior privilegiado, os burgueses propriamente ditos, cuja posição monopolista se manifestava no controle que exerciam dos cargos públicos e, por conseguinte, das finanças. Sobravam um estrato médio, uma espécie de pequena burguesia, formada pelos artesãos e mercadores menos ricos, e, finalmente, a massa de jornaleiros e trabalhadores, o "povo". Neste ponto, também, os impostos formavam o ponto focal em que a interdependência e as antíteses surgiam com grande clareza. Se exigências bem-formuladas foram por acaso feitas, os grupos médio e baixo queriam impostos diretos, progressivos, que cada um pagasse de acordo com seus meios, enquanto o estrato urbano superior preferia os indiretos ou de taxa única. Como acontecia com tanta frequência, a agitação do povo por causa dos impostos e a primeira onda de inquietação foram, no início, até bem recebidas pelo estrato urbano superior. E este apoiou o movimento enquanto ele reforçou sua própria oposição à monarquia ou mesmo aos senhores feudais locais. Mas, com muita rapidez, a insurreição voltou-se contra os próprios moradores ricos das cidades. Transformou-se, em parte, numa luta pelo governo urbano entre o patriciado burguês governante e os estratos médio e inferior, que exigiam seu quinhão nos cargos públicos, da mesma maneira que os notáveis urbanos exigiam o seu na esfera mais ampla do governo do país. O estrato urbano superior fugia ou se defendia e de modo geral era salvo, nesse estágio da luta, pela chegada das tropas reais.

Precisaríamos fazer um desvio grande demais para acompanhar em detalhes essas lutas e levantes em diferentes cidades. O fato é que terminaram com mais uma mudança de poder em favor da máquina central e da monarquia. Os cabecilhos da revolta, especialmente os que se haviam recusado a pagar impostos, foram punidos com a morte, outros com pesadas multas. Às cidades como um todo foram impostos pesados tributos. Em Paris, os castelos reais fortificados, ou bastilhas, receberam reforços e outros começaram a ser construídos, guarnecidos por soldados reais, os *gens d'armes*. Restringiram-se as liberdades urbanas. A partir desse instante, a administração das cidades passou cada vez mais a funcionários reais, até elas se tornarem basicamente órgãos da máquina real de governo. Dessa maneira, a hierarquia da máquina do governo central, constituída dos principais burgueses, ampliou-se, dos postos ministeriais e mais altos cargos judiciários, para as posições de prefeito e chefe de guilda. A questão dos impostos, como um todo, teve decisão idêntica. Passaram a ser fixados pela organização central.

Se examinarmos as razões por que essa prova de força foi decidida com tal rapidez em favor da função central, mais uma vez deparamos com o fato já mencionado aqui tantas vezes: era o antagonismo entre os vários grupos da sociedade que dava força à função central. A classe alta burguesa mantinha um relacionamento tenso não só com os senhores feudais seculares e o clero, mas também com os estratos urbanos mais baixos. Neste caso, era a desunião entre as próprias classes urbanas o que mais beneficiava o suserano. Não menos importante era o fato de que, até então, praticamente não havia qualquer associação estreita entre as diversas cidades do reino. Observava-se, é verdade, alguma tendência — ainda que fraca — para colaboração entre as várias cidades; mas a integração não era nem de longe estreita o suficiente para permitir ação concertada. As diferentes cidades ainda se enfrentavam, até certo ponto, como se fossem potências estrangeiras e entre elas, também, havia uma competição mais ou menos intensa. Por isso mesmo, os representantes reais negociaram, em primeiro lugar, uma trégua com Paris, a fim de conseguir liberdade de ação contra as cidades da Flandres. Assim garantidos, esmagaram a resistência urbana na Flandres, depois em Rouen, e finalmente em Paris. Uma a uma, derrotaram todas as cidades. Não só a fragmentação social, mas também a regional — dentro de certos limites e não excluindo algum grau de interdependência — beneficiava a função central. Diante da oposição combinada de todas as partes da população, a monarquia necessariamente teria sido derrotada. Mas enfrentando cada classe ou região separada, a função central, baseando seu poder em todo o país, era a mais forte.

Não obstante, segmentos da sociedade continuaram a tentar limitar ou quebrar o poder crescente da função central. A cada vez, de conformidade com as mesmas regularidades estruturais, o equilíbrio perturbado era restabelecido, após certo tempo, em favor da monarquia, que em cada uma dessas provas de força, mais aumentava seu poder. Os impostos pagos ao rei eram suspensos de vez em quando ou reduzidos, mas nunca deixavam de ser reintroduzidos, a curto prazo. Exatamente da mesma maneira, cargos de administração e coleta de impostos desapareciam e reapareciam. A história da *Chambre des Aides*, por exemplo, abunda nessas revoluções e inesperadas mudanças de rumos. Passou ela por várias e sucessivas ressurreições entre 1370 e 1390. Mais uma vez, em 1413, 1418, 1425, 1462, 1464 e 1474, experimentou, segundo escreveu um historiador "excessos de vida e morte, ressurreições imprevisíveis,"[124] até que finalmente se transformou numa sólida instituição da máquina real de governo. E muito embora essas flutuações, claro, não refletissem apenas as grandes provas de força, elas proporcionam uma certa ideia da sociogênese da função real, do crescimento da organização monopolista em geral. Deixam claro o quão pouco essas funções e formações sociais resultavam de planos deliberados, a longo prazo, de indivíduos, e o quanto nasceram de passos curtos e tenteantes de um grande número de esforços e atividades humanas entrelaçados e conflitantes.

28. Os próprios reis, no desdobramento de seu poder pessoal, dependiam por completo da situação em que encontraram a função real. E esse fato raramente se mostrou com tanta clareza como no caso de Carlos VII. Como pessoa, ele

certamente não era muito forte, e nada teve de grande ou poderoso. Ainda assim, depois de serem expulsos os ingleses de seu território, a monarquia se tornou mais forte. O rei destacava-se nesse momento diante do povo como um vitorioso comandante de exército, por menos que pudesse sentir-se inclinado para esse papel por predisposição pessoal. Durante a guerra, todos os recursos financeiros e humanos do país haviam sido reunidos nas mãos da autoridade central. A centralização do exército, o controle monopolista da tributação tinham percorrido uma boa distância. O inimigo externo fora rechaçado, mas o exército, ou pelo menos boa parte dele, continuava presente e dava ao rei tal preponderância interna que a resistência a seus desejos por parte dos estados era praticamente inútil, em particular porque a população exausta queria uma única coisa acima de todas as demais: paz. Nessa situação, em 1436, o rei declarou que a nação aprovara as *aides* por período ilimitado e que fora solicitado a não convocar, no futuro, os estados para decidir sobre impostos. Os custos da viagem para as assembleias dos estados, disse, impunham um fardo pesado demais ao povo.

Essa justificação, claro, era destituída de toda substância. A medida em si, a suspensão das assembleias dos estados, foi simplesmente uma manifestação do poder social da monarquia. Esse poder se tornara tão grande que as *aides*, que durante a guerra haviam sido mais ou menos contínuas, podiam ser agora proclamadas como uma instituição permanente. E esse poder já era tão inquestionável que o rei não julgava mais necessário combinar o volume e tipo de impostos com aqueles que deveriam pagá-los. Conforme já mencionamos, os estados tentaram resistir. A supressão dos Estados gerais e os poderes ditatoriais do rei não se consolidaram sem uma série de provas de força. Mas todas elas mostraram repetidamente, e com uma clareza sempre maior, com que inexorabilidade, nessa fase de diferenciação e integração em progresso, crescia a função central. Uma vez após outra, era o poder militar concentrado nas mãos da autoridade central que lhe garantia e aumentava o controle dos impostos, e foi esse controle concentrado dos mesmos que tornou possível a monopolização cada vez mais forte do poder físico e militar. Passo a passo, esses dois se impeliram, um ao outro, para cima até que, em certo ponto, a completa superioridade obtida pela função central nesse processo se revelou em toda a sua nudez aos atônitos e amargurados contemporâneos. Aqui, uma voz daquele tempo vale mais do que qualquer descrição para transmitir-nos a maneira como tudo isso se abateu sobre o povo como algo novo, sem que ele soubesse como ou por quê.

Quando, sob Carlos VII, o governo central começou abertamente a anunciar e a arrecadar impostos em caráter permanente, sem a anuência dos estados, Juvenal des Ursines, arcebispo de Rheims, escreveu uma carta ao rei. Incluía ela, em tradução livre, o seguinte:[125]

> Quando os predecessores de Vossa Alteza tencionavam ir à guerra, costumavam convocar os três estados; convidavam representantes da Igreja, da nobreza e dos plebeus para reunirem-se com eles em suas boas cidades. Vinham e explicavam o estado das coisas, diziam o que era necessário para resistir ao inimigo, e solicitavam que os representantes reunidos se consultassem sobre a maneira como a guerra devia

ser conduzida, a fim de ajudarem o rei com impostos decididos nessa discussão. Vossa Alteza sempre observou esse procedimento, até que compreendeu que Deus e a Fortuna — que é mutável — a ajudaram de tal forma que tais discussões estão agora abaixo de sua dignidade. Vossa Alteza impõe agora as "aides" e outros tributos e permite que sejam cobradas como se fossem tributos de seu próprio domínio, sem anuência de seus três estados.

Antes... o reino podia, com justiça, ser denominado "Royaume France", pois costumava ser livre [franc] e gozava de todas as liberdades [franchises et libertés]. Hoje o povo nada mais é do que escravo, arbitrariamente tributado [taillables à voulenté]. Se examinamos a população do reino, descobrimos apenas um décimo dos que antigamente nele viviam. Não desejo reduzir o poder de Vossa Alteza, mas, sim, aumentá-lo tanto quanto estiver dentro de minhas forças. Não há dúvida de que um príncipe, e em especial Vossa Alteza, pode em certos casos tirar [tailler] alguma coisa de vossos súditos e cobrar as "aides", sobretudo para defender o reino e a coisa pública [chose publique]. Mas tem que concordar em fazer isso de forma razoável. A tarefa dele não é a minha. É possível que Vossa Alteza seja soberana nas questões de justiça, e que esta seja sua autoridade. Mas, no que interessa às receitas de seus domínios, o rei tem seu domínio e cada particular também possui o seu [N.B.: em outras palavras, o rei deve sustentar-se com a receita de suas propriedades e domínios, sem usurpar o controle da receita de todo país]. Hoje, os súditos têm tosquiada não só a sua lã, mas também a pele, a carne e o sangue, até os ossos.

Em outro trecho, o arcebispo dá livre rédea à sua indignação: "Merece ser destituído do governo aquele que o usa voluntariosamente e nem na metade em proveito de seus súditos... Cuidado, portanto, para que o excesso de moeda que flui para suas mãos através das 'aides', que Vossa Alteza extrai do corpo, não lhe destrua a alma. Vossa Alteza é também a cabeça desse corpo. Não seria uma grande tirania se a cabeça de uma criatura humana destruísse o coração, as mãos e os pés? [N.B.: provavelmente, simbolizando o clero, os guerreiros e as pessoas comuns]."

A partir desse momento e por um longo período, são os súditos que chamam a atenção para o caráter público da função real. Expressões como "coisa pública", "pátria" e mesmo "Estado" são usadas pela primeira vez, geralmente em oposição a príncipes e reis. Nessa fase, os suseranos controlam as oportunidades monopolizadas, acima de tudo a receita de seus domínios — conforme diz Juvenal des Ursines — como se fosse propriedade privada sua. E é nesse sentido, também, como resposta ao emprego pela oposição de palavras como pátria e Estado, que devemos compreender a frase atribuída ao rei: "Eu sou o Estado." O espanto ante esses desdobramentos, contudo, não se limita à França. O regime que nela está emergindo, a força e solidez da máquina e função centrais, que mais cedo ou mais tarde hão de aparecer na base de estruturas análogas em quase todos os países da Europa, eram no século XV algo surpreendente e novo para os observadores de fora da França. Precisamos apenas ler os relatórios do enviado veneziano dessa época para perceber como um observador estrangeiro, que indubitavelmente tinha larga experiência desses assuntos, descobriu na França uma forma desconhecida de governo.

Em 1492, Veneza despacha dois enviados para Paris, oficialmente para congratular-se com Carlos VIII pelo seu casamento com Ana da Bretanha, mas, na realidade, para descobrir como e onde a França tenciona usar seu poder na Itália e, de modo geral, como andam as coisas no país, qual é a situação financeira, que tipo de pessoas são o rei e seus ministros, que produtos são importados e exportados, que funções existem; em suma, os enviados têm que descobrir tudo o que valha a pena, a fim de permitir a Veneza tomar as medidas políticas corretas. Essas embaixadas, que gradualmente mudam de natureza, de instituições ocasionais para permanentes, constituem um sinal de como a Europa lentamente se tornava cada vez mais interdependente.

Em consequência, encontramos nesses relatórios, entre outras coisas, uma descrição exata das finanças francesas e dos procedimentos financeiros empregados no país. O enviado estima a renda do rei em aproximadamente 3.600.000 francos ao ano — incluindo "1.400.000 franchi da alcune imposizioni che se solevano metter *estraordinarie*... le quali si somo continuate per tal modo che al presente sono fatte *ordinarie*'" (1.400.000 francos gerados por imposições que costumavam ser *extraordinárias*, mas que se tornaram *ordinárias*). O embaixador estimava as despesas do rei em 6.600.000 ou 7.300.000 francos. O déficit era coberto da seguinte maneira:

> Todos os anos, em janeiro, os diretores da administração financeira de cada região — isto é, as do domínio real propriamente dito, Delfinado, Languedoc, Bretanha e Borgonha — reúnem-se para calcular a receita e despesas e atender às necessidades do ano seguinte. E *começam* examinando as despesas [prima mettono tutta la spesa] e para cobrir o déficit entre as despesas e a receita esperada estabelecem um imposto geral para todas as províncias do Reino. Desses impostos, nem prelados nem nobres pagam coisa alguma, mas apenas o povo. Desta maneira, a receita ordinária e esse imposto levantam o suficiente para cobrir as despesas do ano seguinte. Se, durante o ano, irromper uma guerra ou houver qualquer outra causa inesperada de despesas, tornando as estimativas insuficientes, outro imposto ou estipêndio é lançado, de modo que, em todas as circunstâncias, a soma necessária seja obtida.[126]

Até agora, discorremos — longamente — sobre a formação do monopólio de tributação. No relatório dos enviados venezianos, temos uma descrição bastante clara de sua forma e funcionamento nesse estágio de desenvolvimento. Descobrimos também um dos mais importantes aspectos estruturais do absolutismo e — até certo ponto — do "Estado" em geral: a primazia das despesas sobre a receita. Para os indivíduos que são membros da sociedade, em especial da sociedade burguesa, torna-se cada vez mais habitual e necessário fixar rigorosamente as despesas de acordo com a receita. Na economia de um todo social, em contraste, as despesas são o ponto fixo; a receita, isto é, as somas exigidas de membros individuais da sociedade através do monopólio tributário, torna-se dependente delas. Temos aqui mais um exemplo de como a totalidade resultante da interdependência de indivíduos possui características estruturais e está sujeita a regularidades distintas das que se aplicam a indivíduos, e não devem ser compreendidas do ponto de vista destes. O único limite estabelecido às necessidades financeiras da agência central nessa época era a capacidade tributável da sociedade como um todo e o poder social de cada grupo isoladamente considerado, em relação aos controladores do monopólio fiscal. Mais tarde, quando a administração monopolista caiu sob o controle de estratos burgueses mais vastos, a economia da sociedade como um todo foi rigorosamente separada da economia de pessoas isoladas que administravam o monopólio central. A sociedade como um todo, o Estado, podia e devia continuar a fazer os impostos e a receita serem basicamente dependentes das despesas socialmente necessárias. Mas os reis, os governantes centrais, teriam que se comportar como todos os demais indivíduos. Receberiam um estipêndio fixo e dentro desse limite teriam que administrar suas despesas.

Aqui, na primeira fase do monopólio completo, as coisas eram diferentes. As economias real e pública não estavam ainda separadas. Os reis fixavam os impostos de acordo com as despesas que consideravam necessárias, fossem elas para custear guerras, castelos ou dar presentes aos favoritos. Mas o que, de nosso ponto de vista, era apenas o primeiro estágio no caminho para a formação de monopólios societários ou públicos, parecia a esses observadores venezianos por volta de 1500 uma novidade, que eles examinavam com curiosidade, como provavelmente faríamos ao estudar maneiras e costumes desconhecidos de povos estranhos. No lugar de onde vinham, as coisas eram muito diferentes. O poder das autoridades venezianas supremas, como o dos príncipes medievais, era restringido em alto grau pelos governos locais das diferentes regiões e Estados. Veneza, também, era o centro de um importante domínio. Outras municipalidades colocavam-se, voluntariamente ou não, sob seu governo. Mas, mesmo no caso das comunas subjugadas pela força, as condições em que eram incorporadas ao domínio veneziano quase sempre incluíam a cláusula de "que nenhum imposto pode ser lançado sem a concordância da maioria do conselho."[127]

Nos relatórios serenos dos imparciais enviados venezianos, a transformação que ocorrera na França talvez esteja mais vivamente descrita do que nas palavras indignadas do arcebispo de Rheims.

Em 1535, o relatório dos enviados venezianos contém o trecho seguinte:

> À parte o fato de ser militarmente poderoso, o rei obtém dinheiro devido à obediência do povo. Digo que Sua Majestade, em geral, conta com uma renda de dois milhões e meio. Digo "em geral" porque, se desejar, o rei pode aumentar os impostos cobrados ao povo. Quaisquer que sejam os fardos que lhe impõe, o povo paga, sem reclamar. Mas tenho que dizer neste particular que o segmento da população que carrega a maior parte desse fardo é muito pobre, de modo que qualquer aumento no fardo, mesmo pequeno, seria insuportável.

Finalmente, em 1546, o embaixador veneziano, Marino Cavalli, redige um preciso e detalhado relatório sobre a França, no qual as peculiaridades do governo, da forma como aparecem a um contemporâneo imparcial, emergem com especial clareza:

Muitos reinos são mais férteis e ricos do que a França, como, por exemplo, a Hungria e a Itália; outros são maiores e mais poderosos, como, por exemplo, a Germânia e a Espanha. Mas nenhum é tão unido e obediente. Não acredito que seu prestígio tenha qualquer outra causa que essas duas: união e obediência [unione e obbedienza]. Para sermos exatos, a liberdade é a dádiva mais apreciada no mundo, mas nem todos a merecem. Por essa razão, algumas pessoas nascem em geral para obedecer, outras para mandar. No caso oposto, podemos ter uma situação como a da Germânia no presente, ou antes na Espanha. Os franceses, contudo, talvez se julgando incompatíveis com ela, entregaram sua liberdade e vontade inteiramente ao rei. De modo que, para ele, é suficiente dizer: quero isto e aquilo, aprovo isto e aquilo, decido isto e aquilo, e tudo isso é imediatamente executado como se todos eles o tivessem decidido. As coisas chegaram a tal ponto que um deles, que tem mais humor do que os outros, disse: Antes os reis chamavam a si mesmos de "reges Francorum" e hoje podem chamar-se de "reges servorum".* De modo que não só pagam ao rei tudo o que ele exige, mas todo o capital restante está de igual maneira à sua disposição.

Carlos VII aumentou a obediência do povo depois de libertar o país do jugo inglês; e, após ele, Luís XI e Carlos VIII, que conquistou Nápoles, fizeram a mesma coisa. Luís XII deu sua própria contribuição. O atual rei (Francisco I), porém, pode gabar-se de haver superado amplamente seus predecessores: obrigou seus súditos a pagarem somas extraordinárias, tanto quanto quis; uniu novas possessões aos Estados da Coroa sem dar nada em troca. E se dá alguma coisa, isso só vale pelo tempo de vida dele, que deu, e daquele que recebeu. E se um ou outro vive demais, o presente é retirado, como algo devido à Coroa. É verdade que alguns são depois tornados permanentes. E a prática é a mesma no tocante aos chefes e às várias graduações militares. De modo que se alguém entrar para vosso serviço e disser que recebeu tais recompensas, títulos e propriedades dos franceses, Vossa Serenidade saberá que tipo de propriedades, títulos e presentes são esses. Muitos nunca os obtêm, ou apenas isso acontece em uma única ocasião de sua vida, enquanto outros passam dois, três anos, sem receber qualquer recompensa. Vossa Serenidade, que doa coisas bem-definidas, mas até certo ponto hereditárias, certamente não deve ser influenciada pelo exemplo do que é feito em outros lugares. Na minha opinião, o costume de dar apenas pela duração da vida do contemplado... é excelente. Ele sempre dá ao rei a oportunidade de premiar os que são merecedores e sempre sobra alguma coisa para dar. Se os dons fossem hereditários, teríamos agora uma Frância empobrecida e os atuais reis nada mais teriam para distribuir. Desta maneira, são servidos por pessoas de mais mérito do que pelos herdeiros de alguém antes contemplado. Vossa Serenidade poderia meditar, se a França age dessa maneira, o que deveriam fazer outros príncipes, que não governam um país tão grande? Se não pensarmos com cuidado aonde levam esses donativos hereditários — à preservação da família, segundo dizem — acontecerá que não restarão recompensas suficientes para os indivíduos realmente merecedores, ou novos fardos terão que ser impostos ao povo. Ambas as coisas são muito injustas e danosas. Se os donativos são feitos apenas pelo tempo de vida, então só os que merecem é que são recompensados. As propriedades circulam e, após algum tempo, voltam à origem... Nos últimos 80 anos novos acordos foram frequentemente firmados com a Coroa, sem que nada seja desperdiçado, graças ao confisco, reversão, herança ou compra. Desta

---

* "Reges Francorum", reis dos *francos*, no duplo sentido da palavra: 1) o povo germânico ancestral dos atuais franceses; 2) livres. "Reges servorum", reis de servos. (RJR)

maneira, a Coroa absorveu tudo, a tal ponto que não há um único príncipe no reino que tenha uma renda de 20.000 *scudi*. Além disso, os que possuem renda e terras não são proprietários comuns, uma vez que o rei conserva o domínio supremo através de apelos, impostos, guarnições militares e todos os outros novos e extraordinários fardos lançados sobre o povo. A Coroa torna-se cada vez mais rica e unificada, consegue imenso prestígio e esses fatos a protegem de qualquer guerra civil. Isto porque, como não há príncipes que não sejam pobres, eles não têm razão nem possibilidade de iniciar ação contra o rei, assim como os duques da Bretanha, Normandia, Borgonha e muitos outros grandes senhores da Gasconha fizeram no passado. E se alguém tenta alguma coisa mal-avisada e busca provocar alguma mudança, tal como os Bourbons, isso simplesmente dá ao rei oportunidade de se enriquecer através da ruína desse homem.[128]

No trecho acima temos uma visão compacta, que sintetiza os aspectos estruturais decisivos do absolutismo emergente. Um único senhor feudal obteve predominância sobre todos os concorrentes e reina, supremo, sobre toda a terra. E esse controle da terra é cada vez mais comercializado ou monetarizado. A mudança manifesta-se, por um lado, no fato de que o rei exerce o monopólio da coleta e fixação de impostos em todo o país e, assim, controla a mais alta de todas as rendas. Um rei que possuía e distribuía terra ia-se tornando um soberano que possuía e distribuía renda. Exatamente foi isso que lhe permitiu quebrar o círculo vicioso que aprisionava os governantes de países em que vigia a economia de troca. Ele não pagava mais, pelos serviços de que necessitava, fossem militares, cortesãos ou administrativos, desfazendo-se de partes de suas propriedades, que se transformavam em propriedades hereditárias de seus servidores, como ainda, evidentemente, acontecia em Veneza. No máximo, concedia terras ou um salário enquanto vivesse o contemplado, e depois os retirava, de modo a não reduzir as posses da coroa; num número crescente de casos, recompensava os serviços meramente com dons em dinheiro ou com salários. Centralizava a tributação em todo o país e distribuía como queria o dinheiro que entrava e no interesse de seu governo, de modo que um número enorme e sempre maior de pessoas em todo o país passava a depender direta ou indiretamente dos seus favores, e de pagamentos efetuados pela administração financeira real. São os interesses mais ou menos privados dos reis e de seus servidores mais próximos que se concentram na exploração de oportunidades sociais nessa direção, mas o que surge dos conflitos de interesses entre as várias funções sociais é a forma de organização social que chamamos de "Estado". O monopólio de tributação, juntamente com o monopólio da força física, formam a espinha dorsal da organização. Não poderemos entender a gênese nem a existência de "Estados" se não soubermos — ainda que baseados no exemplo de um único país — como uma dessas instituições fundamentais do "Estado" desenvolveu-se passo a passo, segundo a dinâmica das relações, em resultado de uma regularidade muito específica, que por sua vez decorria da estrutura de interesses e ações interligados. Mesmo nessa fase — como vimos pelo relatório do embaixador veneziano — o órgão central da sociedade assumia uma estabilidade e solidez até então desconhecidas porque seu governante, graças à monetarização da sociedade, não precisava mais pagar serviços desfazendo-se de suas propriedades, sem as quais a expansão, cedo ou tarde, se esgotaria, mas podia fazê-lo com somas de dinheiro produzido pela arrecadação regular da tributação. Finalmente, a peculiaridade da moeda isentava-o da necessidade, que derivava do antigo procedimento de recompensar as pessoas com terras, de pagar serviços com propriedades que seriam conservadas por toda a vida do beneficiário e por seus herdeiros. A moeda tornou possível premiar o serviço ou certo número de serviços com um único pagamento, um honorário ou salário. As consequências numerosas e de longo alcance dessa mudança não poderão ser analisadas aqui. O espanto do enviado veneziano é suficiente para mostrar que esse costume, hoje comum e aceito como natural, era visto por ele como algo novo. O relatório mostra por que só a monetarização da sociedade tornou possível a existência de órgãos centrais estáveis: os pagamentos monetários mantinham todos os contemplados numa permanente dependência da autoridade central. Só nesse momento é que as tendências centrífugas puderam ser definitivamente derrotadas.

E é também com base nesse contexto mais amplo que teremos que compreender o que vinha acontecendo com a nobreza da época. No período precedente, quando o resto da nobreza era mais forte, o rei exercera seu poder como suserano, dentro de certos limites, em favor da burguesia. A máquina de governo transformara-se, assim, no bastião da burguesia. Mas no momento em que, como resultado da integração monetária e centralização militar, os guerreiros, os donos de terras, a nobreza, declinavam mais e mais, o rei começou a voltar para o lado da nobreza o seu peso e as oportunidades que tinha a distribuir. Deu a uma fração dela a possibilidade de continuar a existir como estrato elevado, acima da burguesia. Gradualmente, após a última resistência infrutífera de elementos dos estados nas guerras religiosas e, mais tarde, na Fronda, os cargos da corte tornaram-se um privilégio e bastião da nobreza. Dessa maneira, os reis protegiam a preeminência da nobreza, distribuindo os favores e o dinheiro que controlavam de maneira a preservar o equilíbrio posto em risco pelo seu declínio. Mas, por essa via, a nobreza guerreira relativamente livre do passado transformou-se em nobreza em perpétua dependência e a serviço do suserano. Os cavaleiros tornaram-se cortesãos. E se somos perguntados que funções sociais esses cortesãos realmente exerciam, a resposta se encontra aqui. Estamos acostumados a nos referir à nobreza cortesã do *ancien régime* como uma classe "sem função". E, de fato, essa nobreza não tinha função em termos de divisão de trabalho e, portanto, nenhuma, segundo o entendimento das nações dos séculos XIX e XX. Mas a configuração das funções no *ancien régime* era diferente. E era determinada principalmente pelo fato de que o governante central continuava a ser, em grau considerável, o proprietário pessoal do monopólio de poder, e não havia ainda nenhuma divisão entre o governante central como indivíduo privado e como funcionário da sociedade. A nobreza de corte não exercia função direta na divisão de trabalho, mas tinha uma função para o rei. Era uma das fundações indispensáveis de seu governo. Permitia-lhe distanciar-se da burguesia, exatamente como a burguesia lhe permitia distanciar-se da nobreza. Na sociedade, ela era o contrapeso da burguesia. Essa, sem excluir algumas outras, era sua função mais importante para o rei. Sem a tensão entre nobreza e burguesia, sem essa acentuada diferença entre os estados, o rei perderia a maior parte de seu poder. A existência da aristocracia cortesã era realmente uma amostra de até onde fora o governo monopolista como propriedade pessoal do governante central, e até que ponto a renda do país podia ainda ser distribuída no interesse específico da função central. A possibilidade de uma espécie de distribuição planejada da renda nacional já surgira com a monopolização, mas, aqui, essa possibilidade de planejamento é usada para proteger estratos ou funções em decadência.

De tudo isso emerge uma clara imagem da estrutura da sociedade absolutista. A sociedade secular do *ancien régime* francês consistia, mais acentuadamente do que no século XIX, de dois setores: um setor agrário mais amplo e outro urbano burguês, menor, mas que ininterruptamente crescia em poder econômico. Em ambos havia um estrato inferior, no último os pobres urbanos, a massa dos jornaleiros e trabalhadores comuns, e, no primeiro, os camponeses. Em ambos havia ainda um estrato médio baixo, no último, os pequenos artesãos e, provavelmente, os funcionários de graduação mais baixa, e, no primeiro, a pequena fidalguia possuidora de algumas terras em cantos de província; e também em ambos um estrato médio superior, no último constituído de ricos mercadores, altos funcionários e mesmo, nas províncias, dos mais altos servidores judiciários e administrativos, e, no primeiro, a aristocracia mais abastada do interior e das províncias. Em ambos os setores, finalmente, existia um estrato principal, que se estendia pela corte, no último, a alta burocracia, a *noblesse de robe*; e a nobreza cortesã, a elite da *noblesse d'épée* no primeiro.* Em meio às tensões dentro desses setores e entre eles, complicadas pelas tensões e alianças de ambos com um clero estruturado em hierarquia semelhante, o rei, com todo o cuidado, mantinha o equilíbrio. Garantia os privilégios e prestígio social dos nobres contra o poder econômico crescente dos grupos burgueses. E usava parte do produto social de que dispunha em virtude do controle que exercia do monopólio financeiro, a fim de sustentar a mais alta nobreza. Quando, não muito antes da Revolução, depois de terem fracassado todas as tentativas de reforma, a exigência de abolição dos privilégios dos nobres subiu para o primeiro plano entre os lemas dos grupos burgueses de oposição, isso implicou a exigência de uma administração diferente do monopólio fiscal e da receita tributária. A abolição dos privilégios dos nobres significava, por um lado, o fim da isenção de impostos de que gozava a nobreza e, portanto, a redistribuição do ônus fiscal; e, por outro, a eliminação ou redução de numerosos cargos na corte, a aniquilação do que constituía — aos olhos da nova burguesia — uma nobreza inútil e sem função e, portanto, uma distribuição diferente da receita tributária, não mais no interesse do rei, mas da sociedade em geral, ou pelo menos, para começar, da alta burguesia.

---

* *Noblesse de robe*, nobreza de toga: os juízes, que geralmente descendiam de burgueses que haviam comprado cargos que conferiam a condição nobre. *Noblesse d'épée*, nobreza de espada: a que exerce funções militares, as mais conformes ao ideal aristocrático, e que, o mais das vezes, remonta até tempos mais antigos. (RJR)

Finalmente, contudo, a eliminação dos privilégios dos nobres significou a destruição da posição do suserano, como fiel da balança que mantinha os dois estados na ordem de precedência vigente. Os governantes do período subsequente equilibraram-se numa rede diferente de tensões. Eles e suas funções, por isso mesmo, mudaram de caráter. Só uma coisa permaneceu igual: mesmo nessa nova estrutura de tensões, o poder da autoridade central era relativamente limitado enquanto as tensões permaneciam relativamente baixas, quando um acordo direto era possível entre os representantes de polos opostos, e crescia nas fases em que as tensões aumentavam, quando nenhum dos grupos concorrentes conseguia alcançar supremacia decisiva.

parte II: sinopse

**SUGESTÕES PARA UMA TEORIA
DE PROCESSOS CIVILIZADORES**

I
Do Controle Social ao Autocontrole

O que tem a organização da sociedade sob a forma de "Estados", o que têm a monopolização e a centralização de impostos e da força física num vasto território, a ver com a "civilização"?

O estudioso do processo civilizador enfrenta um enorme emaranhado de problemas. Para mencionar alguns dos mais importantes, temos, em primeiro lugar, a questão mais geral. Vimos — e as citações no primeiro volume serviram para ilustrar este ponto com exemplos específicos — que o processo civilizador constitui uma mudança na conduta e sentimentos humanos rumo a uma direção muito específica. Mas, evidentemente, pessoas isoladas no passado não planejaram essa mudança, essa "civilização", pretendendo efetivá-la gradualmente através de medidas conscientes, "racionais", deliberadas. Claro que "civilização" não é, nem o é a racionalização, um produto da "ratio" humana ou o resultado de um planejamento calculado a longo prazo. Como seria concebível que a "racionalização" gradual pudesse fundamentar-se num comportamento e planejamento "racionais" que a ela preexistissem desde vários séculos? Podemos realmente imaginar que o processo civilizador tenha sido posto em movimento por pessoas dotadas de uma tal perspectiva a longo prazo, de um tal controle específico de todos os afetos de curto prazo, já que essa perspectiva a longo prazo e esse autodomínio pressupõem um longo processo civilizador?

Na verdade, nada na história indica que essa mudança tenha sido realizada "racionalmente", através de qualquer educação intencional de pessoas isoladas ou de grupos. A coisa aconteceu, de maneira geral, sem planejamento algum, mas nem por isso sem um tipo específico de ordem. Mostramos como o controle efetuado através de terceiras pessoas é convertido, de vários aspectos, em autocontrole, que as atividades humanas mais animalescas são progressivamente excluídas do palco da vida comunal e investidas de sentimentos de vergonha, que a regulação de toda a vida instintiva e afetiva por um firme autocontrole se torna cada vez mais estável, uniforme e generalizada. Isso tudo certamente não resulta de uma ideia central concebida há séculos por pessoas isoladas, e depois implantada em sucessivas gerações como a finalidade da ação e do estado desejados, até se concretizar por inteiro nos "séculos de progresso". Ainda assim, embora não fosse planejada e intencional, essa transformação não constitui uma mera sequência de mudanças caóticas e não estruturadas.

O que aqui se coloca no tocante ao processo civilizador nada mais é do que o problema geral da mudança histórica. Tomada como um todo, essa mudança não foi "racionalmente" planejada, mas tampouco se reduziu ao aparecimento e desaparecimento aleatórios de modelos desordenados. Como teria sido isso possível? Como pode acontecer que surjam no mundo humano formações sociais que nenhum ser isolado planejou e que, ainda assim, são tudo menos formações de nuvens, sem estabilidade ou estrutura?

O estudo precedente, em especial as partes dedicadas aos problemas da dinâmica social, tentou dar uma resposta a essas perguntas. E ela é muito simples: planos e ações, impulsos emocionais e racionais de pessoas isoladas constantemente se entrelaçam de modo amistoso ou hostil. *Esse tecido básico, resultante de muitos planos e ações isolados, pode dar origem a mudanças e modelos que nenhuma pessoa isolada planejou ou criou. Dessa interdependência de pessoas surge uma ordem* sui generis, *uma ordem mais irresistível e mais forte do que a vontade e a razão das pessoas isoladas que a compõem*[129]. É essa ordem de impulsos e anelos humanos entrelaçados, essa ordem social, que determina o curso da mudança histórica, e que subjaz ao processo civilizador.

Essa ordem nem é "racional" — se por "racional" entendemos que ela resultaria intencionalmente da deliberação e do propósito de pessoas isoladas —, nem "irracional" — se por "irracional" queremos dizer que tenha surgido de maneira incompreensível. Ela às vezes foi identificada com a ordem da "Natureza"; Hegel e alguns outros interpretaram-na como um tipo de "Espírito" supraindividual, e o conceito hegeliano de "astúcia da razão" mostra o quanto o filósofo se preocupava com o fato de que o planejamento e ações humanas dão origem a numerosas coisas que ninguém realmente pretendeu. Os hábitos mentais que tendem a nos prender a pares de opostos, como "racional" e "irracional" ou "espírito" e "natureza", aqui se mostram inadequados. Neste particular, também, a realidade não é construída exatamente como o aparato conceitual de um dado padrão gostaria que acreditássemos, quaisquer que tenham sido os serviços valiosos que em seu tempo nos tenha prestado como bússola a nos orientar em meio a um mundo desconhecido. *As regularidades imanentes às configurações sociais não são idênticas às regularidades da "mente", do raciocínio individual, nem às regularidades do que chamamos de "natureza", mesmo que, funcionalmente, todas essas diferentes dimensões da realidade estejam indissoluvelmente ligadas entre si.* Em si mesma, contudo, essa afirmação genérica sobre a autonomia relativa das configurações sociais pouco contribui para compreendê-las; permanece vazia e ambígua, a menos que a dinâmica concreta do entrelaçamento social seja diretamente ilustrada com referência a mudanças específicas e empiricamente demonstráveis. Esta foi precisamente uma das tarefas a que nos dedicamos na Parte Um deste volume. Tentamos nela demonstrar que tipo de interligação, de dependência mútua entre pessoas, põe em movimento, por exemplo, processos de feudalização. Mostramos que a compulsão de situações competitivas levou certo número de senhores feudais ao conflito, que o círculo de competidores foi lentamente reduzido, que tal fato levou ao monopólio de um deles, e finalmente — em combinação com outros mecanismos de integração, como os processos cada vez mais intensos de formação de capital e diferenciação funcional — culminou na formação do Estado absolutista. Toda essa reorganização dos relacionamentos humanos se fez acompanhar de correspondentes mudanças nas maneiras, na estrutura da personalidade do homem, cujo resultado provisório é nossa forma de conduta e de sentimentos "civilizados". A conexão entre essas mudanças específicas na estrutura das relações humanas e as modificações correspondentes na estrutura da personalidade tornará a ser discutida adiante. O estudo desses mecanismos de integração, porém, também é relevante, de modo mais geral, para a compreensão do processo civilizador. Só se percebermos a força irresistível com a qual uma estrutura social determinada, uma forma particular de entrelaçamento social, orienta-se, impelida por suas tensões, para uma mudança específica e, assim, para outras formas de entrelaçamento[130], é que poderemos compreender como essas mudanças surgem na mentalidade humana, na modelação do maleável aparato psicológico, como se pode observar repetidas vezes na história humana, desde os tempos mais remotos até o presente. E só então, por conseguinte, poderemos entender que a mudança psicológica que a civilização implica esteja sujeita a uma ordem e direção muito específicas, embora não tivessem estas sido planejadas por pessoas isoladas, nem produzidas por medidas "razoáveis", propositais. A civilização não é "razoável", nem "racional",[131] como também não é "irracional". É posta em movimento cegamente e mantida em movimento pela dinâmica autônoma de uma rede de relacionamentos, por mudanças específicas na maneira como as pessoas se veem obrigadas a conviver. Mas não é absolutamente impossível que possamos extrair dela alguma coisa mais "razoável", alguma coisa que funcione melhor em termos de nossas necessidades e objetivos. Porque é precisamente em combinação com o processo civilizador que a dinâmica cega dos homens, entremisturando-se em seus atos e objetivos, gradualmente leva a um campo de ação mais vasto para a intervenção planejada nas estruturas social e individual — intervenção esta baseada num conhecimento cada vez maior da dinâmica não planejada dessas estruturas.

Mas que mudanças específicas na maneira como as pessoas se prendem umas às outras lhes modelam a personalidade de uma maneira "civilizadora"? A resposta mais geral a essa pergunta, uma resposta baseada no que antes dissemos sobre as mudanças ocorridas na sociedade ocidental, é bastante simples. Do período mais remoto da história do Ocidente até os nossos dias, as funções sociais, sob pressão da competição, tornaram-se cada vez mais diferenciadas. Quanto mais diferenciadas elas se tornavam, mais crescia o número de funções e, assim, de pessoas das quais o indivíduo constantemente dependia em todas suas ações, desde as simples e comuns até as complexas e raras. À medida que mais pessoas sintonizavam sua conduta com a de outras, a teia de ações teria que se organizar de forma sempre mais rigorosa e precisa, a fim de que cada ação individual desempenhasse uma função social. O indivíduo era compelido a regular a conduta de maneira mais diferenciada, uniforme e estável. O fato de que isso não exija apenas uma regulação consciente já foi salientado. O fato seguinte foi característico das mudanças psicológicas ocorridas no curso da civilização: o controle mais complexo e estável da conduta passou a ser cada vez mais instilado no indivíduo desde seus primeiros anos, como uma espécie de automatismo, uma autocompulsão à qual ele não poderia resistir, mesmo que desejasse. A teia de ações tornou-se tão complexa e extensa, o esforço necessário para comportar-se "corretamente" dentro dela ficou tão grande que, além do autocontrole consciente do indivíduo, um cego aparelho automático de autocontrole foi firmemente estabelecido. Esse mecanismo visava a prevenir transgressões do comportamento socialmente aceitável mediante uma muralha de medos profundamente arraigados, mas, precisamente porque operava cegamente e pelo hábito, ele, com frequência, indiretamente produzia colisões com a realidade social. Mas fosse consciente ou inconscientemente, a direção dessa transformação da conduta, sob a forma de uma regulação crescentemente diferenciada de impulsos, era determinada pela direção do processo de diferenciação social, pela progressiva divisão de funções e pelo crescimento de cadeias de interdependência nas quais, direta ou indiretamente, cada impulso, cada ação do indivíduo tornavam-se integrados.

Uma maneira simples de descrever a diferença entre a integração do indivíduo em uma sociedade complexa e em outra menos complexa consiste em pensar em seus diferentes sistemas rodoviários. Estes, em certo sentido, constituem funções espaciais de uma integração social que, em sua totalidade, não se pode expressar simplesmente em conceitos derivados do *continuum* quadrimensional. Pensemos nas estradas interioranas de uma sociedade simples de guerreiros, com uma economia de troca, sem calçamento, expostas ao vento e à chuva. Com raras exceções, há pouco tráfego; o principal perigo é um ataque de soldados ou salteadores. Quando as pessoas olham em volta, para as árvores, morros ou a própria estrada, fazem isso principalmente porque precisam estar sempre preparadas para um ataque armado, e apenas secundariamente porque têm que evitar colisões. A vida nas estradas principais dessa sociedade exige uma prontidão constante para a luta, e dá livre rédea às emoções, em defesa da vida ou das posses contra o ataque físico. Já o tráfego nas ruas principais de uma grande cidade na sociedade complexa de nosso tempo exige uma modelação inteiramente diferente do mecanismo psicológico. Neste caso, é mínimo o perigo de ataque físico. Carros correm em todas as direções, e pedestres e ciclistas tentam costurar seu caminho através da *mêlée* de veículos; nos principais cruzamentos, guardas tentam dirigir o tráfego, com variável grau de sucesso. Esse controle externo, porém, baseia-se na suposição de que todos os indivíduos estão regulando seu comportamento com a maior exatidão, de acordo com as necessidades dessa rede.

O principal perigo que uma pessoa representa para a outra nessa agitação toda é o de perder o autocontrole. Uma regulação constante e altamente diferenciada do próprio comportamento é necessária para o indivíduo seguir seu caminho pelo tráfego. Se a tensão desse autocontrole constante torna-se grande demais para ele, isso é suficiente para colocar os demais em perigo mortal.

Trata-se, é claro, apenas de uma imagem. O tecido de cadeia de ações em que se inclui cada ato individual nessa complexa sociedade é muito mais complicado, e bem mais intricado o autocontrole ao qual ele está acostumado desde a infância, do que aparece neste exemplo. Mas este dá pelo menos uma ideia de como a grande pressão formativa sobre a constituição do homem "civilizado", seu autocontrole constante e diferenciado, vincula-se à crescente diferenciação e estabilização das funções sociais e à multiplicidade e variedade cada vez maiores de atividades que ininterruptamente têm que se sincronizar.

O modelo de autocontrole, o gabarito pelo qual são moldadas as paixões, certamente varia muito de acordo com a função e a posição do indivíduo nessa cadeia, e há mesmo hoje, em diferentes setores do mundo ocidental, variações de intensidade e estabilidade no aparelho de autocontrole que parecem, à primeira vista, muito grandes. Neste ponto, surge um bom número de perguntas específicas, e o método sociogenético pode nos dar acesso às suas respostas. Mas quando comparadas com a constituição psicológica de pessoas em sociedades menos complexas, essas diferenças e gradações presentes nas sociedades mais complexas tornam-se menos importantes, e a principal linha de transformação, que é o principal interesse deste estudo, emerge com nitidez: tornando-se o tecido social mais intricado, o aparato sociogênico de autocontrole individual torna-se também mais diferenciado, complexo e estável.

A diferenciação em marcha das funções sociais, porém, é apenas a primeira e mais geral dentre as transformações que observamos ao estudar a mudança na constituição psicológica conhecida como "civilização". Lado a lado com a divisão de funções em andamento, ocorre a total reorganização do tecido social. Mostramos antes em detalhe por que, quando a divisão de funções é baixa, os órgãos centrais de sociedades de certo tamanho são relativamente instáveis e propensos à desintegração. E mostramos também como, através de pressões específicas de configurações humanas, as tendências centrífugas, os mecanismos da feudalização lentamente vão sendo neutralizados e, passo a passo, uma organização central mais estável, uma monopolização mais firme da força física, são estabelecidos. A estabilidade peculiar do aparato de autocontrole mental que emerge como traço decisivo, embutido nos hábitos de todo ser humano "civilizado", mantém a relação mais estreita possível com a monopolização da força física e a crescente estabilidade dos órgãos centrais da sociedade. Só com a formação desse tipo relativamente estável de monopólios é que as sociedades adquirem realmente essas características, em decorrência das quais os indivíduos que as compõem sintonizam-se, desde a infância, com um padrão altamente regulado e diferenciado de autocontrole; só em combinação com tais monopólios é que esse tipo de autolimitação requer um grau mais elevado de automatismo, e se torna, por assim dizer, uma "segunda natureza".

Ao se formar um monopólio de força, criam-se espaços sociais pacificados, que normalmente estão livres de atos de violência. As pressões que atuam sobre as pessoas nesses espaços são diferentes das que existiam antes. Formas de violência não física que sempre existiram, mas que até então sempre estiveram misturadas ou fundidas com a força física, são agora separadas destas últimas. Persistem, mas de forma modificada, nas sociedades mais pacificadas. São mais visíveis, no que interessa ao pensamento padrão de nosso tempo, como tipos de violência econômica. Na realidade, contudo, há um conjunto inteiro de meios cuja monopolização permite ao homem, como grupo ou indivíduo, impor sua vontade aos demais. A monopolização dos meios de produção, dos meios "econômicos", é uma das poucas que se destacam quando os meios de violência física se tornam monopolizados, quando, em outras palavras, na sociedade mais pacificada do Estado, o livre uso da força física por aqueles que são fisicamente mais fortes deixa de ser permitido.

De modo geral, a direção em que o comportamento e a constituição afetiva das pessoas mudam, quando a estrutura dos relacionamentos humanos é transformada da maneira acima descrita, é a seguinte: as sociedades sem um monopólio estável da força são sempre aquelas em que a divisão de funções é relativamente pequena, e relativamente curtas as cadeias de ações que ligam os indivíduos entre si. Reciprocamente, as sociedades com monopólios mais estáveis da força, que sempre começam encarnadas numa grande corte de príncipes ou reis, são aquelas em que a divisão de funções está mais ou menos avançada, nas quais as cadeias de ações que ligam os indivíduos são mais longas e maior a dependência funcional entre as pessoas. Nelas o indivíduo é protegido principalmente contra ataques súbitos, contra a irrupção de violência física em sua vida. Mas, ao mesmo tempo, é forçado a reprimir em si mesmo qualquer impulso emocional para atacar fisicamente outra pessoa. As demais formas de compulsão que, nesse momento, prevalecem nos espaços sociais pacificados modelam na mesma direção a conduta e os impulsos afetivos do indivíduo. Quanto mais apertada se torna a teia de interdependência em que o indivíduo está emaranhado, com o aumento da divisão de funções, maiores são os espaços sociais por onde se estende essa rede, integrando-se em unidades funcionais ou institucionais — mais ameaçada se torna a existência social do indivíduo que dá expressão a impulsos e emoções espontâneas, e maior a vantagem social daqueles capazes de moderar suas paixões; mais fortemente é cada indivíduo controlado, desde a tenra idade, para levar em conta os efeitos de suas próprias ações ou de outras pessoas sobre uma série inteira de elos na cadeia social. A moderação das emoções espontâneas, o controle dos sentimentos, a ampliação do espaço mental além do momento presente, levando em conta o passado e o futuro, o hábito de ligar os fatos em cadeias de causa e efeito — todos estes são distintos aspectos da mesma transformação de conduta, que necessariamente ocorre com a monopolização da violência física e a extensão das cadeias da ação e interdependência social. Ocorre uma mudança "civilizadora" do comportamento.

A transformação da nobreza, de uma classe de cavaleiros em uma de cortesãos, constitui um exemplo disso. Na esfera anterior, na qual a violência era um fato inescapável e de ocorrência diária, e as cadeias de dependência do indivíduo tinham pequena extensão, até mesmo porque ele subsistia principalmente da produção de sua própria terra, a intensa e constante moderação das pulsões e afetos não era necessária, possível nem útil. A vida dos próprios guerreiros, mas também a de outros que viviam em uma sociedade que possuía uma classe superior guerreira, era contínua e diretamente ameaçada por atos de violência física. Comparada com a vida em zonas mais pacificadas, ela oscilava entre extremos: permitia ao guerreiro extraordinária liberdade para dar forma concreta a seus sentimentos e paixões, à alegria selvagem, a uma satisfação sem limites do prazer à custa das mulheres que desejasse, ou ao ódio na destruição ou tortura de todos os que lhe fossem hostis. Mas, ao mesmo tempo, ela ameaçava o guerreiro, se fosse derrotado, com um grau extraordinário de exposição à violência e às paixões dos demais, com uma subjugação total, com formas extremas de tormento físico que mais tarde, quando a tortura física, a prisão e a humilhação total do indivíduo se convertem em monopólio da autoridade, dificilmente se encontram na vida normal. Com tal monopolização, a ameaça física ao indivíduo lentamente se despersonaliza. Ela não depende mais tão diretamente de afetos momentâneos, gradualmente se submete a regras e leis cada vez mais rigorosas e, finalmente, dentro de certos limites e com certas flutuações, a ameaça física quando as leis são infringidas torna-se menos severa.

A maior espontaneidade das pulsões e o grau mais alto de ameaça física que se encontram em todas as situações em que ainda inexiste um monopólio central forte e estável são, conforme pôde ser visto, fenômenos complementares. Nessa estrutura social, o vitorioso tem maior possibilidade de dar livre rédea a suas pulsões e sentimentos, embora também seja maior a ameaça direta a um homem por parte dos sentimentos de outro, e mais presente a possibilidade de ilimitada subjugação e humilhação se um cair em poder de outro. Isso se aplicava não somente à relação entre um guerreiro e outro, para quem, no curso da monetarização e limitação da livre competição, um código de conduta moderando as paixões já estava sendo lentamente formado. Na sociedade em geral, o menor grau de restrição imposto aos senhores feudais configurava um contraste maior do que mais tarde, entre sua liberdade e a existência confinada de suas mulheres e a total exposição a seus caprichos a que estavam sujeitos naquela sociedade os dependentes, derrotados e servos.

À estrutura dessa sociedade, com sua polarização extrema, suas incertezas contínuas, corresponde a estrutura dos indivíduos que a formam e o modo como se comportam. Da mesma forma que nas relações inter-humanas o perigo surge mais bruscamente e a possibilidade de vitória ou liberação é mais repentina e incalculável, o indivíduo também se debate mais frequente e diretamente entre o prazer e a dor. A função social do guerreiro livre dificilmente é construída de modo que os perigos possam ser previstos com grande antecipação, que os efeitos de determinadas ações possam ser examinados três ou quatro passos à frente, embora a sua função estivesse tomando esse rumo à medida que, na Idade Média, se centralizavam os exércitos. Mas, por enquanto, era o presente imediato que fornecia o impulso. Mudando a situação do momento, mudava também a expressão dos sentimentos: se ela trazia prazer, este era saboreado sem ressalvas, sem cálculo ou reflexão sobre suas possíveis consequências no futuro. Se trazia perigo, prisão, derrota, estes também deviam ser suportados plenamente. A inquietação incurável, a proximidade eterna do perigo, toda a atmosfera dessa vida imprevisível e insegura, na qual havia no máximo pequenas e transitórias pausas de existência mais protegida, frequentemente geravam, mesmo sem causas externas, mudanças súbitas do prazer mais exuberante para a mais profunda desolação e remorso. A personalidade, se podemos dizer isso, estava incomparavelmente mais pronta e acostumada a saltar com intensidade sem limites de um extremo para o outro; as mais leves impressões, as associações de ideias incontroláveis, com frequência bastavam para induzir essas enormes oscilações.[132]

À medida que mudava a estrutura das relações humanas, as organizações monopolistas de força física se desenvolviam e o indivíduo se resguardava do impacto das rixas e guerras constantes e passava a sofrer as compulsões mais permanentes de funções pacíficas baseadas na aquisição de dinheiro ou prestígio, a manifestação de sentimentos também foi gravitando, aos poucos, para uma linha intermediária. As oscilações no comportamento e nos sentimentos não desapareceram, mas se abrandaram. Os picos e vales se tornaram menores, e menos abruptas as mudanças.

Podemos ver com mais clareza o que está mudando de que seu oposto. Graças à formação de monopólios de força, a ameaça que um homem representa para outro fica sujeita a controle mais rigoroso e tornou-se mais calculável. A vida diária torna-se mais livre de reviravoltas súbitas da sorte. A violência física é confinada aos quartéis, de onde irrompe apenas em casos extremos, em tempos de guerra ou sublevação, penetrando na vida do indivíduo. Como monopólio de certos grupos de especialistas, ela é habitualmente excluída da vida dos demais. Esses especialistas, que constituem toda a organização monopolista da força, agora montam guarda apenas à margem da vida social, na medida em que controlam a conduta do indivíduo.

Mesmo sob essa forma, como organização de controle, porém, a violência física e a ameaça que dela emana exercem uma influência decisiva sobre os indivíduos, saibam eles disso ou não. Não é mais, contudo, a insegurança perpétua que ela trazia à vida do indivíduo, mas uma forma peculiar de segurança. Não mais o lança nas fortunas mutáveis da batalha, como vencedor ou derrotado, em meio a terríveis explosões de prazer ou terror. Uma pressão contínua, uniforme, se exerce sobre a vida individual pela violência física armazenada por trás das cenas da vida diária, uma pressão muito conhecida e quase despercebida, tendo a conduta e as paixões se ajustado desde tenra mocidade a essa estrutura social. Na verdade, foi todo o molde social, o código de conduta, que mudaram e, de acordo com as mudanças, não apenas esta ou aquela forma específica de conduta, mas todo o padrão, toda a estrutura da maneira como indivíduos pautam sua vida. A organização monopolista da violência física geralmente não controla o indivíduo por ameaça direta. Uma compulsão ou pressão altamente previsíveis, exercidas de grande variedade de maneiras, são constantemente aplicadas sobre o indivíduo. Em grau considerável, elas operam tendo por meio as reflexões dele próprio. Essa compulsão, em geral, está presente apenas potencialmente na sociedade, como uma agência de controle. A compulsão real é a que o indivíduo exerce sobre si mesmo, seja como resultado do conhecimento das possíveis consequências de seus atos no jogo de atividades entrelaçadas, seja como resultado de gestos correspondentes de adultos que contribuíram para lhe modelar o comportamento em criança. A monopolização da violência física, a concentração de armas e homens armados sob uma única autoridade, torna mais ou menos calculável o seu emprego e força os homens desarmados, nos espaços sociais pacificados, a controlarem sua própria violência mediante precaução ou reflexão. Em outras palavras, isso impõe às pessoas um maior ou menor grau de autocontrole.

Não queremos com isso dizer que todas as formas de autocontrole estivessem inteiramente ausentes da sociedade guerreira medieval ou em outras que não dispunham de um monopólio complexo e estável de violência física. A agência do autocontrole individual, o superego, a consciência, ou o que quer que a chamemos, era instilada, imposta e mantida nessas sociedades guerreiras apenas em relação direta a atos de violência física, correspondendo sua forma a essa vida em seus maiores contrastes e transições mais abruptas. Comparada com a agência do autocontrole em sociedades mais pacificadas, ela era difusa, instável, uma mera barreira delgada a separar explosões emocionais de violência. Os medos que asseguravam a conduta socialmente "correta" não haviam sido ainda banidos, na mesma extensão, da consciência do indivíduo para sua chamada "vida interior". Uma vez que o perigo decisivo não provinha do fracasso ou relaxação do autocontrole, mas da direta ameaça física externa, o medo habitual assumia predominantemente a forma de medo de forças exteriores. E uma vez que esse medo era menos estável, o mecanismo de controle também era menos abrangente, mais unilateral ou parcial. Nessa sociedade, poderia ser instilado um autocontrole extremo para suportar a dor, mas ele seria complementado pelo que, medido por um padrão diferente, parece constituir uma forma de dar livre rédea às paixões na tortura de outras pessoas. Analogamente, em certos setores da sociedade medieval, encontramos formas extremas de misticismo, autodisciplina e renúncia, contrastando com uma entrega não menos extrema ao prazer em outras pessoas; com grande frequência, assistimos a mudanças súbitas de uma atitude para outra, na vida do mesmo indivíduo. A restrição que nesse caso o indivíduo impunha a si mesmo, a luta contra a própria carne, não era menos intensa e unilateral, nem menos radical e apaixonada, do que sua contrapartida, a luta contra os demais e o máximo desfrute de prazeres.

O que se estabelece com a monopolização da violência física nos espaços sociais pacificados é um diferente tipo de autocontrole ou autolimitação. Um autocontrole mais desapaixonado. A agência controladora que se forma como parte da estrutura da personalidade do indivíduo corresponde à agência controladora que se forma na sociedade em geral. A primeira, como a segunda, tende a impor uma regulação altamente diferenciada a todos os impulsos emocionais, à conduta do homem na sua totalidade. Ambas — cada uma delas mediada em grande parte pela outra — exercem pressão constante, uniforme, para inibir explosões emocionais. Abrandam as flutuações extremas no comportamento e nas emoções. Assim como a monopolização da força física reduz o medo e o pavor que um homem sente de outro, mas, ao mesmo tempo, limita a possibilidade de causar terror, medo ou tormento em outros e, portanto, certas possibilidades de descarga emocional agradável, o constante autocontrole ao qual o indivíduo agora está cada vez mais acostumado procura reduzir os contrastes e mudanças súbitas de conduta e a carga afetiva de toda autoexpressão. As pressões que atuam sobre o indivíduo tendem a produzir uma transformação de toda a economia das paixões e afetos rumo a uma regulação mais contínua, estável e uniforme dos mesmos, em todas as áreas de conduta, em todos os setores de sua vida.

E é exatamente na mesma direção que operam as compulsões desarmadas, as restrições sem violência física direta, às quais o indivíduo está exposto nos espaços pacificados, e das quais as limitações econômicas constituem um exemplo. Elas, também, são menos carregadas de emoções, mais moderadas, estáveis e menos erráticas do que as impostas por uma pessoa a outra na sociedade guerreira antes de surgir o monopólio. Elas, também, corporificadas em todo o espectro das funções abertas ao indivíduo na sociedade, induzem a uma incessante visão retroativa e prospectiva que transcende o momento e corresponde às cadeias mais longas e complexas em que cada ato se vê automaticamente incluído. Exigem que o indivíduo controle incessantemente seus impulsos emocionais momentâneos, tendo em vista os efeitos a longo prazo do comportamento. Em comparação com o outro padrão, instilam um autocontrole mais uniforme, envolvendo toda a conduta, como se fosse um anel apertado e uma regulação mais firme das paixões, de acordo com as normas sociais. Além disso, como sempre, não são apenas as funções adultas que produzem imediatamente esse abrandamento de paixões e sentimentos. Em parte automaticamente, e até certo ponto através da conduta e dos hábitos, os adultos induzem modelos de comportamento correspondentes nas crianças. Desde o começo da mocidade, o indivíduo é treinado no autocontrole e no espírito de previsão dos resultados de seus atos, de que precisará para desempenhar funções adultas. Esse autocontrole é instilado tão profundamente desde essa tenra idade que, como se fosse uma estação de retransmissão de padrões sociais, desenvolve-se nele uma autosupervisão automática de paixões, um "superego" mais diferenciado e estável, e uma parte dos impulsos emocionais e inclinações afetivas sai por completo do alcance direto do nível de consciência.

Anteriormente, na sociedade guerreira, o indivíduo podia empregar violência física, se fosse forte e poderoso o suficiente; podia satisfazer abertamente suas inclinações em muitas direções que, mais tarde, foram fechadas por proibições sociais. Mas pagava, por essa maior oportunidade de prazer direto, com uma possibilidade maior de medo direto e claro. As concepções medievais do inferno, aliás, dão-nos uma ideia de como era forte esse medo que um homem inspirava em outro. Alegria e dor eram liberadas mais aberta e livremente. Mas o indivíduo tornava-se sua presa, jogado de um lado para o outro tanto por seus sentimentos quanto pelas forças da natureza. Tinha menos controle de suas paixões. Era mais controlado por elas.

Mais tarde, quando as correias transmissoras que corriam por sua existência se tornaram mais longas e complexas, ele aprendeu a controlar-se firmemente e se tornou menos prisioneiro que antes de suas paixões. Mas como agora ele estava mais limitado pela dependência funcional das atividades de um número sempre maior de pessoas, tornou-se também mais restringido na conduta, nas possibilidades de satisfazer diretamente seus anseios e paixões. A vida torna-se menos perigosa, mas também menos emocional ou agradável, pelo menos no que diz respeito à satisfação direta do prazer. Para tudo o que faltava na vida diária um substituto foi criado nos sonhos, nos livros, na pintura. De modo que, evoluindo para se tornar cortesã, a nobreza leu novelas de cavalaria; os burgueses assistem em filmes à violência e à paixão erótica. Os choques físicos, as guerras e as rixas diminuíram e tudo o que as lembrava, até mesmo o trinchamento de animais mortos e o uso de faca à mesa, foi banido da vista ou pelo menos submetido a regras sociais cada vez mais exatas. Mas, ao mesmo tempo, o campo de batalha foi, em certo sentido, transportado para dentro do indivíduo. Parte das tensões e paixões que antes eram liberadas diretamente na luta de um homem com outro terá agora que ser elaborada no interior do ser humano. As limitações mais pacíficas a ele impostas por suas relações com outros homens espelham-se dentro dele; um padrão individualizado de hábitos semiautomáticos se estabeleceu e consolidou nele, um "superego" específico que se esforça por controlar, transformar ou suprimir-lhe as emoções de conformidade com a estrutura social. Mas os impulsos, os sentimentos apaixonados que não podem mais manifestar-se diretamente nas relações *entre* pessoas frequentemente lutam, não menos violentamente, *dentro* delas contra essa parte supervisora de si mesma. Essa luta semiautomática da pessoa consigo mesma nem sempre tem uma solução feliz, nem sempre a autotransformação requerida pela vida em sociedade leva a um novo equilíbrio entre satisfação e controle de emoções. Frequentemente, fica sujeita a grandes ou pequenas perturbações —, à revolta de uma parte da pessoa contra a outra, ou a uma atrofia permanente — que torna o desempenho das funções sociais ainda mais difícil, se não impossível. As oscilações verticais, os saltos do medo à alegria, do prazer ao remorso, se reduzem, ao mesmo tempo que a fissura horizontal que corre de lado a outro da pessoa, a tensão entre o "superego" e o "inconsciente" — os anelos e desejos que não podem ser lembrados — aumentam.

Neste particular, também, as características básicas desses padrões de entrelaçamento, se lhes estudamos não só as estruturas estáticas mas também a sociogênese, mostram-se relativamente simples. Através da interdependência de grupos maiores de pessoas e da exclusão da violência física em seus contatos, é estabelecido um mecanismo social, no qual as limitações entre elas são transformadas duradouramente em autolimitações. Essas autolimitações, que são função da visão retrospectiva e prospectiva instilada no indivíduo desde a infância, em conformidade com sua integração em extensas cadeias de ação, assumem em parte a forma de um autocontrole consciente e, em parte, a de um hábito automatizado. Tendem a uma moderação mais uniforme, a uma limitação mais contínua, a um controle mais exato das paixões e sentimentos, de acordo com o padrão mais diferenciado de entrelaçamento social. Mas, dependendo da pressão interna, das condições da sociedade e da posição que nela ocupe o indivíduo, essas limitações produzem também tensões e perturbações peculiares na economia da conduta e das paixões. Em alguns casos, levam a uma inquietação e insatisfação perpétuas, exatamente porque a pessoa afetada só pode satisfazer uma parte de suas inclinações e impulsos em forma modificada, como, por exemplo, na fantasia, na qualidade de espectadora ou ouvinte, nos devaneios ou nos sonhos. Às vezes, o indivíduo se habitua a tal ponto a inibir suas emoções (os sentimentos constantes de tédio ou solidão constituem bons exemplos disso) que não é mais capaz de qualquer forma de expressão sem medo das suas emoções modificadas, ou de satisfação direta de suas pulsões reprimidas. Ramos particulares dessas pulsões são como que anestesiados, nesses casos, pela estrutura específica do contexto social em que cresce a criança. Sob a pressão dos perigos que sua manifestação provoca no espaço social da criança, elas passam a se cercar de medos automatizados, a tal ponto que o indivíduo pode permanecer surdo e insensível a vida toda. Em outros casos, certos ramos dos impulsos podem ser desviados de tal modo por sérios conflitos que a natureza bruta, afetiva e apaixonada que o pequeno ser humano inevitavelmente encontra no seu caminho para se moldar como ser "civilizado", que suas energias só podem ter uma liberação indesejada, através de rodeios, em ações compulsivas e outros sintomas de perturbação. Em outros casos, também, essas energias são transformadas de tal maneira que fluem para apegos e repulsões excêntricos, em predileções por esta ou aquela fantasia peculiar. Em todos esses casos, uma permanente inquietação interior, que parece não ter fundamento, mostra quanta energia emocional é represada numa forma que não permite satisfação real.

Até esse momento, o processo civilizador individual, tal como o social, segue em geral cegamente o seu curso. Sob o disfarce do que os adultos pensam e planejam, as relações que se formam entre eles e os jovens criam funções e efeitos na personalidade destes últimos que eles não pretendem e a que mal conhecem. Não planejados, nesse sentido, surgem aqueles resultados da modelagem social de indivíduos aos quais habitualmente chamamos de "anormais". As anormalidades psicológicas que não decorrem da modelação social, mas são causadas por traços hereditários inalteráveis, não precisam ser consideradas aqui. Mas a constituição psicológica que se mantém dentro da norma social e é subjetivamente mais satisfatória ocorre de maneira igualmente não planejada. Do mesmo molde social emergem seres humanos mais ou menos bem-estruturados, tanto os "bem-ajustados" como os "desajustados", num espectro muito amplo de variedades. As ansiedades automaticamente reproduzidas que, no caso de cada processo civilizador individual e em conexão com os conflitos que formam parte integral desse processo, ligam-se a pulsões específicas e afetam seus impulsos, levam às vezes a uma paralisia permanente e total desses impulsos e, em outras ocasiões, apenas a uma regulação moderada, dando espaço suficiente para sua plena satisfação. Nas atuais condições, do ponto de vista do indivíduo interessado, um resultado ou outro é mais uma questão de boa ou má sorte do que de qualquer planejamento. Em qualquer dos casos, é a teia de relações sociais em que vive o indivíduo durante a fase mais impressionável, a infância e juventude, que se imprime em sua personalidade em formação, tendo sua contrapartida na relação entre suas instâncias controladoras, o superego e o ego, e os impulsos da libido. O equilíbrio resultante entre essas instâncias controladoras e as pulsões, em grande variedade de níveis, determina como a pessoa se orienta em suas relações com outras, em suma, determina aquilo que chamamos, segundo o gosto, de hábitos, complexos ou estrutura da personalidade. Não obstante, não há fim ao entrelaçamento, porque embora a autodeterminação da pessoa, maleável durante o início da infância, se solidifique e endureça à medida que cresce, ela nunca deixa inteiramente de ser afetada pelas relações mutáveis com outras durante toda a vida. A aprendizagem dos autocontroles, chame-se a eles de "razão", "consciência", "ego" ou "superego", e a consequente moderação dos impulsos e emoções mais animalescas, em suma, a civilização do ser humano jovem, jamais é um processo inteiramente indolor, e sempre deixa cicatrizes. Se a pessoa tem sorte — uma vez que ninguém, nem os pais, nem o médico, nem um conselheiro podem, no presente, dirigir esse processo na criança de acordo com um conhecimento claro do que é melhor para seu futuro, porque tudo é ainda na maior parte uma questão de sorte —, saram as feridas dos conflitos civilizadores incorridas na infância e as cicatrizes deixadas por eles não são muito profundas. Nos casos menos favoráveis, os conflitos inerentes ao processo de civilizar jovens seres humanos — conflitos com outros e conflitos dentro de si mesmos — permanecem sem solução ou, mais exatamente, embora sejam sepultados por algum tempo, retornam em situações que lembram as da infância. O sofrimento, transformado em forma adulta, volta repetidamente e os conflitos não solucionados da pessoa na infância nunca deixam de perturbar seus relacionamentos adultos. Dessa maneira, os conflitos interpessoais de princípios da juventude, que modelaram a estrutura da personalidade, continuam a perturbar ou mesmo a destruir os relacionamentos de adultos com outras pessoas. As tensões resultantes podem assumir a forma ou de contradições entre diferentes automatismos de autocontrole, traços enterrados de recordações de antigas dependências e necessidades, ou de conflitos recorrentes entre as instâncias controladoras e os impulsos da libido. Nos casos mais felizes, por outro lado, as contradições entre diferentes seções e camadas das agências controladoras, especialmente da estrutura do superego, vão sendo lentamente reconciliadas, controlando-se os conflitos mais disruptivos entre essa estrutura e os impulsos da libido. Eles não só desaparecem da consciência de vigília, mas são tão integralmente assimilados que, sem um custo pesado demais em satisfação subjetiva, não mais se intrometem involuntariamente em relacionamentos interpessoais posteriores. No primeiro caso, o autocontrole consciente e inconsciente permanece sempre difuso em certas situações, estando sensível à eclosão de formas socialmente improdutivas de energia pulsional; no outro, esse autocontrole que, mesmo hoje, nas fases juvenis, parece-se mais com uma confusão de banquisas que se superpõem do que com um liso e firme lençol de gelo, lentamente se torna mais unificado e estável, numa correspondência positiva com a estrutura da sociedade. Mas uma vez que essa estrutura, exatamente em nossa época, é altamente mutável, ela exige uma flexibilidade de hábitos e conduta que, na maior parte dos casos, tem que ser paga com a perda de estabilidade.

Teoricamente, por conseguinte, não é difícil dizer qual a diferença entre um processo civilizador individual considerado bem-sucedido e outro julgado malsucedido. No primeiro caso, depois de todas as dores e conflitos do processo, são finalmente estabelecidos um padrão de conduta bem-adaptado ao contexto das funções sociais adultas, um conjunto de hábitos de funcionamento satisfatório e simultaneamente — o que não é um resultado inevitável das duas primeiras condições — um balanço positivo de prazer. No segundo, ou o autocontrole socialmente necessário é repetidamente comprado a um alto custo de satisfação pessoal, por um grande esforço para superar energias opostas da libido, ou o controle dessas energias, a renúncia à sua satisfação, não se alcança em absoluto. Com grande frequência, nenhum balanço positivo de prazer, de qualquer tipo, é finalmente possível porque os comandos e proibições sociais são representados não só por outras pessoas, mas também pelo eu abalado, uma vez que uma parte proíbe e castiga o que a outra deseja.

Na realidade, o resultado do processo civilizador individual é claramente favorável ou desfavorável apenas em relativamente poucos casos, em cada extremidade da escala. A maioria das pessoas civilizadas vive um meio-termo entre os dois extremos. Aspectos socialmente positivos e negativos, tendências pessoalmente gratificantes e frustradoras, misturam-se nelas em proporções variáveis.

É muito difícil a modelação social de indivíduos de acordo com a estrutura do processo civilizador que hoje chamamos de Ocidente. A fim de ser razoavelmente bem-sucedida, ela requer, dada a estrutura da sociedade ocidental, uma diferenciação muito alta, uma regulação muito intensa e estável de paixões e sentimentos, de todas as pulsões humanas mais elementares. Por isso mesmo geralmente exige mais tempo, sobretudo nas classes média e alta, do que a modelagem social de indivíduos em sociedades menos complexas. A resistência à adaptação aos padrões que prevalecem na civilização, o esforço que essa adaptação, essa transformação profunda de toda a personalidade custa ao indivíduo, é sempre considerável. E só mais tarde, por conseguinte, do que em sociedades menos complexas é que o indivíduo no Mundo Ocidental adquire, com sua função social de adulto, a constituição psicológica do adulto, a emergência da qual assinala, via de regra, a conclusão do processo civilizador individual.

Mas, mesmo que nas sociedades mais diferenciadas do Ocidente a modelação do mecanismo de autodireção individual seja bastante extensa e intensa, processos que tendem na mesma direção, processos civilizadores sociais e individuais, certamente não ocorrem apenas nela. Eles são encontrados em todos os casos em que, sob o efeito de pressões competitivas, a divisão de funções torna grande número de pessoas dependentes umas das outras, em todos os casos em que a monopolização da força física permite e impõe uma cooperação menos carregada de emoção, em todos os casos em que se estabelecem funções que exigem constante visão retrospectiva e prospectiva na interpretação das ações e intenções de outras pessoas. O que determina a natureza e grau desses surtos civilizadores é sempre a extensão das interdependências, o nível da divisão de funções e a estrutura interna das próprias funções.

II

Difusão da Pressão pela Previdência e Autocontrole

O que empresta ao processo civilizador no Ocidente seu caráter especial e excepcional é o fato de que, aqui, a divisão de funções atingiu um nível, os monopólios da força e tributação uma solidez, e a interdependência e a competição uma extensão, tanto em termos de espaço físico quanto do número de pessoas envolvidas, que não tiveram iguais na história mundial.

Até então, redes extensas de moeda ou comércio, com monopólios razoavelmente estáveis de força física em seus centros, haviam se desenvolvido quase exclusivamente ao longo de vias navegáveis, isto é, acima de tudo nas margens de rios e costas de oceanos. As grandes áreas do interior permaneciam mais ou menos no nível da economia de troca, isto é, as pessoas continuavam na maior parte autárquicas e eram curtas suas cadeias de interdependência, mesmo quando algumas artérias de comércio cruzavam as áreas e existiam alguns grandes mercados. Tendo a sociedade ocidental como ponto de partida, desenvolveu-se uma teia de interdependência que não só abrange os oceanos em maior extensão do que em qualquer tempo no passado, mas se estende às terras aráveis mais distantes do interior remoto. Correspondendo a tudo isso, surgiram a necessidade de sincronização da conduta humana em territórios mais amplos e a de um espírito de previsão no tocante a cadeias mais longas de ações como jamais haviam existido. Ocorreu ainda o fortalecimento do autocontrole e a permanência das compulsões — a inibição de paixões e o controle de pulsões — impostas pela vida no centro dessas redes. Uma das características que tornam muito clara essa conexão entre o tamanho e a pressão interna à rede de interdependência, por um lado, e à constituição psicológica do indivíduo, por outro, é o que chamamos de "ritmo"[113] de nosso tempo. Esse "ritmo" nada mais é que uma manifestação do grande número de cadeias entrelaçadas de interdependência, abrangendo todas as funções sociais que os indivíduos têm que desempenhar, e da pressão competitiva que satura essa rede densamente povoada e que afeta, direta ou indiretamente, cada ato isolado da pessoa. Esse ritmo pode revelar-se, no caso do funcionário ou empresário, na profusão de seus encontros marcados e reuniões e, no do operário, na sincronização e duração exatas de cada um de seus movimentos. Em ambos os casos, o ritmo é uma expressão do enorme número de ações interdependentes, da extensão e densidade das cadeias compostas de ações individuais, e da intensidade das lutas que mantêm em movimento toda essa rede interdependente. Em ambos os casos, uma função situada na junção de tantas cadeias de ação exige uma alocação exata de tempo, acostuma as pessoas a subordinarem suas inclinações momentâneas às necessidades superiores da interdependência, treina-as para eliminarem todas as irregularidades do comportamento e conseguirem um permanente autocontrole. É esse o motivo por que, no indivíduo, vemos surgirem tantas revoltas contra o tempo social representado por seu próprio superego, e por que tantas pessoas entram em conflito consigo mesmas quando desejam ser pontuais. Com base no desenvolvimento de instrumentos de medição do tempo, e de consciência do tempo — e também da moeda e de outros instrumentos de integração social —, é possível observar, com grande precisão, como avança a divisão de funções, e com ela o autocontrole imposto ao indivíduo.

A razão por que, dentro dessa rede, padrões de controle das emoções variam em alguns aspectos, — por que, por exemplo, a sexualidade é cercada de restrições mais fortes em um país do que no outro, — é uma questão à parte. Mas como quer que essas diferenças possam surgir em casos especiais, a direção geral da mudança na conduta, a "tendência" do movimento da civilização é em toda a parte a mesma. Ela se orienta sempre para um autocontrole mais ou menos automatizado, para a subordinação de impulsos de curto prazo aos comandos de uma enraizada visão a longo prazo, para a formação de uma instância, o "superego", mais complexa e segura. E de maneira geral é também assim que essa necessidade de subordinar emoções momentâneas a objetivos mais distantes se difunde. Em toda a parte, na sociedade ocidental, pequenos grupos dirigentes são afetados primeiro e, depois, estratos cada vez mais amplos.

A diferença é muito grande se alguém vive num mundo que possui densos, extensos e fortes laços de dependência, como um mero objeto passivo dessas interdependências, sendo afetado por eventos distantes sem ser capaz de influenciá-los ou mesmo percebê-los — ou se tem uma função na sociedade que exige, para seu desempenho, um esforço permanente de previdência e um controle firme da conduta. Para começar, no desenvolvimento do Ocidente foram certas funções das classes alta e média que exigiram de seus responsáveis essa autodisciplina ativa e constante, voltada para interesses a longo prazo: funções de corte nos centros políticos de sociedades importantes, funções comerciais nos centros da rede de comércio de longa distância, que se encontravam sob a proteção de um monopólio de força razoavelmente estável. Mas constituiu uma das peculiaridades dos processos sociais no Ocidente que, com a ampliação da interdependência, a necessidade de pensamento a longo prazo e a sincronização ativa da conduta individual com alguma entidade mais vasta, remota no tempo e no espaço, tenham se difundido por segmentos cada vez maiores da sociedade. Até mesmo as funções e a situação social dos estratos sociais mais baixos foram tornando a um tempo possível e necessário um certo espírito de previsão e nessa mesma medida forçaram a moderar-se todas as inclinações que prometiam satisfação muito imediata ou a curto prazo. No passado, as funções dos estratos mais baixos de trabalhadores manuais geralmente eram incluídas na rede de interdependência apenas na medida em que seus membros sentissem o efeito de ações remotas e — se elas fossem desagradáveis — reagissem com inquietação e rebelião, com descargas emocionais de curto prazo. Mas suas funções não eram estruturadas de tal modo que, dentro de si mesmos, as limitações "estranhas" fossem constantemente convertidas em limitações do "ser". Suas tarefas diárias tornavam-nos pouco capazes de restringir desejos e emoções imediatos em troca de algo que não era tangível aqui e agora. E por isso mesmo essas explosões quase nunca tiveram sucesso duradouro.

Neste particular, certo número de nexos importantes se interligam. Em todas as grandes redes humanas há alguns setores mais importantes do que outros. As funções desses setores fundamentais, como, por exemplo, as funções coordenadoras mais altas, impõem um autocontrole mais regular e estrito não só por causa de sua posição central e do grande número de cadeias de ação que convergem para eles, mas porque, devido ao grande número de ações que dependem de seus responsáveis, revestem-se de grande poder social. O que dá ao desenvolvimento ocidental seu caráter especial é o fato de que a dependência recíproca de todos se tornou mais uniformemente equilibrada. Em grau sempre maior, o funcionamento complexo das sociedades do Ocidente, com sua elevada divisão do trabalho, depende de os estratos agrários e urbanos inferiores controlarem sua conduta, cada vez mais, à medida que captam melhor suas conexões a mais longo prazo e mais remotas. O mecanismo social altamente diferenciado torna-se tão complexo e, em alguns aspectos, tão vulnerável, que perturbações num só ponto das cadeias de interdependência, que articulam todas as posições sociais, inevitavelmente afetam muitas outras, desta maneira ameaçando todo o tecido social. Os grupos estabelecidos que competem entre si são, assim, compelidos a levar em consideração as exigências da grande massa de *outsiders*. Mas como dessa maneira as funções sociais e o poder das massas assumem maior importância, tais funções exigem e permitem maior espírito de previsão em seu desempenho. Geralmente sob uma forte pressão social, membros dos estratos mais baixos acostumam-se a controlar suas emoções momentâneas e a disciplinar sua conduta com base numa compreensão mais profunda da sociedade total e de sua posição nela. Por isso mesmo, seu comportamento é impelido cada vez mais na direção inicialmente limitada aos estratos superiores. Aumenta seu poder social em relação a este último, mas, simultaneamente, seus membros são treinados a assumir uma visão de longo prazo, pouco importando por quem ou de acordo com quais modelos tal treinamento se dê. Eles, também, são cada vez mais submetidos ao tipo de compulsões externas que se transformam em autocontrole individual; neles, também, aumenta a tensão horizontal entre a agência de controle do ser, o "superego", e as energias da libido que agora são transformadas, controladas ou reprimidas, com maior ou menor sucesso. Dessa maneira, as estruturas civilizadoras estão se expandindo constantemente na sociedade ocidental. As camadas superior e inferior tendem a tornar-se uma espécie de estrato superior, e o centro da rede de interdependências estende-se por mais e mais áreas, povoadas e não povoadas do resto do mundo. Só esta visão de um movimento abrangente, em progressiva expansão, não raro em arrancos e recuos fortes, de certas funções e padrões de conduta no rumo de um número crescente de grupos e regiões externos — só esta visão, repetimos, e a compreensão de que nós mesmos nos encontramos no meio desses altos e baixos do processo civilizador e suas crises, e não no seu fim, coloca na devida perspectiva o problema da "civilização". Se recuamos do presente para o passado, que padrões, que estrutura descobrimos nas sucessivas ondas desse movimento, se as olhamos não de nós para elas, mas delas para nós?

III

Diminuição dos Contrastes, Aumento da Variedade

O processo civilizador prossegue segundo uma longa sequência de arrancos e recuos fortes. Repetidamente, um estrato marginal em ascensão ou uma unidade de sobrevivência em crescimento como um todo, uma tribo ou nação-estado, assume as funções e características de um sistema em relação a outros estratos marginais ou unidades de sobrevivência que, por sua parte, pressionam a partir de baixo, de sua posição de marginais oprimidos, contra o sistema corrente. E mais uma vez, à medida que o grupamento de pessoas que subiu e se firmou é seguido por um grupamento ainda mais amplo e numeroso que tenta emancipar-se da opressão, descobrimos que este último, se bem-sucedido, é forçado a assumir a posição do opressor tradicional. Pode muito bem vir um tempo em que os antigos grupos oprimidos, libertados da opressão, não se tornem, por sua vez, opressores: mas isto ainda não está à vista.

Há, naturalmente, muitos problemas não resolvidos que são colocados por esta interpretação. No presente contexto, talvez seja suficiente chamar a atenção para o fato de que, de modo geral, os estratos inferiores, os grupos marginais e mais pobres, num dado estágio de desenvolvimento, tendem a seguir suas paixões e sentimentos de forma mais direta e espontânea, regulando-se sua conduta menos rigorosamente que a dos respectivos estratos superiores. As compulsões que operam nos estratos inferiores são predominantemente de natureza direta, física, — a ameaça de dor física ou a aniquilação pela espada, pobreza, ou fome. Esse tipo de pressão, contudo, não induz uma transformação estável das limitações, de limitações que vêm de fora através do outro, em limitações assumidas de dentro ou "autolimitações". O camponês medieval que passa sem carne porque é pobre demais, porque a carne é reservada para a mesa do senhor, isto é, que está exclusivamente sob uma limitação física, procurará satisfazer seu desejo de comer carne em todos os casos em que o puder sem correr um perigo externo, ao contrário dos fundadores de ordens religiosas dos estratos superiores, que se negam o prazer de comer carne em consideração pelo além e por um senso, que assumiram, de que isso é pecado. O indivíduo miserável que trabalha para outros sob ameaça constante de passar fome, ou que cumpre uma pena de prisão com trabalhos forçados, deixará de trabalhar tão logo cesse a ameaça da força externa, ao contrário do mercador rico que continua a trabalhar, embora tenha provavelmente mais do que o suficiente para viver no ócio. É compelido a fazê-lo não por simples necessidade, mas pressionado pela competição por poder e prestígio, porque sua profissão, seu *status* elevado, fornecem o significado e a justificação de sua vida. No seu caso, o constante autocontrole tornou o trabalho um hábito tão forte que o equilíbrio de sua personalidade estará ameaçado se deixar de trabalhar.

Constitui uma das peculiaridades da sociedade ocidental que, no curso de seu desenvolvimento, tenha-se reduzido muito esse contraste entre a situação e o código de conduta dos estratos mais altos e mais baixos. As características das classes baixas difundem-se por todas as outras. Temos um sintoma disso no fato de que a sociedade ocidental como um todo gradualmente se tornou uma sociedade em que se espera que todas as pessoas capazes ganhem a vida através de um tipo altamente regulado de trabalho. Antes, o trabalho era uma característica das classes mais baixas. E, ao mesmo tempo, o que costuma ser peculiar às classes superiores também se difunde pela sociedade como um todo. A conversão de restrições sociais impostas "de fora" em autorrestrições, numa autorregulação individual que se torna um hábito ou um automatismo no tocante às paixões e sentimentos — possivelmente apenas para pessoas normalmente protegidas da ameaça física, externa, da espada ou da fome — também está ocorrendo entre as grandes massas no Ocidente.

Vistas de perto, onde apenas um pequeno segmento desse movimento é perceptível, as diferenças na estrutura da personalidade social entre as classes altas e baixas no Mundo Ocidental de hoje podem parecer ainda consideráveis. Mas se for focalizada toda a amplidão do movimento ao longo dos séculos, podemos notar que estão diminuindo os grandes contrastes de comportamento entre os diferentes grupos sociais — assim como os contrastes e mudanças súbitas no comportamento do indivíduo. A modelação das pulsões e sentimentos, as formas de conduta, toda a constituição psicológica das classes baixas nas sociedades civilizadas, com sua crescente importância em toda a rede de funções, estão cada vez mais se aproximando das de outros grupos, começando pela classe média. Isso acontece mesmo que parte das autolimitações e tabus operantes nesta última, que surgem do anseio de "se distinguir", do desejo de maior prestígio, talvez falte inicialmente nas classes baixas, e mesmo que o tipo de dependência social que as caracteriza ainda não necessite, ou permita, o mesmo grau de controle de emoções e um espírito de previsão mais regular que nas classes altas do mesmo período.

Essa redução dos contrastes na sociedade e nos indivíduos, essa mistura peculiar de padrões de conduta que derivam de níveis sociais inicialmente muito diferentes, são altamente característicos da sociedade ocidental. E constitui uma das peculiaridades mais importantes do "processo civilizador". Esse movimento da sociedade e civilização, porém, certamente não segue uma linha reta. No movimento global observam-se repetidas vezes contramovimentos maiores ou menores, nos quais os contrastes na sociedade e a flutuações na conduta de indivíduos, suas explosões afetivas, tornam a aumentar.

O que acontece ante nossos olhos, o que costumamos chamar de "difusão da civilização" no sentido mais estreito, isto é, a disseminação de nossas instituições e padrões de conduta além do Ocidente, constitui a última onda, até agora, de um movimento que ocorre há vários séculos no Ocidente e cujas tendências e padrões característicos, incluindo a ciência, a tecnologia e outras manifestações de um tipo específico de autolimitação, estabeleceram-se aqui muito antes de existir o conceito de "civilização". A partir da sociedade ocidental — como se ela fosse uma espécie de classe alta — padrões de conduta ocidentais "civilizados" hoje estão se disseminando por vastas áreas fora do Ocidente, seja através do assentamento de ocidentais ou através da assimilação pelos estratos mais altos de outras nações, da mesma forma que modelos de conduta antes se espalharam no interior do próprio Ocidente a partir deste ou daquele estrato mais alto, de certos centros cortesãos ou comerciais. O curso assumido por toda essa expansão foi determinado apenas ligeiramente pelos planos ou desejos daqueles cujos padrões de conduta foram assimilados. As classes que forneceram os modelos não são, sequer hoje, criadores ou originadores absolutamente livres de tal expansão. Essa difusão dos mesmos padrões de conduta a partir de "mães-pátrias do homem branco" seguiu-se à incorporação de outros territórios à rede de interdependências políticas e econômicas, à esfera das lutas eliminatórias entre nações do Ocidente e dentro de cada uma delas. A "tecnologia" não é a causa dessa mudança de comportamento. O que chamamos de "tecnologia" é apenas *um* dos símbolos, uma das últimas manifestações desse constante espírito de previsão imposto pela formação de cadeias de ações e de competição cada vez mais longas. As formas "civilizadas" de conduta disseminaram-se por essas outras áreas em razão e na medida que nelas, através de sua incorporação à rede cujo centro ainda é o Ocidente, a estrutura de suas sociedades e de relacionamentos humanos também está mudando. A tecnologia e a educação são facetas do mesmo desenvolvimento total. Nas áreas por onde se expandiu o Ocidente, as funções sociais a que o indivíduo deve submeter-se estão mudando cada vez mais, de maneira a induzir os mesmos espírito de previsão e controle de emoções como no próprio Ocidente. Nesse caso, também, a transformação da existência social como um todo é a condição básica para civilizar-se a conduta. Por esse motivo, encontramos nas relações do Ocidente com outras partes do mundo os primórdios da redução de contrastes que é peculiar a todas as grandes ondas do movimento civilizador.

 Essa fusão repetida de padrões de conduta das classes funcionalmente superiores com os das classes em ascensão não deixa de ter certa importância, considerando-se a atitude curiosamente ambivalente das primeiras nesse processo. A habituação ao espírito de previsão e o controle mais rigoroso da conduta e das emoções, para os quais se inclinam as classes superiores por motivo de sua situação e funções, constituem importante instrumento de sua predominância, como no caso do colonialismo europeu, por exemplo. Servem como marcas de distinção e prestígio. Exatamente por esse motivo, tal sociedade considera como transgressão do modelo dominante de controle das paixões e sentimentos todo e qualquer "afrouxamento" de seus membros. A desaprovação acentua-se quando aumenta o poder social e o tamanho do grupo mais baixo, em ascensão, e assim torna-se mais intensa a competição pelas mesmas oportunidades entre os grupos superior e inferior. O esforço e o espírito de previsão necessários para manter a posição da classe superior manifestam-se nos contactos internos de seus membros entre si, no grau de supervisão recíproca que praticam, na estigmatização severa e nas penalidades que impõem aos seus membros que infringem o código comum que os distingue. O medo provocado pela situação de todo o grupo, pela sua luta para preservar a idolatrada e ameaçada posição, age diretamente como uma força para manter o código de conduta, o cultivo do superego em seus membros. Ela é convertida em ansiedade pessoal, no medo do indivíduo de degradar-se ou simplesmente perder prestígio na sociedade em que vive. E é esse medo de perda de prestígio aos olhos dos demais, instilado sob a forma de autocompulsão, seja na forma de vergonha seja no senso de honra, que garante a reprodução habitual da conduta característica, e como sua condição um rigoroso controle de pulsões em cada pessoa.

Mas embora, por um lado, essas classes superiores — e em alguns aspectos as nações ocidentais como um todo, na função de classe superior — fossem compelidas a manter, a todo custo, o seu controle das pulsões como uma marca de distinção, por outro lado a sua situação, juntamente com a estrutura do movimento geral em que se inscrevem, obriga-as no longo prazo a reduzir essas diferenças em padrões de comportamento. A expansão da civilização ocidental mostra com grande clareza tal tendência. Esta civilização, aliás, é a característica que confere distinção e superioridade aos ocidentais. Mas, ao mesmo tempo, os povos do Ocidente, sob pressão de suas próprias lutas competitivas, provocaram em vastas partes do mundo uma mudança nos relacionamentos e funções humanas, aproximando-os de seus próprios padrões. Tornaram grandes regiões do mundo dependentes e, ao mesmo tempo, segundo uma regularidade da diferenciação funcional que já foi repetidamente observada, tornaram-se também suas dependentes. Por um lado, construíram, através de instituições e mediante uma estrita regulação de seu próprio comportamento, um muro entre eles e os grupos que colonizaram e que consideravam inferiores. Por outro, com suas formas sociais, disseminaram por esses lugares seu próprio estilo de conduta e instituições. O mais das vezes sem uma intenção deliberada, trabalharam numa direção que, cedo ou tarde, levou à redução das diferenças de poder social e conduta entre colonizadores e colonizados. Mesmo em nossos dias, os contrastes visivelmente estão se tornando menores. De acordo com a forma de colonização e a posição da área na grande teia de funções diferenciadas, e também com a própria história e estrutura da região, estão começando a ocorrer processos de fusão em áreas específicas fora do Ocidente, semelhantes àqueles descritos antes no exemplo que demos sobre a conduta cortesã e burguesa em diferentes países do próprio Ocidente. Nas regiões coloniais, igualmente, tendo em vista a posição e força sociais dos vários grupos, os padrões ocidentais estão se disseminando para baixo e, ocasionalmente, mesmo para cima a partir de baixo, se podemos usar essa imagem espacial, e fundindo-se para formar novas entidades, diferentes, novas variedades de conduta civilizada. *Os contrastes em conduta entre os grupos superior e inferior são reduzidos com a disseminação da civilização, e aumentam as variedades, ou nuanças, da conduta civilizada.* Essa incorporação incipiente dos povos orientais e africanos aos padrões ocidentais representa a última onda do contínuo movimento civilizador que vimos observando. Mas, da mesma maneira que essa onda sobe, sinais de novas ondas formando-se na mesma direção já podem ser vistos, uma vez que, até agora, os grupos que se aproximam da classe alta ocidental nas áreas coloniais são constituídos, principalmente, das classes altas dessas nações.

Recuando um passo na história, podemos observar no próprio Ocidente um movimento semelhante: a adoção pelas classes inferiores urbana e agrária de padrões civilizados de conduta, a crescente habituação desses grupos à previsão do futuro, a uma limitação e controle mais estritos da manifestação de emoções e, também, a um grau mais alto de autocontrole individual. Neste caso, também, de acordo com a estrutura da história de cada país, variedades muito diferentes de controle das emoções emergem no contexto da conduta civilizada. Na Inglaterra, na conduta dos operários ainda podemos ver traços das maneiras da aristocracia fundiária e de mercadores em uma ampla teia de ofícios, assim como na França, os ares dos cortesãos e de uma burguesia elevada ao poder pela Revolução. Nos trabalhadores, igualmente, encontramos uma regulação mais estrita da conduta, um tipo de cortesia mais calcado na tradição das nações colonizadoras, que durante longo período exerceram a função de classe superior dentro de uma larga rede interdependente, e um controle menos refinado das emoções em nações que só tarde ou nunca conseguiram expandir-se colonialmente, isto porque os monopólios de força e tributação e a centralização do poder nacional — que constituem precondições para qualquer expansão colonial duradoura — só se desenvolveram mais tarde nelas do que em suas concorrentes.

Recuando ainda mais, encontramos nos séculos XVII, XVIII e XIX — mais cedo ou mais tarde, segundo a estrutura de cada nação — o mesmo padrão num círculo ainda menor: a interpenetração dos padrões de conduta da nobreza e da burguesia. De acordo com a relação de poder existente, o produto da interpenetração foi dominado inicialmente por modelos derivados da situação da classe superior, em seguida pelo padrão de conduta de classes mais baixas, e em ascensão, até que finalmente emergiu um amálgama, um novo estilo de caráter, excepcional. Neste particular, também, é visível na posição da classe superior o mesmo dualismo que pode ser observado hoje na vanguarda da "civilização". A nobreza de corte, a vanguarda da *"civilité"*, foi gradualmente compelida a exercer um rigoroso controle das emoções e uma precisa modelação de sua conduta, através de sua crescente integração na rede de interdependências, representada neste caso pela pinça formada pela monarquia e burguesia, na qual estava aprisionada a nobreza. Igualmente para a nobreza de corte, o autocontrole a ela imposto por sua função e situação serviu ao mesmo tempo como valor de prestígio, como meio de distinguir-se dos grupos inferiores que a fustigavam e ela tudo fez para impedir que essas diferenças fossem apagadas. Só o membro iniciado devia conhecer os segredos da boa conduta, só na boa sociedade podiam eles ser aprendidos. Baltasar Gracián escreveu deliberadamente seu tratado sobre "savoir-vivre", o famoso *Oráculo Manual*, em estilo obscuro, como certa vez explicou uma princesa da corte [134], para que esse conhecimento não pudesse ser comprado por todos ao preço de alguns tostões. Courtin tampouco esqueceu, na introdução de seu tratado sobre a *Civilité*, de frisar que seu trabalho fora realmente escrito para uso privado de alguns amigos e que, mesmo impresso, destinava-se apenas a pessoas de boa sociedade. Mas, mesmo nesse contexto, revela-se a ambivalência da situação. Devido à forma peculiar de interdependência em que vivia, a aristocracia de corte não podia impedir — através de seus contatos com o estrato burguês rico, do qual ela necessitava por uma razão ou outra — a difusão de suas maneiras, costumes, gostos e linguagem por outras classes. Inicialmente no século XVII, essas maneiras foram adotadas por pequenos grupos dirigentes da burguesia — a *Digressão sobre a Modelação da Fala na Corte* constitui um exemplo vívido[135] — e, em seguida, no século XVIII por estratos burgueses mais amplos. A massa de livros sobre a *civilité* publicados nessa época mostra claramente esse fato. Neste caso, também, a força da corrente de entrelaçamentos como um todo, as tensões e competição que a impelem para uma complexidade e diferenciação funcional ainda mais extensas, a dependência do indivíduo face a um número crescente de outros, a ascensão de classes sempre mais numerosas, revelaram-se mais fortes que a barricada que a nobreza tentou erigir em volta de si mesma.

O espírito de previsão, uma autodisciplina mais complexa, a formação mais estável do superego, fortalecida pela interdependência crescente, tornaram-se visíveis primeiro nos pequenos centros funcionais. Depois, mais e mais círculos funcionais no Ocidente se voltaram para a mesma direção. Finalmente, em combinação com formas preexistentes de civilização, a mesma transformação das funções sociais e, destarte, da conduta e de toda a personalidade, começou a ocorrer em países fora da Europa. Esse é o quadro que emerge se tentamos examinar globalmente o curso seguido até agora pelo movimento civilizador ocidental no espaço social.

IV

A Transformação de Guerreiros em Cortesãos

A sociedade de corte dos séculos XVII e XVIII e, acima de tudo a nobreza cortesã da França que lhe formava o núcleo, ocuparam uma posição específica nesse movimento pelo qual padrões de conduta foram se interpenetrando em círculos cada vez mais largos. Os cortesãos não criaram nem inventaram a moderação das emoções e a regulação mais uniforme da conduta. Eles, como todos os demais nesse movimento, curvavam-se a limitações impostas pela interdependência que não havia sido planejada por qualquer indivíduo isolado ou grupo de pessoas. Mas foi nessa sociedade de corte que se formou o elenco básico de modelos de conduta que, depois, fundidos com outros e modificados de acordo com a posição dos grupos que os adotavam, difundiu-se, junto com a compulsão a utilizar o espírito de previsão, por círculos de funções constantemente maiores. Uma situação especial transformou os membros da sociedade de corte, em grau mais alto do que qualquer outro grupo ocidental afetado por esse movimento, em especialistas na elaboração e modelação da conduta social. Isto porque, ao contrário dos grupos que sucederam aos cortesãos na posição de uma classe superior consolidada, eles tinham uma função, mas não uma profissão social.

Não só no processo civilizador ocidental, mas também em outros, como no da Ásia Oriental, a modelação que o comportamento recebe nas grandes cortes, nos centros administrativos dos monopólios decisivos de tributação e força física, reveste-se de igual importância. Foi nelas inicialmente, na sede ou capital do governante monopolista, que todos os fios de uma grande teia de interdependência se juntaram; nelas, nesse nexo social particular, cruzaram-se cadeias de ação mais longas do que em qualquer outro ponto da teia. Nem mesmo laços comerciais de longa distância, com os quais se entrelaçam aqui e ali centros urbanos comerciais, permanecem duradouros e estáveis a menos que sejam protegidos durante longo período de tempo por autoridades centrais fortes. Correspondentemente, a visão previdente a longo prazo, o controle rigoroso da conduta que esse órgão central exige de seus funcionários, do próprio príncipe ou de seus representantes e servidores, são maiores do que em qualquer outro lugar. A cerimônia e a etiqueta dão clara expressão a essa situação. Tantas coisas pressionam direta e indiretamente o suserano e seus auxiliares mais próximos de todo o domínio — cada um de seus passos, cada um de seus gestos, pode ser de tal momentosa e fundamental importância, exatamente porque os monopólios ainda possuem caráter fortemente privado e pessoal — que, sem essa sincronização exata, essas formas complexas de reserva e distância, o tenso equilíbrio da sociedade, sobre o qual repousa a operação pacífica da administração do monopólio, rapidamente cairiam na desordem. E, se nem sempre diretamente, então pelo menos através das pessoas do suserano e de seus ministros, todo movimento ou perturbação importantes que ocorram no domínio reagem sobre o grosso dos cortesãos e sobre toda a *entourage* mais próxima ou mais ampla do príncipe. Direta ou indiretamente, o entrelaçamento de todas as atividades, que todos na corte inevitavelmente enfrentam, obriga-os a manter vigilância constante e a submeter tudo o que dizem ou fazem a um detalhado exame.

A formação dos monopólios de tributação e força física, e das grandes cortes em volta dos mesmos, certamente não foi mais do que um de vários processos interdependentes, dos quais o processo civilizador constitui uma parte. Mas sem dúvida alguma aqui temos uma das chaves que nos faculta acesso às forças propulsoras desses processos. A grande corte real permanece durante certo período no centro da teia social que estabelece e mantém em movimento a civilização da conduta. Ao estudar a sociogênese da corte, encontramo-nos no centro de uma transformação civilizadora especialmente pronunciada e que é precondição indispensável para todos os subsequentes arrancos e recuos do processo civilizador. Vemos como, passo a passo, a nobreza belicosa é substituída por uma nobreza domada, com emoções abrandadas, uma nobreza de corte. Não só no processo civilizador ocidental, mas tanto quanto podemos compreender, em todos os grandes processos civilizadores, uma das transições mais decisivas é a de *guerreiros para cortesãos*. Dispensa dizer que há estágios e graus os mais diversos dessa transição, dessa pacificação interna da sociedade. No Ocidente, a transformação dos guerreiros iniciou-se e prosseguiu com grande lentidão no século XI ou XII até que, devagar, chegou à sua conclusão nos séculos XVII e XVIII.

A maneira como isso aconteceu já foi descrita em detalhes: em primeiro lugar, a grande paisagem, com seus muitos castelos e propriedades rurais; é baixo o grau de integração; a dependência cotidiana e, assim, os horizontes do grosso dos guerreiros, como acontece também com os camponeses, restringem-se ao distrito imediato onde residem:

> "O localismo predominava em toda a Europa nos princípios da Idade Média. No início dominava o localismo da tribo e da propriedade rural, transformando-se mais tarde nas unidades feudais e senhoriais sobre as quais repousou a sociedade medieval. Política e socialmente, essas unidades eram quase independentes; reduzia-se ao mínimo a troca de produtos e ideias."[136]

Em seguida, da profusão de castelos e propriedades em todas as regiões, surgiram Casas individuais, cujos governantes haviam galgado, em muitas batalhas e com o aumento de suas posses e poder militar, uma posição de predominância sobre outros guerreiros em uma área mais extensa. Suas residências transformaram-se, como resultado da maior confluência de bens que a elas chegavam, em lar de um maior número de pessoas, em "cortes", num novo sentido da palavra. As pessoas que lá iam ter em busca de oportunidades, incluindo sempre certo número de guerreiros pobres, não eram mais tão independentes como os guerreiros livres isolados em suas propriedades mais ou menos autossuficientes; todas elas passavam a tomar parte numa espécie de competição monopolisticamente controlada. Mas mesmo neste contexto, num círculo ainda pequeno em comparação com as futuras cortes absolutistas, a coexistência de certo número de pessoas cujas ações constantemente se entrelaçavam, compelia mesmo os guerreiros, que descobriam estar numa situação de interdependência mais forte, a observar algum grau de consideração e espírito de previsão, um controle mais rigoroso da conduta e — acima de tudo, no tocante à senhora da casa, de quem dependiam — um maior domínio das emoções, uma transformação na economia das pulsões. O código *courtois* de conduta dá uma ideia da regulação das maneiras e, a *Minnesang*[137], uma imagem do controle pulsional que se tornou necessário e normal nessas maiores ou menores cortes territoriais. Documentam ambos um primeiro arranco na direção que, finalmente, culminou na completa transformação da nobreza num corpo de cortesãos, e na definitiva "civilização" de sua conduta. A teia de interdependência em que entrava o guerreiro, porém, não era no início muito extensa e cerrada. Se tinha que adotar certa reserva na corte, havia ainda inumeráveis pessoas com as quais, e situações nas quais, não tinha que observar qualquer moderação. Podia escapar do senhor e da senhora de uma corte, na esperança de encontrar abrigo em outra. As estradas do interior abundavam em encontros, procurados ou não, que não exigiam grande controle dos impulsos. Na corte, na presença da senhora, tinha que se refrear de atos violentos e explosões emocionais, mas até mesmo o cavaleiro cortês era antes e acima de tudo um guerreiro, e sua vida constituía uma cadeia quase ininterrupta de guerras, rixas e violência. As limitações mais pacíficas do entrelaçamento social que tendiam a impor uma profunda transformação às pulsões não pesavam ainda de maneira constante e uniforme em sua vida: intrometiam-se nesta apenas ocasionalmente, e eram frequentemente repelidas por uma beligerância que não tolerava nem requeria o menor controle de emoções. O autocontrole que os cavaleiros corteses observavam na corte, portanto, era formado apenas de hábitos semiconscientes, muito diferentes do padrão característico quase automatizado de um estágio posterior. Os preceitos corteses visavam, no auge da sociedade cavaleirosa cortesã, tanto a adultos como a crianças: sua observância pelos adultos nunca era tão certa que se pudesse deixar de mencioná-los. Os impulsos opostos nunca desapareciam da consciência. A estrutura do autocontrole, especialmente o "superego", não era ainda muito forte ou uniformemente desenvolvida.

Além disso, continuava ainda ausente uma das principais forças propulsoras que mais tarde, na sociedade absolutista de corte, consolidou profundamente as maneiras polidas no indivíduo e refinou-as continuamente. A ascensão dos estratos urbanos burgueses em relação à nobreza era ainda relativamente modesta, como também, por isso mesmo, se mostrava a tensão competitiva entre os dois estados. Para sermos exatos, nas próprias cortes territoriais, os guerreiros e os citadinos competiam às vezes pelas mesmas oportunidades. Havia *Minnesänger* tanto nobres como burgueses. Neste aspecto, também, a corte *courtoise* revelava incipientemente as mesmas regularidades estruturais que mais tarde apareceriam, plenamente desenvolvidas, na corte absolutista: punha pessoas de origem nobre e burguesa em contacto constante. Mais tarde, porém, na era dos monopólios de governo plenamente desenvolvidos, a integração funcional de nobreza e burguesia e, por conseguinte, a possibilidade não só de contactos constantes mas também de tensões permanentes, já se encontrava muito desenvolvida, mesmo fora da corte. Os contactos entre burgueses e guerreiros, como os que ocorriam nas cortes corteses porém, ainda eram relativamente raros. De modo geral, o entrelaçamento de dependências entre burguesia e nobreza ainda era superficial em comparação com o período posterior. As cidades e os senhores feudais na vizinhança imediata ou mais distante ainda se opunham uns aos outros, como unidades políticas e sociais distintas. O quão pouco se desenvolvera a divisão de funções e o quanto era grande a independência relativa dos diferentes estados são claramente demonstrados pelo fato de que a difusão de costumes e de ideias de cidade a cidade, de corte a corte, de mosteiro a mosteiro, — isto é, os relacionamentos dentro do mesmo estrato social —, eram, mesmo em longas distâncias, mais efetivos do que os contactos entre castelo e cidades na mesma região[138]. Era essa a estrutura social que — para servir de contraste — temos que conservar em mente a fim de compreender a estrutura e os processos sociais distintos nos quais, gradualmente, emergiu uma crescente "civilização" da maneira como o indivíduo orientava sua vida.

Neste contexto, como aliás em todas as sociedades que possuem economia de escambo, as trocas e, portanto, a dependência mútua e a integração entre as diferentes classes ainda eram pequenas em comparação com as fases seguintes. O estilo de vida da sociedade como um todo, por conseguinte, era menos uniforme. Poder militar e propriedade mantinham vínculos muito mais íntimos, e estavam diretamente aparentados. Por isso mesmo, o camponês desarmado vivia numa situação abjeta. Estava à mercê do senhor armado num grau que ninguém sentiu no cotidiano das fases posteriores, quando já se haviam desenvolvido os monopólios público ou estatal de força. O suserano e senhor feudal, por outro lado, dependiam funcionalmente tão pouco de seus inferiores (embora, claro, não fossem independentes deles) que, graças à ameaça física irresistível que normalmente emanava de sua pessoa, não conheciam limites no que lhes podiam infligir, isto num grau que superava de longe o excedente relativo de poder de qualquer classe superior em relação às inferiores em estágios posteriores do desenvolvimento social. O mesmo acontecia no tocante ao padrão de vida: o contraste entre as classes altas e baixas dessa sociedade era extremamente grande, em especial na fase em que um número decrescente de senhores muito poderosos e ricos emergia da massa de guerreiros. Encontramos hoje contrastes semelhantes em áreas em que a estrutura social se aproxima mais da que havia na sociedade medieval do Ocidente do que na do Ocidente hoje, como, por exemplo, no Peru ou na Arábia Saudita. Membros de uma pequena elite auferiam uma renda imensa, da qual uma parte maior do que acontece hoje com as altas rendas no Ocidente era usada para consumo pessoal de seu dono, no luxo de sua "vida privada", em festas e outros prazeres. Os membros da classe mais baixa, os camponeses, em contraste, viviam miseravelmente, sob a constante ameaça das más colheitas e da fome. Mesmo em circunstâncias normais, o produto de seu trabalho mal dava para lhes garantir a subsistência, e o padrão de vida que tinham era muito mais baixo do que o de qualquer classe nas sociedades "civilizadas". Só quando esses contrastes foram reduzidos, quando, sob o efeito da pressão competitiva que afetava de cima a baixo essa sociedade, a divisão de funções e a interdependência em vastos territórios aumentou gradualmente, quando a dependência funcional das classes superiores cresceu, enquanto subia o poder social e os padrões de vida das classes inferiores, só então identificamos o espírito de previsão e o autocontrole nas classes superiores, o contínuo movimento ascendente das inferiores e todas as demais mudanças que podemos observar em todos os arrancos civilizadores que abrangem estratos mais amplos.

Para começar — no ponto de partida desse movimento, por assim dizer — guerreiros viviam sua vida, e os burgueses e camponeses a sua. Mesmo havendo proximidade espacial, era profundo o abismo entre os estados: costumes, gestos, vestuários e divertimentos eram diferentes, mesmo que não estivessem de todo ausentes influências mútuas. Em todos os lados o contraste social — ou, como num mundo mais uniforme se prefere dizer, a variedade de vida — era mais acentuado. A classe alta, a nobreza, ainda não sentia qualquer pressão social apreciável vinda de baixo; os próprios burgueses quase nunca lhe contestavam a função e o prestígio. Ela não precisava ainda manter-se alerta para conservar sua posição como classe superior. Tinha suas terras e sua espada: o perigo principal para cada guerreiro era outro guerreiro. Assim, era menor o controle mútuo que os nobres impunham à própria conduta como meio de distinção de classe, de modo que, também desse lado, o cavaleiro individual estava sujeito a um grau menor de autocontrole. Ocupava sua posição social com muito mais segurança e naturalidade que o nobre de corte. Não precisava banir da vida a grosseria e a vulgaridade. A preocupação com as classes baixas nunca o perturbava. Não sofria permanentemente de ansiedade e, portanto, não havia na vida da classe superior nada que lembrasse as classes mais baixas, como aconteceu mais tarde. Nenhuma repugnância ou embaraço lhe despertava a vista das classes mais baixas e seu comportamento, exceto um sentimento de *desprezo*, que era expresso abertamente, sem qualquer ressalva, sem inibições e que não tinha que ser sublimado. As *Cenas da Vida de um Cavaleiro*, mencionadas antes neste estudo[139], transmitem-nos alguma ideia dessa atitude, embora a documentação seja de um período posterior, já cortesão, da vida cavaleirosa.

Já descrevemos em detalhe e de vários ângulos como os guerreiros foram atraídos, passo a passo, para uma interdependência cada vez mais acentuada relativamente a outras classes e grupos, como um número crescente dentre eles caiu na dependência funcional e, finalmente, institucional de outrem. Foram processos que se desenvolveram na mesma direção durante séculos: a perda da autossuficiência militar e econômica por todos os guerreiros e a conversão de parte deles em cortesãos.

Podemos identificar o funcionamento dessas forças de integração em data tão remota como os séculos XI e XII, quando domínios territoriais foram consolidados e certo número de indivíduos, especialmente cavaleiros menos beneficiados, se viram obrigados a procurar cortes mais ou menos importantes à procura de serviço.

Lentamente, as poucas grandes cortes da feudalidade principesca se destacaram sobre as demais, e só os membros de Casas Reais se viram em condições de competir livremente entre si. E acima de todas, a mais rica e brilhante corte desse período de príncipes feudais concorrentes, a de Borgonha, dá uma ideia de como progredia, lentamente, a transformação de guerreiros em cortesãos.

Finalmente, no século XV e, principalmente, no século XVI, acelerou-se o movimento subjacente a essa transformação, — a diferenciação de funções, a crescente interdependência e a integração de áreas e classes cada vez maiores. Esses fatos se notam com especial clareza na evolução de um instrumento social cujo emprego e mudanças indicam com máxima exatidão o grau da divisão de funções, bem como a extensão e natureza de interdependência social: o avanço da moeda. O volume de moeda cresceu mais rapidamente e, na mesma medida, caiu seu valor, ou poder aquisitivo. Esse movimento, também, isto é, a desvalorização do metal cunhado, começou, tal como a transformação de guerreiros em cortesãos, logo no início da Idade Média. A novidade na transição dos tempos medievais para os modernos não foi a monetarização, a queda do poder aquisitivo do metal cunhado como tal, mas o ritmo e extensão do movimento. Como tão frequentemente acontece, o que de início parecia ser uma mudança meramente quantitativa, visto mais de perto revelou-se uma manifestação de mudanças qualitativas, de transformações na estrutura das relações humanas na sociedade.

Certamente, a aceleração da desvalorização da moeda não foi causa das mudanças sociais que se foram manifestando nessa época, mas fazia parte de um processo mais amplo, era uma alavanca num sistema mais complexo de tendências entrelaçadas. Sob pressão das lutas competitivas de um estágio e estrutura especiais, aumentou nessa época a procura de moeda. A fim de satisfazê-la, novos meios foram buscados e achados. Mas, conforme observamos antes[140], esse movimento teve significação muito diferente para os diferentes setores da sociedade, o que mostrava precisamente como se tornara forte a interdependência funcional dos diferentes estratos sociais. O movimento favoreceu os grupos cujas funções lhes permitiam compensar o poder aquisitivo declinante da moeda adquirindo mais moeda, isto é, acima de tudo, os grupos burgueses e o controlador do monopólio fiscal, o rei. Em desvantagem ficaram os grupos de guerreiros ou nobres cuja renda permaneceu nominalmente a mesma, mas que caiu em poder aquisitivo com a desvalorização, que se acelerava, da moeda. A força desse movimento, nos séculos XVI e XVII, atraiu cada vez mais guerreiros para a corte, tornando-os dependentes diretos do rei, enquanto, reciprocamente, a receita fiscal do soberano crescia a tal ponto que ele podia manter na corte um número sempre maior de pessoas.

Se contemplamos o passado como se fosse uma espécie de álbum ilustrado, se nosso olhar se dirige principalmente para as mudanças de "estilos", podemos facilmente imaginar que, de tempos em tempos, os gostos e a mente das pessoas mudassem bruscamente, como que por efeito de uma mutação interior: num momento temos "personalidades góticas", noutro "homens da Renascença" e, depois, "tipos barrocos". Mas, se tentarmos conceber a estrutura de toda a rede de relacionamentos na qual cada pessoa de uma certa época estava emaranhada, se procurarmos seguir as mudanças nas instituições sob as quais viviam, ou as funções das quais dependia sua vida social, nossa impressão de que, em algum momento, a mesma mutação repentina e inexplicável tenha ocorrido em muitas mentes separadas, vai perdendo substância. Todas essas mudanças ocorreram com grande lentidão, num período de tempo considerável e, em boa parte, sem serem ouvidas por aqueles capazes de perceber apenas os grandes eventos que ressoam por toda a parte. As explosões graças às quais a existência e atitudes de pessoas isoladas mudaram bruscamente e puderam, por isso mesmo, ser percebidas com clareza, nada mais foram do que determinados eventos ao longo de mudanças sociais bastante lentas e, com frequência, quase imperceptíveis, cujos efeitos são compreendidos apenas comparando-se diferentes gerações, colocando-se lado a lado os destinos sociais de pais, filhos e netos. Tal foi o caso da transformação de guerreiros em cortesãos, da mudança pela qual uma classe superior de cavaleiros livres foi substituída por outra de cortesãos. Mesmo nas últimas fases desse processo, inúmeros indivíduos poderiam ainda projetar a realização de sua existência, de seus desejos, sentimentos e talentos, na vida do cavaleiro livre; mas já se torna impossível pôr em prática esses talentos e sentimentos, devido à gradual transformação dos relacionamentos humanos: as funções que lhes davam campo de ação estavam desaparecendo do tecido da sociedade. E, finalmente, o caso não diferia na própria corte absolutista. Ela, também, não foi concebida e criada subitamente, em algum momento, por indivíduos, mas formada aos poucos, tendo por base uma transformação específica das relações de poder social. Todos os indivíduos foram tangidos, por uma dependência específica de outros, para essa forma particular de relacionamento. Através de sua interdependência mútua, eles se prendiam uns aos outros na corte; esta não só foi gerada por esse entrelaçamento de dependências, como criou uma forma de relacionamentos humanos que sobrevivia aos indivíduos, como uma instituição de profundas raízes, enquanto esse tipo particular de dependência mútua era continuamente renovado, com base numa estrutura específica da sociedade em geral. Da mesma maneira que, por exemplo, a instituição social de uma fábrica é incompreensível a menos que tentemos explicar por que toda a estrutura social continuamente gera fábricas, por que nelas as pessoas são obrigadas a prestar serviços como empregados ou operários a um empregador, e por que o empregador, por seu lado, depende desses serviços, a instituição social da corte absolutista é igualmente incompreensível, a menos que conheçamos a fórmula das necessidades, a natureza e grau da dependência mútua, através das quais pessoas de diferentes tipos eram colocadas juntas dessa maneira. Só assim a corte aparece diante de nossos olhos como realmente era; só assim ela perde o aspecto de um agrupamento fortuita ou arbitrariamente criado, sobre o qual não é possível nem necessário perguntar as razões para sua existência; só assim ela assume significado como uma teia de relacionamentos humanos que, durante um período, reproduziu-se continuamente dessa maneira porque oferecia a muitas pessoas isoladas a oportunidade de satisfazer certas necessidades reiteradamente geradas pela sociedade em que viviam.

A constelação de necessidades com as quais a "corte" se reproduziu constantemente como instituição ao longo de gerações foi descrita acima: a nobreza, ou pelo menos partes dela, precisava do rei porque, com a monopolização em andamento, a função de guerreiro livre estava desaparecendo da sociedade; e porque, com a crescente integração monetária, a produção de suas propriedades — comparada com os padrões da burguesia em ascensão — não lhes permitia mais do que uma vida medíocre e, muitas vezes, nem mesmo isso, e certamente não uma existência social que pudesse manter o prestígio da nobreza como classe superior contra a força sempre maior da burguesia. Sob essa pressão, ingressou na corte uma parte da nobreza — quem quer que pudesse ter a esperança de encontrar um lugar perto do príncipe —, caindo, portanto, na dependência direta do rei. Só a vida na corte abria a cada nobre o acesso às oportunidades econômicas e ao prestígio que poderiam justificar suas reivindicações a uma existência provadamente de classe superior. Tivessem os nobres estado exclusiva ou mesmo principalmente interessados em oportunidades econômicas, não precisariam ingressar na corte. Muitos deles poderiam adquirir riqueza com mais sucesso através de atividade comercial — ou de um casamento rico. Mas, para obterem riqueza pelo comércio, eles teriam que renunciar à sua categoria de nobres, degradando-se a seus próprios olhos e aos dos outros nobres. Era justamente essa distância da burguesia, o seu caráter como nobres, a sua qualidade de membros da classe superior do país, que davam significado e direção às suas vidas. O desejo de preservar o prestígio da classe, de se "distinguirem", motivava-lhes muito mais as ações do que o desejo de acumular fortuna. Não basta dizer, por conseguinte, que eles permaneceram na corte porque dependiam do rei: acrescente-se que permaneceram dependentes do rei porque só a vida na sociedade cortesã poderia manter a distância a que se sentiam dos demais e o prestígio, dos quais dependiam sua salvação, sua existência como membros da classe superior, o sistema, ou a "sociedade" do país. Sem dúvida alguma, pelo menos uma parte da nobreza de corte não poderia ter vivido na corte, se esta não oferecesse também muitos tipos de oportunidades econômicas. Mas o que os cortesãos buscavam não eram possibilidades econômicas como tais — que podiam ser obtidas em outras esferas —, mas possibilidades de existência que fossem compatíveis com a manutenção do prestígio que os distinguia, com seu caráter de membros de uma nobreza. Essa dupla vinculação através da necessidade de dinheiro e prestígio, constitui em graus variáveis, uma característica de todas as classes superiores, não apenas dos ungidos pela "civilité" mas também pela "civilização". A compulsão que a filiação a uma classe superior e o desejo de conservá-la exercem sobre o indivíduo não era menos forte e formativa do que aquela que nasce da simples necessidade de subsistência econômica. Motivos de ambos os tipos entreteciam-se como uma dupla e invisível cadeia em torno dos indivíduos membros dessas classes, e o primeiro laço, o anseio por prestígio e o medo de sua perda, a luta contra a obliteração da distinção, não se pode explicar apenas pelo segundo, como um desejo disfarçado de mais dinheiro e vantagens econômicas, da mesma forma que jamais será encontrado sob uma forma duradoura em classes ou famílias que vivam sob uma forte pressão externa, nas fronteiras da fome e da miséria. O desejo compulsivo de prestígio social somente se encontra, como motivo principal da ação, entre membros de classes cuja renda, em circunstâncias normais, é substancial e talvez esteja mesmo crescendo e que, de qualquer maneira, vivam bem acima do patamar da fome. Nessas classes, o impulso para empenhar-se nas atividades econômicas não é mais a mera necessidade de matar a fome, mas o desejo de preservar um certo padrão de vida e de prestígio elevado e socialmente esperado. Isso explica por que, nessas classes superiores, o controle de emoções e a autodisciplina costumavam ser mais altamente desenvolvidos do que nas classes mais baixas: o medo da perda ou redução do prestígio social constituía uma da mais poderosas forças motrizes para transformar as limitações impostas pelos outros em autolimitação. Neste particular, também, como em muitos outros casos, as características de classe superior da "boa sociedade" estavam muito desenvolvidas na aristocracia cortesã dos séculos XVII e XVIII exatamente porque, nesse contexto, o dinheiro era indispensável e, a riqueza, desejável como um meio de vida, mas seguramente não constituía, ao contrário do mundo burguês, também o fundamento do prestígio. A filiação à sociedade de corte significava para os que a ela pertenciam mais do que riqueza; exatamente por essa razão, eles estavam tão completa e inescapavelmente ligados à corte, e era tão forte a pressão da vida cortesã que lhes modelava a conduta. Não havia outro lugar onde pudessem viver sem perda de *status*; era por isso que dependiam tanto do rei.

O rei, por sua vez, dependia da aristocracia por um bom número de razões. Para seu próprio convívio, precisava de uma sociedade cujas maneiras fossem as suas. O fato de que as pessoas que o serviam à mesa, quando ia dormir ou quando caçava, pertencessem à mais alta nobreza da terra servia à sua necessidade de distinguir-se de todos os outros grupos do país. Mas, acima de tudo, precisava da nobreza como contrapeso para a burguesia, da mesma maneira que necessitava da burguesia como contrapeso da nobreza, para que sua capacidade de manipular os principais monopólios não fosse reduzida. E eram as regularidades inerentes ao "mecanismo real" que colocavam o governante absolutista na dependência da nobreza. Manter a nobreza com classe distinta e, assim, preservar o equilíbrio e a tensão entre nobreza e burguesia e não permitir que nenhum estado se tornasse forte ou fraco demais, tais eram os aspectos fundamentais da política real.

A nobreza — e a burguesia, também — não dependia apenas do rei, mas o rei dependia da existência da nobreza. Mas, sem dúvida nenhuma, a dependência do indivíduo nobre face ao rei era incomparavelmente maior do que a do rei face a qualquer um deles, e esse fato era claramente destacado no relacionamento mantido, na corte, entre o rei e a nobreza.

O rei não era apenas o opressor da nobreza, como uma fração da nobreza de corte pensava, nem apenas seu preservador, como acreditavam grandes segmentos da burguesia, — era ambas as coisas. E a corte, por isso mesmo, também era ambas as coisas: uma instituição para domar e preservar a nobreza. "Se um nobre", escreveu La Bruyère numa passagem sobre a corte, "vive em casa na província, ele é livre, mas sem segurança; se vive na Corte, é protegido, mas escravo." Em muitos aspectos, essa relação lembra a que existe entre um pequeno empresário independente e um alto funcionário de uma poderosa firma familiar. Na corte, parte da nobreza encontra a possibilidade de viver de acordo com seu *status*, porém os indivíduos nobres não são mais o que foram os cavaleiros, protagonistas de uma livre competição militar entre si, mas participantes numa competição, controlada pelo monopólio, pelas oportunidades que o dirigente tem para distribuir. E vivem não só sob a pressão do suserano, estão sujeitos não só à pressão competitiva que eles mesmos, membros do exército de reserva da aristocracia do país, exercem uns sobre os outros, mas sofrem, acima de tudo, a pressão dos estratos burgueses ascendentes. Com o crescente poder social destes últimos, os cortesãos têm que lutar constantemente, pois vivem principalmente dos tributos e impostos pagos pelo terceiro estado. A interdependência e integração das diferentes funções sociais, acima de tudo entre nobreza e burguesia, são muito mais fortes do que nas fases precedentes. Ainda mais onipresentes, por isso mesmo, são as tensões entre eles. E da mesma maneira que a estrutura de relacionamentos humanos é assim mudada, na mesma medida o indivíduo está emaranhado na teia humana de uma forma muito diferente da de antes e é modelado por seus vários tipos de dependência; muda também a estrutura da consciência e sentimentos individuais, da interação entre paixões e controle de paixões, entre os níveis consciente e inconsciente da personalidade. A interdependência mais estreita de todos os lados, a pressão mais forte vinda de todas as direções, exigem e instilam um autocontrole mais uniforme, um superego mais estável e novas formas de conduta entre as pessoas: os guerreiros tornam-se cortesãos.

Em todos os casos em que encontramos processos civilizadores de qualquer extensão, encontramos também similaridades estruturais no contexto sócio-histórico mais amplo, no qual ocorreram essas mudanças de mentalidade. Elas podem acontecer mais ou menos rapidamente, podem avançar, como neste caso, num único ou em vários arrancos, com fortes recuos, mas, tanto quanto podemos perceber hoje, uma transformação mais ou menos decisiva de guerreiros em cortesãos, seja permanente ou transitória, constitui uma das precondições sociais mais elementares de todos os grandes movimentos de civilização. E por menor tenha sido a importância de que a formação social da corte possa, à primeira vista, ter-se revestido para nossa vida atual, uma certa compreensão da estrutura da corte é indispensável para entendermos os processos civilizadores. Algumas de suas características estruturais podem também lançar luz sobre a vida nos centros de poder em geral.

V

O Abrandamento das Pulsões: Psicologização e Racionalização

"A vida na corte", escreveu La Bruyère[141], "é um jogo sério, melancólico, que nos exige organizar as peças e baterias, elaborar um plano, segui-lo, contrariar o plano de nosso adversário, assumir ocasionalmente riscos e jogar atendendo a um palpite. E, depois de todas as jogadas e reflexão, descobrimos que estamos em xeque, às vezes em xeque-mate."

Na corte, e acima de tudo na grande corte absolutista, formou-se, pela primeira vez, um tipo de sociedade e de relacionamentos humanos com características estruturais que desde então, durante um longo período da história do Ocidente e em meio a numerosas variações, várias vezes cumpriram um papel decisivo. Num vasto e populoso território, que de modo geral estava livre da violência física, surgiu a "boa sociedade". Mas mesmo que o emprego da violência física diminuísse no convívio humano, mesmo que os duelos estivessem proibidos, as pessoas, sob uma grande variedade de maneiras, exerciam pressão e força umas sobre as outras. A vida nesse círculo não era, de maneira alguma, pacífica. Um número muito grande de pessoas dependia continuamente de outras. Era intensa a competição por prestígio e pelo favor real. "Affaires", disputas sobre a precedência e o favor, jamais cessavam. Se não mais desempenhavam papel tão importante como meio de decisão, a espada fora substituída pela intriga e por conflitos nos quais as carreiras e o sucesso social eram perseguidos por meio de palavras. Estas exigiam e produziam qualidades diferentes das que eram necessárias nas lutas armadas, que tinham de ser resolvidas com armas na mão. A reflexão contínua, a capacidade de previsão, o cálculo, o autocontrole, a regulação precisa e organizada das próprias emoções, o conhecimento do terreno, humano e não humano, onde agia o indivíduo, tornaram-se precondições cada vez mais indispensáveis para o sucesso social.

Todos os indivíduos pertenciam a uma *coterie*, a um círculo social que, quando necessário, o apoiava. Mas esses grupamentos mudavam. Entravam em alianças, sempre que possível, com pessoas altamente graduadas na corte. Mas a posição na corte podia mudar com grande rapidez. Tinham rivais, inimigos declarados e ocultos. E a tática empregada nessas lutas, como também nas alianças, exigiam cuidadoso exame. O grau de distanciamento e familiaridade tinha que ser cuidadosamente medido: cada cumprimento, cada conversa revestia-se de uma importância muito superior do que era realmente dito ou feito, porque indicava a situação da pessoa e contribuía para a corte formar sua opinião sobre ela.

"Que um favorito vigie atentamente sua conduta, porque, se não me conservar em sua antecâmara à espera por tanto tempo quanto o habitual, se seu rosto for mais aberto, se ele fizer menos carranca, se me escutar com maior boa vontade e me acompanhar um pouco mais longe quando eu me dirigir à porta de saída, pensarei que ele está começando a cair em desgraça — e terei razão."[142]

A corte é uma espécie de bolsa de valores e, como em toda "boa sociedade", uma estimativa do "valor" de cada indivíduo está continuamente sendo feita. Mas, neste caso, o valor tem seu fundamento real não na riqueza ou mesmo nas realizações ou capacidade do indivíduo, porém na estima que o rei tem por ele, na influência de que goza junto aos poderosos, na sua importância no jogo das *coteries* da corte. Tudo isso, estima, influência, importância, todo esse jogo complexo e sério no qual estão proibidas a violência física e as explosões emocionais diretas, e a ameaça à existência exige de cada jogador uma constante capacidade de previsão e um conhecimento exato de cada um, de sua posição e valor na rede de opiniões da corte, tudo isso exige um afinamento preciso da conduta a esse valor. Qualquer erro, qualquer descuido reduz o valor do indivíduo na opinião da corte e pode pôr em xeque a sua posição.

"O homem que conhece a corte é senhor de seus gestos, de seus olhos e expressão. É um homem profundo, impenetrável. Dissimula as más ações que comete, sorri para os inimigos, reprime o mau-humor, disfarça as paixões, rejeita o que quer o coração, age contra os sentimentos."[143]

É inequívoca a transformação da nobreza no rumo do comportamento "civilizado". A conduta não é ainda tão "civilizada" como mais tarde será na sociedade burguesa, porque só em relação a seus pares é que o cortesão e a dama da corte precisam se sujeitar a essas limitações, que eles observam bem menos face a seus inferiores. Mas, afora o fato de que o padrão de controle de paixões e sentimentos na corte se distingue daquele que vigora na sociedade burguesa, é também mais intensa e percepção de que esse controle é exercido por razões sociais. Inclinações opostas não desapareceram ainda por completo da consciência de vigília, o autocontrole não se tornou ainda inteiramente um mecanismo de hábitos que opera quase automaticamente e inclui todos os relacionamentos humanos. Mas já é muito claro que os seres humanos estão se tornando mais complexos e internamente divididos de uma maneira muito específica. Todo homem, por assim dizer, enfrenta a si mesmo. Ele "disfarça as paixões", "rejeita o que quer o coração" e "age contra seus sentimentos". O prazer ou a inclinação do momento são contidos pela previsão de consequências desagradáveis, se forem atendidos. E é este, na verdade, o mesmo mecanismo através do qual os adultos — sejam eles os pais ou outras pessoas — instilam um "superego" estável nas crianças. A paixão momentânea e os impulsos afetivos são, por assim dizer, reprimidos e dominados pela previsão de aborrecimentos posteriores, pelo medo de uma dor futura, até que, pela força do hábito, esse medo finalmente contenha o comportamento e as inclinações proibidos, mesmo que nenhuma outra pessoa esteja fisicamente presente, e a energia dessas inclinações seja canalizada numa direção inócua, sem o risco de qualquer aborrecimento.

De conformidade com a transformação da sociedade, são também reconstruídas as relações interpessoais, a constituição afetiva do indivíduo: à medida que aumentam a série de ações e o número de pessoas de quem dependem o indivíduo e seus atos, torna-se mais firme o hábito de prever consequências a longo prazo. E na mesma proporção em que mudam o comportamento e a estrutura da personalidade do indivíduo, muda também sua maneira de encarar os demais. A imagem que ele forma dos outros torna-se mais rica em nuanças, mais isenta de emoções espontâneas, — ela é, numa palavra, "psicologizada".

Nos casos em que as funções sociais permitem ao indivíduo maior liberdade de ação sob a influência de impulsos momentâneos do que acontece nas cortes, não é necessário nem possível estudar em grande profundidade a consciência e os sentimentos de outra pessoa, ou que motivos ocultos podem ser a causa de seu comportamento. Se, na corte, o cálculo enreda-se com o cálculo, nas sociedades mais simples os sentimentos se enredam diretamente com os sentimentos. Essa força dos sentimentos mais imediatos, contudo, prende o indivíduo a um número menor de opções de comportamento: a pessoa é amiga ou inimiga, boa ou má; dependendo de como vê o outro em termos desses padrões afetivos em preto e branco, o indivíduo se comporta. Tudo parece estar diretamente relacionado com o sentimento. O fato de brilhar o sol ou relampejar o raio, de alguém rir ou contrair as sobrancelhas, tudo isso atinge mais diretamente os sentimentos do observador. E à medida que isso o excita aqui e agora, de maneira amistosa ou hostil, ele acredita que tudo o visava diretamente. Não lhe entra na cabeça que tudo isso, o relâmpago que acompanha o raio que quase o atingiu, o rosto que o ofende, possam ser explicados por conexões remotas que nada tenham a ver diretamente com sua pessoa. Ele só desenvolve uma visão a mais longo prazo da natureza e dos outros indivíduos na medida em que a crescente divisão de funções e seu envolvimento diário em longas cadeias humanas o acostumarem a essa visão e a um maior controle da afetividade. Só então, lentamente, se remove o véu que as paixões colocavam em frente a seus olhos, e um novo mundo emerge — um mundo cujo curso é amistoso ou hostil para com a pessoa, sem que isso decorra de uma intenção, uma cadeia de eventos que precisam ser considerados imparcialmente durante longos períodos de tempo, caso se pretenda descobrir suas conexões*.

Tal como a conduta em geral, a maneira de ver as coisas e as pessoas também se torna mais neutra na esfera afetiva, com o processo civilizador. A "imagem do mundo" vai se tornando menos diretamente determinada pelos desejos e receios humanos, e se orientando para o que chamamos de "experiência" ou para "o empírico", para sequências dotadas de regularidades imanentes. Da mesma forma que hoje, em outro arranco nessa direção, o curso da história e da sociedade gradualmente emerge da névoa dos sentimentos e do envolvimento pessoais, do nevoeiro de anelos e receios coletivos, e começa a exibir um nexo relativamente autônomo de eventos, o mesmo acontece com a natureza e — dentro de espaços menores — com os seres humanos. E é exatamente nos círculos da vida na corte que se desenvolve o que hoje chamaríamos de uma visão "psicológica" do homem, a observação mais exata dos demais e de si mesmo em termos de uma série mais longa de motivos e conexões causais, porque é lá que o autocontrole vigilante e a ininterrupta observação do próximo figuram entre os pré-requisitos elementares para se preservar a posição social de cada um. Mas isso é apenas um exemplo de como aquilo que chamamos de "orientação para a experiência", a observação dos eventos num nexo de interdependência que se alonga e alarga, começa vagarosamente a desenvolver-se no ponto exato em que a estrutura da sociedade compele o indivíduo a controlar suas emoções passageiras e transformar ainda mais fortemente as energias da libido.

Saint-Simon refere-se, numa passagem, a uma pessoa com a qual suas relações são incertas. Assim descreve o seu comportamento nessa situação: "Logo notei que ele estava ficando mais frio. Estudei-lhe atentamente a conduta em relação a mim, a fim de evitar confusão entre o que poderia ser acidental num homem sobrecarregado com problemas espinhosos, e aquilo de que suspeitava. Minhas suspeitas foram confirmadas, o que me levou a afastar-me inteiramente dele, sem dar a mínima indicação disso."[144]

Essa arte cortesã de observação do ser humano — ao contrário do que hoje chamaríamos de "psicologia" — jamais se interessava pelo indivíduo no isolamento, como se os aspectos essenciais de seu comportamento fossem independentes de suas relações com os outros, como se ele se relacionasse com os outros, por assim dizer, apenas retrospectivamente. O enfoque aqui se aproxima muito mais da realidade, no sentido em que o indivíduo é sempre visto em seu contexto social, *como um ser humano em relação com outros, como um indivíduo numa situação social.*

Dissemos acima que os preceitos do século XVI sobre o comportamento diferiam daqueles de séculos precedentes menos em termos de conteúdo do que de tom, de uma atmosfera afetiva que se modificara.[145] As introvisões psicológicas, as observações pessoais, começavam a desempenhar um papel mais

---

* Ver, neste contexto, Norbert Elias, "Problems of Involvement and Dettachment", *British Journal of Sociology*, 7 (1956), p.226-52. *(Nota do autor à tradução inglesa.)*

importante. A comparação entre os preceitos de Erasmo ou de Della Casa e as regras medievais correspondentes mostra isso com grande clareza. O estudo das mudanças sociais nessa época, da transformação dos relacionamentos humanos que ocorreu, fornece uma explicação. Essa "psicologização" das regras de conduta, ou, mais exatamente, sua maior impregnação pela observação e a experiência, constituiu uma manifestação da acelerada transformação da classe alta em classe cortesã, e da integração mais estreita de todas as partes da sociedade nesse período. Sinais de mudança nesse rumo certamente não se encontram apenas nos livros que trataram do padrão de "boa conduta" da época; encontramo-los, também, em obras dedicadas aos entretenimentos dessa classe. A observação do ser humano, exigida pela vida no círculo da corte, encontrou sua expressão literária na arte do retrato.

O aumento da demanda de livros numa sociedade constitui bom sinal de um avanço pronunciado no processo civilizador, porque sempre são consideráveis a transformação e regulação de paixões necessária tanto para escrevê-los quanto para lê-los. Na sociedade de corte, porém, o livro ainda não desempenha o mesmo papel que na burguesa. Na primeira, o convívio social, o mercado de valores de prestígio, formam o centro da existência de cada pessoa. Os livros são usados menos para a leitura no gabinete ou em horas solitárias de ócio, retiradas do horário profissional de cada um, do que como assunto de conversa no convívio social, fazendo parte e dando continuidade à conversação e aos jogos sociais ou, tal como a maioria de memórias que têm a corte como objeto, servindo de substituto à conversa, formando diálogos em que, por uma razão ou outra, falta o interlocutor. A fina arte dos retratos nas memórias das cortes, nas cartas e aforismos dá-nos, assim, uma boa imagem da complexa observação de seres e ações humanas instilada pela vida cortesã. E neste aspecto, como em muitos outros, a sociedade burguesa da França levou adiante a herança da corte com uma curiosa continuidade. A persistência da "boa sociedade" parisiense, como beneficiária e aprimoradora dos instrumentos de prestígio criados na sociedade de corte, para muito além da Revolução e até o presente dia, pode ter contribuído para isso. De qualquer modo, podemos dizer que dos retratos que saíram da pena de Saint-Simon e seus contemporâneos até as descrições da "alta sociedade" do século XIX, de autoria de Proust — passando por Balzac, Flaubert, Maupassant e muitos outros — e, finalmente, a representação da vida de classes mais amplas que devemos a escritores do calibre de Jules Romains ou André Malraux, ou a um bom número de filmes franceses, perpassa uma linha direta de tradição, caracterizada precisamente por essa lucidez de observação, essa capacidade de ver a pessoa em todo seu contexto social e compreendê-la através dele. A figura individual jamais é artificialmente isolada do tecido de sua existência social, de sua dependência simples dos demais. Por isso mesmo, a atmosfera e a plasticidade da experiência real nunca se perdem nas descrições.

E muito do que se pode dizer a respeito dessa "psicologização" aplica-se também à "racionalização", que lentamente vai se tornando perceptível, a partir do século XVI, nos aspectos ou mais variados da sociedade. Este tampouco é um fato isolado, mas apenas *uma* manifestação da mudança em *toda* a personalidade, que emerge nessa época, e da crescente capacidade de previsão que a partir desse período é também exigida e instilada por um número crescente de funções sociais.

Neste exemplo, como em muitos outros, a compreensão dos fatos sócio-históricos exige a suspensão dos hábitos de pensar com que crescemos. Essa racionalização histórica, frequentemente notada, não é algo que tenha surgido porque numerosas pessoas isoladas, sem relações entre si, simultaneamente desenvolvessem "dentro de si", como que por alguma harmonia preestabelecida, um novo órgão ou substância, uma "compreensão" ou "razão" que não existissem até então. O que mudou foi a maneira como as pessoas se ligavam umas às outras. Por isso, mudou o comportamento; por isso, também mudaram a consciência e a economia das paixões, e a própria estrutura como um todo. "Circunstâncias" que mudam não são algo que vem ter, aos homens, de "fora": são os relacionamentos entre as próprias pessoas.

O homem é um ser extraordinariamente maleável e variável. As mudanças que ocorrem nas atitudes humanas aqui discutidas constituem exemplo dessa maleabilidade. Ela, de modo algum, se limita ao que em geral diferenciamos como o "psicológico" e o "fisiológico". O "físico", também, está indissoluvelmente ligado ao que denominamos de "psíquico", modelando-se de forma variada no curso da história de acordo com cadeias de dependências que se estendem ao longo de toda a vida humana. Poderíamos pensar, por exemplo, na modelação dos músculos faciais e, portanto, da expressão facial, durante a vida da pessoa, ou na formação dos centros de leitura e escrita no cérebro. O mesmo se aplica àquilo a que nos referimos com termos tão reificadores como "raciocínio", "razão" ou "compreensão". Nada disso existe — embora nosso uso das palavras sugira o contrário — relativamente imune à mudança sócio-histórica, da maneira como, por exemplo, existem o coração ou o estômago. Em vez disso, esses termos expressam uma modelação específica de toda a personalidade. São aspectos de modelação que ocorrem bem devagar, avançando e recuando um sem-número de vezes, e que emergem mais fortemente quanto mais clara e totalmente os impulsos espontâneos do indivíduo ameaçam provocar, por efeito da estrutura de dependências humanas, perda de prazer, declínio, ou inferioridade em relação a outras pessoas, ou mesmo ameaçam arruinar a própria existência social. São aspectos daquela modelação mediante a qual o centro da libido e o centro do ego são mais ou menos fortemente diferenciados, até que finalmente se forma uma agência de autocontrole abrangente, estável e altamente diferenciada. Não há de fato uma "razão", haverá, no máximo, "racionalização".

Nossos hábitos de pensar inclinam-nos a procurar "começos". Mas não há em parte alguma, no desenvolvimento da pessoa, um "ponto" antes do qual poderíamos dizer: até aqui não havia "razão" e agora ela "surgiu"; até aqui não havia compulsões do ser e nenhum "superego" e agora, neste ou naquele século, ele subitamente surgiu. Não há um ponto zero de todos esses dados. Mas tampouco faz justiça aos fatos dizer: tudo esteve sempre lá, como agora. Os hábitos de autocontrole, a constituição consciente e afetiva de pessoas "civilizadas" diferem claramente em *sua totalidade* das dos chamados "primitivos", mas ambos são, em sua estrutura, modelações diferentes, e ainda assim claramente explicáveis, de modelações das mesmas funções naturais.

Os hábitos tradicionais de pensar confrontam-nos ininterruptamente com alternativas estáticas. São formados, em certo sentido, de acordo com modelos eleáticos[*]: apenas conseguimos conceber pontos isolados, mudanças abruptas e separadas, ou absolutamente nenhuma mudança. E evidentemente ainda temos muita dificuldade em nos imaginarmos como parte de um processo gradual de mudança, contínuo, dotado de estrutura e de regularidade específicas — uma mudança que se perde na escuridão do passado mais remoto —, e como parte de um movimento que, tanto quanto possível, deve ser visto como um todo, tal como o voo de uma flecha ou o fluir de um rio, e não como a repetição da mesma coisa em pontos diferentes, ou como algo que salta de um ponto para outro. O que muda no curso do processo que denominamos de história são as relações mútuas, as configurações de pessoas e a modelação que o indivíduo sofre através delas. Mas, no exato momento em que essa historicidade fundamental do homem é vista claramente, percebemos também a regularidade, as características estruturais da existência humana, que permanecem constantes. Cada aspecto isolado da vida social apenas é compreensível no contexto desse movimento perpétuo. Nenhum detalhe pode ser isolado dele. Forma-se nesse contexto móvel — que pode parecer lento, como no caso de muitos povos primitivos, ou rápido, como no nosso — e ele deve ser apreendido, como parte de um estágio ou onda específicos. Os controles e restrições às pulsões nunca estão ausentes entre as pessoas, nem uma certa capacidade de previsão; mas essas qualidades assumem uma forma e grau diferentes entre simples pastores ou numa classe guerreira, do que ocorre entre cortesãos, funcionários do Estado ou membros de um exército mecanizado. Tornam-se mais poderosas e complexas à medida que aumenta a divisão de funções e, pois, o número de pessoas com as quais o indivíduo tem que sincronizar suas ações. De igual maneira, a natureza da "compreensão" ou do "raciocínio" à qual o indivíduo está acostumado se aproxima ou se afasta da de outras pessoas na sua sociedade, na mesma medida em que sua própria situação e função social, e a de seus pais ou das principais influências que o moldaram, se aproximam ou afastam das dos demais. A capacidade de previsão do impressor ou do montador difere da do guarda-livro, a do engenheiro da do diretor de vendas, a do ministro da fazenda da do comandante do exército, mesmo que todas essas distintas modelações superficiais sejam igualadas, até certo ponto, pela interdependência de funções. Em nível mais profundo, a racionalidade e a modelação de sentimentos de alguém que cresceu numa família de classe operária são diferentes daquele que cresceu num ambiente seguro e abastado. E, finalmente, a racionalidade e os padrões de sentimentos, a autoimagem e a economia pulsional dos alemães, ingleses,

---

[*] Referência à Escola de Eléa, que teve por principais expoentes Parmênides e Zenão, e que considerava a mutação das coisas como mera aparência: por trás do movimento, haveria, como realidade, o ser. (RJR)

franceses e italianos se diferenciam, de acordo com suas diferentes histórias de interdependência, e a modelação social da pessoa no Ocidente, como um todo, difere da dos orientais. Mas todas essas diferenças são compreensíveis exatamente porque têm, subjacentes, as mesmas regularidades humanas e sociais. As diferenças individuais *dentro* desses grupos, tais como as de "inteligência", são meramente nuanças num contexto de formas históricas muito específicas, diferenciações às quais a sociedade oferece maior ou menor oportunidade de expressão, dependendo de sua estrutura. Dessa maneira, por exemplo, a aventura que é o pensamento independente altamente individualizado, a postura através da qual a pessoa prova que é uma "inteligência criativa", não tem como precondição apenas um "talento natural" individual muito particular. Ela só é possível dentro de uma estrutura específica de equilíbrios de poder; sua precondição é uma *estrutura social* bastante específica. E depende, além disso, do acesso que o indivíduo tem, numa sociedade assim estruturada, ao tipo de aprendizagem e ao pequeno número de funções sociais que, elas apenas, permitem desenvolver-se sua capacidade independente de reflexão.

Por tudo isso, a capacidade de previsão, ou "raciocínio", do cavaleiro é diferente da do cortesão. Uma cena relatada por Ranke[146] dá-nos boa ideia de como a estrutura de personalidade típica dos cavaleiros estava condenada pela crescente monopolização da força. Em termos mais gerais, fornece-nos um exemplo de como uma mudança na estrutura das funções sociais obriga a uma mudança de conduta. O duque de Montmorency, filho de um aristocrata que desempenhara papel da mais alta importância na vitória de Henrique IV, rebela-se. Era um homem cavaleiroso, nobre, generoso e brilhante, bravo e ambicioso. E servia ao rei. Mas que esse poder e o direito de governar devessem estar subordinados a Luís XIII ou, mais precisamente, a Richelieu, era coisa que ele não compreendia nem aprovava. Assim, com seus seguidores, começou a combater o rei assim como, nos velhos tempos, cavaleiros e senhores feudais frequentemente faziam entre si. Houve um confronto. O general do rei, Schomberg, encontrava-se numa posição taticamente débil. Isso, contudo, diz Ranke

> era uma vantagem à qual Montmorency deu pouca atenção. Vendo o exército inimigo, sugeriu a seus amigos que atacassem, sem demora. Isto porque compreendia a guerra principalmente como uma valente carga de cavalaria. Um companheiro experiente, o conde Rieux, suplicou-lhe que esperasse até que alguns canhões, que estavam chegando, abalassem a posição do inimigo. Montmorency, porém, já estava possuído pela agitação belicosa. Não havia mais tempo a perder, disse, e seu conselheiro, embora antevisse o desastre, não ousou contrariar a vontade clara do cavaleiroso chefe. "Senhor", gritou, "morrerei a vossos pés".
>
> Montmorency se reconhecia pelo corcel que montava, esplendidamente adornado de penas azuis e pardas. Só um pequeno grupo de seus homens saltou com ele sobre a trincheira. Abateram todos os que encontraram à sua frente e foram abrindo caminho até chegarem diante da posição principal do inimigo, onde foram recebidos por nutrido e rápido fogo de mosquetes. Cavalos e homens tombaram feridos e mortos. O conde Rieux e a maioria dos outros morreram; o duque de Montmorency, ferido, caiu do cavalo, também atingido, e foi feito prisioneiro.

Richelieu mandou submetê-lo a julgamento, certo do resultado, e logo depois o último Montmorency foi decapitado no pátio da prefeitura de Toulouse.

Ceder imediatamente a seus impulsos e não pensar nas consequências era, nas fases precedentes em que os guerreiros podiam competir mais livremente entre si, um modo de conduta que — mesmo que levasse à queda do indivíduo — estava adequado à estrutura social como um todo e, por conseguinte, à "realidade". O fervor marcial era uma precondição necessária para o sucesso e o prestígio do membro da nobreza. Com a monopolização e centralização em andamento, tudo isso mudou.

A estrutura diferente da sociedade punia agora, com ruína inapelável, as explosões e ações emocionais destituídas de um apropriado espírito de previsão. E todos os que discordassem do estado de coisas vigente, da onipotência do rei, teriam que mudar seus costumes. Vejamos o que Saint-Simon disse a esse respeito. Ele, também, pouco mais de uma geração após Montmorency, era e se conservou durante toda a vida um duque de oposição. Mas tudo o que conseguiu foi criar na corte uma espécie de facção; se fosse hábil, poderia ter a esperança de conquistar para suas ideias o sucessor do rei, o Delfim. Mas isso era um jogo perigoso na corte de Luís XIV e que exigia a maior cautela. O príncipe tinha, em primeiro lugar, de ser cuidadosamente sondado e, só depois, gradualmente orientado na direção desejada:

> Minha principal intenção (diz Saint-Simon, descrevendo a tática que adotou numa conversa com o Delfim) era sondar-lhe a opinião a respeito de tudo o que interessava à nossa dignidade. Tomei, em consequência, todo o cuidado para interromper qualquer discussão que nos afastasse de tal objetivo, trazer de volta a conversa e conduzi-la através de todos os diferentes capítulos... o Delfim, muito atento, apreciou todos os meus argumentos... animou-se... e gemeu ante a ignorância e a falta de ponderação do Rei. Eu pouco mais fiz do que aludir a cada um desses diferentes assuntos ao apresentá-los, sucessivamente, ao Delfim, e depois me limitei a ouvi-lo, deixando-lhe o prazer de falar, de mostrar-me como era educado. Deixei que ele mesmo se convencesse, se animasse, se zangasse, enquanto eu lhe observava os sentimentos, a maneira como ele pensava, a fim de formar impressões das quais eu pudesse tirar proveito... Preocupei-me menos em insistir em meus argumentos e explicações do que... em suave, mas firmemente, instilar nele meus sentimentos e opiniões sobre cada um desses assuntos...[147]

Esse curto esboço da atitude de dois homens, os duques de Montmorency e Saint-Simon, quando davam expressão à sua oposição à onipotência do rei, ajuda a completar nosso quadro. O primeiro, um dos últimos cavaleiros, procura alcançar sua meta num combate físico; o segundo, o cortesão, na conversa. O primeiro age a partir de impulsos, pouco pensando nos outros; o segundo ajusta ininterruptamente o comportamento ao interlocutor. Ambos, não só Montmorency, mas também Saint-Simon, estão numa situação altamente perigosa. O Delfim pode a qualquer momento romper as regras da conversa cortesã, interromper, se quiser, a conversa e o relacionamento por qualquer razão que escolha, e nisso perderá muito pouco. Se Saint-Simon não for muito cauteloso, o herdeiro do trono poderá adivinhar os pensamentos sediciosos do duque e informar o rei. Montmorency mal se apercebe do perigo; está inteiramente condicionado pela conduta direta que sua paixão determina. Procura superar o perigo exatamente com emprego da fúria de sua paixão. Saint-Simon percebe a exata extensão do perigo e começa a trabalhar com o máximo autocontrole e espírito de previsão. Não tenta obter coisa alguma pela força, trabalha motivado por uma visão a prazo mais longo. Contém-se a fim de "instilar" no outro, imperceptível mas duradouramente, seus sentimentos.

O que temos nessa historieta autobiográfica é um exemplo muito revelador daquela *racionalidade cortesã* — embora este fato não seja em geral compreendido — que desempenhou um papel não menos importante, e a princípio ainda mais importante, no desenvolvimento do que chamamos de "Iluminismo", do que a capacidade de previsão e racionalidade urbano-comerciais instiladas pelas funções ocupadas na rede de comércio. Mas, com certeza, essas duas formas de capacidade de previsão, a racionalização e a psicologização — na nobreza de corte e nos principais grupos de classe média —, por mais diferentes fossem em seus padrões, desenvolveram-se em estreita combinação entre si. Indicam um crescente entrelaçamento entre nobreza e burguesia e surgem de uma transformação nos relacionamentos humanos que ocorria por toda a sociedade: estavam vinculados da maneira a mais íntima possível com a mudança que levara os estados frouxamente ligados da sociedade medieval a se tornarem, gradualmente, formações sociais subordinadas na sociedade centralizada do Estado absolutista.

O processo histórico de racionalização constitui um exemplo de primeira água de um processo que até agora o pensamento sistemático mal tem compreendido. Ele pertence — se observarmos o modelo tradicional das disciplinas acadêmicas — a uma ciência que ainda não existe, a psicologia histórica. Na atual estrutura da pesquisa histórica, uma nítida linha divisória costuma ser traçada entre o trabalho dos historiadores e o dos psicólogos. Só os ocidentais de nossos dias parecem necessitar ou ser acessíveis à investigação psicológica ou, no máximo, também os povos chamados de primitivos que ainda sobrevivem. Permanece obscuro o caminho que leva, na própria história ocidental, da estrutura mais simples, primitiva, para a mais diferenciada. Exatamente porque o psicólogo pensa não historicamente, porque aborda as estruturas psicológicas dos homens de nossos dias como se fossem algo sem evolução ou mudança, os resultados de suas investigações de pouco servem ao historiador. E porque, preocupado com o que chama de fatos, evita problemas psicológicos, o historiador pouco tem a dizer ao psicólogo.

A situação é pouco melhor no caso da sociologia. Na medida em que chegue a se interessar por problemas históricos, ela aceita sem reservas a linha divisória traçada pelo historiador entre a estrutura aparentemente imutável do homem e suas diferentes manifestações sob a forma de artes, ideias, ou o que quer que seja. Permanece sem reconhecimento o fato de que uma psicologia social histórica, um estudo simultaneamente psicogenético e sociogenético, é necessária para traçar as conexões entre todas essas diferentes manifestações dos seres humanos. Os que se interessam pela história da sociedade, como os que estudam a história da mente, encaram a "sociedade" e o mundo das "ideias" como duas formações diferentes que pode haver sentido em separar. Aparentemente, ambos acreditam que há ou uma sociedade fora das ideias e pensamentos, ou ideias fora da sociedade. E simplesmente discutem qual desses dois reinos é mais "importante", dizendo uns que são as ideias, sem a sociedade, que põem esta última em movimento, e outros que é uma sociedade sem ideias que deflagra as "ideias".

O processo civilizador e, dentro dele, suas tendências como a psicologização e a racionalização, não se ajustam a esse tipo de esquema. Mesmo no pensamento, elas não podem ser simplesmente cindidas da mudança histórica que ocorreu na estrutura dos relacionamentos interpessoais. É inteiramente sem propósito perguntar se a transição gradual de modos menos para mais racionais de pensamento e conduta mudou a sociedade, porquanto esse processo de racionalização, tal como o processo civilizador mais abrangente, já constitui um evento psicológico e social. Mas tampouco faz sentido explicar o processo civilizador como uma "superestrutura" ou "ideologia", isto é, exclusivamente a partir de sua função como arma na luta entre grupos e interesses sociais específicos.

A gradual racionalização e, mais, todo o processo civilizador, ocorrem sem dúvida alguma em constante ligação com as lutas de diferentes estratos sociais e outros grupamentos. A totalidade da sociedade europeia, o substrato do que é, até agora, o último e mais forte surto civilizador, de modo algum pode ser considerada a unidade pacífica que, às vezes, parece ser em edifícios harmonísticos de pensamento. Ela não começou sendo um todo harmonioso, no qual se introduziram conflitos, como que pela má vontade e incompreensão de determinadas pessoas. Em vez disso, tensões e lutas — tanto quanto as dependências mútuas de pessoas — constituíram parte integral da sua estrutura, afetando decisivamente a direção em que ela mudou. Sem dúvida, um movimento civilizador pode assumir grande importância como arma nessas lutas. Isto porque a habituação a um grau mais elevado de previdência e a uma maior contenção de emoções transitórias — para lembrar apenas essas duas facetas — pode conferir a um grupo uma vantagem significativa sobre outro. O mais alto grau de racionalidade e inibição de paixões, porém, pode também, em certas situações, exercer um efeito debilitador e prejudicial. A "civilização" pode ser uma faca de dois gumes. E quaisquer que possam ser seus efeitos em casos particulares, de qualquer modo os arrancos do processo civilizador ocorrem, de modo geral, independentemente de serem agradáveis ou úteis para os grupos envolvidos. Nascem da poderosa dinâmica de atividades coletivas que se entrelaçam, cuja direção geral qualquer grupo isolado dificilmente pode mudar. Não são acessíveis à manipulação consciente ou semiconsciente ou à conversão deliberada em armas na luta social, muito menos, na verdade, do que as ideias, por exemplo. Da mesma forma que ocorre com a estrutura de personalidade característica de um dado estágio do desenvolvimento social, traços específicos da conduta civilizada são simultaneamente um produto e uma alavanca no desenvolvimento do processo social mais amplo, no qual se formam e se transformam classes e interesses distintos. A civilização e, por conseguinte, a racionalização, por exemplo, não constituem um processo numa esfera isolada só de "ideias" ou "pensamento". Ela não envolve apenas mudanças no "conhecimento", transformações de "ideologias", em suma, alterações no *conteúdo* da consciência, mas mudanças em toda a constituição humana, na qual as ideias e os hábitos de pensamento são apenas um setor. Estamos interessados aqui em mudanças em toda a personalidade, através de todas suas zonas, da orientação do indivíduo por si mesmo no nível mais flexível da consciência e da reflexão até o nível mais automático e rígido das paixões e sentimentos. Para compreender mudanças desse tipo, o modelo de pensamento trazido à mente por conceitos de "superestrutura" ou "ideologia" não é suficiente.

A ideia de que a "psique" humana consiste em zonas diferentes, que funcionam independentemente umas das outras e podem ser estudadas em separado, enraizou-se há muito tempo e profundamente na consciência humana. É comum, ao se pensar na estrutura mais diferenciada da personalidade, separar um de seus níveis funcionais de outro, como se esse fosse realmente o fator "essencial" à maneira como o homem pauta a conduta em seus contactos com os semelhantes e com a natureza não humana. Por isso mesmo, as humanidades e a sociologia do conhecimento frisam, acima de tudo, os aspectos do conhecimento e do pensamento. Pensamentos e ideias aparecem nesses estudos como se fossem o aspecto mais importante e poderoso da maneira como os homens dirigem sua vida. Os impulsos inconscientes, todo o campo das pulsões e estruturas dos sentimentos, permanecem mais ou menos na escuridão.

Ora, todas as investigações que consideram apenas a consciência do homem, sua "razão" ou "ideias", ignorando ao mesmo tempo a estrutura das pulsões, a direção e a forma de emoções e impulsos humanos, só podem ter, por princípio, um valor bastante limitado. Uma parte enorme do que é indispensável para compreender o homem escapa desse enfoque. A racionalização da atividade intelectual, bem como de todas as mudanças estruturais nas funções do ego e do superego, de todos esses níveis interdependentes da personalidade do homem, serão muito pouco acessíveis ao pensamento, enquanto as indagações se limitarem a mudanças nos aspectos intelectuais, a mudanças de ideias, e pouca atenção se der ao equilíbrio e padrão mutáveis das relações entre pulsões e sentimentos, por um lado, e o controle dos mesmos, por outro. Uma real compreensão, mesmo de mudanças de ideias e formas de cognição, só será possível se levarmos em conta, também, as mudanças da interdependência humana em conjunto com a estrutura da conduta e, na verdade, todo o tecido da personalidade do homem num dado estágio do desenvolvimento social.

O destaque inverso, com a limitação correspondente, se encontra com grande frequência na pesquisa psicanalítica moderna. Ela frequentemente tende, ao estudar seres humanos, a extrair algo "inconsciente", concebido como um "id" sem história, como o dado mais importante em toda a estrutura psicológica. Embora, recentemente, essa imagem possa ter sofrido correções na prática terapêutica, ela ainda não levou a um refinamento teórico dos dados fornecidos pela clínica e à sua transformação em instrumentos conceituais mais adequados. No nível teórico, ainda parece que a direção da vida do indivíduo por impulsos da libido, inconscientes, possui uma forma e estrutura próprias, independentemente do destino da pessoa, do bom ou mau resultado de seus relacionamentos com os semelhantes durante toda a vida, e sem ligação, também, com o modelo e estrutura de outras funções orientadoras de sua personalidade, consciente e inconsciente. Nenhuma distinção é traçada entre a matéria bruta natural das pulsões, que, na verdade, talvez pouco mude durante toda a história da humanidade, e as estruturas cada vez mais trabalhadas de controle e, por aí, as vias pelas quais as energias elementares, básicas, são canalizadas em cada pessoa, em suas relações com as outras, desde o nascimento. Mas em dimensão alguma, exceto talvez no caso dos loucos, os homens, em seus encontros entre si, descobrem-se face a face com funções psicológicas em seu estado puro, num estado de natureza que não tenha sido modelado pelo aprendizado social, pela experiência da pessoa com outras que satisfazem ou frustram suas necessidades, de acordo com o ambiente social específico. As energias da libido que encontramos em todos os seres humanos já foram socialmente processadas, foram, em outras palavras, transformadas sociogeneticamente em sua função e estrutura e, de maneira alguma, podem ser separadas das correspondentes estruturas do ego e do superego. Os níveis mais animais e automáticos da personalidade do homem não são nem mais nem menos importantes para a compreensão da conduta humana do que seus controles. O que importa, o que determina a conduta, são os equilíbrios e conflitos entre as pulsões maleáveis e os controles construídos sobre as pulsões.

Decisivos para a pessoa, como ela se nos apresenta, não são nem o "id" sozinho nem o "ego" ou o "superego" apenas, mas sempre a *relação* entre esses vários conjuntos de funções psicológicas, parcialmente conflitantes e em parte cooperativos, na maneira como o indivíduo dirige sua conduta. São elas, essas relações *dentro* do homem entre as paixões e sentimentos controlados e as agências controladoras construídas, cuja estrutura muda no curso de um processo civilizador, de acordo com a estrutura mutável dos relacionamentos *entre* seres humanos individuais na sociedade em geral, que têm importância. No curso desse processo, para dizer isto em breves palavras e de modo até simplificador, a "consciência" torna-se menos permeável às pulsões e as pulsões menos permeáveis à "consciência". Em sociedades mais simples, impulsos básicos, como quer que sejam transformados, têm acesso mais fácil à reflexão do homem. No curso de um processo civilizador, a compartimentação dessas funções de direção de si mesmo, embora de modo nenhum absoluta, torna-se mais pronunciada.

De acordo com a norma básica sociogenética (ver Volume I, p.15), podemos observar diretamente, em todas as crianças, processos na mesma direção. Podemos notar que, no curso da história humana e, repetidamente, na de cada processo civilizador distinto, a direção de si mesmo sob a forma de funções do ego e superego, por um lado, e através de pulsões, por outro, vai se diferenciando cada vez mais. Por isso mesmo, apenas com a formação de funções conscientes menos acessíveis às paixões é que o automatismo delas assume aquele caráter específico que hoje diagnosticamos comumente como "a-histórico", como uma peculiaridade do homem através das eras, e que é inteiramente natural e independente da condição de desenvolvimento de sociedades humanas. Não obstante, a peculiaridade do homem, descoberta por Freud em nossa própria época e conceitualizada por ele como uma rigorosa divisão entre funções mentais inconscientes e conscientes, muito longe de ser parte da natureza imutável do homem, é resultado de um longo processo civilizador, durante o qual se tornou mais dura e impenetrável o muro que separa as pulsões da libido da "consciência", ou "reflexão".*

No curso da mesma transformação, as funções mentais conscientes desenvolvem-se no rumo do que é chamado cada vez mais de "racionalização": só com a diferenciação mais nítida e firme da personalidade é que as funções psicológicas dirigidas para fora assumem o caráter de uma consciência que funciona mais racionalmente, menos tisnada por impulsos emocionais e fantasias afetivas. Dessa maneira, a forma e a estrutura das funções psicológicas de direção de si mesmo mais conscientes e inconscientes jamais poderão ser compreendidas se forem imaginadas como alguma coisa que exista ou funcione, em qualquer sentido, isoladamente do resto. Ambas são igualmente fundamentais para a existência do ser humano e juntas formam um único grande *continuum* funcional. Só podem ser compreendidas em conexão com a estrutura dos relacionamentos *entre* pessoas e com as mudanças a longo prazo nessa estrutura.

Por conseguinte, a fim de compreender e explicar os processos civilizadores, precisamos investigar — como se tem tentado fazer aqui — a transformação da estrutura da personalidade e toda a estrutura social. Esse trabalho exige, dentro de um raio menor, investigações *psicogenéticas* com o objetivo de apreender todo o campo das energias psicológicas individuais, a estrutura e a forma tanto das funções mais elementares quanto as mais orientadoras da conduta do indivíduo. Num raio mais amplo, o estudo dos processos civilizadores requer

---

* Compreender esse fato tem importância não só teórica, mas também prática. Podemos constatar, com muita frequência, diferenças na medida em que o pensamento é influenciado pelas pulsões, quando consideramos as relações entre Estados que vivem em diferentes fases do desenvolvimento social. Via de regra, porém, os principais estadistas de sociedades altamente diferenciadas elaboram suas estratégias baseados na suposição de que um mesmo nível de contenção, um mesmo código de conduta, está presente na política externa de todos os países. Sem se compreenderem os diferentes estágios do processo civilizador, contudo, a política internacional necessariamente terá que ser um tanto irrealista. Mas reconheço que não é nada fácil elaborar uma política externa com base no conhecimento dessas diferenças em emotividade. Será necessário um alto grau de experimentação — e de sabedoria — antes que possa ser mantido um diálogo político eficaz e uma cooperação entre sociedades que se encontram em níveis diferentes de desenvolvimento.

O mesmo se aplica aos casos em que, sob tensão, a emotividade e o caráter caprichoso da política externa de um país desenvolvido sobem para um nível mais alto do que o considerado no presente como normal nas relações entre os principais Estados industrializados. Não se pode dizer que esses níveis no grau de afetividade sejam inteiramente dependentes de diferenciais no desenvolvimento econômico ou industrial dos países. Nas estratégias políticas da China, por exemplo, podemos descobrir um nível de autocontenção pelo menos de mesmo grau que o das nações industrializadas mais desenvolvidas. Embora, em termos de desenvolvimento econômico, a China continue atrasada, seu processo de formação do Estado em termos de duração e continuidade ultrapassa o da maioria das sociedades existentes em nosso tempo. (*Nota do autor à tradução inglesa.*)

uma perspectiva de longo prazo, investigações *sociogenéticas* da estrutura total, não só de um único Estado-sociedade mas do campo social formado por um grupo específico de sociedades interdependentes, e da ordem sequencial de sua evolução.

Mas, para um estudo adequado de tais processos sociais, é necessária uma correção de hábitos tradicionais de pensamento, semelhante à que antes se revelou necessária para obtermos uma base conveniente para a indagação psicogenética. A fim de entender estruturas e processos sociais, nunca é suficiente estudar um único estrato funcional no campo social. Para serem realmente entendidas, essas estruturas e processos exigem um estudo das *relações entre os diferentes estratos funcionais* que convivem juntos no campo social e que, com a mais rápida ou mais lenta mudança nas relações de poder provocada por uma estrutura específica desse campo, são no curso do tempo reproduzidas sucessivas vezes. Da mesma forma que em todo estudo psicogenético é necessário levar em conta não só as funções "inconscientes" e "conscientes", mas a contínua circulação de impulsos entre umas e outras, igualmente é importante, em todos os estudos sociogenéticos, levar em conta desde o princípio toda a *configuração* do campo social, que é mais ou menos diferenciado e carregado de tensões. E só é possível fazer isso porque o tecido social e sua mudança histórica não são caóticos, mas possuem, mesmo numa fase de agitação e desordem, um claro padrão e estrutura. Investigar a totalidade do campo social não significa analisar cada um de seus processos individuais. Implica, acima de tudo, descobrir as estruturas básicas, que dão a todos os processos individuais agindo nesse campo sua direção e marca específica. Envolve perguntar em que direção os eixos de tensão, as cadeias de funções e instituições da sociedade no século XV diferem daquelas dos séculos XVI ou XVII, e por que as primeiras mudaram na direção das últimas. A fim de responder a essas perguntas, evidentemente é necessário dispor de uma riqueza de fatos específicos. Mas, passado um certo ponto na acumulação de fatos materiais, a historiografia entra na fase em que não deve satisfazer-se com a coleta de mais fatos particulares e com a descrição dos já reunidos, mas precisa interessar-se pelos problemas que facilitem a penetração nas regularidades subjacentes, através das quais as pessoas em certas sociedades são obrigadas a reproduzir uma vez após outra determinados padrões de conduta e cadeias funcionais específicas, como, por exemplo, cavaleiros e servos da gleba, reis e funcionários do Estado, burgueses e nobres, e através das quais essas relações e instituições mudam numa direção muito específica. Além de certo ponto de conhecimento factual, um contexto mais sólido, um nexo estrutural, podem ser percebidos em grande número de fatos históricos específicos. Todos os demais fatos que talvez venham a ser descobertos poderão — à parte o enriquecimento do panorama histórico que, quem sabe, nos ofereçam — servir ou para revisar as introvisões já obtidas dessas estruturas ou para ampliá-las e aprofundá-las. A afirmação de que todo estudo sociogenético deve voltar-se para a *totalidade* do campo social não significa que deva dirigir-se para a soma de todos os fatos específicos, mas para sua estrutura, na inteireza de suas interdependências. Em última instância, as fronteiras de tal estudo são determinadas pelas fronteiras da interdependência, ou pelo menos pela articulação imanente das mesmas.

É a essa luz que se deve compreender o que dissemos acima sobre a racionalização. A gradual transição para uma conduta e pensamento mais "racionais", para um tipo de autocontrole mais diferenciado, mais abrangente, hoje se costuma associar apenas às funções burguesas. Frequentemente, encontramos impregnada na mente de nossos contemporâneos a ideia de que a burguesia foi a "originadora" ou a "inventora" do pensamento mais racional. Nestas páginas, para fins de contraste, descrevemos certos processos de racionalização observados no campo aristocrático. Mas não devemos deduzir disso que a aristocracia cortesã tenha sido a "originadora" social desse surto de racionalização. Da mesma maneira que, na era da industrialização, nem a aristocracia de corte nem a burguesia tiveram "originadores" em qualquer outra classe social, essa racionalização igualmente careceu de um originador. A própria transformação de toda a estrutura social, no curso da qual surgiram essas configurações de burgueses e nobres, é, considerada de um certo aspecto, uma racionalização. O que se torna mais racional não são apenas o que os homens produzem, nem meramente os sistemas de pensamento postos em livros. O mais importante a racionalizar-se foram os modos de conduta de certos grupos de pessoas. A "racionalização" não passa — pensemos, por exemplo, na transformação de guerreiros em cortesãos — de uma manifestação do rumo em que a modelação de pessoas em configurações sociais específicas mudou neste período. Mudanças desse tipo, porém, não se "originam" numa classe ou outra, mas surgem, sim, em conjunto com as tensões *entre* diferentes grupos funcionais no campo social e *entre* as pessoas que competem dentro deles. Sob a pressão de tensões desse tipo, que saturam todo o tecido da sociedade, toda a estrutura desta última muda, numa fase dada, na direção de uma crescente centralização de domínios específicos, de uma maior especialização, e de uma integração mais estreita dos indivíduos isolados no seu interior. Com essa transformação de todo o campo social, a estrutura das funções sociais e psicológicas muda também — inicialmente em setores pequenos e, mais tarde, cada vez maiores — no rumo da racionalização.

A lenta desfuncionalização do primeiro estado e a correspondente diminuição de seu potencial de poder, a pacificação do segundo e a gradual ascensão do terceiro, nenhum desses fenômenos pode ser compreendido independentemente dos outros, não mais, por exemplo, que o desenvolvimento do comércio nesse período pode ser compreendido independentemente da formação de poderosos monopólios de força física e da consolidação de poderosas cortes. Todos eles são alavancas no processo abrangente de crescente diferenciação e ampliação de todas as cadeias de ação, que desempenhou papel tão decisivo em todo o curso da história ocidental. Nesse processo — como se mostrou à vista de aspectos específicos —, as funções da nobreza foram transformadas e, com elas, as funções da burguesia e a forma dos órgãos centrais. Lado a lado com essa mudança gradual na totalidade das funções e instituições sociais ocorreu uma transformação da auto-orientação individual — inicialmente nos principais grupos da nobreza e da burguesia — na direção de um maior espírito de previsão e de uma regulação mais estrita dos impulsos da libido.

Estudando as descrições tradicionais do desenvolvimento intelectual do Ocidente, frequentemente formamos a ideia de que seus autores pressupõem —

vagamente — que a racionalização da consciência, a mudança de pensamento das formas mágicas tradicionais para as racionais, tiveram sua causa no surgimento de um certo número de gênios e de homens notáveis. Esses indivíduos iluminados, parecem sugerir essas análises, ensinaram ao ocidental como fazer um uso correto de sua razão inata.

Nestas páginas, delineamos um quadro diferente. Foi realmente considerável o que realizaram os grandes pensadores do Ocidente. Eles deram expressão e exemplo àquilo que seus contemporâneos experimentavam em seus atos diários, sem serem capazes de traduzi-lo claramente em pensamento. Tentaram organizar as formas mais orientadas para a realidade, ou, em sua própria linguagem, mais racionais de pensamento, que se haviam desenvolvido gradualmente com as mudanças globais na estrutura da interdependência social, e utilizá-las para esclarecer os problemas da existência humana. Deram a outras pessoas um entendimento mais claro do mundo e de si mesmas. Dessa maneira, atuaram também como alavancas na máquina mais ampla da sociedade. Foram em maior ou menor grau, dependendo de seus talentos e situação pessoal, intérpretes e porta-vozes de um coro social. Mas não foram, sozinhos, os originadores do tipo de pensamento que prevalecia na sociedade de seu tempo. Nem criaram o que chamamos de "pensamento racional."*

Essa expressão é evidentemente estática demais e insuficientemente diferenciada para aquilo que tenciona transmitir. Estática demais, porque a estrutura das funções psicológicas muda no mesmo ritmo que a das funções sociais. Insuficientemente diferenciada, porque o padrão de racionalização, a estrutura dos hábitos mais racionais de pensamento, foi e é muito diferente em diferentes classes sociais — como, por exemplo, na nobreza de corte ou nos principais estratos burgueses —, de conformidade com suas diferentes funções sociais e sua situação histórica global. E, finalmente, o mesmo se aplica à racionalização, conforme dito acima, das mudanças de consciência em geral: nela só se manifesta um *único* lado de uma mudança mais abrangente em toda a personalidade social. E ela é acompanhada por uma transformação correspondente das estruturas pulsionais. É, em suma, uma *única* manifestação de civilização, entre outras.

---

* A declinante supremacia da Igreja, o equilíbrio de poder entre os governantes religiosos e seculares — entre sacerdotes e guerreiros — pendendo em favor destes últimos abriu caminho para o que foi a condição *sine qua non* da secularização do pensamento, sem a qual não poderia ter surgido aquilo que temos em mente quando falamos em "racionalização". A emergência não só de um, mas de um grupo inteiro de grandes Estados territoriais altamente organizados e competitivos, governados por príncipes seculares, que constituiu uma das características mais marcantes do desenvolvimento europeu, foi um de seus fatores e, outro, o crescimento de grandes mercados urbanos, de um comércio a longa distância e a formação do capital indispensável para tanto. Um complexo inteiro de alavancas sociais — alavancas de "racionalização" — atuou na direção do fortalecimento de modos menos afetivos, menos orientados para a fantasia, de pensamento e experiência. Os grandes pioneiros intelectuais e, acima de tudo, os pioneiros filosóficos do pensamento racional, trabalharam de dentro de um poderoso processo de mudança social que lhes deu direção, embora também tenham sido alavancas ativas nesse movimento, e não apenas seus objetos passivos. Na verdade, temos que levar em consideração toda a confluência de processos básicos que constituíram o núcleo do desenvolvimento global da sociedade — processos básicos como o de formação a longo prazo do Estado, de formação de capital, de diferenciação e integração, de orientação, civilização, e outros (*Nota do autor à tradução inglesa*).

VI
Vergonha e Repugnância

Não menos característico de um processo civilizador que a "racionalização" é a peculiar modelação da economia das pulsões que conhecemos pelos nomes de "vergonha" e "repugnância" ou "embaraço". O forte arranco da racionalização e o não menos (durante algum tempo) forte avanço do patamar da vergonha e repugnância que se tornou, em termos gerais, cada vez mais perceptível na constituição do homem ocidental a partir do século XVI, foram dois lados de uma mesma transformação na estrutura da personalidade social. O sentimento de vergonha é uma exaltação específica, uma espécie de ansiedade que automaticamente se reproduz na pessoa em certas ocasiões, por força do hábito. Considerado superficialmente, é um medo de degradação social ou, em termos mais gerais, de gestos de superioridade de outras pessoas. Mas é uma forma de desagrado ou medo que surge caracteristicamente nas ocasiões em que a pessoa que receia cair em uma situação de inferioridade não pode evitar esse perigo nem por meios físicos diretos nem por qualquer forma de ataque. Essa impotência ante a superioridade dos outros, essa total fragilidade diante deles, não surgem diretamente da ameaça de superioridade física que os demais realmente representem — embora, sem dúvida, tenha suas origens numa compulsão física, na inferioridade corporal da criança frente aos pais ou mestres. Nos adultos, porém, a impotência resulta do fato de que as pessoas cuja superioridade se teme estão de acordo com o próprio superego da pessoa, com a agência de autolimitação implantada no indivíduo por outros de quem ele foi dependente, que exerciam poder e possuíam superioridade sobre ele. De conformidade com isso, a ansiedade que denominamos de "vergonha" é profundamente velada à vista dos outros. Por forte que seja, nunca é expressada em gestos violentos. A vergonha tira sua coloração específica do fato de que a pessoa que a sente fez ou está prestes a fazer alguma coisa que a faz entrar em choque com pessoas a quem está ligada de uma forma ou de outra, e consigo mesma, com o setor de sua consciência mediante o qual controla a si mesma. O conflito expressado no par vergonha-medo não é apenas um choque do indivíduo com a opinião social prevalecente: seu próprio comportamento colocou-o em conflito com a parte de si mesmo que representa essa opinião. É um conflito dentro de sua própria personalidade. Ele mesmo se reconhece como inferior. Teme perder o amor e respeito dos demais, a quem atribui ou atribuiu valor. A atitude dessas pessoas precipitou nele uma atitude dentro de si que ele automaticamente adota em relação a si mesmo. E é isso o que o torna tão impotente diante de gestos de superioridade de outras pessoas que, de alguma maneira, deflagram nele esse automatismo.

Isso também explica por que o medo de transgredir as proibições sociais assume mais claramente o caráter de vergonha quanto mais perfeitamente as restrições externas foram transformadas, pela estrutura da sociedade, em autor-restrições, e quanto mais abrangente e diferenciado se tornou o círculo de autorrestrições onde se manifesta a conduta da pessoa. A tensão interna, a agitação que surge em todos os casos em que a pessoa se sente compelida a escapar desse espaço fechado, ou quando já fez isso, varia em força de acordo com a gravidade da proibição social e o grau de autocontrole. Na vida comum, chamamos essa agitação de vergonha apenas em certos contextos e, acima de tudo, quando ela se reveste de um certo grau de força, embora, em termos de sua estrutura, seja sempre, a despeito de suas muitas nuanças e graus, o mesmo evento. Tal como todas as autorrestrições, encontra-se em forma menos regular, menos uniforme e menos geral em níveis mais simples de desenvolvimento social. Tal como essas restrições, as tensões e medos desse tipo emergem mais claramente a cada arranco do processo civilizador e, finalmente, predominam sobre outras tensões e medos — principalmente, sobre o medo físico a outras pessoas. Dominam mais na medida em que são pacificadas áreas maiores e aumenta a importância, na modelação da pessoa, das limitações mais comuns que sobem a primeiro plano na sociedade quando os representantes do monopólio da força física passam a exercer regularmente seu controle como se estivessem nos bastidores — na medida, numa palavra, em que progride a civilização da conduta. Da mesma maneira que só podemos falar em "razão" conjugando-a com progressos na racionalização e na formação de funções que exigem espírito de previsão e moderação, só podemos falar em vergonha conjugando-a com sua sociogênese, com os arrancos nos quais avança o patamar da vergonha, ou pelo menos ele se move, e a estrutura e o padrão de autolimitações mudam em determinada direção, reproduzindo-se daí em diante da mesma forma num período de tempo maior ou menor. A racionalização e o avanço dos patamares da vergonha e da repugnância expressam uma diminuição do medo físico direto a outras pessoas e uma consolidação das ansiedades interiores automatizadas, das compulsões que o indivíduo agora exerce sobre si mesmo. Em ambas, são igualmente manifestadas a capacidade de previsão maior e mais diferenciada e a visão a longo prazo que se tornam necessárias a fim de que grupos de pessoas cada vez maiores possam preservar sua existência social numa sociedade crescentemente diferenciada. Não é difícil explicar como se ligam essas mudanças psicológicas aparentemente tão diferentes. Ambas, tanto a intensificação da vergonha como o aumento da racionalização, constituem distintos aspectos da crescente cisão que ocorre na personalidade do indivíduo com o aumento da divisão de funções, distintos aspectos da diferenciação sempre maior entre pulsões e controle de pulsões, entre as funções do "id", "ego" ou "superego". Quanto mais avança essa diferenciação na auto-orientação do indivíduo, mais claramente assume uma função dupla aquele setor das funções controladoras que, em sentido amplo, é chamado de "ego" e, em sentido mais estreito, "superego". Por um lado, esse setor forma o centro a partir do qual a pessoa regula suas relações com outros seres, vivos ou não, e, por outro, forma o centro a partir da qual ela, em parte conscientemente e até certo ponto automática e inconscientemente, controla sua "vida interior", seus próprios sentimentos e impulsos. A camada de funções psicológicas que, no curso da transformação social que acima descrevemos, gradualmente se diferencia das pulsões, as funções do ego ou superego, têm, em outras palavras, uma dupla tarefa a cumprir na personalidade do indivíduo: implementam ao mesmo tempo uma política interna e uma política externa — as quais, além de tudo, nem sempre estão em harmonia e frequentemente se chocam. Isso explica o fato de que, no mesmo período sócio-histórico no qual a racionalização faz visíveis progressos, também se observa um avanço no patamar da vergonha e repugnância. E também que, neste particular, como sempre — de acordo com a regra sociogenética básica — um processo correspondente possa ser observado mesmo hoje na vida de cada criança: a racionalização da conduta é uma expressão da política externa da mesma formação de superego cuja política interna se expressa no avanço do patamar da vergonha.

A partir deste ponto, muitas e grandes cadeias de pensamento se ramificam em diferentes direções. Resta demonstrar como esse aumento de diferenciação na personalidade se manifesta na transformação de determinadas pulsões. Acima de tudo, precisa ser demonstrado como leva a uma transformação dos impulsos sexuais e ao aumento dos sentimentos de vergonha nas relações entre os dois sexos.* Terá que ser suficiente indicar aqui algumas das principais ligações entre os processos sociais descritos acima e esse avanço da fronteira da vergonha e da repugnância.

Mesmo na história mais recente do Ocidente, os sentimentos de vergonha não foram sempre instilados da mesma maneira na personalidade. Para mencionar

---

* Este problema particular, importante como seja, terá que ser deixado de lado, por ora. Sua elucidação exige uma descrição e análise exatas das mudanças que a estrutura da família e todo o relacionamento entre os sexos sofreram no curso da história do Ocidente. Exige, além do mais, um estudo das mudanças na educação de crianças e desenvolvimento de adolescentes. O material coletado para esclarecer esse aspecto do processo civilizador, e as análises que tornou possível, foram volumosos demais e ameaçaram deslocar a linha de indagação principal deste estudo. Mas encontrarão seu lugar em outro volume.

O mesmo se aplica à linha de classe média do processo civilizador, com as mudanças que gerou nas classes burguesas urbanas e na aristocracia não cortesã senhora das terras. Muito embora, também nessas classes, tal transformação da conduta e da estrutura das funções psicológicas esteja ligada a uma reestruturação histórica específica de *todo* o tecido social do Ocidente, ainda assim — conforme já mencionamos várias vezes —, a linha de classe média não cortesã de civilização segue um padrão diferente da linha cortesã. Acima de tudo, o tratamento da sexualidade na primeira não é o mesmo que na última — em parte devido a uma estrutura familiar diferente e até certo ponto por causa do tipo diferente de espírito de previsão que as funções profissionais de classe média exigem. Algo parecido surge se investigamos a transformação civilizadora da religião no Ocidente. A mudança nos sentimentos religiosos, à qual a sociologia dedicou até agora a sua maior atenção, — o aumento da interiorização e racionalização manifestado nos vários movimentos puritanos e protestantes, — obviamente esteve ligada a certas mudanças na situação e estrutura da classe média. A mudança correspondente no Catolicismo, como se vê, por exemplo, na forma pela qual os jesuítas adquiriram sua posição de poder, parece ter ocorrido em contato mais estreito com os órgãos centrais absolutistas, de uma maneira favorecida pela estrutura hierárquica e centralizadora da Igreja Católica. Esses problemas, igualmente, só serão resolvidos quando tivermos um quadro geral mais preciso do entrelaçamento dessas duas linhas de civilização, a não cortesã e de classe média e a cortesã, deixando de lado por ora o movimento civilizador nos estratos operário e camponês, que emergiu mais lentamente e muito mais tarde. (*Nota do autor à tradução inglesa.*)

apenas uma diferença, não foi da mesma maneira que foram inculcados na sociedade hierárquica constituída de estados e na ordem industrializada burguesa que a substituiu.

Os exemplos citados antes, e acima de tudo os que mostram diferenças no desenvolvimento do sentimento de vergonha no tocante à exposição de certas partes do corpo,[148] dão-nos certa ideia dessas mudanças. Na sociedade de corte, a vergonha com a exposição de certas partes era, em conformidade com a estrutura dessa sociedade, ainda largamente restrita dentro de limites do estado ou hierárquicos. A exposição do corpo na presença de inferiores, como, por exemplo, do rei na frente de um ministro, ainda não estava sujeita a uma proibição social muito rigorosa, nem, numa fase anterior, a exposição do homem diante de uma mulher socialmente mais fraca e de classe inferior. Dada essa mínima dependência funcional face a pessoas de categoria mais baixa, a exposição ainda não despertava sentimentos de inferioridade ou vergonha, e podia até ser considerada, como declara Della Casa, como um sinal de benevolência para com o inferior. A exposição por alguém de categoria inferior diante de um superior, por outro lado, ou mesmo diante de pessoas de igual categoria, foi sendo banida da vida social, como um sinal de falta de respeito. Profligada como transgressão, passou a provocar medo. Só quando os muros entre os estados ruíram, quando a dependência funcional de todos face a todos aumentou e todos os membros da sociedade se tornaram vários graus mais iguais, é que essa exposição, excetuados certos enclaves mais estreitos, passou a ser uma transgressão na presença de qualquer outra pessoa. Só então esse comportamento ficou tão profundamente associado ao medo no indivíduo, desde uma tenra idade, que o caráter social da proibição desapareceu inteiramente de sua consciência, surgindo a vergonha como um comando partido de dentro de si mesmo.

E o mesmo se aplica no tocante ao embaraço, que é contrapartida inseparável da vergonha. Da mesma maneira que esta última surge quando alguém infringe proibições de seu próprio ser e da sociedade, a primeira ocorre quando alguma coisa fora do indivíduo invade sua zona de perigo, constituída de formas de comportamento, objetos, inclinações, que foram previamente investidos de medo pelo ambiente, até que esse medo — sob a forma de reflexo condicionado — se reproduz automaticamente em certas ocasiões. O embaraço é o desagrado ou a ansiedade que surgem quando outra pessoa ameaça ignorar, ou ignora, proibições da sociedade representadas pelo próprio superego da pessoa. E esses sentimentos, também, tornam-se cada vez mais diversificados e abrangentes quanto mais extensa e sutilmente diferenciada for a zona de perigo pela qual a conduta do indivíduo é regulada e moldada, e mais avançar a civilização da conduta.

Mostramos já, através de uma série de exemplos, que, a partir do século XVI, a fronteira da vergonha e do embaraço começou a estender-se mais rapidamente. Neste caso, também, as cadeias de pensamento começaram lentamente a confluir. O avanço coincidiu com a acelerada transformação da classe alta em classe de cortesãos. Foi a época em que as cadeias de dependência que se cruzavam no indivíduo se tornaram mais densas e longas, em que as pessoas foram se ligando cada vez mais umas às outras e aumentou a compulsão para o autocontrole. Com a dependência mútua, as pessoas passaram a se observar mais, as sensibilidades e as proibições tornaram-se mais diferenciadas e, igualmente, tornaram-se mais sutis e diversificadas as razões para a vergonha e o embaraço provocadas pela conduta de outras pessoas.

Observamos anteriormente que, com o aumento da divisão de funções e a maior integração das pessoas, diminuíram os grandes contrastes entre as diferentes classes e países, enquanto se multiplicavam as nuanças, as variedades, de sua modelação no contexto da civilização. Neste particular, encontramos uma tendência análoga no desenvolvimento da conduta e dos sentimentos do indivíduo. À medida que se abrandavam os contrastes na conduta individual, e que as flutuações mais violentas do prazer ou desagrado eram contidas, moderadas e mudadas pelo autocontrole, aumentavam a sensibilidade e as gradações ou nuanças da conduta, mais finamente se sintonizavam as pessoas a cada pequeno gesto e forma, e mais complexa se tornava sua experiência de si mesmas e do mundo em que viviam em níveis que antes haviam sido ocultados da consciência pelo véu de emoções fortes.

Esclarecendo este ponto com um exemplo óbvio: os povos "primitivos" sentem os acontecimentos humanos e naturais — dentro do círculo relativamente estreito que para eles se reveste da importância vital (estreito, porque suas cadeias de dependência são relativamente curtas) — de uma maneira que, sob alguns aspectos, é muito mais diferenciada do que a de "povos" civilizados. A diferenciação varia, dependendo de estarmos lidando com agricultores, caçadores ou pastores, por exemplo. Mas como quer que seja, podemos dizer, em termos gerais, que, na medida em que é de vital importância para o grupo, a capacidade dos primitivos para distinguir as coisas na floresta e no campo, seja uma árvore, sons, cheiros ou movimentos, é mais desenvolvida do que nos "civilizados". Mas, entre os mais primitivos, a esfera natural é ainda uma zona de perigo, repleta de medos que os mais civilizados já não sentem. Isso tem uma importância decisiva para o que deixa ou não de ser percebido. A maneira como se sentia a "natureza" foi afetada de modo fundamental, ainda devagar nos fins da Idade Média e cada vez mais depressa a partir do século XVI, pela crescente pacificação das áreas habitadas. Só então as florestas, campinas e montanhas foram deixando de ser zonas altamente perigosas, onde a ansiedade e o medo estavam constantemente presentes na vida do indivíduo. Ao se adensarem a rede de estradas, bem como a interdependência social em geral, os barões salteadores e os animais de presa vão desaparecendo; as florestas e o campo deixam de ser o cenário de paixões desenfreadas, de perseguição selvagem entre homem e animal, de alegrias e medo alucinantes; moldando-se pelo entrelaçamento de atividades pacíficas — como a produção de bens, o comércio e o transporte —, a homens pacificados aparece uma natureza igualmente apaziguada, que eles podem enxergar de uma nova maneira. Ela se torna — dada a crescente importância que o olho adquire como mediador do prazer, ante a gradativa moderação das emoções —, em alto grau, objeto de prazer visual. Além disso, as pessoas — mais exatamente, os citadinos, para quem a floresta e o campo não são o ambiente da vida diária, mas locais de relaxamento — tornam-se mais sensíveis e começam a ver o campo aberto de forma mais diferenciada, num nível que antes lhes era vedado pelo perigo e pelo entrechoque de paixões imoderadas. Sentem prazer na harmonia de cores e linhas, tornam-se sensíveis à beleza da natureza, têm os sentimentos afetados pelos matizes e formas mutáveis das nuvens e o jogo de luzes nas folhas de uma árvore.

Na esteira da pacificação, mudou também a sensibilidade das pessoas à conduta social. Os medos interiores crescem na mesma medida que diminuem os exteriores — os medos de um setor da personalidade no lugar dos de outro. Como resultado dessas tensões internas, as pessoas começaram a sentir experiências umas das outras que haviam sido vedadas enquanto enfrentavam constantemente sérias e inescapáveis ameaças de origem externa. Assim, grande parte das tensões que antes se liberavam diretamente no combate de um homem com outro tinham que se resolver, convertidas em tensão interior, na luta do indivíduo consigo mesmo. A vida social deixou de ser uma zona de perigo — na qual os regabofes, as danças e os prazeres ruidosos, súbita e frequentemente, se transformavam em fúria, pancadaria e assassinato — e tornou-se um tipo diferente de zona de perigo, se o indivíduo não conseguia conter-se o suficiente, se tocava pontos sensíveis, tais como sua própria fronteira de vergonha ou o patamar de embaraço de outrem. Em certo sentido, a zona de perigo agora passava dentro do *self* de cada indivíduo. Por isso mesmo, as pessoas ficaram sensíveis a distinções que antes mal penetravam na consciência. Da mesma maneira que a natureza passara a ser, mais do que antes, uma fonte de prazer mediada pelo olho, as pessoas tornaram-se fonte de prazer visual, ou de um desagrado visualmente despertado. O medo direto inspirado no homem pelo homem diminuiu, e o medo interno mediado pelo olho e pelo superego crescia na mesma medida.

Ao tempo em que o emprego de armas em combate era uma experiência da vida diária, o pequeno gesto de passar a alguém uma faca na mesa (para ficar com apenas um dos exemplos que já mencionamos) não tinha maior importância. Restringindo-se cada vez mais o uso delas, à medida que as pressões externas e internas tornavam as manifestações de raiva através do ataque físico cada vez mais difíceis, as pessoas gradualmente adquiriram maior sensibilidade a tudo o que lembrasse um ataque. O simples gesto de ataque tocava a zona de perigo: tornou-se constrangedor alguém passar uma faca a outra pessoa com a ponta virada para ela.[149] A partir do pequeno círculo altamente sensível da alta sociedade de corte, para o qual essa sensibilidade também se revestia de um valor de prestígio, e exatamente por essa razão constituía um meio de distinguir-se cultivado, essa proibição gradualmente se disseminou por toda a sociedade civilizada. Dessa maneira, associações agressivas, impregnadas por outras originárias da camada de impulsos elementares, combinaram-se, para despertar a ansiedade, com tensões despertadas pelo *status*.

A maneira como o uso da faca depois se restringiu gradualmente, como zona de perigo, por um muro de proibições, já foi mostrada com vários exemplos. Constitui questão aberta até que ponto, na aristocracia de corte, a renúncia à violência física continuou se devendo a uma compulsão externa, e em que medida já se convertera em limitação interna. A despeito de todas as restrições, o uso da faca de mesa, como o da adaga, ainda era muito comum. Da mesma maneira que a caça e a morte de animais ainda constituíam um divertimento permitido e comum para os senhores da terra, o trinchamento de animais mortos à mesa continuava dentro da zona das coisas autorizadas e não causava repugnância. Depois, com a lenta ascensão das classes burguesas, para as quais pela própria natureza de suas funções sociais, a pacificação e a geração de limitações internas eram muito mais complexas e compulsórias, o trinchamento de animais foi sendo repelido das cenas da vida social (ainda que em certos países, especialmente na Inglaterra, como acontece com tanta frequência, alguns dos costumes antigos sobrevivam incorporados aos novos) e o uso da faca, na verdade o simples fato de segurá-la, passou a ser evitado em todos os casos em que não fosse inteiramente indispensável. Crescia a sensibilidade nessa direção.

O exemplo acima é apenas um dentre os muitos aspectos específicos da transformação estrutural da sociedade que denotamos pela deusa palavra "civilização". Em parte alguma da sociedade humana há um ponto zero de medo de potências externas ou de ansiedades internas automatizadas. Embora estes dois medos possam ser sentidos como muito diferentes, são, no fim, inseparáveis. O que acontece no curso do processo civilizador não é o desaparecimento de um e o aparecimento de outro. O que muda é simplesmente a proporção entre os medos de origem externa e os que são gerados dentro da pessoa, e a estrutura que os articula. O temor de potências externas diminui, sem jamais desaparecer. As ansiedades jamais ausentes, latentes ou reais, provocadas pela tensão entre paixões e funções de controle das paixões, tornam-se relativamente mais fortes, gerais e contínuas. A documentação sobre o avanço das fronteiras da vergonha e do embaraço encontrada no primeiro volume deste estudo consiste, na verdade, apenas de exemplos claros e simples da direção e estrutura de uma mudança na personalidade humana que também poderia ser demonstrada no tocante a muitos outros aspectos. Uma estrutura muito semelhante, por exemplo, é exibida pela transição da formação do superego católico medieval para o protestante. Esse fato, também, mostra uma forte mudança no rumo da internalização dos medos. Em tudo isso, uma coisa certamente não se deve ignorar: o fato de que hoje, como antigamente, todas as formas de ansiedades internas no adulto estão vinculadas ao medo que a criança sentia de outras pessoas, de potências externas.

VII

Restrições Crescentes à Classe Alta: Pressões Crescentes a Partir de Baixo

Observamos antes que, em certas representações gráficas[150] atribuídas à classe alta cavaleirosa cortesã dos fins da Idade Média, a retratação de indivíduos da classe inferior e de seus gestos ainda não se considerava algo especialmente repugnante, ao passo que a seleção mais rigorosa correspondente à estrutura de repugnância da classe alta da corte absolutista só permitia que se expressassem na arte gestos nobres, calmos, refinados, enquanto tudo o mais que lembrasse as classes inferiores, tudo de caráter vulgar, era mantido à distância.

Esse asco do vulgar, essa crescente sensibilidade a tudo o que correspondesse ao menor refinamento das classes mais baixas saturava todas as esferas da conduta social na classe alta de corte. Mostramos com detalhes[151] como isso se manifestava, por exemplo, na maneira como a corte modelava a fala. Ninguém dizia, explicava uma dama da corte, "un mien ami" ou "le pauvre deffunct":* isso "cheirava a burguesia". E se o burguês protestava, se respondia que, afinal de contas, muitas pessoas da boa sociedade usavam essas expressões, podia ouvir o seguinte: "É bem possível que haja certo número de pessoas decentes que não possuem suficiente capacidade de apreciação para a delicadeza de nossa língua. Essa 'delicadeza'... é confiada apenas a uns poucos".

Essas palavras são categóricas, como aliás as próprias exigências dessa sensibilidade. As pessoas que escolhem, dessa maneira, o modo de falar, não podem nem sequer tentam justificar por que, num dado caso, esta forma de palavra é agradável e aquela é desagradável. Sua sensibilidade específica está profundamente ligada à regulação e transformação mais intensas dos impulsos da libido, impostas a elas por sua situação social específica. A certeza com que podem dizer "Esta combinação de palavras parece boa, essas cores foram mal escolhidas", a segurança de seu bom gosto, enfim, têm origem mais numa instância de autorregulação que opera mais ou menos inconscientemente do que numa reflexão consciente. Mas aqui também é claro que foram primeiro os pequenos círculos da sociedade de corte os que escutaram com uma nova sensibilidade as nuanças de ritmo, tom e significação da palavra falada e escrita, e que essa sensibilidade, esse "bom gosto", tinham também valor de prestígio para esses círculos. Tudo o que fere seu patamar de embaraço cheira a burguesia, é socialmente inferior e, da mesma forma, tudo o que é burguês afeta seu patamar de embaraço. É a necessidade de distinguir-se de tudo que é burguês que aguça essa sensibilidade. É a estrutura específica da vida na corte — segundo a qual não é a competência profissional, nem mesmo a posse de dinheiro, mas a conduta social polida, que constitui o principal instrumento na competição por prestígio e favor — que fornece ocasião para o refinamento do gosto.

No curso deste estudo, indicamos, através de certo número de exemplos, que, a partir do século XVI, o padrão de conduta social foi colhido por um movimento mais rápido, assim permanecendo nos séculos XVII e XVIII, e que, no correr dos séculos XVIII e XIX, ele se difundiu, transformado em alguns aspectos, por toda a sociedade do Ocidente. Esse aumento das restrições e das transformações da libido começou com a conversão da nobreza cavaleirosa em nobreza de corte. Manteve estreita relação com a mudança, já discutida, nas relações entre a classe alta e outros grupos funcionais. A sociedade marcial cortês não passou nem

---

* Literalmente, "um amigo meu" ou "o pobre defunto". (RJR)

remotamente pela mesma pressão que a aristocracia de corte, não viveu nada parecido com a mesma interdependência face aos estratos burgueses. Essa classe superior cortesã foi uma forma social numa cadeia muito mais densa de interdependências. Estava presa numa pinça que compreendia, por um lado, o suserano, de cujo favor dependia e, por outro, os principais grupos burgueses, com suas vantagens econômicas, grupos estes que estavam pressionando de baixo para cima e contestando a posição da aristocracia. As tensões entre a aristocracia de corte e os círculos burgueses, porém, não aumentaram apenas em fins do século XVIII ou começos do século XIX. Desde o início, a existência dessa aristocracia foi forte e constantemente ameaçada pelas ambiciosas classes burguesas. Na verdade, a transformação da nobreza guerreira em cortesã ocorreu apenas em combinação com o aumento da pressão de baixo para cima, aplicada pelos estratos burgueses. A existência de alto grau de interdependência e tensão entre nobres e burgueses foi um elemento constituinte básico do caráter cortesão dos principais grupos da nobreza.

Não devemos nos deixar enganar pelo fato de que foram precisos séculos para que esse incessante cabo de guerra entre nobres e burgueses se decidisse em favor de alguns dos últimos. Nem devemos ser induzidos ao erro pelo fato de que as restrições à classe alta, a interdependência funcional e a tensão latente entre diferentes estratos na sociedade absolutista fossem menores do que em várias outras sociedades nacionais dos séculos XIX e XX. Em comparação com as limitações funcionais à nobreza guerreira medieval, já eram muito grandes as sofridas pela aristocracia de corte. As tensões sociais, sobretudo entre nobreza e burguesia, assumiram um caráter distinto com o aumento da pacificação da sociedade.

Até a época em que o controle dos instrumentos de violência física — armas e tropas — passou a ser altamente centralizado, as tensões sociais explodiam repetidamente em ações belicosas. Determinados grupos sociais, comunidades de artesãos e seus senhores feudais, cidades e cavaleiros, enfrentavam-se como centros de poder que — o que só Estados fariam mais tarde — teriam que sempre estar dispostos a resolver pela força das armas suas divergências de interesses. Os temores despertados nessa estrutura de tensões sociais ainda podiam ser liberados fácil e frequentemente pela ação militar e pela força física direta. Com a gradual consolidação dos monopólios de poder e a crescente interdependência funcional entre nobreza e burguesia, tudo isso mudou. As tensões se abrandaram. Só em raras ocasiões eram resolvidas pela violência física. Por isso mesmo, manifestavam-se segundo uma pressão constante, que cada membro individual da nobreza teria que absorver pessoalmente. Com essa transformação nos relacionamentos, os temores sociais deixaram de parecer chamas que rebentam de repente, ardem com intensidade e logo se extinguem, mas apenas para ressurgirem com a mesma rapidez, tornando-se, em vez disso, uma espécie de fogo de monturo, cujas chamas não se veem e raramente irrompem à vista de todos.

Desse ponto de vista, igualmente, a aristocracia de corte constituiu um tipo de classe alta diferente da classe dos guerreiros livres da Idade Média. Constituiu a primeira das classes superiores mais limitadas, a que se seguiriam, nos tempos modernos, outras ainda mais agrilhoadas. Estava ameaçada, mais direta e fortemente do que os guerreiros livres, pelas classes burguesas, na base mesma de sua existência social, os privilégios. Já em data tão remota como os séculos XVI e XVII na França, observava-se, entre alguns dos principais grupos burgueses, sobretudo nas altas cortes judiciárias e administrativas, um intenso desejo de se estabelecerem no lugar da nobreza da espada, ou pelo menos a seu lado, como classe superior do país. A política desses estratos burgueses visava principalmente a aumentar seus próprios privilégios a expensas da velha nobreza, embora continuassem — o que dava ao relacionamento entre ambas um caráter peculiarmente ambivalente — ligados à velha nobreza por certo número de frentes sociais comuns. Exatamente por essa razão, os temores que essas tensões incessantes traziam consigo expressavam-se, nesses estratos burgueses, apenas de forma disfarçada, controlada por fortes impulsos do superego. E isso se aplicava ainda mais à nobreza autêntica, que estava na defensiva e na qual o choque da derrota e da perda, que sofrera com a pacificação e sua transformação em elite de corte, há muito tempo mostrava seus efeitos. Os aristocratas de corte, igualmente, tinham que conter com maior ou menor êxito dentro de si mesmos a agitação provocada pelo constante cabo de guerra que travavam com os grupos burgueses. Dada essa estrutura de interdependências, a tensão social produzia uma forte tensão *interna* nos membros da classe alta ameaçada. Esses receios mergulhavam em parte, embora nunca inteiramente, nas zonas inconscientes da personalidade, delas reemergindo apenas em forma modificada, como automatismos específicos de autocontrole. Mostravam-se, por exemplo, na particular sensibilidade da aristocracia de corte a tudo o que, mesmo remotamente, ameaçasse os privilégios hereditários em que se baseava sua existência. Manifestavam-se nos gestos carregados de asco diante de tudo o que "cheirasse a burguesia". E eram em parte responsáveis pelo fato de que a aristocracia de corte era tão mais sensível aos gestos das classes mais baixas do que a nobreza marcial da Idade Média que, rigorosa e enfaticamente, excluía de sua esfera de vida tudo o que fosse "vulgar". Finalmente, esse medo social que ardia permanentemente em fogo lento constituiu uma das mais poderosas forças motrizes do controle social que todos os membros da classe superior exerciam sobre si mesmos e sobre outros membros do círculo em que viviam. Expressava-se na intensa vigilância com que observavam e poliam tudo o que os distinguia das pessoas de categoria mais baixa; não apenas nos sinais externos de *status*, mas também na fala, nos gestos, nas distrações e maneiras. A pressão constante exercida a partir de baixo e o medo que induzia em cima foram, em uma palavra, algumas das mais fortes forças propulsoras — embora não as únicas — do refinamento especificamente civilizado que distinguiu os membros dessa classe superior das outras e, finalmente, para eles se tornou como que uma segunda natureza.

Isto porque a principal função da aristocracia de corte — a função que desempenhava para o poderoso suserano — era exatamente distinguir-se, conservar-se como uma formação social à parte, um contrapeso à burguesia. Tinha inteira liberdade para gastar o tempo refinando a conduta social distintiva, das boas maneiras e do bom gosto. Já os estratos burgueses em ação dispunham de menos tempo para aprimorar conduta e gosto, porquanto eram classes profissionais. Não obstante, tiveram também inicialmente por ideal viver como a aristocracia, exclusivamente de pensões, e ganhar acesso ao círculo da corte, que continuava a ser o modelo para grande parte da burguesia ambiciosa. Seus membros se transformaram em "gentis-homens burgueses". Macaqueavam a nobreza e suas maneiras. Mas era exatamente isso o que tornava inúteis os modismos de conduta continuamente aprimorados nos círculos da corte como meios de distinguir-se o indivíduo dos demais, — e por isso os grupos nobres eram forçados a refinar ainda mais a conduta. Repetidamente, costumes antes considerados "refinados" tornavam-se "vulgares". As maneiras eram polidas incessantemente e o patamar do embaraço avançava sem cessar, até que finalmente, com a queda da sociedade de cortesa absolutista com a Revolução Francesa, esse movimento em espiral chegou ao fim ou, pelo menos, perdeu força. A força motriz que na fase corte impelia a transformação civilizadora da nobreza — e com ela a fronteira da vergonha e da repugnância, como mostraram os exemplos no primeiro volume — era acionada pela maior competição pelos favores do indivíduo mais poderoso dentro do próprio estrato da corte e pela constante pressão que vinha de baixo. Nessa fase, a *circulação de modelos* ocorreu, como resultado da maior interdependência e, portanto, de contactos mais estreitos e mais constante tensão entre as diferentes classes, com uma rapidez muito maior do que na Idade Média. As "boas sociedades" que vieram após a fase de corte entrelaçaram-se, todas elas, direta ou indiretamente, com a rede de ocupações profissionais e, mesmo que uma orientação "cortesã" nunca estivesse inteiramente ausente, esta, nem de longe, exerceu mais a mesma influência. A partir desse momento, as profissões e o dinheiro passaram a ser as principais fontes de prestígio, e a arte, o refinamento da conduta social, deixou de ter para a reputação e o sucesso do indivíduo a importância decisiva que possuíra na sociedade de corte.

Em todos os estratos sociais, a área de conduta que tinha importância vital para seus membros era a mais cuidadosa e intensamente trabalhada. A exatidão com que, na sociedade de corte, cada movimento das mãos à mesa, cada detalhe de etiqueta e mesmo modismos de fala eram refinados, correspondia à importância que todas essas funções possuíam para os membros da corte tanto como meios para distingui-los dos inferiores quanto como instrumentos de competição pelo favor real. O fino arranjo da casa ou parque, a ornamentação ostentosa ou intimista — dependendo da moda — dos quartos de dormir, a maneira espirituosa de levar uma conversa ou mesmo um caso amoroso, todos eles eram, na fase de corte, mais que prazeres privados do indivíduo, genuínas exigências vitais da posição social. Eram precondições para o respeito dos demais, para o sucesso social que, nessa esfera, desempenhava o mesmo papel que, na sociedade burguesa, o sucesso profissional.

No século XIX, com a gradual ascendência dos estratos econômicos, comerciais e industriais burgueses, e a pressão cada vez maior que eles exerciam devido ao acesso às mais altas posições de poder no Estado, todas essas aptidões deixaram de ocupar lugar fundamental na existência social das pessoas: não eram mais de importância decisiva para o sucesso ou o fracasso nas lutas por *status* e poder. Outras aptidões lhes tomaram o lugar como aquelas das quais dependiam o sucesso ou o fracasso na vida — aptidões como a proficiência ocupacional, perícia na luta competitiva por oportunidades econômicas, na aquisição ou controle da riqueza sob a forma de capital, ou as qualidades altamente especializadas necessárias para o progresso político nas lutas partidárias ferozes, embora reguladas, que caracterizam uma era de crescente democratização funcional. Muito embora a estrutura de personalidade dos cortesãos fosse, em grande parte, determinada pela necessidade de competir pelas oportunidades de obter *status* e poder dentro dos únicos mecanismos de governo do período, a estrutura da personalidade social dos estratos ascendentes da burguesia era motivada pela competição por maior parcela da crescente riqueza, sob a forma de capital, ou por cargos e posições que dessem a seus ocupantes maiores oportunidades políticas ou administrativas de obter poder. Estas lutas competitivas, e outras correlatas tornaram-se os principais fatores de limitações que deixaram sua marca sobre a personalidade do indivíduo. Mesmo que certos estratos da nova burguesia econômica e política repetidamente criassem "boas sociedades" próprias e em virtude disso desenvolvessem, ou absorvessem, algumas das aptidões mais altamente cultivadas nas sociedades aristocráticas, o padrão de limitações sociais que pautava os membros dessa burguesia era, num aspecto decisivo, diferente dos que vigoravam para os cortesãos e os cavalheiros. A existência social destes últimos não se fundamentava apenas *de facto* numa renda não produzida pelo trabalho: viver desta e, portanto, sem qualquer ocupação tinha, nesses círculos, um alto valor. Com a ascensão da burguesia econômica e política, mudou esse *ethos* aristocrático. Esperava-se que seus membros, pelo menos os do sexo masculino, trabalhassem para ganhar a vida, mesmo que formassem "boas sociedades" próprias. Formas de sociabilidade, a ornamentação da casa, a etiqueta nas visitas e o ritual à mesa foram, nesse momento, relegados à esfera da vida privada. Estes fatores preservaram sua função vital de forma mais atuante na sociedade nacional em que, a despeito da ascensão burguesa, as formações sociais aristocráticas permaneceram por mais tempo e mais vigorosamente vivas: na Inglaterra. Mas mesmo com o amálgama peculiar que se desenvolveu na Inglaterra com a interpenetração ao longo dos séculos entre os modelos aristocrático e burguês de conduta, traços de classe média gradualmente passaram para o primeiro plano. De modo geral, em todas as sociedades do Ocidente, com o declínio da aristocracia mais pura, quando quer e como quer que isso tenha acontecido, os modos de conduta e formas de afetividade que se desenvolveram foram os necessários ao desempenho de funções produtoras de renda e à execução de um trabalho precisamente regulado. Esse o motivo por que a sociedade burguesa profissional assumiu, em tudo o que dizia respeito à conduta social, o ritual da sociedade de corte, mas sem desenvolvê-lo com a mesma intensidade. E foi também o motivo por que o modelo de controle das emoções avançou nessa esfera apenas lentamente com a ascensão da burguesia profissional. Na sociedade de corte, e em parte na inglesa, também, não existia divisão da vida humana em esferas profissional e privada. Ao se generalizar essa cisão, iniciou-se uma nova fase no processo civilizador. O modelo de controle de emoções necessário ao trabalho profissional diferia em muitos aspectos do que era imposto pela função de cortesão e pelo jogo da vida na corte. O esforço requerido para a manutenção da existência social burguesa, a estabilidade das funções do superego, a intensidade do controle das emoções e de sua transformação, exigidos pelas funções profissionais e comerciais, foram, em suma, muito maiores, a despeito de um certo relaxamento na esfera das maneiras sociais, do que a correspondente estrutura da personalidade social requerida pela vida do aristocrata de corte. Mais óbvia ainda foi a diferença na regulação das relações sexuais. Não obstante, a modelação aristocrática de corte sobre a personalidade passou, desta ou daquela forma, para a burguesia profissional, e foi ainda mais difundida por esta. Descobrimos essa impregnação de estratos mais amplos por formas de comportamento e controle de paixões, que tinham origem na sociedade cortesã, principalmente em regiões em que as cortes eram numerosas e ricas e, correspondentemente, forte sua influência como formadoras de estilo de vida. Paris e Viena constituíram exemplos disso. Foram sedes das duas grandes cortes absolutistas rivais do século XVIII. Um eco de tudo isso pode ser ouvido ainda hoje não só na reputação de que gozam como centros de "bom gosto" ou de indústrias de luxo, cujos produtos se destinam especialmente ao uso de "mulheres finas", mas mesmo no cultivo de relacionamentos sexuais, no caráter erótico da população, mesmo que a realidade neste particular talvez não seja a mesma que a reputação tão frequentemente explorada pela indústria cinematográfica.

Sob uma forma ou outra, contudo, os modelos de conduta da *bonne compagnie* cortesã aristocrática penetraram na sociedade industrializada em geral, mesmo nos casos em que as cortes eram menos ricas, poderosas ou influentes. O fato de a conduta dos grupos ocidentais dominantes, o grau e tipo de seu controle de paixões demonstrarem alto grau de uniformidade, a despeito de todas as variações nacionais, foi, em termos gerais, resultado da existência de cadeias de dependência muito entrelaçadas e longas, que ligavam as várias sociedades nacionais do Ocidente. Nesse contexto geral, porém, a fase de monopólios de poder semiprivados e de uma sociedade aristocrática de corte, com sua alta interdependência em toda a Europa, desempenhou um papel especial na modelação da conduta civilizada no Ocidente. Essa sociedade de corte exerceu pela primeira vez, e em forma particularmente pura, uma função que depois se transmitiu em graus variáveis e com numerosas modificações a estratos cada vez mais amplos da sociedade ocidental, a função de uma "boa sociedade", uma classe superior sob pressão de muitos lados, dos monopólios de tributação e força física, por um lado, e pelas classes inferior e média em ascensão, por outro. A sociedade de corte foi realmente a primeira representante de uma forma específica de classe superior que emergiu com mais clareza quanto mais estreitamente, com o aumento da divisão de funções, as diferentes classes sociais se tornaram mutuamente dependentes e maior se tornou o número de pessoas e de áreas geográficas colocadas em tal interdependência. Precisamente essa forma de classe superior predominou, desse momento em diante, nas regiões do Ocidente. E os modelos de autocontrole, desenvolvidos inicialmente na sociedade aristocrática de corte para a esfera da sociabilidade, foram transmitidos de uma classe a outra, ajustados e modificados, tal como a própria função de classe superior. A herança da sociedade aristocrática teve maior ou menor importância, conforme seu caráter como "boa sociedade" tenha desempenhado um papel maior ou menor para a classe ou nação. Como dissemos, isso aconteceu em grau variável no tocante a classes cada vez maiores e, finalmente, nações inteiras do Ocidente, sobretudo aquelas nações que, tendo criado fortes instituições centrais, logo se tornaram potências coloniais. Nelas houve um aumento — sob pressão da integração social corporificada na intensidade da concorrência dentro da própria classe alta e na necessidade de preservar seu alto padrão de vida e prestígio perante os estratos mais baixos — de um tipo de controle social específico, de sensibilidade ao comportamento de outros membros da própria classe, de autocontrole individual e de força do "superego" individual. Dessa maneira, modos de conduta da classe superior aristocrática de corte fundiram-se com os dos vários estratos burgueses, à medida que estes subiam para a posição da primeira. A *civilité* foi incorporada e perpetuada — com certas modificações, dependendo da situação de seu novo hospedeiro — no que, nesse momento, era chamado de "civilização", ou mais precisamente, de "conduta civilizada". Assim, a partir do século XIX, essas formas civilizadas de conduta se disseminaram pelas classes mais baixas, em ascensão, da sociedade do Ocidente e pelas diferentes classes nas colônias, amalgamando-se com padrões nativos de conduta. Toda vez que isso acontecia, a conduta da classe superior e dos grupos em ascensão se interpenetrava. O padrão de conduta da classe em ascensão, seus tipos de comando e proibições, refletiam em sua estrutura a história da elevação dessa classe. Assim aconteceu que o "padrão típico de controle de paixões e conduta" das diferentes nações-estado industrializadas, seu "caráter nacional", ainda representam a natureza das anteriores relações de poder entre nobreza e burguesia e o curso de lutas entre elas, que duraram séculos, das quais um tipo específico de grupos de classe média finalmente emergiu, durante algum tempo, como o sistema dominante. Dando um único de muitos exemplos, o código nacional de conduta e controle de paixões vigente nos Estados Unidos apresenta maior grau de características de classe média do que — a despeito de numerosas similaridades — o correspondente código inglês. Na elaboração do código inglês, aspectos de origem aristocrática fundiram-se com os provenientes da classe média — e isto é compreensível, uma vez que, no desenvolvimento da sociedade inglesa, podemos observar um processo contínuo de assimilação, no correr do qual modelos da classe superior (especialmente o código de boas maneiras) foram adotados em forma modificada por elementos da classe média, enquanto aspectos desta (como, por exemplo, elementos do código de moral) eram aceitos por elementos da classe alta. Por isso mesmo, quando, no século XIX, aboliu-se a maioria dos privilégios aristocráticos e a Inglaterra, com o aparecimento da classe operária industrial, tornou-se uma nação-estado, o código nacional de conduta do país e o controle das paixões mostraram, com grande clareza, o caráter gradual da solução dos conflitos entre as classes alta e média sob a forma, em curtas palavras, de uma fusão peculiar entre um código de boas maneiras e outro de moral. Processos análogos foram mostrados no Capítulo Um, do Volume 1 deste estudo, com exemplos das diferenças entre os caracteres nacionais alemão e francês. Não seria difícil citar outros a respeito do caráter nacional de outras nações europeias. Em ambos os casos, as ondas de expansão dos padrões de conduta civilizada para uma nova classe fizeram-se acompanhar do aumento do poder social da mesma e da elevação do seu padrão de vida ao da que estava acima, ou pelo menos nessa direção. Classes que vivem permanentemente em perigo de morrer de fome ou de serem exterminadas por inimigos dificilmente podem desenvolver-se ou manter essa autodisciplina estável, característica dos tipos mais civilizados de conduta. Para isso é necessário instilar e manter uma agência de superego mais estável, um padrão de vida relativamente alto e um grau bem elevado de segurança.

Por mais complexa que possa parecer, à primeira vista, a influência dos processos entrelaçados, dentro dos quais a civilização da conduta e da experiência ocorreu nas sociedades europeias, as conexões básicas são muito claras. Todas as distintas tendências mencionadas até agora, como, por exemplo, a lenta elevação dos padrões de vida de grandes segmentos da população, a maior dependência funcional da classe superior, ou a crescente estabilidade instaurada pelos monopólios centrais, todas elas foram parte e consequência de uma divisão de funções que progrediu ora mais ora menos rapidamente. Com a divisão de funções, aumentou a produtividade do trabalho. A maior produtividade era precondição para a elevação dos padrões de vida de classes que cresciam em número; com a divisão de funções, acentuou-se a dependência das classes superiores; e só num estágio muito adiantado dessa divisão de funções é que, finalmente, tornou-se possível a formação de monopólios mais estáveis de força física e tributação, dotados de administrações altamente especializadas, isto é, a formação de Estados no sentido ocidental da palavra, através dos quais a vida do indivíduo ganhou, aos poucos, maior "segurança". O aumento da divisão de funções, porém, colocou também maior número de pessoas, e áreas habitadas sempre maiores, em dependência recíproca, exigiu e instilou maior contenção no indivíduo, controle mais rigoroso de suas paixões e conduta, e determinou uma regulação mais estrita das emoções e — a partir de determinado estágio — um autocontrole ainda maior. Esse é o preço, se podemos chamá-lo assim, que temos que pagar por nossa maior segurança e vantagens correlatas.

Além disso — e isto foi de importância decisiva para o padrão de civilização de nossos dias — o comedimento e o autocontrole característicos de todas as fases de civilização resultaram até agora não apenas da necessidade de cada indivíduo cooperar incessantemente com muitos outros, mas também, em não menor grau, da divisão da sociedade em classes superiores e inferiores. O tipo de comedimento e modelação de paixões gerado em membros das classes superiores recebeu sua marca especial principalmente das tensões que perpassavam a sociedade. A formação do ego e superego dessas pessoas refletiu simultaneamente a competição dentro de sua própria classe e as pressões constantes que vinham de baixo, produzidas, em forma sempre mutável, pela divisão de funções, que avançava. A força das restrições sociais e as muitas contradições nelas existentes, às quais estava sujeito o comportamento de cada membro individual da classe alta do Sistema, e que eram representados por seu próprio "superego", não foi determinada exclusivamente pelo fato de se tratar de um controle exercido por competidores, alguns deles até mesmo em livre competição, mas, acima de tudo, pelo fato de que os membros concorrentes dos grupos tradicionais tinham que fazer causa comum em seus esforços para preservar o prestígio que os distinguia e seu *status* elevado contra aqueles que pressionavam a partir de baixo — e que eram ainda, mais ou menos, *outsiders*. Com grande frequência, nessas condições, a preservação do *status* elevado e das características de personalidades que os distinguiam dos demais exigia uma forma de espírito de previsão, autocontrole e prudência inçados de ansiedades.

Se acompanhamos os delineamentos desses processos ao longo dos séculos, percebemos uma clara tendência para igualar padrões de vida e conduta e nivelar contrastes. Em todas as ondas de expansão que ocorreram quando o modo de conduta de um pequeno círculo se difundiu por classes mais numerosas em ascensão, duas fases podiam ser claramente distinguidas: uma fase de colonização, ou assimilação, na qual a classe mais baixa e numerosa era ainda claramente inferior e estava pautada pelo exemplo do grupo superior tradicional que, intencionalmente ou não, saturou-a com seu próprio padrão de conduta, e uma segunda fase, de repulsão, diferenciação ou emancipação, na qual os grupos em ascensão aumentam perceptivelmente seu poder social e autoconfiança, enquanto o grupo superior é forçado a uma maior moderação e isolamento, e tornam-se maiores os contrastes e tensões na sociedade.

Neste caso, como sempre, ambas as tendências, igualação e diferenciação, atração e repulsão, estão presentes nas duas fases, e essas relações, também, são fundamentalmente ambivalentes. Na primeira fase, porém, que em geral é aquela em que indivíduos ascendem da classe mais baixa para a superior, a tendência desta última a colonizar a primeira e da primeira a copiar a segunda é mais pronunciada. Na segunda fase, em que o poder social do grupo inferior está aumentando, enquanto declina o do grupo superior, a autoconsciência de ambos aumenta com a rivalidade, com a tendência de enfatizar diferenças e — no que interessa à classe superior — consolidá-las. Os contrastes entre as classes aumentam e fica mais alto o muro a separá-las.

Em fases do primeiro tipo, fases de assimilação, numerosos membros da classe inferior em ascensão, ainda que com grande relutância, tornam-se dependentes da classe superior não só em sua existência social mas também em conduta, ideias e ideais. Frequentemente, embora nem sempre, são ainda bisonhos em muitas áreas nas quais os membros da classe superior apresentam-se muito desenvolvidos, e ficam tão impressionados, em sua inferioridade social, com o controle de paixões e o código de conduta da classe alta que tentam controlar suas emoções de acordo com o mesmo padrão. Neste caso, encontramos uma das características mais notáveis do processo civilizador: os membros da classe em ascensão desenvolvem em si mesmos um "superego" modelado na classe superior, colonizadora. Mas, examinando-se mais atentamente o assunto, nota-se que esse superego é, em muitos aspectos, diferente do modelo. É menos equilibrado e, em consequência, muito mais rigoroso. Frequentemente, revela o esforço imenso que a ascensão social do indivíduo exige e mostra igualmente a constante ameaça vinda tanto de baixo quanto de cima, o fogo cruzado que procede de todas as direções, a que o indivíduo fica exposto em sua progressão social. A assimilação total a um grupo mais alto só em casos muito excepcionais se dá numa única geração. Na maioria das pessoas originárias dos grupos inferiores que aspiram a ascender, o esforço inevitavelmente redunda em deformações específicas de consciência e atitude. Elas são conhecidas no Oriente e nas colônias como "Levantinismo" e, nos círculos pequeno-burgueses da sociedade ocidental, podem ser encontrados com frequência sob a forma de "meia educação", a pretensão do indivíduo de ser o que não é, a insegurança no gosto e na conduta, a "vulgaridade" não só no mobiliário da casa e nas roupas, mas também na mente, tudo isso expressando uma situação social que dá origem a um intenso anseio de imitar modelos de um grupo social mais alto. A tentativa fracassa. Continua claramente a constituir uma imitação de modelos importados. A educação, os padrões de vida e os temores dos grupos em ascensão e da classe alta são, nessa fase, ainda tão diferentes que a tentativa dos primeiros de alcançar o *aplomb* da segunda resulta, na maioria dos casos, numa peculiar contrafação e incongruidade de comportamento que, ainda assim, ocultam uma autêntica desolação, o desejo de escapar da pressão de cima e do senso de inferioridade. A construção do superego de acordo com modelos da classe superior gera também, na classe em ascensão, uma forma específica de vergonha e embaraço, mas que é muito diferente das sensibilidades de grupos inferiores que não têm probabilidade de ascensão individual. O comportamento deles pode ser mais tosco, mas é também mais uniforme e de certa maneira mais inteiriço. Vivem mais vigorosamente em seu próprio mundo, sem qualquer reivindicação ao prestígio da classe superior e, por conseguinte, com maior liberdade para liberar paixões. Vivem, em suma, mais plenamente, de acordo com suas próprias maneiras e costumes. Sua inferioridade perante a classe superior, seus gestos de subordinação e resistência, são claros e relativamente públicos, como também suas paixões, expressadas através de formas claras, definidas. Em sua consciência, eles e as outras classes têm, para o que der e vier, claramente definidas suas posições.

Em contraste, os sentimentos e gestos de inferioridade de pessoas que sobem socialmente como indivíduos tomam sua coloração específica do fato de que elas se identificam, até certo ponto, com a classe superior. Apresentam a mesma estrutura que foi descrita antes no caso dos sentimentos de vergonha: pessoas nessa situação aceitam numa parte de sua consciência as normas e maneiras da classe superior como compulsórias para si mesmas, sem serem capazes de adotá-las com a mesma facilidade e naturalidade. E é essa peculiar contradição entre a classe alta que existe dentro de si mesmos, representada pelo próprio superego, e a incapacidade de cumprir-lhe as exigências, é essa constante tensão interior que lhes dá à vida afetiva e conduta o caráter específico.

Ao mesmo tempo, a tribulação em que vivem mostra, de um novo ângulo, a importância que um código de maneiras rigoroso tem para a classe superior. Ele é um instrumento de prestígio, mas também — em certa fase — um instrumento de poder. Não é das menores características da estrutura da sociedade ocidental que o lema de seu movimento colonizador seja "civilização". Para os membros de uma sociedade em que é grande a divisão de funções não basta simplesmente governar indivíduos e países subjugados pela força das armas, como se formassem uma casta guerreira, embora os velhos e simples objetivos da maioria dos antigos movimentos expansionistas — a expulsão de outros povos de suas terras, a aquisição de novos solos para cultivo e assentamento — indubitavelmente tenham desempenhado um papel nada pequeno na expansão do Ocidente. Mas a necessidade não é só de terras, mas também de pessoas. Elas têm que ser integradas, seja como trabalhadores seja como consumidores, na teia do país hegemônico, de classe superior, com sua diferenciação altamente desenvolvida de funções. Isto, por seu turno, exige certa elevação dos padrões de vida e o cultivo do autocontrole e das funções do superego nos povos submetidos, de acordo com os modelos ocidentais: exige, em suma, "civilizar" os colonizados. Da mesma forma que não foi possível no próprio Ocidente, a partir de certo estágio de interdependência, governar as pessoas exclusivamente pela força e ameaças físicas, assim tornou-se necessário, para manter um império que ultrapassou o estágio da mera plantação, governar as pessoas, em parte, através de si mesmas, através da modelação de seu superego. Nas relações nativos-estrangeiros* desse tipo podemos observar características semelhantes, embora, claro, não idênticas, àquelas que se encontram entre classes sociais num estágio comparável de desenvolvimento. Podemos notar, por exemplo, características de uma forma primitiva de ascensão, não ainda do grupo nativo como um todo, mas de alguns de seus membros. Eles absorvem o código dos grupos superiores e passam, assim, por um processo de assimilação. Seu controle de paixões, sua conduta, obedecem às regras dos grupos superiores. Parcialmente, identificam-se com eles e mesmo que a identificação possa revelar fortes ambivalências, ainda assim sua própria consciência, a instância do superego, segue mais ou menos o modelo dos grupos superiores. Pessoas nessa situação tentam reconciliar e fundir esse padrão, o padrão das sociedades civilizadas do Ocidente, com os hábitos e tradições de sua própria sociedade, com maior ou menor grau de sucesso.**

---

* Literalmente, "established" (como em poder *estabelecido*, ou vigente) e "outsiders" (estrangeiros, no sentido dos que são de fora de um grupo dominante). (RJR)
** Enquanto revisava esta tradução com meu amigo Johan Goudsblom, tive, repetidamente, que resistir à tentação de mudar o texto original, de acordo com o atual estado de meus conhecimentos. A tentação tornou-se especialmente forte quando chegamos aos problemas de unidades sociais em ascensão, discutidos nestas páginas, e à influência que a ascensão social, ou alternativamente, a hegemonia social, exerce sobre o código social das mesmas, especialmente sobre as restrições inerentes a este. Os problemas discutidos acima formam atualmente parte de uma teoria de nativos-estrangeiros. Nem todas as formas de opressão social de um grupo por outro assumem a forma de relações de classe. No presente, tenta-se frequentemente utilizar o aparato conceitual desenvolvido a propósito das relações de classes para cobrir todas as formas de opressão de grupo ou, alternativamente, de emancipação de grupos. Não obstante, o modelo de classe é limitado demais. Precisamos de um conceito geral mais amplo para levar em conta as variedades de opressão e ascensão de grupos. Julguei útil utilizar o termo "relação nativos-estrangeiros" como um conceito mais abrangente. Com sua ajuda, podemos analisar mais claramente os aspectos comuns da dominação e sujeição de grupos, bem como as características próprias de cada tipo particular. (*Nota do autor à tradução inglesa.*)

A fim de observar esses processos, porém, não precisamos ir muito longe. Uma fase bem parecida se encontra na ascensão da própria burguesia ocidental: a fase cortesã. Neste caso, também, inicialmente a mais alta aspiração de muitos membros dos grupos principais da burguesia era comportar-se e viver como nobres. No íntimo, reconheciam a superioridade da conduta aristocrática de corte. Procuravam moldar e controlar sua vida de acordo com esse modelo. O diálogo sobre a fala correta do burguês num círculo cortesão, a que nos referimos, constitui bom exemplo disso. Na história da língua alemã, essa fase cortesã da burguesia é claramente assinalada pela conhecida tendência dos oradores e escritores a inserir uma palavra francesa a cada três ou quatro alemãs, se é que não preferiam usar diretamente o francês, a língua das cortes da Europa. Nobres, e mesmo burgueses que eram membros dos círculos cortesãos, frequentemente faziam troça de outros burgueses que tentavam, sem sucesso, agir de forma "refinada" ou cortesã.

À medida que crescia o poder da burguesia, desaparecia também a zombaria. Cedo ou tarde, todas as características da segunda fase da elevação social passaram a primeiro plano. Grupos burgueses enfatizavam cada vez mais sua autoimagem especificamente burguesa: opunham, com autoconfiança crescente, seus códigos de maneiras aos da aristocracia de corte. Dependendo da situação específica de cada um, contrastavam o trabalho com a indolência aristocrática, a "natureza" com a etiqueta, o cultivo da cultura e da moral com o das boas maneiras e da boa conversa, para nada dizer da exigência burguesa especial de controle dos principais monopólios centrais, de uma nova estrutura para administração da tributação e do exército. Acima de tudo, contrapunham sua "virtude" à "frivolidade da corte". A regulação das relações sexuais, as restrições que envolviam a esfera sexual da vida da libido, eram muito mais rigorosas nas classes média e ascendentes burguesas, de conformidade com sua posição profissional, do que na classe superior da aristocracia de corte e, mais tarde, mais fortes naquelas do que nos grupos de alta burguesia que tivessem assumido a condição de classe alta. Mas por mais violenta que essa oposição possa ter sido durante a fase da luta social, por maior que fosse a emancipação das burguesia dos modelos e da predominância da nobreza, o código de conduta que os principais grupos burgueses formularam quando, finalmente, assumiram as funções de classe superior foi, devido à fase precedente de assimilação, o produto de um amálgama de códigos da velha e da nova classes superiores.

A linha principal seguida por esse movimento de civilização — as ascensões sucessivas de grupos cada vez maiores — foi a mesma em todos os países do Ocidente e começa a sê-lo em partes cada vez maiores em outros quadrantes. E semelhante, também, foi a regularidade estrutural subjacente à mesma, a crescente divisão de funções sob pressão da competição, a tendência a uma maior dependência recíproca de todos, que, a longo prazo, não permitiu a grupo algum obter maior poder social do que outros e acabou com os privilégios hereditários. Os processos de livre competição seguiram também um curso semelhante: inclinaram-se para a formação de monopólios controlados por poucos e, finalmente, culminaram na passagem do controle para as mãos de classes mais numerosas. Nesse estágio da luta da burguesia contra os privilégios dos nobres, isso emergiu com grande clareza na "nacionalização" dos monopólios da tributação e da força, previamente administrados no interesse de círculos muito pequenos. Tudo isso seguiu o mesmo curso, cedo ou tarde, tomando um caminho ou outro, em todos os países interdependentes do Ocidente. Nesse contexto comum de similaridades básicas, porém, cada país desenvolveu características estruturais próprias. Correspondendo a estruturas sociais diferentes, surgiram padrões específicos de regulação de emoções, de estruturação da economia das paixões e de superego que finalmente emergiram nas várias nações.

Na Inglaterra, por exemplo, onde a fase absolutista de corte foi relativamente curta, e ocorreram mais cedo os contactos e alianças entre círculos urbanos burgueses e a nobreza fundiária, o amálgama dos padrões de comportamento das classes alta e média se deu gradualmente, durante um período longo. A Alemanha, por outro lado — que, devido à falta de centralização e à Guerra dos Cem Anos que dela resultou, continuou relativamente pobre, com um baixo padrão de vida, por muito mais tempo do que seus vizinhos — passou por uma fase extraordinariamente longa de absolutismo, com grande número de cortes pequenas que mal se poderiam dizer luxuosas e, também por falta de centralização, só chegou à fase de expansão externa, colonial, relativamente tarde e de maneira incompleta. Por todas essas razões, as tensões internas, o isolamento da aristocracia em relação à burguesia, foram nela muito mais fortes e duradouros e difícil o acesso dos grupos burgueses aos monopólios centrais. Na Idade Média, seus grupos urbanos burgueses foram, durante algum tempo, política e economicamente mais poderosos, independentes e autoconfiantes do que em qualquer outro país da Europa. O choque de seu declínio político e econômico foi, por isso mesmo, mais pesado. Ainda que tradições especificamente burguesas se tivessem desenvolvido mais cedo, em forma especialmente pura em muitas regiões germânicas, dado que as formações sociais urbanas antes haviam sido tão ricas e independentes, nesse momento elas persistiam como tradições especificamente burguesas porque seus representantes eram pobres e socialmente impotentes. E, em consequência, só bem tarde os círculos burgueses e nobres se interpenetraram e foram fundidos seus modos de conduta. Durante longo período, os códigos de ambas as classes persistiram sem ligações entre si, justapostos. E porque, durante todo esse período, as posições-chave foram monopólio da nobreza, a habituação a uma autoridade estatal externa forte impregnou profundamente a burguesia. Enquanto na Inglaterra, devido à sua situação de ilha[152], durante longo período nem exército nem força policial centralizada desempenharam qualquer grande papel na modelação da população, embora a Marinha de Guerra o fizesse até certo ponto, na Prússia/Alemanha, com suas longas e vulneráveis fronteiras terrestres, o exército, comandado pela nobreza, por classes privilegiadas, foi, como também a força policial poderosa, da mais alta importância para a estrutura da personalidade social do povo. Essa estrutura de monopólio de força física, contudo, não compeliu pessoas isoladas a adotarem o mesmo tipo de autocontrole que na Inglaterra. Não forçou os indivíduos a se integrarem em relações de "trabalho de equipe", baseadas em alto grau de autocontrole individual e sincronização com outras pessoas. Em vez disso, habituou os homens, desde a infância, num grau muito mais alto, a uma ordem rigorosa de superioridade e inferioridade, a uma ordem de obediência e comando em vários níveis. Compreensivelmente, esse tipo de controle estatal e o emprego nele do monopólio de força física foram menos capazes de transformar os controles exercidos através de terceiras pessoas (ou controles externos) em autocontrole. Faltou também na Alemanha, por muito tempo, uma função específica que em alguns outros países, sobretudo na Inglaterra, realçou nas classes nobre e burguesa um espírito de previsão comum e um padrão análogo de autocontrole bastante desenvolvido: a função central, como classe superior de um império colonial, numa rede muito extensa de interdependências. Na Alemanha, esse controle das paixões no indivíduo se conservou muito dependente de um forte poder estatal e externo. O equilíbrio emocional, o autocontrole do indivíduo, eram postos em risco se faltava esse poder externo. Geração após geração, reproduziu-se nas massas burguesas um superego que estava disposto a renunciar, em favor de um círculo social separado e mais elevado, ao tipo específico de capacidade de previsão exigido pelo governo e organização da sociedade em geral. Mostramos no início deste estudo que essa situação levou, logo no começo da ascensão da burguesia, a um tipo muito específico de autoimagem, a uma abstenção[153] de tudo o que tinha a ver com a administração dos monopólios de poder, e a um cultivo da vida interior e uma exaltação das realizações espirituais e culturais a um lugar especial na tábua de valores.

Mostramos também que o movimento correspondente tomou rumo diverso na França. Aqui, de forma mais contínua do que em qualquer outro país da Europa, desde os começos da Idade Média, círculos cortesãos foram se formando, inicialmente por grupos *courtois* e mais tarde por cortes cada vez maiores, até que finalmente a competição entre os muitos senhores feudais culminou na formação de uma corte real única, poderosa e rica, para a qual fluíam impostos de todo o território. Em consequência, muito cedo uma política econômica centralmente controlada se adotou. Embora ela servisse primariamente aos interesses do suserano monopolista e a seu desejo de maximizar a receita fiscal, ainda assim ela promoveu o desenvolvimento do comércio e o surgimento de ricas classes burguesas. Dessa maneira, já em tempos remotos houve contactos entre a burguesia em ascensão e os aristocratas da corte, com sua constante necessidade de dinheiro. Ao contrário de muitos domínios absolutistas relativamente pequenos e mediocremente dotados, o regime rico, centralizado, do absolutismo francês fomentou a transformação geral de restrições externas em autorrestrições e a fusão de padrões de conduta aristocráticos de corte com os burgueses. E quando, ao fim dessa fase, se completou a ascensão a partir de baixo, e com ela a nivelação e igualação dos padrões sociais característicos de toda essa fase do processo civilizador, quando a nobreza perdeu seus direitos hereditários e *status* como classe superior separada, e os grupos burgueses lhe assumiram as funções, estes mantiveram, como resultado da longa interpenetração precedente, os modelos, os padrões de controle de emoções e as formas de conduta da fase cortesã, de uma forma mais constante e invariável do que qualquer outra classe burguesa da Europa.

VIII

Conclusão

Se analisamos em sua totalidade esses movimentos do passado, o que vemos é uma mudança em direção bem-definida. Quanto mais profundamente penetramos na riqueza de fatos particulares a fim de descobrir a estrutura e regularidades do passado, mais solidamente emerge um contexto firme de processos dentro dos quais são reunidos os fatos dispersos. Da mesma forma que, no passado, quem observava a natureza, após seguir numerosas hipóteses que em nada deram, gradualmente começou a distinguir uma visão coerente dela tomando forma diante de seus olhos, hoje os fragmentos do passado humano reunidos em nossa mente e em nossos livros pelo trabalho de muitas gerações, começam, aos poucos, a se encaixar num quadro consistente da história e do universo humano em geral. A contribuição aqui dada a esse quadro será brevemente sumariada de um ponto de vista específico, o de nossos próprios dias. Isso porque o perfil das passadas mudanças no tecido social se torna mais visível quando visto contra os eventos de nossa própria época. Neste caso, também, como tão frequentemente acontece, o presente ilumina a compreensão do passado e a imersão neste ilumina o presente. Em muitos aspectos, a dinâmica do entrelaçamento observada em nossos dias, com seus numerosos altos e baixos, representa a continuação, no mesmo rumo, de movimentos e contramovimentos de mudanças antigas na estrutura das sociedades do Ocidente.

No ponto da desintegração máxima do sistema feudal no Ocidente, conforme mostramos,[154] entrou em ação uma certa dinâmica de entrelaçamento social que tendeu a integrar unidades cada vez maiores. Da concorrência de pequenos domínios, de territórios, estes mesmos formados nas lutas entre unidades de sobrevivência ainda menores, umas poucas, e finalmente uma única, lentamente despontou como vitoriosa. O vencedor plasmou o centro em torno do qual novos e maiores domínios foram integrados. Formou o centro monopolista de uma organização estatal, no contexto da qual muitas das regiões e grupos que competiam livremente gradualmente se aglutinaram numa sociedade mais ou menos unificada e equilibrada, de uma ordem mais alta de magnitude.

Atualmente, esses Estados, por seu lado, formam equilíbrios de poder entre as unidades sobreviventes, que competem livremente entre si. Esses Estados, também, sob a pressão das tensões da competição, que mantêm toda a nossa sociedade no eterno fermento dos conflitos e crises, agora se vêm, por sua vez, forçados a entrar mais claramente em oposição mútua. Mais uma vez, numerosos domínios rivais estão tão estreitamente entrelaçados que aquele que permanecer imóvel, que não se tornar mais forte, corre o risco de se enfraquecer e tornar-se dependente de outros Estados. Como em todos os sistemas de equilíbrio com competição crescente e sem um monopólio central, os poderosos Estados que formam os principais eixos de tensão no sistema pressionam-se mutuamente numa espiral incessante, a fim de ampliar e fortalecer seu poder. A luta pela supremacia e, destarte, sabendo-se disso ou não, para a formação de monopólios sobre áreas ainda mais vastas, já está em pleno andamento. E se no presente o que está em jogo é a supremacia sobre continentes, já se notam sinais claros, concomitantes com a interdependência de áreas cada vez maiores, de lutas pela supremacia num sistema que envolve toda a terra habitada.

No presente como no passado, a dinâmica da interdependência, mencionada tantas vezes nestas indagações, mantém o homem em movimento e pressiona na direção de mudanças em suas instituições e, na verdade, na estrutura global de suas configurações. A experiência de nossos dias refuta também a ideia que dominou o pensamento do homem durante mais de um século, a ideia de que um sistema equilibrado de unidades em livre competição — Estados, empresas, artesãos, o que quer que seja — possa ser mantido indefinidamente nessa situação de equilíbrio precário. Hoje como antes, essa situação de competição isenta de monopólio está sendo empurrada para a formação dos mesmos. A razão por que esse equilíbrio é tão instável, e tão alta a probabilidade de seu desmoronamento, foi mostrada na análise da dinâmica da competição e monopolização feita acima.[155]

Hoje, tanto quanto antes, não são *apenas* as metas e pressões "econômicas", nem tampouco *apenas* os motivos políticos, que constituem as principais forças motrizes das mudanças. Nem a aquisição de "mais" dinheiro ou "mais" poder econômico é a meta real da rivalidade entre Estados ou da ampliação do âmbito do Estado, nem a aquisição de maior poder político e militar constitui simplesmente uma máscara, um meio para atingir a meta econômica. Os monopólios de violência física e dos meios econômicos de consumo e produção, sejam coordenados ou não, estão inseparavelmente interligados, sem que um deles jamais seja a base real e o outro meramente uma "superestrutura". Juntos, eles geram tensões específicas em pontos particulares no desenvolvimento da estrutura social, tensões que pressionam no sentido de sua transformação. *Juntos, formam o cadeado que liga a corrente que agrilhoa homens entre si.* Em ambas as esferas de aglutinação humana, a política e a econômica, estão em funcionamento os mesmos mecanismos, em permanente interdependência. Da mesma maneira que a tendência do grande comerciante a ampliar sua empresa tem origem, em última análise, em tensões que se manifestam em *toda* a constelação humana da qual faz parte, e acima de tudo no perigo de menor controle e perda de independência, se uma firma rival crescer mais do que a sua, os Estados em competição se empurram cada vez mais para o alto na espiral competitiva, sob a pressão de tensões imanentes a toda a estrutura que formam. Numerosas pessoas podem desejar pôr fim a esse movimento em espiral, ao rompimento do equilíbrio entre competidores "livres" e às lutas e mudanças que esse desmoronamento acarreta. No curso da história humana até agora, as limitações impostas pela aglutinação de seres humanos a longo prazo sempre foram mais fortes do que esses desejos. Atualmente, as relações internacionais, ainda não reguladas por um monopólio abrangente de força, estão sendo empurradas, mais uma vez, na direção desses monopólios e, assim, para a formação de domínios de uma nova ordem de magnitude.

Precursores dessas unidades hegemônicas, como Estados aliados, impérios e ligas de nações certamente já existem. E todos eles são relativamente instáveis. Como antes, nos séculos de lutas entre domínios territoriais, hoje ainda não se resolveu, na luta entre os Estados, nem é possível resolver, por ora, onde ficarão os centros e as fronteiras das unidades hegemônicas mais amplas do futuro. Como antes, é impossível predizer quanto tempo será necessário para que essa luta, com seus muitos avanços e recuos, tenha finalmente sua conclusão. E como os membros das unidades menores, cujas lutas lentamente geraram os Estados, nós, também, pouco mais temos que uma ideia vaga da estrutura, organização e instituições das unidades maiores para as quais tendem as ações, saibam-no ou não os atores.[156] Só uma coisa é certa: a direção para a qual tende a integração do mundo moderno. A tensão competitiva entre os Estados, dadas as pressões que nossa estrutura social encerra, só pode ser resolvida após uma longa série de provas de força, violentas ou não violentas, ter estabelecido monopólios de força e organizações centrais em domínios mais vastos, dentro dos quais muitos menores, os "Estados", possam crescer juntos numa unidade mais equilibrada. Neste particular, na verdade, as forças irresistíveis do entrelaçamento social conduziram à transformação da sociedade do Ocidente numa única e mesma direção desde a época da máxima desintegração feudal até o presente.

O caso é muito parecido no tocante a numerosos outros movimentos do "presente". Todos eles são vistos sob uma nova luz, quando considerados como momentos naquela corrente que ora chamamos de "passado" ora, de "história". Até mesmo *dentro* das unidades hegemônicas de hoje vemos certo número de lutas competitivas isentas de monopólio. Mas, em muitos lugares, essa livre competição está chegando à fase final. Em toda parte, nessas lutas travadas com armas econômicas, organizações monopolistas privadas já estão sendo formadas. E como antes, na formação dos monopólios da tributação e da força física nas mãos de dinastias isoladas, já eram discerníveis as forças irresistíveis que finalmente levaram à ampliação do controle, fosse subordinando o executivo do monopólio a um legislador eleito ou através de qualquer outra forma de "nacionalização", em nossos dias já entrevemos a dinâmica configuracional imanente em ação, reduzindo a possibilidade de controle privado dos monopólios "econômicos" recentes e aproximando mais sua estrutura das antigas, de modo que é provável que eles finalmente se inclinem para a integração de ambos.

O mesmo se pode dizer a respeito das demais tensões que provocam mudanças nas diferentes unidades hegemônicas, as tensões entre pessoas que controlam diretamente certos instrumentos do monopólio como propriedades hereditárias e aquelas excluídas de tal controle e que participam de competição sem liberdade, dependendo todos das oportunidades distribuídas pelos controladores do monopólio. Aqui, encontramo-nos mais uma vez em meio a um arranco histórico que, como uma grande onda de uma maré que avança, absorve as ondas menores que a precederam e as levam mais longe na mesma direção. Na análise do mecanismo do monopólio, mostramos em termos mais gerais[157] como e por que, na tensão entre os que os controlam e os que o servem, o equilíbrio, em certo grau da pressão total, tende a ser mais ou menos rapidamente perturbado. Mostramos que movimentos rápidos nessa direção ocorriam já num período antigo da sociedade ocidental. Encontramo-los, por exemplo, no processo de feudalização, mesmo que este envolvesse apenas uma mudança dentro da própria classe alta. Essa mudança, além disso, em favor de muitos a expensas de poucos, provocou, como resultado do baixo grau de divisão de funções, a desintegração do controle sobre as oportunidades monopolizadas e a decadência dos centros monopolistas.

Aumentando a divisão de funções, e com ela a interdependência mútua de todas, esse tipo de mudança no equilíbrio de poder não se expressou mais pela tendência de dispersar oportunidades monopolizadas entre numerosos indivíduos, mas pela tendência de controlar os centros monopolistas e as oportunidades que eles distribuíam de maneira diferente. A primeira grande fase de transição desse tipo, a luta das classes burguesas pelo controle dos velhos centros monopolistas, controlados pelos reis e, em parte, pela aristocracia como propriedade hereditária — os primeiros monopólios completos dos tempos modernos — mostra isso com grande clareza. Por muitas razões, é mais complexo em nossos dias o modelo de classes em ascensão. Uma das razões é que hoje se tornou necessário lutar não só pelos velhos centros monopolistas de tributação e violência física, ou apenas pelos monopólios econômicos recentes ainda em processo de formação, mas pelo controle simultâneo de ambos. O tipo elementar de forças em ação neste particular, porém, é muito simples, mesmo neste caso: toda oportunidade de criação de monopólio limitada pela hereditariedade a certas famílias gera tensões e desproporções específicas na sociedade interessada. Tensões desse tipo tendem para uma mudança de relações e, por isso, de instituições em todas as sociedades, embora, quando a diferenciação é baixa e, especialmente, quando a classe superior consiste de guerreiros, elas frequentemente permaneçam sem solução. Sociedades com uma divisão de funções altamente desenvolvida são muito mais sensíveis às desproporções e disfunções ocasionadas por essas tensões, cujos efeitos são permanentemente sentidos em toda a sociedade. Embora, nessas sociedades, possa haver mais de uma maneira pelas quais as tensões podem ser conciliadas e removidas, a *direção* a que tendem para se transcenderem é predeterminada pelo modo como vieram a surgir, por sua gênese. As tensões, desproporções e disfunções resultantes do controle monopolista de oportunidades, no interesse de alguns, só podem ser resolvidas pela destruição desse controle. O que não se pode saber de antemão, porém, é quanto tempo vai durar a luta que se seguirá.

Alguma coisa muito parecida, finalmente, está acontecendo em nosso tempo com a conduta das pessoas e com toda a estrutura de sua personalidade. No curso deste estudo, tentamos demonstrar em detalhe esses fatos e como a estrutura das funções psicológicas, o modelo específico de controle do comportamento num período dado, vincula-se à estrutura das funções sociais e à mudança nos relacionamentos entre as pessoas. Acompanhar detalhadamente essas conexões em nossa época é uma tarefa ainda por se realizar. Mas os pontos mais gerais podem ser rapidamente esclarecidos. As forças estruturais que atuam tão visivelmente hoje para uma mudança mais ou menos rápida das instituições e dos relacionamentos interpessoais levam com não menor clareza a mudanças correspondentes na estrutura da personalidade. Neste caso, também, obtemos uma ideia mais clara do que está acontecendo comparando-o, como um arranco numa direção dada, com os movimentos passados dos quais é continuação. Nas dores de parto de outras grandes mudanças sociais, o padrão dominante de conduta das classes superiores terminou sofrendo um maior ou menor afrouxamento. Um período de incerteza precedeu a consolidação de um novo padrão. Padrões de comportamento foram transmitidos não só de cima para baixo, mas, em conformidade com a mudança no centro de gravidade social, de baixo para cima. Assim, no curso da ascensão da burguesia, por exemplo, o código de conduta aristocrático de corte perdeu parte de sua força. As formas sociais tornaram-se mais relaxadas e, de alguma maneira, mais rudes. Os rigorosos tabus observados em certas esferas na classe média, acima de tudo os relativos ao dinheiro e à sexualidade, saturaram círculos mais amplos em graus variáveis até que, finalmente, quando desapareceu esse equilíbrio específico de tensões, em ondas alternadas de relaxamento e renovada severidade, elementos dos padrões de conduta de ambas as classes fundiram-se num código novo e mais estável.

As grandes mudanças que atualmente vivemos diferem em estrutura de todas as precedentes, por mais que possam prossegui-las e basear-se nelas. Não obstante, certas semelhanças estruturais com a mudança que acabamos de descrever são encontradas em nosso próprio tempo. Neste caso, também encontramos um relaxamento dos padrões tradicionais de comportamento, a ascensão, a partir de baixo, de certos modos de conduta, e uma crescente interpenetração dos padrões de classes diferentes. Notamos maior severidade em algumas esferas e certa vulgaridade em outras.

Períodos como este, períodos de transição, proporcionam uma oportunidade especial à reflexão: os padrões mais antigos foram contestados, mas os novos ainda não surgiram. As pessoas se tornam mais incertas em matéria de conduta. A própria situação social transforma a "conduta" em problema agudo. Nessas fases — e talvez apenas nelas — ficam abertas à discussão na conduta muitas coisas que as gerações anteriores consideravam como certas e naturais. Os filhos começam a pensar a partir do ponto em que os pais pararam suas reflexões, começam a perguntar por razões em casos em que os pais não viram razão para indagar: por que deve "a pessoa" comportar-se desta maneira aqui e daquela outra ali? Por que isto é proibido e aquilo permitido? Qual é o propósito deste preceito sobre as maneiras e daquele, sobre a moral? Convenções que foram aceitas durante gerações passam a ser problematizadas. Além disso, como resultado da maior mobilidade e de encontros mais frequentes com tipos humanos diferentes, as pessoas aprendem a se enxergar de uma distância maior: porque o código de conduta na Alemanha é diferente do da Inglaterra, por que o inglês difere do americano e por que a conduta de todos esses países é diferente da que se observa no Oriente e em sociedades mais primitivas?

As investigações precedentes tentaram levar algumas dessas questões para mais perto de uma solução. Na verdade, apenas colocaram problemas que "estão no ar". Procuraram, tanto quanto o permitem os conhecimentos de uma única pessoa, esclarecer as questões e preparar um caminho que, no fogo cruzado da discussão, possa levar à indagação, em conjunto com outros pesquisadores. Os padrões de comportamento de nossa sociedade, gravados no indivíduo desde a mais tenra infância como uma espécie de segunda natureza e mantidos em estado de alerta por um controle social poderoso e cada vez mais rigorosamente organizado, precisam ser explicados, não em termos de finalidades humanas gerais, a-históricas, mas como algo que evoluiu da totalidade da história do Ocidente, das formas específicas de comportamento que se desenvolveram durante seu curso e de forças de integração que as transformaram e propagaram. Esses padrões, tal como todo o controle de nosso comportamento, como a estrutura de nossas funções psicológicas em geral, possuem muitas camadas: em sua formação e reprodução, impulsos emocionais desempenharam um papel não menos importante que os racionais, as pulsões e sentimentos não menos que as funções do ego. Há muito tempo se costuma explicar o controle ao qual o comportamento individual está sujeito em nossa sociedade como alguma coisa essencialmente racional, fundamentada exclusivamente em considerações lógicas. Nestas páginas, ele é considerado de outra maneira.

Mostramos que a racionalização, e com ela a modelação e a explicação mais racional de tabus sociais,[158] é apenas um lado de uma transformação que afetou *toda* a personalidade, afetando as pulsões e sentimentos no mesmo grau que a consciência e a reflexão. Demonstramos ainda que a força motriz dessa mudança de auto-orientação individual foi fornecida por pressões surgidas do entrelaçamento em muitas esferas de atividades humanas, pressões que atuaram numa direção dada, ocasionando mudanças na forma dos relacionamentos e em todo o tecido social. Essa racionalização foi acompanhada de uma enorme diferenciação nas cadeias funcionais e de uma correspondente mudança na organização da força física. Sua precondição foi a elevação do padrão de vida e do nível de segurança, ou, em outras palavras, uma maior proteção contra os ataques ou a destruição física e, assim, contra os medos incontroláveis que afetavam com muito mais força os indivíduos que eram membros de sociedades com monopólios menos estáveis de força e divisão menos acentuada das funções. No presente, estamos tão acostumados à existência desses monopólios mais estáveis de força e da maior previsibilidade da violência deles resultante, que mal nos damos conta de sua importância para a estrutura de nossa conduta e personalidade. Mal compreendemos com que rapidez o que denominamos de nossa "razão", este direcionamento relativamente previdente e diferenciado de nossa conduta, com seu alto grau de controle de emoções, desmoronaria ou entraria em colapso se as tensões que induzem ansiedade em nós e em volta de nós mudassem, se os medos que nos afetam a vida de repente se tornassem muito mais fortes ou fracos ou, como em muitas sociedades mais simples, as duas coisas sucedessem ao mesmo tempo, ora mais fortes, ora mais fracos.

Só quando deslindamos essas conexões é que ganhamos acesso ao problema da conduta e de seu controle pelo código social vigente em determinada época. O grau de ansiedade, tal como toda a economia do prazer, difere em todas as sociedades, em todas as classes e fases históricas. A fim de compreender o controle da conduta que a sociedade impõe a seus membros, não basta conhecer as metas racionais que podem ser referidas para explicar seus comandos e proibições. Temos que explorar até sua origem os medos que induzem os membros dessa sociedade, e acima de tudo, os guardiães de seus preceitos, a controlar a contuda dessa maneira. Só obtemos uma melhor compreensão das mudanças de conduta e sentimentos numa direção civilizadora, portanto, se nos tornarmos conscientes das mudanças na estrutura dos medos construídos, a que eles estão ligados. A direção de tal mudança foi esboçada antes[159]: o medo direto que uma pessoa sente de outras diminui; os medos indiretos ou internalizados aumentam na mesma proporção; os dois tipos tornam-se mais uniformes; as ondas de ansiedade não sobem mais com tanta frequência ou altura, apenas para desmoronarem com igual rapidez; com algumas oscilações, leves em comparação com o que aconteceu em fase anterior, permanecem normalmente no nível médio. Quando isso acontece, conforme vimos, a conduta assume — através de graus e estágios — um caráter mais "civilizado". Neste contexto como em todos os outros, a estrutura dos medos e ansiedades nada mais é que a contrapartida psicológica das restrições que pessoas exercem umas sobre as outras através do entrelaçamento de suas atividades. Os medos formam um dos canais — e dos mais importantes — através dos quais a estrutura da sociedade é transmitida às funções psicológicas individuais. A força propulsora subjacente à mudança na economia das paixões, na estrutura dos medos e ansiedades, é uma mudança muito específica nas restrições sociais que atuam sobre o indivíduo, uma transformação específica de toda a teia de relacionamentos e, acima de tudo, da organização da força.

Com grande frequência, parece às pessoas que os códigos que lhes regulam a conduta em relação aos outros e, assim, também os medos que as motivam, são alguma coisa de fora da esfera humana. Quanto mais profundamente imergimos nos processos históricos, no curso dos quais as proibições, bem como os medos e ansiedades, foram criados e transformados, mais aumenta uma introvisão que tem sua importância para nossos atos, bem como para nossa compreensão de nós mesmos: *damo-nos conta do grau em que os medos e ansiedades que motivam as pessoas são obra do homem*. Para sermos exatos, a possibilidade de sentir medo, exatamente como a de sentir alegria, constitui parte inalterável da natureza humana. Mas a força, tipo e estrutura dos medos e ansiedades que ardem em fogo lento ou fulguram em chamas no indivíduo nunca dependem exclusivamente de sua própria "natureza" nem, pelo menos em sociedades mais complexas, da "natureza" no meio da qual ele vive. São sempre determinados, em última análise, pela história e estrutura real de suas relações com outras pessoas, pela estrutura da sociedade; e mudam com ela.

Temos aqui, na verdade, uma das chaves indispensáveis para compreender todos os problemas colocados pela orientação da conduta humana e pelos códigos de mandamentos e "tabus". A criança e o adolescente jamais aprenderiam a controlar o próprio comportamento sem o medo instilado por outras pessoas. Sem a influência desses medos criados pelo homem, o jovem animal humano nunca se tornaria um adulto merecedor do nome de ser humano, tal como a humanidade de ninguém amadureceria plenamente se a vida lhe negasse suficientes alegrias e prazeres. Os medos que os adultos consciente ou inconscientemente inculcam na criança sofrem nela uma precipitação e, daí em diante, se reproduzem mais ou menos automaticamente. A personalidade maleável da criança é tão modelada por medos que ela aprende a agir de acordo com o padrão predominante de comportamento, sejam esses medos gerados pela força física direta ou pela privação, pela restrição de alimento ou de prazeres. Os medos e ansiedades criados pelo homem, sejam eles medos ao que vem de fora ou ao que está dentro de nós, finalmente mantêm em seu poder até mesmo o adulto. A vergonha, o medo da guerra e o medo de Deus, o medo que o homem sente de si mesmo, de ser dominado pelos seus próprios impulsos afetivos, todos eles são direta ou indiretamente induzidos nele por outras pessoas. Sua força, forma e o papel que desempenham na personalidade do indivíduo dependem da estrutura da sociedade e de seu destino nela.

Nenhuma sociedade pode sobreviver sem canalizar as pulsões e emoções do indivíduo, sem um controle muito específico de seu comportamento. Nenhum controle desse tipo é possível sem que as pessoas anteponham limitações umas às outras, e todas as limitações são convertidas, na pessoa a quem são impostas, em medo de um ou outro tipo. Não devemos nos enganar: as constantes produção e reprodução de medos pela pessoa são inevitáveis e indispensáveis onde quer que seres humanos vivam em sociedade, em todos os casos em que os desejos e atos de certo número de indivíduos se influenciem mutuamente, seja no trabalho, no ócio ou no ato do amor. Mas não devemos acreditar nem tentar convencer-nos de que os comandos e medos que *hoje* imprimem sua marca na conduta humana tenham como "objetivo" simples, e fundamental, essas necessidades básicas de coexistência humana, e que estejam limitados em nosso mundo às restrições e medos necessários a um equilíbrio estável entre os desejos de muitos e à manutenção da cooperação social. Nossos códigos de conduta estão tão cheios de contradições e de desproporções como as formas de vida social, como aliás, também, a estrutura de nossa sociedade. As restrições às quais o indivíduo está submetido hoje, e os medos correspondentes a elas, são em seu caráter, força e estrutura decisivamente determinados pelas forças específicas geradas pela estrutura de nossa sociedade, que acabamos de discutir: pelo seu poder e outros diferenciais, e as imensas tensões que criam.

Deixamos claro em que caos e perigos vivemos, e tivemos oportunidade de discutir as forças estruturais que lhes determinam a direção. São essas forças, muito mais do que a limitação simples de trabalhar em grupo, são as tensões e entrelaçamentos desse tipo que expõem atualmente o indivíduo ao medo e à ansiedade. As tensões entre Estados, criadas pela dinâmica irresistível de suas lutas pela supremacia sobre domínios cada vez maiores, encontram expressão na constituição psicológica da pessoa, em frustrações e restrições específicas. Impõem a esses indivíduos uma pressão de trabalho e uma insegurança profunda que nunca cessam. Tudo isso, as frustrações, a inquietação, a pressão do trabalho, não menos que a ameaça que nunca termina à vida inerente às tensões entre Estados, gera ansiedades e medos. O mesmo se aplica às tensões dentro de cada sociedade e Estado. A competição incontrolável, isenta de monopólio, entre pessoas da mesma classe, por um lado, e as tensões entre diferentes classes e grupos, por outro, dão origem também, no caso do indivíduo, a uma contínua ansiedade e a proibições ou restrições específicas. Elas, também, produzem seus próprios medos específicos: medos de perda do emprego, de uma vulnerabilidade imprevisível aos que exercem poder, de cair abaixo do nível de subsistência, que prevalecem nas classes mais baixas; bem como os medos de degradação social, de redução das posses ou independência, de perda de prestígio e *status*, que desempenham papel tão importante na vida das classes média e alta. E foram precisamente medos e ansiedades desse tipo, medos de perder o prestígio hereditário que distinguia a pessoa, conforme mencionamos[160], que desempenharam até hoje um papel decisivo na modelação do código vigente de conduta. Exatamente esses medos, vimos também, tendem muito à internalização; eles, muito mais do que o medo da pobreza, da fome ou do perigo físico direto, enraizaram-se em cada membro dessas classes, através da criação e educação, sob a forma de ansiedades internas que o prendem quase automaticamente a um código aprendido, sob a pressão de um forte superego, mesmo independentemente de qualquer controle exercido por outras pessoas. A preocupação constante dos pais com o fato de os filhos se pautarem ou não pelo padrão de conduta de sua classe ou da classe mais alta, se manterão ou aumentarão o prestígio da família, se defenderão sua posição na competição dentro de sua própria classe, medos desse tipo cercam a criança desde os primeiros anos, e isso acontece muito mais na classe média, entre aqueles com ambição de subir na vida, do que na classe superior. Medos desse tipo desempenham um papel considerável no controle ao qual a criança é submetida desde o começo, nas proibições que lhe são impostas. Talvez apenas em parte conscientes nos pais e até certo ponto já automatizadas, elas são transmitidas à criança tanto por gestos quanto por palavras. Continuamente jogam combustível no círculo ígneo das ansiedades internas, que mantém o comportamento e os sentimentos da criança em crescimento permanentemente dentro de limites definidos, prendendo-a a certo padrão de vergonha e embaraço, a um sotaque específico, a maneiras peculiares, deseje ela isso ou não. Até mesmo as normas impostas à vida sexual, e as ansiedades automáticas que hoje a cercam em um grau tão alto, surgem não só da necessidade elementar de controlar e equilibrar os desejos dos muitos que vivem juntos, mas também têm origem, em grau considerável, nas pressões e tensões em que vivem a classe alta e, especialmente, a classe média em nossa sociedade. Elas, também, estão estreitamente relacionadas com o medo de perder oportunidades, posses e prestígio, de degradação social, de possibilidades reduzidas na dura luta da vida, inculcado desde cedo na criança pelo comportamento de pais e educadores. E mesmo que essas limitações e ansiedades paternas possam, algumas vezes, provocar exatamente o que devem prevenir, mesmo que a criança possa ser tornada incapaz, por essas ansiedades automática e cegamente instiladas, de vencer na vida e conseguir prestígio social — qualquer que seja o resultado, são sempre as tensões da sociedade onde vivem que são projetadas pelos gestos, proibições e medos dos pais na criança. O caráter hereditário das oportunidades monopolizadas e do prestígio social encontra expressão direta na atitude dos pais para com o filho;

dessa maneira, a criança é levada a sentir os perigos que ameaçam essas oportunidades e esse prestígio, a sentir todas as tensões da sociedade, antes mesmo de saber qualquer coisa a respeito delas.

Essa ligação entre os medos externos dos pais, diretamente condicionados pela posição social dos mesmos, e as ansiedades internas, automáticas, da criança em crescimento, é indubitavelmente um fato de importância muito mais geral do que pode ser demonstrado aqui. Só obteremos uma compreensão mais profunda da estrutura da personalidade do indivíduo, e das mudanças históricas em sua modelação ao longo de sucessivas gerações, quando formos mais capazes de observar e analisar longas cadeias de gerações do que é possível hoje. Mas uma coisa já se tornou muito clara em nossos dias: a profundidade com que a estratificação, as pressões e tensões de nossa própria época penetram na estrutura da personalidade do indivíduo.

Não podemos esperar de pessoas que vivem em meio a essas tensões, que são levadas, sem culpa alguma, a incorrer em culpa em cima de culpa em relação umas às outras, que se comportem reciprocamente de uma maneira que represente — como parece que se acredita hoje com tanta frequência — a culminância final da conduta "civilizada". O entrelaçamento contínuo de atividades humanas atuou como uma alavanca que, ao longo dos séculos, produziu mudanças de conduta na direção de nosso padrão. As mesmas pressões evidentemente operam em nossa sociedade na mesma direção, no sentido de produzir mudanças que transcendam os atuais padrões de conduta e sentimentos — embora, hoje como no passado, essas tendências, a qualquer tempo, possam entrar em marcha a ré. Da mesma forma que acontece com a estrutura social, nosso tipo de conduta, nosso nível de limitações, proibições e ansiedades não é algo definitivo, e ainda menos uma culminância.

Para começar, paira sobre nós a ameaça constante de guerra. Repetindo o argumento em forma diferente, guerra não é o oposto de paz. Por uma necessidade, cujas razões se tornaram claras, as guerras entre unidades menores foram, no curso da história até o presente, estágios e instrumentos inevitáveis no apaziguamento das unidades maiores. Certamente a vulnerabilidade da estrutura social e, em consequência, os riscos e convulsões sociais desencadeados sobre todos os interessados pela violência explosiva das guerras aumentam na mesma proporção em que progride a divisão de funções, e quanto maior for a dependência mútua dos adversários. Por isso mesmo, sentimos em nossa época uma crescente disposição a resolver futuros conflitos entre Estados através de meios menos perigosos. Mas é muito claro que em nossos dias, da mesma forma que antes, a dinâmica da crescente interdependência está impelindo à configuração de Estados dimensionados para esses conflitos, à formação de monopólios de força física em áreas cada vez maiores da Terra e, assim, através de todos os terrores e lutas, concorre para a pacificação das mesmas. Conforme mencionado anteriormente, para além das tensões entre os continentes e já em parte despontando nelas, começam a emergir as tensões da fase seguinte. Podemos ver os primeiros lineamentos de um sistema mundial de tensões composto de alianças e unidades supranacionais de vários tipos, o prelúdio de lutas que abracem todo o globo e que são as precondições para um monopólio mundial de força física, para uma única instituição política central e, assim, para a pacificação da Terra.

O caso é o mesmo no tocante às lutas econômicas. A livre competição econômica, igualmente, não é, conforme vimos, apenas o oposto da ordem monopolista. Ela está constantemente se inclinando para além de si mesma na direção oposta. Deste ponto de vista, também, nossa época é tudo menos um ponto final ou culminância, pouco importando quantas derrocadas parciais, como em períodos de transição estruturalmente semelhantes, possam ocorrer. Neste aspecto, também, ela abunda em tensões não superadas, em processos inconclusos de integração, cuja duração e curso exato não são previsíveis e cuja direção apenas é clara: uma tendência de a livre competição ou, o que significa a mesma coisa, a propriedade desorganizada dos monopólios, ser reduzida e abolida, e uma mudança nas relações humanas, através da qual o controle das oportunidades cessa gradualmente de ser o privilégio hereditário e privado de uma classe alta tradicional e torna-se uma função sob controle social e público. E neste particular, também, por baixo do véu das atuais tensões, as da próxima fase estão se tornando visíveis, as tensões entre os funcionários de nível superior e médio da administração monopolista, entre a "burocracia", por um lado, e o resto da sociedade, por outro.

Só quando essas tensões entre e dentro de Estados forem dominadas é que poderemos esperar tornar-nos mais realmente civilizados. No presente, muitas das regras de conduta e sentimentos implantados em nós como parte integral da consciência, do superego individual, são resquício de aspirações ao poder e ao *status* de grupos tradicionais e não têm outra função que a de reforçar suas chances de obter poder e manter a superioridade de *status*. Elas ajudam membros desses grupos a se distinguirem não apenas através de suas próprias realizações pessoais — que, com moderação, são justificadas — mas através da apropriação monopolista das oportunidades de obter poder, o acesso ao qual é bloqueado a outros grupos interdependentes. Só quando as tensões entre e dentro dos Estados forem dominadas é que haverá a possibilidade de que a regulação das paixões e conduta do homem em suas relações recíprocas seja limitada àquelas instruções e proibições que são necessárias para manter o alto nível de diferenciação e interdependência funcional, sem o qual mesmo os atuais níveis de conduta civilizada na coexistência humana não poderiam ser mantidos, e ainda menos superados. Só então haverá uma possibilidade, também, de que o padrão comum de autocontrole esperado do homem possa ser limitado àquelas restrições que são necessárias a fim de que ele possa viver com os demais e consigo mesmo com uma alta probabilidade de prazer e uma baixa probabilidade de medo — seja dos outros, seja de si mesmo. Só com a eliminação das tensões e conflitos entre os homens é que esses mesmos tensões e conflitos que operam dentro dele podem se tornar mais brandos e menos nocivos às suas probabilidades de desfrute da vida. Neste caso, não precisará ser mais a exceção, talvez venha a tornar-se mesmo a regra que o indivíduo possa alcançar o equilíbrio ótimo entre suas paixões imperiosas, a exigir satisfação e realização, e as limitações a ele impostas (sem as quais continuaria a ser um animal selvagem e um perigo tanto para si mesmo quanto para os demais) — enfim, possa chegar àquela condição a que com tanta frequência nos referimos com palavras altissonantes, como "felicidade" e "liberdade": uma equilíbrio mais durável, uma sintonia mais fina, entre as exigências gerais da existência social do homem, por um lado, e suas necessidades e inclinações pessoais, por outro. Se a estrutura das configurações humanas, de sua interdependência, tiver essas características, se a coexistência delas, que afinal de contas é a condição da existência individual de cada uma, funcionarem de tal maneira que seja possível a todos os assim interligados alcançar tal equilíbrio, então, e só então, poderão os seres humanos dizer a respeito de si mesmos, com alguma justiça, que *são* civilizados. Até então, estarão, na melhor das hipóteses, em meio ao processo de se tornarem civilizados. Até então poderão dizer, quando muito: o processo civilizador está em andamento, ou, como o velho d'Holbach: "la civilisation... n'est pas encore terminée."*

---

* "A civilização... ainda não está completada." (RJR)

Notas

1. James Westfall Thompson, *Economics and Social History of Europe in the Latter Middle Ages (1300-1530)* (Nova York e Londres, 1931), p.506-7.
2. Este fato é exemplificado pelas consequências que resultaram da ação dos estados ou do fisco carolíngio. Elas não foram, talvez, tão extremas como parecem à vista da citação abaixo, mas, sem dúvida alguma, a situação do fisco carolíngio desempenhou um papel na formação de fronteiras nacionais:

> O caráter difuso do fisco carolíngio... transformou o fisco numa espécie de imensa rede a envolver o Império. Sua divisão e dispersão constituíram um fator mais importante, na dissolução do Império Franco, do que a ambição política local dos nobres proprietários de terras...
> O fato histórico de que o coração do fisco se situasse na Europa Central explica as divisões da Europa Central no século IX e tornou essas regiões o campo de batalha de reis antes que se tornassem um campo de batalha entre nações...
> A fronteira que separou a futura França da futura Alemanha foi traçada no século IX porque o maior bloco do fisco se situava entre elas...

James Westfall Thompson, *Economic and Social History of the Middle Ages (300-1300)* (Nova York e Londres, 1928), p.241-2. Cf. do mesmo autor: *The Dissolution of the Carolingian Fisc* (Berkeley: University of California Press, 1935).

3. A Luchaire, *Les premiers Capétiens* (Paris, 1901), p.180.
4. C. Petit-Dutaillis, *La monarchie féodale en France et en Angleterre* (Paris, 1933), p.8, com mapa anexo. Para detalhes sobre a fronteira leste do Império Franco do Ocidente e suas modificações, cf. Fritz Kern, *Die Anfänge der Französischen Ausdehnungspolitik* (Tübingen, 1910), p.16.
5. Paul Kirn, *Das Abendland vom Ausgang der Antike bis zum Zerfall des Karolingischen Reiches, Propyläen-Weltgeschichte*, vol.3 (Berlim, 1932), p.118.
6. Brunner, *Deutsche Rechtsgeschichte*, citado por A. Dopsch, *Wirtschaftliche und soziale Grundlagen der europäischen Kulturentwicklung* (Viena, 1924), parte 2, p.100-1.
7. A. Dopsch, *Wirtschaftliche und soziale Grundlagen der europäischen Kulturentwicklung aus der Zeit von Cäsar bis auf Karl den Grossen* (Viena, 1918-24), parte 2, p.115.
8. Kirn, *op.cit.*, p.118.
9. A. von Hofmann, *Politische Geschichte der Deutschen* (Stuttgart e Berlim, 1921-8), vol.1, p.405.

10. Ernst Dümmler, *Geschichte des ostfränkischen Reiches* (Berlim, 1862-88), vol.3, p.306.
11. Paul Kirn, *Politische Geschichte der deutschen Grenzen* (Leipzig, 1934), p.24.
12. F. Lot, *Les derniers Carolingiens* (Paris, 1891), p.4; ver também J. Calmette, *Le monde féodale* (Paris, 1934), p.119.
13. Beaudoin, citado por J. Calmette, *La société féodale* (Paris, 1932), p.27.
14. Luchaire, op.cit., p.176-7. Um esboço da distribuição do domínio político à época de Hugo Capeto é dado por M. Mignet no "Essai sur la formation territoriale et politique de la France", *Notices et Mémoires Historiques* (Paris, 1845), vol.2, p.154 e segs.
15. A Luchaire, *Histoire des Institutions Monarchiques de la France sous les premiers Capétiens (987-1180)* (Paris, 1883), vol.2. Notes et Appendices, p.329.
16. Karl Hampe, *Abendländisches Hochmittelalter*, Propyläen Weltegeschichte, vol.3 (Berlim, 1932), p.306.
17. Kirn, *Das Abendland vom Ausgang der Antike bis zum Zerfall des Karolingischen Reiches*, p.119.
18. A. Dopsch, *Die Wirtschaftsentwicklung der Karolingerzeit, vornehmlich in Deutschland* (Weimar, 1912), vol.1, p.162; cf. também a descrição geral da mansão feudal e da aldeia em Knight, Barnes e Flügel, *Economic History of Europe* (Londres, 1930), "The Manor", p.163 e segs.
19. Marc Bloch, *Les caractères originaux de l'histoire rurale française* (Oslo, 1931), p.23.
20. Dopsch, *Wirtschaftlich und soziale Grundlagen der europäischen Kulturentwicklung aus der Zeit von Cäsar bis auf Karl den Grossen*, pt.2, p.309: "Quanto maior se tornava a real base de poder econômica e social desses funcionários, menos podia a monarquia pensar em tirar da família do titular o cargo, por ocasião de sua morte."
21. Calmette, *La société féodale*, p.3.
22. *Ibid.*, p.4-5. Cf. sobre esse problema o contraste entre os feudalismos europeu e japonês em W.C. Macleod, *The Origin and History of Politics* (Nova York, 1931), p.160 e segs. Neste caso, reconhecidamente, a explicação da feudalização europeia é buscada antes nas instituições precedentes do fim do período romano do que em forças contemporâneas de integração: "Numerosos autores parecem acreditar que o feudalismo europeu do Ocidente teve sua origem institucional nas instituições teutônicas pré-romanas. Expliquemos, porém, que é fato que os invasores germânicos simplesmente aproveitaram instituições contratuais da última fase do Império Romano que..." (p.162). O próprio fato de que instituições e relações feudais análogas tenham surgido nas partes as mais diferentes do mundo só pode ser plenamente compreendido através de uma clara introvisão da força irresistível das relações concretas e da dinâmica da configuração específica, e somente a análise delas poderá explicar por que a feudalização diferiu uma de outra em certas maneiras.

Outra comparação entre diferentes sociedades feudais é encontrada em O. Hintze, *Wesen und Verbreitung des Feudalismus*, Sitzungsberichte der Preussischen Akademie der Wissenschaften, phil. hist. Klasse (Berlim, 1929), p.321 e segs. O autor, influenciado pelas ideias de Max Weber sobre a metodologia da pesquisa histórica e social, tenta "descrever o *tipo ideal* subjacente ao conceito de feudalismo". Mas, embora esse estudo comece de fato a transformar o método historiográfico mais antigo em outro mais interessado em estruturas sociais reais e tenha por isso mesmo dado origem a introvisões especialmente úteis, a comparação que faz de diferentes sociedades feudais é um dentre muitos exemplos para as dificuldades que surgem quando o historiador adota as ideias metodológicas orientadoras de Max Weber e tenta — nas palavras de Otto Hintze — construir "abstrações e tipos visuais". As semelhanças que o observador de diferentes povos e sociedades encontra não são tipos ideais que têm, em certo sentido, de ser mentalmente construídos, mas um parentesco real, existente, entre as próprias estruturas sociais. Se falta isso, fracassa todo conceito de tipos do historiador. Se temos que contrapor outro conceito a esse de "tipo ideal", escolheríamos o de "tipo real". A semelhança entre diferentes sociedades feudais não é um produto artificial do pensamento, mas, reiterando-o, resulta do fato de que formas semelhantes de aglutinação social apresentam forte tendência a se desenvolverem de uma maneira que, de fato, e não apenas "na ideia", produz padrões correlatos de relacionamento e instituições em distintas ocasiões e locais da sociedade global.

Um bom número de exemplos, pelos quais sou grato a Ralph Bonwit, demonstrou uma notável semelhança entre as forças do entrelaçamento social que resultaram nas relações e instituições feudais do Japão e as estruturas e forças que atuaram no feudalismo ocidental. Uma análise estrutural comparativa desse tipo seria um método muito mais útil para explicar as peculiaridades em que as instituições feudais do Japão e sua mudança histórica diferem do que sucedeu no Ocidente.

Resultados semelhantes foram produzidos por uma investigação preliminar da sociedade guerreira dos tempos de Homero. A fim de explicar a produção de grandes ciclos épicos — para mencionar apenas este aspecto — na sociedade antiga e na sociedade cavaleirosa do Ocidente, não precisamos de qualquer hipótese biológica especulativa, da ideia de uma "juventude" dos "organismos" sociais. Será suficiente examinar as formas específicas da vida social que se desenvolveram nas cortes feudais de médio e grande porte ou em campanhas militares e viagens. Os bardos e menestréis, com seus relatos em verso do destino e façanhas heroicas de grandes guerreiros, transmitidos por via oral, tiveram na vida diária dessas sociedades marciais um lugar e função específicos que diferiam, por exemplo, dos dos cantores e canções de tribos cujos membros viviam mais intimamente ligados.

Obtemos também, de um ângulo diferente, acesso às mudanças estruturais nas antigas sociedades marciais examinando mudanças estilísticas nos vasos e suas pinturas, nos começos da Antiguidade. Quando, por exemplo, na pintura de vasos originários de determinados períodos, aparecem elementos "barrocos", com gestos e vestuários afetados ou — se a expressão for positiva — refinados, devemos, em vez de supor um "envelhecimento" biológico da sociedade em causa, pensar em processos de diferenciação, na emergência de Casas mais ricas, distinguindo-se da massa da sociedade marcial, e numa maior ou menor transformação de guerreiros em cortesãos, ou, dependendo das circunstâncias, procurar uma influência colonizadora de cortes mais poderosas. Introvisões das tensões e processos específicos na sociedade feudal que a documentação mais abundante sobre o antigo período europeu torna possível, podem, numa palavra, aguçar e aperfeiçoar, em alguns aspectos, nossa observação de material originário da Antiguidade. Mas, claro, suposições desse tipo devem, em todos os casos, basear-se num rigoroso exame do material relativo à história estrutural da própria sociedade antiga.

Estudos comparativos de sociogênese ou de história estrutural desse tipo mal começaram. Indispensável ao seu sucesso será uma iniciativa que é tornada muito difícil pela excessiva separação entre as disciplinas acadêmicas e pela falta de colaboração entre elas, que têm caracterizado a pesquisa até agora. Essencial para a compreensão das antigas sociedades feudais, e sua estrutura, por exemplo, será um preciso estudo comparativo das sociedades feudais vivas, antes que seja tarde demais. O profundo conhecimento de detalhes e conexões estruturais necessário para a compreensão de qualquer sociedade, que o material originário do passado é fragmentado demais para fornecer, só se tornará disponível para a interpretação se a etnologia basear suas pesquisas menos exclusivamente em sociedades mais simples, em "tribos", se a história se ocupar menos com sociedades e processos do passado, e se ambas as disciplinas, juntas, voltarem a atenção para aquelas sociedades vivas que, em sua estrutura, mais se assemelham à sociedade medieval do Ocidente. As duas, juntas, devem investigar a estrutura, no sentido mais estrito da palavra, das dependências funcionais através das quais pessoas que nela vivem se aglutinam de certas maneiras, e as forças inerentes ao entrelaçamento que, em certas circunstâncias, provocam a mudança dessas dependências e relações em direção muito específica.

23. Sobre esta discussão e a subsequente, cf. A. e E. Kulischer, *Kriegs und Wanderzüge* (Berlim e Leipzig, 1932), p.50 e segs.

24. J.B. Bury, *History of the Eastern Roman Empire* (1912), p.373, citado por Kulischer, *op.cit.*, p.62.

25. Henri Pirenne, *Les villes du moyen âge* (Bruxelas, 1927).

26. Kirn, *Politische Geschichte der deutschen Grenzen*. Para maiores detalhes sobre as diferenças em ritmo e estrutura entre as feudalizações alemã e francesa, cf. J. W. Thompson, "German Feudalism", *American Historical Review*, vol.28, 1923, p.440 e segs. "O que o século IX fez pela França para transformá-la em país feudal na Alemanha só aconteceu nas guerras civis do reinado de Henrique IV." *Ibid.*, p.444.

Neste caso, reconhecidamente (e, mais tarde, por exemplo, em W.O. Ault, *Europe in the Middle Ages*, 1932), o declínio da área franca do Ocidente se explica acima de tudo em termos de maior ameaça externa: "A Germânia estava menos exposta a ataques externos e possuía uma constituição mais sólida que a da França. O feudalismo germânico não se tornou um sistema tão rígido e anquilosado como o francês. A 'Velha' França desmoronou nos séculos IX e X; a 'Velha' Alemanha, ancorada em antigos ducados, que permaneceram intactos, conservou sua integridade" (Thompson, *op.cit.*, p.443). Outro fator decisivo na rapidez e no grau da desintegração feudal na área franca, porém, foi precisamente o fato de que, depois de os normandos terem se assentado, as invasões por tribos estrangeiras e, por conseguinte, a ameaça externa, foram menores do que na área franca oriental. A questão se áreas maiores, uma vez unificadas, decaem mais lentamente e se, ao contrário, uma vez ocorrida a decadência, elas se reintegram com maior dificuldade do que as menores, esse problema de dinâmica social, enfim, precisa ser ainda investigado. Mas, de qualquer modo, lado a lado com a debilitação gradual da Casa Carolíngia provocada, pelo menos em parte, pela inevitável redução de sua riqueza no correr das gerações, pela perda de parte de suas terras a fim de pagar por serviços ou pela sua divisão entre diferentes membros da família (este assunto, igualmente, precisa ser estudado em maiores detalhes), iniciou-se uma fase de desintegração que se estendeu por todo o domínio carolíngio. É possível que mesmo no século IX essa desintegração da área franca do Ocidente tenha ido mais longe do que mais tarde na região germânica. Mas ela, com certeza, se deteve mais rapidamente nesta última exatamente devido à maior ameaça externa. Durante longo período, essa ameaça proporcionou a chefes tribais individuais a oportunidade de se transformarem em fortes governantes centrais, graças a sucessos militares sobre inimigos comuns e, dessa maneira, revigorou mais uma vez e ampliou a organização central carolíngia. Durante algum tempo, a possibilidade de expansão colonial, a aquisição de novas terras na fronteira oriental da região germânica, atuaram na mesma direção para fortalecer a autoridade central. Na área franca do Ocidente, em contraste, a partir do século IX, ambos os fatores foram menos importantes: a ameaça de invasão de tribos estrangeiras e a possibilidade de uma expansão conjunta além-fronteiras. Proporcionalmente menor foi a possibilidade de formação de uma monarquia forte. A "missão real" estava faltando e, assim, a desintegração feudal ocorreu mais rápida e completamente." (Cf. p.25 e segs. e 41-2 deste volume.)

27. E. Levasseur, *La population française* (Paris, 1889), vol.1, p.154-5.
28. Bloch, *op.cit.*, p.5.
29. W. Cohn, *Das Zeitalter der Normannen in Sicilien* (Bonn e Leipzig, 1920).
30. H. See, *Französische Wirtschaftsgeschichte* (Jena, 1930), p.7.
31. Kur Breysig, *Kulturgeschichte der Neuzeit* (Berlim, 1901), vol.2, p.937 e segs., especialmente a p.948.

> Se as ações das três monarquias forem comparadas... procurando-se as razões de seus sucessos diferentes, a causa final não será encontrada em eventos isolados. A monarquia anglo-normanda beneficiou-se de uma circunstância que nem estava em seu poder nem no de qualquer ser mortal, mas fundamentava-se em toda a estrutura da história interna e externa da Inglaterra. Em virtude do fato de que, em 1066, um novo Estado tenha sido fundado na Inglaterra a partir dos próprios alicerces, tornou-se possível usar as experiências recolhidas pelas grandes monarquias, acima de tudo, pela mais próxima, a francesa. A fragmentação da alta nobreza e a hereditariedade dos cargos foram, em certo sentido, apenas as conclusões que a monarquia normanda retirou do destino de seu exemplo mais próximo.

32. Pirenne, *Les villes du moyen âge*, p.53. A opinião oposta foi adotada mais recentemente por D.M. Petrusevki, "Strittige Fragen der mittelalterlichen Verfassungs und Wirtschaftsgeschichte", *Zeitschrift für die gesamte Staatswissenschaft*, vol.85 (Tübingen, 1928), p.468 e segs. Este trabalho não deixa de ter interesse porquanto, justamente por se mostrar unilateral na direção oposta, põe na devida perspectiva certas obscuridades na visão histórica tradicional e algumas inadequações dos conceitos em voga.

Assim, por exemplo, a ideia de que as cidades da Antiguidade haviam desaparecido por completo nos princípios da Idade Média é refutada por outra ideia, embora não menos imprecisa. Cf. a versão mais equilibrada de H. Pirenne, *Economic and Social History of Medieval Europe* (Londres, 1936), p.40: "Quando a invasão islâmica fechou os portos do mar Tirrênio... a atividade municipal rapidamente se extinguiu. Salvo no sul da Itália e em Veneza, onde foi mantida graças ao comércio com Bizâncio, ela desapareceu em toda parte. As cidades continuaram a existir, mas perderam sua população de artesãos e mercadores e, com eles, tudo o que sobrevivera da organização municipal do Império Romano."

À tese estática, segundo a qual a "economia de troca" e a "economia monetária" não expressaram a *direção* de um processo histórico gradual, mas dois estados físicos separados, sucessivos e irreconciliáveis da sociedade (cf. p.34 e p.49-50, acima), Petrusevski opôs a tese de que jamais existiu essa tal "economia de troca": "Não queremos discutir aqui em detalhes o fato de que, como demonstrou Max Weber, a economia de troca constituiu uma dessas utopias eruditas que não só não existem e nunca existiram na realidade, mas que, ao contrário de outras... que são também generalizações utopistas devido ao seu caráter lógico, jamais podem ter qualquer aplicação à realidade concreta" (p.488). A essa concepção, podemos opor a versão de Pirenne (*op.cit.*, p.8):

> Do ponto de vista econômico, a instituição mais notável e característica dessa civilização foi o grande Estado. Sua origem, claro, é muito antiga e é fácil comprovar-lhe a filiação a um passado muito remoto...[p.9]. O novo foi a maneira como ele funcionou a partir do desaparecimento do comércio e das cidades. Enquanto o comércio foi capaz de transportar-lhe os produtos e as cidades de fornecer-lhe um mercado, o grande Estado comandou e consequentemente lucrou com a venda regular fora de suas fronteiras... mas agora cessou de assim agir porque não havia mais

mercadores nem citadinos... agora, que todos viviam de sua própria terra, ninguém se dava ao trabalho de comprar alimentos no exterior... Assim, cada Estado se dedicou ao tipo de economia que tem sido descrita, com grande inexatidão, como "economia fechada na grande propriedade" e que foi, na realidade, simplesmente uma economia sem mercados.

Finalmente, Petrusevski opõe — à tese de que o "feudalismo" e a "economia de troca" foram duas diferentes esferas, ou patamares, de existência da sociedade, esta última com a infraestrutura que produziu ou causou a primeira — sua teoria segundo a qual os dois fenômenos nada têm a ver entre si: "... ideias que se chocam inteiramente com o fato histórico, tal como a de subordinação do feudalismo à economia de troca ou sua incompatibilidade com uma organização estatal abrangente" (p.488).

No texto precedente, tentamos demonstrar o estado real das coisas. A forma específica de economia de troca que prevaleceu nos começos da Idade Média, as economias relativamente indiferenciadas e sem mercados associadas às grandes cortes, e a forma específica da organização política e militar que denominamos feudalismo, nada mais foram do que dois diferentes aspectos das mesmas formas de relacionamentos humanos. Podem ser conceitualmente *distinguidos* como dois diferentes aspectos dos mesmos relacionamentos humanos, mas, mesmo conceitualmente, não podem ser *separados*, como duas substâncias que existissem independentemente uma da outra. As funções políticas e militares do senhor feudal e sua função como proprietário de terra e de servos foram profundamente interdependentes e indissoluvelmente ligadas. E, de igual maneira, as mudanças que gradualmente ocorreram na situação desses senhores e em toda a estrutura dessa sociedade não podem ser explicadas *exclusivamente* em termos de um movimento autônomo das relações e funções econômicas ou *exclusivamente* em termos de mudanças das funções políticas e militares, mas apenas em termos do entrelaçamento de atividades humanas que abrangem essas duas áreas inseparavelmente ligadas de funções e formas de relacionamento.

33. Cf. a "Introdução", de autoria de Louis Halphen, em A. Luchaire, *Les communes Françaises à l'époque des Capétiens directs* (Paris, 1911), p.viii.

34. *Ibid.*, p.ix.

35. *Ibid.*, p.18.

36. Hans von Werveke, "Monnaie, lingots ou marchandises? Les instruments d'échange au XIe et XIIe siècles", *Annuales d'histoire économique et sociale* (setembro, 1932), n.17, p.468.

37. *Ibid.* O processo correspondente na direção oposta, o recuo no uso do dinheiro e o avanço dos pagamentos em produtos naturais, começou logo no início da Antiguidade mais recente: "Quanto mais se adiantava o século III, mais rápido se tornava o declínio. A única moeda que permanecia em circulação era o *antonianus*..." (F. Lot, *La fin du monde antique* (Paris, 1927), p.63: "Os salários do exército tendiam cada vez mais a ser pagos em produtos da terra" (p.65)... "Quanto às consequências inelutáveis de um sistema que permite que serviços sejam remunerados apenas como pagamento em espécie, a distribuição de terra, elas já são facilmente percebidas: levam ao que é chamado de regime feudal ou a um regime análogo (p.67)."

38. M. Rostovtsev, *The Social and Economic History of the Roman Empire* (Oxford, 1926), p.66-7, p.528 e numerosos outros trechos. Cf. Índice Remissivo: Transporte.

39. Lefebvre des Noettes, *L'Attelage. Le cheval de selle à travers les âges. Contribution à l'histoire de l'esclavage* (Paris, 1931).

Os estudos de Lefebvre des Noettes, tanto por causa de seus resultados quanto das direções da pesquisa, revestem-se de uma importância que dificilmente pode ser superestimada. Além do valor desses resultados, que sem dúvida precisam de confirmação em certos pontos, não tem grande importância que o autor ponha de cabeça para baixo a conexão causal, vendo no desenvolvimento da tecnologia da tração animal a causa da eliminação da escravidão.

Indicações quanto às correções necessárias se encontram na crítica ao livro, de autoria de Marc Bloch, "Problèmes d'histoire des techniques", *Annales d'histoire economique et sociale* (set., 1932). Em especial, dois aspectos do trabalho de Lefebvre des Noettes são em parte acentuados e até certo ponto retificados: 1. A influência da China e Bizâncio sobre as invenções da Idade Média parecem exigir exame mais acurado. 2. A escravidão deixara de desempenhar um papel importante na estrutura dos começos do mundo medieval, muito antes do aparecimento dos novos arreios. "Na ausência de qualquer clara sucessão temporal, de que modo podemos falar em uma relação de causa e efeito? (p.484)." Um relato abrangente dos resultados básicos do trabalho de Lefebvre des Noettes na Alemanha é encontrado em L. Löwenthal, "Zugtier und Sklaven", *Zeitschrift für Sozialforschung* (Frankfurt/Main, 1933), n.2.

40. Lefebvre des Noettes, "La 'Nuit' du moyen âge et son inventaire", *Mercure de France* (1932), vol.235, p.572 e segs.

41. Von Werveke, *op.cit.,* p.468.

42. A. Zimmern, *Solon and Croesus, and other Greek essays* (Oxford, 1928), p.113-4. Cf. também A. Zimmern, *The Greek Commonwealth* (Oxford, 1931).

Há algum tempo vem sendo enfatizado — e sem dúvida corretamente — que em Roma tanto cidadãos como escravos faziam serviços manuais. Acima de todas, a pesquisa de M. Rostovtsev (cf. *The Social and Economic History of the Roman Empire*), e estudos especializados como o de R.H. Barrow, *Slavery in the Roman Empire*) (Londres, 1928), como, por exemplo, as p.124 e segs., esclareceram essas relações. Mas o fato de os cidadãos trabalharem, por maior que se possa estimar a participação de seu trabalho na produção total, de modo algum desmente o que antes se expôs com a citação do trabalho de A. Zimmern — o fato de que os processos e regularidades sociais numa sociedade onde o trabalho manual é realizado em extensão considerável por escravos diferem de modo muito específico daqueles encontrados numa sociedade na qual todo o trabalho nas cidades, pelo menos, é realizado exclusivamente por homens livres. Como tendência social, o anseio dos homens livres de se distanciarem do trabalho realizado por escravos, com a resultante formação de uma classe de "pobres ociosos" na sociedade antiga, como também nas modernas que possuem um grande setor de trabalho escravo, é sempre identificável. Não é difícil compreender que, sob a pressão da pobreza, um certo número de cidadãos ainda assim se veja obrigado a realizar o mesmo trabalho dos escravos. Mas não é menos claro que a situação deles, tal como a dos trabalhadores manuais em geral nessa sociedade, é decisivamente influenciada pela existência de trabalho escravo. Esses homens livres, ou pelo menos parte deles, são obrigados a aceitar condições semelhantes à dos escravos. Dependendo do número de escravos disponíveis na sociedade e do grau de interdependência de seu trabalho com o trabalho escravo, os homens livres enfrentam um maior ou menor grau de pressão competitiva do trabalho servil. Esta, também, é uma das regularidades estruturais de todas as sociedades escravistas. (Cf. também Lot, *La fin du monde antique*, p.69 e segs.)

43. Segundo A. Zimmern, a sociedade grega no período clássico não era escravista no sentido típico da palavra: "A sociedade grega não era escravista; mas ela tinha uma base de escravos para realizar os trabalhos mais degradantes, enquanto o grupo principal dos assim-chamados escravos consistia em aprendizes trazidos à força do exterior para ajudar, quase em termos iguais com seus senhores, na criação da base

material de uma civilização da qual, daí em diante, iriam participar" (Solon and Croesus, p.161-2).

44. Pirenne, *Les villes du moyen âge*, p.1 e segs.
45. *Ibid.*, p.10 e segs.
46. *Ibid.*, p.27. Esse "recurso às áreas interioranas" e sua importância para o desenvolvimento da sociedade ocidental encontram confirmação no fato de que a evolução da tecnologia do transporte por terra, além do estado a que chegou na Antiguidade, começou, como podemos perceber hoje, cerca de um século mais cedo do que a tecnologia náutica. A primeira iniciou-se entre 1050 e 1100 e, a segunda, evidentemente não antes de 1200. Cf. Lefebvre des Noettes, *De la marine antique à la marine moderne. La révolution du gouvernail* (Paris, 1935), p.105 e segs. Cf. também E.H. Byrne, *Genoese shipping in the twelfth and thirteenth centuries* (Cambridge, Mass., 1930), p.5-7.
47. A Luchaire, *Louis VII, Philippe Auguste, Louis VIII* (Paris, 1901), p.80.
48. Calmette, *La société féodale*, p.71. Cf. do mesmo autor, *Le monde féodale*.
49. O Direito é naturalmente, devido à sua fixação por uma máquina judiciária independente e à existência de corpos de especialistas com interesses adquiridos na preservação do *status quo*, relativamente impermeável ao movimento e à mudança. A própria segurança legal, sempre desejada por parte considerável da sociedade, até certo ponto depende da resistência do Direito à mudança. Essa imobilidade é, de fato, reforçada pela lei. Quanto maiores as áreas e o número de pessoas integradas e interdependentes, mais necessário se torna um Direito uniforme que se estenda por essas áreas — tão necessário, por exemplo, como uma moeda uniforme. Quanto mais fortemente, por conseguinte, o Direito e o Judiciário, que, como a moeda, tornam-se órgãos de integração e geradores de interdependência, se opõem a qualquer mudança, mais graves se tornam as perturbações e deslocamentos de interesses que qualquer mudança traz consigo. Essa característica contribui também para o fato de que a mera ameaça de força pelos órgãos "legítimos" de poder é suficiente, durante longos períodos, para fazer com que indivíduos e grupos sociais inteiros se curvem diante do que foi antes estabelecido como norma da lei e da propriedade, num determinado estágio das relações sociais de poder. São tão grandes os interesses identificados com a preservação das relações jurídicas e de propriedade em vigor, e é tão claramente sentido o peso que o Direito recebe da crescente integração, que os testes constantes, a que se encontram submetidas as relações de poder nas lutas físicas para as quais se inclinam as pessoas em sociedades menos interdependentes, são substituídos por uma disposição duradoura de obedecer à lei em vigor. Só quando sublevações e tensões na sociedade se tornaram extraordinariamente grandes, quando o interesse na preservação do Direito em vigor se tornou incerto em grandes segmentos da sociedade, só então, frequentemente após intervalos que duraram séculos, é que grupos na sociedade começam a submeter a teste, em lutas físicas, se o Direito tradicional corresponde às reais relações de poder.

No tempo em que a sociedade possuía uma economia predominantemente de troca e as pessoas eram menos interdependentes e quando, por conseguinte, a rede bem real mas ainda não visualmente representável da sociedade antepunha ao indivíduo sua maior força, o poder social que respaldava cada reclamo legal do indivíduo tinha que estar sempre muito visível. Todos os proprietários deviam estar dispostos a provar em combate físico que ainda possuíam poder militar e social suficientes para dar embasamento a seu "reclamo legal". Correspondendo a um entrelaçamento mais estreito das atividades humanas numa fase posterior e em áreas mais vastas, cobertas por meios de comunicação razoáveis, contudo, surgiu um Direito que, na maior parte, ignorou diferenças locais entre indivíduos, o chamado Direito Geral, isto é, um Direito aplicável e válido igualmente em toda a área, e para todas as pessoas que a habitavam.

Já o tipo de entrelaçamento e dependência social vigente na sociedade feudal, com sua economia predominantemente de troca, confiava a pequenos grupos e, muitas vezes, a indivíduos isolados, funções que são hoje exercidas pelo "Estado". Por isso mesmo, o "Direito" era também incomparavelmente mais individualizado e local. Tratava-se de uma obrigação e de um laço acertados por este suserano e aquele vassalo, este grupo de rendeiros e aquele senhor, esta corporação pública e aquele senhor, esta abadia e aquele duque. Um estudo dessas "relações jurídicas" proporciona uma ideia muito clara do que temos em mente quando dizemos que, nessa fase, a integração social e a interdependência eram menores e correspondentemente diferente a relação entre um homem e outro.

> Devemos ter cuidado (diz Pirenne, por exemplo, em *Les villes du moyen âge*, p.168-9) para não atribuir importância exagerada às Cartas urbanas. Nem na Flandres nem em qualquer outra região da Europa, elas contêm a totalidade do Direito urbano. Limitam-se a fixar seus contornos gerais, formulando alguns princípios essenciais e resolvendo alguns conflitos de maior importância. O mais das vezes, foram produto de circunstâncias especiais e levaram em conta apenas questões que estavam sendo debatidas no momento de sua redação... Se os burgueses as defenderam séculos a fio, com extraordinário zelo, isso aconteceu porque elas eram o *paladium* de sua liberdade, porque lhes permitiam justificar a revolta se fossem violadas, mas não porque contivessem todo o Direito. Foram, por assim dizer, não mais do que o seu esqueleto. Em volta de suas disposições proliferou uma rica vegetação de costumes, usos, e privilégios que não eram menos indispensáveis pelo fato de não constarem por escrito.
>
> Isso é tão verdadeiro que um bom número de Cartas previa e reconhecia antecipadamente o desenvolvimento do Direito urbano... Em 1127, o conde de Flandres concedeu aos burgueses de Bruges "ut de die in diem consuetudinarias leges suas corrigerent", isto é, permissão para ampliarem dia a dia o âmbito de suas ordenações municipais.

Aqui vemos mais uma vez que, nesse diferente nível de integração, formações sociais de distinta ordem de magnitude, uma cidade e um grande senhor feudal, mantinham entre si o mesmo tipo de relações que hoje só prevalecem entre "Estados", e que seus acordos jurídicos demonstravam o mesmo padrão que hoje vige entre estes últimos, seguindo de modo muito direto mudanças de interesse e poder social.

50. Calmette, *La société féodale*, p.70-1.
51. A. Luchaire, *La société française au temps de Philippe Auguste* (Paris, 1909), p.265.
52. C.H. Haskins, *The Renaissance of the Twelfth Century* (Cambridge, 1927), p.55.
53. *Ibid.*, p.56.
54. *Ibid.*
55. Eduard Wechssler, *Das Kulturproblem des Minnesangs* (Halle, 1909), p.173.
56. *Ibid.,* p.174.
57. *Ibid.*, p.143.
58. *Ibid.*, p.113.
59. Henning Brinkmann, *Entstehungsgeschichte des Minnesangs* (Halle, 1926), p.86.
60. Wechssler, op.cit., p.140-1.
61. Luchaire, *La société française au temps de Philippe Auguste*, p.374.
62. *Ibid.*, p.379.

63. *Ibid.*, p.380.
64. Pierre de Vaissière, *Gentilshommes campagnards de l'ancienne France* (Paris, 1903), p.145.
65. Brinkmann, *op.cit.*, p.35.
66. Wechssler, *op.cit.*, p.71.
67. *Ibid.*, p.74. Analogamente, em Marianne Weber, *Ehefrau und Mutter in der Rechtsentwicklung* (Tübingen, 1907), p.265.
68. De Vaissière, *op.cit.*, p.145.
69. Wechssler, *op.cit.*, p.214.
70. Brinkmann, *op.cit.*, p.45 e segs., 61, 86 e segs. Cf. sobre este assunto e no que se segue, C.S. Lewis, *The Allegory of Love: a Study in Medieval Tradition* (Oxford, 1936), p.11.

> A novidade propriamente dita, eu não pretendo explicar. Mudanças reais em sentimentos humanos são muito raras, mas acredito que ocorrem, e esta é uma delas. Não estou certo se têm "causas", se por causa entendemos alguma coisa que explicaria inteiramente o novo estado de coisas e, assim, o que parecia constituir sua novidade. De qualquer modo, é claro que fracassaram até agora os esforços dos eruditos para encontrar uma origem para o conteúdo da poesia amorosa provençal.

71. Na Inglaterra, o termo correspondente é encontrado, em períodos posteriores, restrito, às vezes explicitamente, a serviçais. Um exemplo disso se lê na maneira como, numa descrição de origem inglesa do que constitui uma boa refeição, a "curtese and honestie of servantes" é comparada com a "kyne frendeshyp and company of them that syttte at the supper". G.G. Coulton, *Social Life in Britain* (Cambridge, 1919), p.375.
72. F. Zarncke, *Der deutsche Cato* (Leipzig, 1852), p.130, v.71 e v.141 e segs. No tocante a outros aspectos dessa primeira e principal fase na transição de guerreiros para cortesãos (a educação e os códigos das ordens de cavaleiros em diferentes países), cf. E. Prestage, *"Chivalry"; a series of studies to illustrate its historical significance and civilizing influence* (Londres, 1928), incluindo A.T. Byles, "Medieval courtesy-books and the prose romances of chivalry (p.183 e segs.).
73. Luchaire, *Les premiers Capétiens*, p.285; cf. também A. Luchaire, *Louis XV le Gros* (Paris, 1890). Introdução.
74. Luchaire, *Histoire des Institutions Monarchiques de la France sous les premiers Capétiens* (987-1180), vol.2, p.258.
75. Cf. p.26 e segs, em especial as p.37-8.
76. Suger, *Vie de Louis le Gros*, ed. Moliner, cap.8, p.18-9.
77. A Vuitry, *Études sur le régime financier de la France* (Paris, 1878), p.181.
78. Luchaire, *Louis VI*.
79. "A terra que ia de Northumberland ao Canal era mais fácil de se unificar do que da Flandres aos Pireneus." Petit-Dutaillis, *La monarchie féodale,* p.37. Sobre a questão do tamanho do território, cf. também R.H. Lowie, *The Origin of the State* (Nova York, 1927), "The size of the state", p.17 e segs.
MacLeod, em *The Origin and History of Politics,* observa como foi realmente espantoso que, dada a simplicidade dos meios de transporte, domínios tão vastos como os Impérios Inca e Chinês tivessem sido tão estáveis. Só uma detalhada análise histórico-estrutural da interação de tendências e interesses centrífugos e centralizadores nesses impérios poderia, realmente, tornar compreensível para nós a aglomeração de áreas tão vastas e a natureza de sua coesão.

A forma chinesa de centralização, comparada com a que se desenvolveu na Europa, é certamente muito estranha. No caso, a classe guerreira foi erradicada relativamente cedo e de forma muito radical por uma forte autoridade central. A erradicação — como quer que tenha acontecido — esteve vinculada a duas grandes peculiaridades da estrutura social chinesa: a transferência de controle da terra para as mãos dos camponeses (o que encontramos no início do período ocidental apenas em alguns lugares, como, por exemplo, na Suécia) e o preenchimento de cargos na máquina governamental por uma burocracia sempre recrutada em parte entre os próprios camponeses e, de qualquer modo, inteiramente pacífica. Mediada por essa hierarquia, formas cortesãs de civilização penetraram profundamente nas classes mais baixas do povo: lançaram raízes, transformadas de muitas maneiras no código de conduta da aldeia. O que frequentemente se denominou o caráter "não belicoso" do povo chinês não constitui expressão de alguma "disposição natural". Resultou do fato de que a classe que forneceu ao povo muito de seus modelos, através de contactos constantes, já deixara desde séculos de ser uma classe de guerreiros, uma nobreza, tornando-se um mundo oficial pacífico e erudito. E é principalmente a situação e a função dessa classe que se manifesta no fato de que, na tradicional escala de valores chinesa — ao contrário da japonesa —, a atividade e a bravura militar não ocupem lugar muito alto. Diferente como tenha sido em detalhes o sistema de centralização chinês do que houve no Ocidente, por conseguinte, em ambos os casos o fundamento da coesão de domínios mais vastos foi a eliminação de guerreiros e latifundiários que competiam livremente entre si.

80. Sobre a importância do monopólio da força física na construção de "Estados", cf. acima de tudo Max Weber, *Economy and Society* (Nova York, 1968).

81. Cf. p.93-4, acima. Não consideramos necessário seguir aqui o costume moderno e oferecer uma expressão matemática para a regularidade do mecanismo do monopólio. Sem dúvida, não seria impossível formular uma delas. Uma vez formulada, seria possível discutir também deste aspecto uma questão que, geralmente falando, é pouco equacionada hoje: a do valor *cognitivo* da formulação matemática. O que, por exemplo, se ganha em termos de compreensão e de clareza ao se ter uma formulação matemática do mecanismo do monopólio? Essa pergunta só pode ser respondida na base da simples experiência.

O certo, contudo, é que para muitas pessoas a formulação de leis gerais está ligada a um valor que — pelo menos no que interessa à história e à sociologia — nada tem a ver com seu valor cognitivo. Essa avaliação, não comprovada, com grande frequência desencaminha a pesquisa. Muitas pessoas consideram que o trabalho mais fundamental da pesquisa seria explicar todas as mudanças através de algo imutável. E o respeito pela formulação matemática tem origem, em grande parte, nessa valorização do imutável. Tal escala de valores, porém, tem suas raízes não no trabalho cognitivo da pesquisa em si, mas no anelo do pesquisador pela eternidade. Regularidades gerais, como as do mecanismo do monopólio e todos os padrões gerais de relações, sejam matematicamente formuladas ou não, não constituem o objetivo final ou o ápice da pesquisa histórica e sociológica. A compreensão dessas regularidades é frutífera como *meio* para atingir uma meta diferente, um meio de orientar o homem no tocante a si mesmo e ao seu mundo. Seu valor reside exclusivamente em sua função de elucidar a mudança histórica.

82. Sobre este ponto, ver "Sobre a Sociogênese do Feudalismo", especialmente as p.58-9. Sobre "poder social", ver "Nota sobre o Conceito de Poder Social", p.62-3, nota.

83. Auguste Longnon, *Atlas historique de la France* (Paris, 1885).

84. Luchaire, *Histoire des Institutions Monarchiques* (1891), vol.1, p.90.

85. Petit-Dutaillis, *La monarchie féodale en France et en Angleterre*, p.109 e segs.

86. A. Cartellieri, *Philipp II August und der Zusammenbruch des angevinischen Reiches* (Leipzig, 1913), p.1.
87. Cf. A. Longon, *La formation de l'unité française* (Paris, 1922), p.98.
88. Luchaire, *Louis VII, Philipp Augustus, Louis VIII*, p.204.
89. C. Petit-Dutaillis, *Études sur la vie et le règne de Louis VIII* (Paris, 1899), p.220.
90. A Vuitry, *Études sur le régime financier de la France*, nouvelle série, vol.1 (Paris, 1883), p.345.
91. *Ibid.*, p.370.
92. Uma compilação mais exata dessas Casas feudais é encontrada em Longnon, *La formation de l'unité française*, p.224 e segs.
93. Vuitry, *op.cit.*, p.414.
94. Cf., por exemplo, Karl Mannheim, "Die Bedeutung der Konkurrenz im Gebiete des Geistigen", *Verhandlungen des siebenten deutschen Soziologentages* (Tübingen, 1929), p.35 e segs.
95. G. Dupont-Ferrier, *La formation de l'état français et l'unité française* (Paris, 1934), p.150.
96. L. Mirot, *Manuel de geographie historique de la France* (Paris, 1929), Mapa 19. Esse trabalho contém também mapas relativos à discussão precedente.
97. P. Imbart de la Tour, *Les origines de la réforme* (Paris, 1909), vol.1, p.4.
98. Mirot, *op.cit.*, Mapa 21.
99. Henri Hauser, revisão de G. Dupont-Ferrier, "La formation de l'état français", *Revue Historique* (1929), vol.161, p.381.
100. L.W. Fowles, Loomis Institute, EUA, citado na *News Review*, n.35. p.32.
101. Luchaire, *Les communes françaises à l'epoque des Capétiens directs*, p.276.
102. Por razões de espaço, não pode ser incluída a documentação relativa a este e a um certo número de outros trechos. O autor espera incluí-los num volume separado.
103. P. Lehugeur, *Philippe le Long* (1316-1322). *Le mécanisme du governement* (Paris, 1931), p.209.
104. Dupont-Ferrier, *op.cit.*, p.93.
105. Brantôme, *Oeuvres complètes, publicadas por L. Lalanne*, vol.4, p.328 e segs.
106. J.H. Mariéjol, *Henri IV et Louis XIII* (Paris, 1905), p.2.
107. *Ibid.*, p.390.
108. Cf. Al Stölzel, *Die Entwicklung des gelehrten Richtertums in deutschen Territorien* (Stuttgart, 1872), p.600.
109. Richelieu, *Testamento Político*, pt.1, cap.3, p.1.
110. E. Lavisse, *Louis XIV* (Paris, 1905), p.128.
111. Saint-Simon, *Memoiren*, trad. alemã por Lotheisen, vol.1, p.167.
112. Cf. Lavisse, *op.cit.*, p.130.
113. Saint-Simon, *op.cit.*, vol.1, p.167.
114. Saint-Simon, *Mémoires* (nova ed. por A. de Boislisle)(Paris, 1910), vol.22, p.35 (1711).
115. Tomás de Aquino, *De regimine Judaeorum*, Roma edit., vol.19, p.622.
116. Vuitry, *op.cit.*, p.392 e segs.
117. *Ibid.*, nouvelle série, vol.1. p.145. Para outra forma da monetarização dos direitos senhoriais feudais, sob pressão da crescente necessidade que os reis sentiam de dinheiro — a libertação, contra pagamento em moeda, de servos da gleba pelo rei e seu governo —, cf. Marc Bloch, *Rois et Serfs* (Paris, 1920).
118. Paul Viollet, *Histoire des institutions politiques et administratives de la France* (Paris, 1898), vol.2, p.242.

119. *Ibid.*
120. Vuitry, *op.cit.*, nouv. sér., vol.2, p.48.
121. G. Dupont-Ferrier, "La Chambre ou Cour des Aides de Paris", *Revue historique*, vol.170 (Paris, 1932), p.195; cf. sobre este assunto e o que se segue do mesmo autor, *Études sur les institutions financières de la France*, vol.2 (Paris, 1932).
122. Léon Mirot, *Les insurrections urbaines au début du règne de Charles VI* (Paris, 1905), p.7.
123. *Ibid.*, p.37.
124. Dupont-Ferrier, "La Chambre ou Cour des Aides de Paris", p.202, Cf. também Petit-Dutaillis, *Charles VII, Louis XI et les premières années de Charles VIII* (Lavisse, Hist. de France, IV, 2) (Paris, 1902).
125. Viollet, *op.cit.*, vol.3 (Paris, 1903), p.465-6. Cf. também Thomas Basin, *Histoire des règnes de Charles VII et de Louis XI*, ed. Quicherat (Paris, 1855), vol.1, p.170 e segs. Detalhes sobre a organização financeira são encontrados em G. Jacqueton, *Documents relatifs à l'administration financière en France de Charles VII à François Ier (1443-1523)* (Paris, 1897), em especial o n.XIX, em forma de questões e respostas, "Le vestige des finances". (Um manual destinado a futuros funcionários de finanças da época.)
126. E. Albèri, *Relazioni degli Ambasciatori Veneti al Senato,* 1ª série, vol.4 (Florença, 1860), p.16-8 (Relazione di Francia di Zaccaria Contarini, 1492).
127. L. von Ranke, *Zur venezianischen Geschichte* (Leipzig, 1878), p.59, e H. Kretschmayr, *Geschichte von Venedig* (Stuttgart, 1934), p.159 e segs.
128. Albèri, *op.cit.*, 1ª série, vol.1 (Florença, 1839), p.232-5.

Tem-se observado frequentemente, sem dúvida com certa justificação, que os primeiros príncipes absolutistas da França aprenderam muito com seus colegas das cidades-estados italianas. Por exemplo, diz G. Hanotaux no ensaio "Le pouvoir royal sous François Ier", em *Études historiques sur le XVIe et le XVIIe siècle en France* (Paris, 1886), p.7 e segs: "A corte em Roma e a Chancelaria veneziana teriam sido suficientes para disseminar as novas doutrinas de diplomacia e política. Mas, na realidade, na profusão de pequenos Estados que dividiam entre si a península, não havia um só que não pudesse ter fornecido exemplos... As monarquias da Europa foram à escola nas cortes dos príncipes e tiranos de Nápoles, Florença e Ferrara."

Sem dúvida, processos estruturalmente semelhantes ocorreram nesses locais, como acontece tão frequentemente, em primeiro lugar em regiões menores do que nas maiores; e os príncipes das grandes regiões aproveitaram até certo ponto o conhecimento que reuniram sobre a organização das menores. Mas, também neste caso, só um exame exato em termos de história estrutural poderá determinar em que medida os processos de centralização e a organização do governo nas cidades-estados italianas lembram os dos começos da França absolutista, e em que grau, uma vez que diferenças de tamanho sempre trazem consigo diferenças qualitativas em estrutura, divergem também deles. De qualquer modo, a descrição feita pelo embaixador veneziano e o tom que usou não indicam que ele considerasse a situação de poder específica do rei francês e a organização das finanças a ele ligada como algo já conhecido, desde muito tempo, na Itália.

129. Circula hoje a ideia muito comum de que as formas de vida social e de instituições sociais específicas devem ser explicadas principalmente pela finalidade que encerram para as pessoas que por elas são congregadas. Essa ideia dá a impressão de que as pessoas, compreendendo a utilidade das mesmas, tomaram em algum momento a decisão de viver dessa maneira, e não de outra. Essa ideia, porém, é uma ficção, e se não houvesse outra razão, bastaria esta para descantá-la como ums instrumento de pesquisa adequado.

O consentimento dado pelo indivíduo para viver em companhia de outros numa forma específica, a justificação, com base em finalidades particulares, para o fato de ele viver, por exemplo, num Estado, ou estar ligado a outros como cidadão, funcionário, operário, ou fazendeiro, e não como cavaleiro, sacerdote, servo da gleba ou criador nômade de gado — esse consentimento e essa justificação são algo retrospectivo. Nesse assunto, o indivíduo pouca opção tem. Nasce numa ordem que possui instituições de determinado tipo e é condicionado, com maior ou menor sucesso, para conformar-se a ela. Mesmo que pensasse que essa ordem e suas instituições não eram boas nem úteis, não poderia simplesmente retirar seu assentimento e cair fora. Poderia tentar escapar dela como aventureiro, vagabundo, artista ou escritor, ou finalmente fugir para uma ilha deserta — mas, mesmo como refugiado, ele seria produto dela. Desaprová-la e fugir dela não é menor sinal de condicionamento do que louvá-la e justificá-la.

Um dos trabalhos que ainda precisam ser feitos é o de explicar convincentemente a compulsão através da qual certas formas de vida comunal, como, por exemplo, a nossa, surgiram, são preservadas e mudadas. O acesso à compreensão de sua gênese, porém, será bloqueado se pensarmos nelas como tendo acontecido da mesma maneira que as obras e façanhas de indivíduos isolados: pelo estabelecimento de metas específicas ou mesmo por um pensamento racional e planejamento. A ideia de que, desde começos da Idade Média, tenham os homens trabalhado num esforço comum e com uma meta clara e um plano racional para concretizar a ordem social e as instituições em que vivemos hoje, dificilmente se adapta aos fatos. A maneira como isso realmente aconteceu só pode ser apreendida através de um estudo da evolução histórica dessas formas sociais, com pesquisa empírica rigorosamente documentada. Tal estudo de um segmento particular, de um aspecto da organização do Estado, foi tentado acima. Mas deu origem também a alguma introvisão de importância maior, como, por exemplo, certa compreensão da natureza dos processos sócio-históricos. Pudemos descobrir o quão pouco é realmente conseguido ao se explicarem instituições como o "Estado" em termos de metas racionais.

As metas, planos e ações de indivíduos isolados constantemente se entrelaçam umas com as outras. Esse entrelaçamento que, além do mais, prossegue sem cessar de uma geração a outra, não é em si planejado. Não pode ser compreendido em termos dos planos e intenções individuais, nem em termos que, embora não diretamente propositais, são modelados de acordo com modos teleológicos de pensamento. Estamos interessados aqui em processos, compulsões e regularidades de tipo relativamente autônomo. Assim, por exemplo, uma situação em que muitas pessoas estabelecem para si mesmas uma meta idêntica, querendo a mesma gleba de terra, o mesmo mercado ou a mesma posição social, dá origem a algo que nenhuma delas tencionou fazer ou planejou, especificamente, a um dado social: um relacionamento competitivo com regularidades peculiares. Dessa maneira, não é de um plano comum de muitas pessoas, mas como algo não planejado, emergindo da convergência e colisão dos planos de muitas delas, que surge uma crescente divisão de funções. O mesmo se aplica à integração de áreas cada vez maiores, sob a forma de Estados, e numerosos outros processos sócio-históricos.

Só a conscientização da autonomia relativa dos planos e ações individuais que se entrelaçam, da maneira como o indivíduo é ligado pela vida social a outros, permite uma compreensão mais profunda do próprio fato da individualidade. A coexistência de pessoas, o emaranhamento de suas intenções e planos, os laços com que se prendem mutuamente, tudo isso, muito longe de destruir a individualidade, proporciona o meio no qual ela pode desenvolver-se. Estabelece os limites do indivíduo, mas, ao mesmo tempo, lhe dá maior ou menor raio de ação. O tecido social, nesse sentido, forma o substrato a partir do qual e para dentro do qual o indivíduo gira constantemente e tece suas finalidades na vida.

Esse tecido e o curso real de sua mudança como um todo, porém, não são obra da intenção nem do planejamento de ninguém.

Para maiores detalhes deste assunto, cf. N. Elias, *What is Sociology?*, trad. inglesa de Stephen Mennell e Grace Morrissey (Londres, 1978).

130. Para uma discussão do problema do processo social, cf. *Social Problems and Social Processes*. Trabalhos selecionados dos Anais da Sociedade de Sociologia da América (1932), org. por E.S. Bogardus (Chicago, 1933).

Para uma crítica da noção mais antiga dos processos sociais como algo biológico, cf. W.F. Ogburn, *Social Change* (Londres, 1923), p.56 e segs.:

> A publicação de *A Origem das Espécies*, propondo uma teoria da evolução das espécies em termos de seleção natural, hereditariedade e variação, produziu uma profunda impressão em antropólogos e sociólogos. A concepção de evolução era tão profunda que as mudanças na sociedade passaram a ser vistas como manifestando uma evolução, e houve uma tentativa de procurar as causas dessas mudanças sociais em termos de variação e seleção... Antes da busca das causas, contudo, esforços se envidaram para provar o desenvolvimento de instituições sociais específicas em estágios sucessivos, em séries evolutivas, com um estágio necessariamente precedendo outro. A busca de leis levou a muitas hipóteses, considerando fatores tais como localização geográfica, clima, migrações, conflito de grupos, potencial racial, evolução da capacidade mental e princípios como variação, seleção natural e sobrevivência dos mais aptos. Meio século ou mais de estudos sobre tais teorias levaram a alguns resultados, embora as realizações não tenham ficado à altura das altas expectativas alimentadas após a publicação da teoria darwiniana da seleção natural.
>
> A série inevitável de estágios no desenvolvimento de instituições sociais não só não foi provada, como foi refutada...

No tocante a tendências mais recentes na discussão do problema da mudança histórica, cf. A. Goldenweiser, "Social Evolution", na *Encyclopedia of Social Sciences* (Nova York, 1935), vol.5, p.656 e segs. (com extensa bibliografia). O verbete em questão conclui com as reflexões seguintes:

> Desde a Guerra Mundial, estudiosos das ciências sociais, sem visarem à ordenação lógica dos esquemas evolucionários, renovaram sua busca de tendências e regularidades relativamente estáveis na história e sociedade. Por um lado, a crescente discrepância entre os ideais e o que acontece na história está orientando as ciências da sociedade para canais cada vez mais pragmáticos. Se houver uma evolução social, qualquer que possa ela ser, não será mais aceita como um processo a ser contemplado, mas como um trabalho a ser realizado mediante esforço humano deliberado e concertado.

Este nosso estudo do processo civilizador difere desses esforços pragmáticos no sentido em que, suspendendo todos os desejos e exigências a respeito do que moralmente deve ser, tenta estabelecer o que foi e o que é, e explicar de que maneira, e por que, tornou-se o que foi e o que é. Pareceu-nos mais apropriado fazer o tratamento depender do diagnóstico do que o diagnóstico do tratamento.

Cf. F.J. Teggart, *Theory of History* (New Haven, 1925), p.148: "... a investigação de como as coisas vieram a ser o que são..."

131. Cf. E.C. Parsons, *Fear and Conventionality* (Nova York, Londres, 1914). E também opiniões divergentes como a de W.G. Sumner, *Folkways* (Boston, 1907), p.419: "Nunca é

correto considerar qualquer um dos tabus como uma invenção arbitrária ou um fardo imposto sem necessidade pela tradição à sociedade... Eles foram selecionados durante séculos pela experiência e os que recebemos e aceitamos foram os que a experiência provou serem úteis."

132. Ver a excelente explicação de J. Huizinga no *The Waning of the Middle Ages* (Londres, 1924), cap.1.

O que se disse acima aplica-se também, por exemplo, a sociedades com uma estrutura semelhante no Oriente moderno e, em graus variáveis, dependendo da natureza e extensão da integração, às chamadas sociedades "primitivas".

À medida que as crianças em nossa sociedade — por mais imbuídas estejam com características de nossa civilização relativamente avançada — ainda exibem vislumbros do outro padrão, com suas emoções e sentimentos mais diretos e sua inclinação para mudanças súbitas de estado de espírito, é demonstrada, por exemplo, pela descrição seguinte do que elas gostam nos filmes (*Daily Telegraph*, 12 de fevereiro de 1937): "As crianças, especialmente as crianças de pouca idade, gostam de agressão... Preferem ação, ação e mais ação. Não são contra o derramamento de sangue, mas tem que ser sangue escuro. A virtude triunfante é aplaudida com calor e a vilania é vaiada com grande entusiasmo. Quando cenas de uma se alternam com cenas de outra, como em sequências de perseguição, a transição de aplauso para vaia ocorre em frações de segundo."

Intimamente relacionada também com a diferente força de suas exclamações emocionais, sua reação extremada em ambas as direções, medo e júbilo, aversão e afeição, está a estrutura específica dos tabus em sociedades mais simples. Observamos acima (cf. p.195 e segs, especialmente as p.201-2, e cf. também o vol.1, p.98 e segs.) que, no Ocidente medieval, não só as manifestações de paixões e emoções sob a forma de prazer, mas também as proibições, as tendências para a tortura de si mesmo e o ascetismo foram mais fortes, intensos e, por conseguinte, rigorosos, do que em estágios posteriores do processo civilizador.

Cf. também R.H. Lowie, "Food Etiquette", no *Are we civilised*? (Londres, 1929), p.48: "...as regras de etiqueta dos selvagens não são apenas rigorosas, mas formidáveis. Não obstante, para nós, suas maneiras à mesa são chocantes".

133. Cf. C.H. Judd, *The Psychology of Social Institutions* (Nova York, 1926), p.105 e segs. Ver também as p.32 e segs. e 77 e segs.

134. Introdução à tradução francesa do "Oráculo Manual", de Gracián, de autoria de Amelot de la Houssaie, Paris, 1684. O *Oraculo Manuale*, publicado em 1647, teve, apenas na França, cerca de 20 diferentes edições durante os séculos XVII e XVIII sob o título de *L'Homme de Cour*. Constituiu, em certo sentido, o primeiro manual sobre a psicologia de corte da mesma maneira que o livro de Maquiavel sobre o príncipe foi o primeiro manual clássico sobre a política da corte absolutista. Maquiavel, no entanto, parece falar mais do ponto de vista do príncipe do que Gracián; ele justifica mais ou menos a "razão de Estado" do absolutismo emergente. Gracián, jesuíta espanhol, despreza, do fundo do coração, a razão de Estado. Elucida para si mesmo e para os demais as regras do grande jogo da corte como algo que o indivíduo tem que aceitar porque não há alternativa.

Não deixa de ter importância, contudo, que a despeito dessa diferença, a conduta recomendada por Maquiavel e Gracián pareça a pessoas de classe média mais ou menos "imoral", embora modos de conduta e sentimentos semelhantes certamente não faltem no mundo burguês. Nessa condenação da psicologia e conduta cortesãs pela burguesia não cortesã manifesta-se a diferença específica de toda a modelação social das duas classes. Instilam-se regras sociais na personalidade dos estratos não cortesãos da burguesia de uma forma diferente que na classe cortesã. Na primeira, o superego é muito mais rígido e, em muitos aspectos, mais rigoroso do que na última. O lado beligerante da vida diária certamente não desaparece, na prática, do mundo burguês, mas está muito mais banido, do que na classe cortesã, daquilo que um escritor ou qualquer pessoa pode *expressar*, e mesmo da própria consciência.

Nos círculos aristocráticos de corte, o "deveis" com grande frequência nada mais é do que uma expressão de conveniência, ditada pelas necessidades práticas da vida social. Até mesmo adultos nesses círculos sempre estão cientes de que se trata de regras a que devem obedecer porque vivem em sociedade com outras pessoas. Nos estratos de classe média, as regras correspondentes com frequência são enraizadas muito mais profundamente no indivíduo durante a infância, não como regras práticas para a conduta conveniente na vida, mas como induzimentos semiautomáticos da consciência. Por essa razão, o "deveis" e o "evitareis" do superego estão muito mais constante e profundamente envolvidos na observação e compreensão da realidade. A fim de dar pelo menos um exemplo dentre inúmeros que poderiam ser citados, Gracián diz, em seu preceito "Conhece profundamente o caráter daquele com quem tratas" (n.273): "Não esperes praticamente nada de bom daqueles que têm algum defeito natural congênito, porque eles estão acostumados a se vingar da Natureza..." Um dos livros ingleses de maneiras, da classe média do século XVII, que teve de igual maneira grande circulação e deu origem às conhecidas regras de George Washington, o *Youth's Behaviour*, de autoria de Francis Hawkins (1646) dá lugar de destaque ao "evitareis" e, dessa maneira, atribui ao comportamento e à observação uma distinta conotação moral, (n.31): "Não desprezes nenhuma pessoa pelas enfermidades da natureza, que por nenhuma arte podem ser curadas, nem te deleites em apontá-las, uma vez que isto, muitas vezes, provoca a inveja e promove a maldade e mesmo a vingança."

Em uma palavra, encontramos em Gracián e, depois dele, em La Rochefoucauld e La Bruyère, sob a forma de máximas gerais, todos os modos de conduta com que deparamos, por exemplo, em Saint-Simon, na prática da vida de corte. Repetidamente, encontramos injunções sobre a necessidade de controlar as emoções (n.287): "Jamais ajas enquanto a emoção perdurar. Se assim fizeres, estragarás tudo". Ou (n.273): "O homem induzido pela paixão sempre usa uma linguagem diferente do que as coisas são; a paixão, e não a razão, fala por ele." Encontramos o conselho de adotar uma "atitude psicológica", a observação permanente do caráter (n.273): "Estuda exaustivamente o caráter daquele com quem tens negócios". Ou o resultado de tal conhecimento, a observação (n.201): "Todos os que parecem loucos são loucos, como é também metade dos que não parecem." A necessidade de observação de si mesmo (n.225): "Conhece tua falha principal." A necessidade de meias-verdades (n.210): "Aprende como jogar com a verdade." A introvisão de que a verdade autêntica está na veracidade e substancialidade de toda a existência de uma pessoa, não em suas palavras específicas (n.175): "O homem substancial. Só a verdade pode dar autêntica reputação e só a substância pode ser transformada em proveito." A necessidade de espírito de previsão (n.151): "Pensa hoje no amanhã e num tempo longo mais além." Moderação em todas as coisas (n.82): "O sábio condensou toda a sabedoria no preceito seguinte: 'Nada em excesso'." A forma de perfeição que melhor caracteriza a aristocracia de corte, o polimento de uma natureza animal, moderada e transformada em todos seus aspectos, a frivolidade, o encanto, a nova beleza do animal tornado homem (n.127): "Le JE-NE-SAIS-QUOI. Sem ele toda beleza é coisa morta, toda graça é desgraciosa... as demais perfeições são ornamentos da Natureza, o 'je-ne-sais-quoi' é o da perfeição. Ele é visível mesmo na maneira de raciocinar..." Ou, de um aspecto diferente, o homem sem afetação (n.123): "O homem sem afetação. As qualidades mais eminentes perdem seu preço se descobrimos nelas a afetação, porque as atribuímos mais a uma limitação artificial do que ao verdadeiro caráter da pessoa." Já que guerra entre os homens é inevitável, que seja travada decentemente (n.165): "Faze boa guerra. Vencer vilmente não é vencer, mas ser derrotado. Tudo o que recende a traição contamina o bom nome da pessoa". Repetidamente, nesses preceitos, reaparece o argumento baseado na consideração por outras pessoas, um argumento baseado em necessidades sociais, *mundanas*. A religião neles desempenha um papel diminuto. Deus aparece apenas à margem e, no fim, como algo fora desse círculo humano. Todas as boas coisas, igualmente, chegam ao homem de parte de outras pessoas (n.111): "Faze amigos. Ter amigos é um segundo ser... todas as boas coisas que temos na vida dependem dos demais."

É essa justificação das regras e preceitos, não por uma lei moral eterna, mas por necessidades "externas", por consideração a outras pessoas, que, acima de tudo, faz com que essas máximas e todo o código cortesão de conduta pareçam "amorais" ou, pelo menos, "dolorosamente realistas" ao observador burguês. A traição, por exemplo, julga o mundo burguês, devia ser proibida não por razões práticas, pela preocupação com a própria "boa reputação" junto a outras pessoas, mas por uma voz interior, a consciência, em uma palavra, pela moral. A mesma mudança na estrutura dos comandos e proibições que antes vimos no estudo dos hábitos à mesa, da higiene corporal e de outras funções elementares, aqui reaparece. Regras de conduta que, nos círculos aristocráticos, mesmo os adultos observam principalmente por consideração ou medo de outras pessoas, são inculcadas no indivíduo, dentro do mundo burguês, como autorrestrições. Nos adultos, elas não mais se reproduzem ou são preservadas pelo medo direto a outras pessoas, mas por uma voz "interior", um medo automaticamente reproduzido pelo próprio superego do indivíduo, em suma, por um comando moral que não necessita mais de justificação.

135. Cf. *O Processo Civilizador*, vol.I, p.117 e segs.

136. C.H. Haskins, "The Spread of Ideas in the Middle Ages", em *Studies in Mediaeval Culture* (Oxford, 1929), p.92 e segs.

137. Cf. p.65, acima. À parte o *Minnelieder*, há uma grande riqueza de material que mostra esse padrão, em alguns casos ainda mais claramente, como, por exemplo, a pequena peça em prosa de André Capelão, no ciclo de Maria de Champagne "De Amore", e toda a literatura da controvérsia medieval sobre as mulheres.

138. Haskins, *op.cit.*, p.94.

139. *O Processo Civilizador*, vol.I, p.201 e segs.

140. Cf. p.19 e segs. acima.

141. La Bruyère, *Caractères*, "De la cour" (Paris, Hachette, 1922), *Oeuvres*, vol.2, p.237, n.64; cf. também p.248, n.99: "Dentro de cem anos, o mundo ainda existirá em toda sua inteireza. Será o mesmo teatro, com a mesma decoração, mas não os mesmos atores. Terão desaparecido do palco todos os que se rejubilam com um favor recebido ou foram lançados no sofrimento e no desespero por uma recusa. Outros homens já estarão subindo ao palco e eles representarão os mesmos papéis, na mesma peça. Que fundo para um papel cômico!" Como é forte nesse trecho o senso de imutabilidade, de inelutabilidade da ordem vigente, como é tão mais forte do que na fase posterior, quando o conceito de "civilização" começou a substituir o de "civilité".

Sobre esse fenômeno, cf. também o trecho de "Des Jugements": "Nem todos os estrangeiros são bárbaros e nem todos nossos compatriotas são civilizados".

142. La Bruyère, *op.cit.*, p.247, n.94.

143. *Ibid.*, p.211, n.2; cf. também p.211, n.10: "A corte é como um edifício de mármore. Quero dizer, compõe-se de homens que são muito duros, mas também muito polidos." Cf. também n.134.

144. Saint-Simon, *op.cit.*, p.63.

145. *O Processo Civilizador*, vol.I, p.82 e segs., em especial as p.89-90.

146. Ranke, *Französische Geschichte*, bk. 10, cap.3.
147. Saint-Simon, *op.cit.*, vol.22, p.20 e p.22 e segs (1711). O que está em jogo nessas conversas é nada menos do que uma tentativa de conquistar o herdeiro do trono para uma forma diferente de governo, na qual o equilíbrio na corte entre membros da burguesia dirigente a grupos nobres seja mudado em favor destes últimos. O poder dos "pares do reino" — o objetivo de Saint-Simon e de seus amigos — deve ser restabelecido. Em particular, os cargos mais altos do Estado, os ministérios, devem ser transferidos da burguesia para a alta nobreza. Uma tentativa nessa direção foi realmente feita pelo regente após a morte de Luís XIV, com ativo envolvimento de Saint-Simon. Fracassou. O que a nobreza inglesa conseguiu, de modo geral com sucesso, ou seja, a estabilização do governo aristocrático, mediante a qual vários grupos e *coteries* da nobreza contestaram a ocupação de cargos decisivos do poder político, ao mesmo tempo em que observavam regras estritas, a nobreza francesa não conseguiu realizar. As tensões e conflitos de interesse entre os principais grupos da nobreza e da burguesia eram incomparavelmente maiores na França do que na Inglaterra. Sob o manto do absolutismo, eram constantemente discerníveis. Mas como, em todas as fortes autocracias, a luta travada em torno do governante, nos círculos mais altos, ocorre por trás de portas fechadas, Saint-Simon foi um dos principais contendores desse combate secreto.

148. *O Processo Civilizador*, vol.I, p.204 e segs. Sobre o problema geral dos sentimentos de vergonha, cf. *The Spectator* (1807), vol.5, n.373: "Se eu fosse obrigado a definir o pudor, eu o denominaria da seguinte forma: A reflexão de uma mente engenhosa quando um homem cometeu uma ação pela qual se censura, ou imagina que está exposto à censura dos outros." Ver também, na mesma publicação, o que se diz sobre a diferença dos sentimentos de vergonha nos homens e nas mulheres.

149. *O Processo Civilizador*, vol.I, p.129 e segs.
150. Ibid., p.201 e segs.
151. Ibid., p.117 e segs.
152. Têm sido feitas frequentes tentativas de explicar o caráter nacional dos ingleses, ou alguns de seus aspectos, pela situação geográfica do país, pelo seu caráter insular. Mas se esse caráter insular, como um dado natural, fosse simplesmente responsável pelo caráter nacional de seus habitantes, então todas as demais nações insulares teriam características semelhantes e nenhum país mais se aproximaria em caráter e constituição dos ingleses que os japoneses.

Não é a situação insular como tal que imprime sua marca sobre o caráter nacional da população, mas a importância dessa situação na estrutura total da sociedade insular, no contexto total de sua história. Como resultado de um desenvolvimento histórico particular, a falta de fronteiras terrestres, por exemplo, levou a Inglaterra, ao contrário do Japão, a uma baixa estima da perícia militar e, mais concretamente, ao fato de que os militares não gozem de um prestígio social muito elevado.

Na Inglaterra, a nobreza relativamente pacificada, juntamente com os principais grupos burgueses, conseguiu bem cedo reduzir em muito o controle das armas e do exército pelo rei e, em especial, o emprego da violência física dentro do país. Essa estrutura do monopólio de força física, tornada possível, para sermos exatos, apenas pelo caráter insular do país, desempenhou um papel não modesto na formação de um caráter nacional especificamente inglês. O forte grau em que certos aspectos do superego inglês, ou, em outras palavras, a consciência inglesa, estão ligados à estrutura do monopólio de força física é demonstrado mesmo hoje pela liberdade de manifestação concedida na Inglaterra ao "objetor de consciência", ou à convicção geral de que o recrutamento militar obrigatório constitui uma grande e perigosa restrição à liberdade individual. Provavelmente não erraríamos em supor que os movimentos e organizações não conformistas conseguiram permanecer fortes e vigorosos durante séculos na Inglaterra apenas porque a Igreja Anglicana, oficial, não era apoiada pela polícia e a máquina militar na mesma extensão em que o foram, por exemplo, as Igrejas nacionais nos Estados protestantes da Alemanha. De qualquer modo, o fato de que, na Inglaterra, a pressão do poder militar estrangeiro sobre o indivíduo fosse, desde época muito remota, muito menos forte do que em qualquer outro grande país do continente europeu, teve estreita ligação com o outro fato, a saber, que o controle que o indivíduo tinha que exercer sobre si mesmo, especialmente em matérias relacionadas com a vida do Estado, tornou-se mais forte e mais abrangente do que nas grandes nações da Europa continental. Dessa maneira, como um dos elementos da história social, o caráter insular e toda a natureza do país exerceram realmente, de uma grande variedade de maneiras, uma influência formadora sobre o caráter nacional.

153. *O Processo Civilizador*, vol.I, p.34 e segs. p.86 e segs, e p.255, nota 30. Sobre essa questão, cf. também A. Loewe, *The Price of Liberty* (Londres, 1937), p.31: "O alemão educado dos períodos clássico e pós-clássico é um ser dual. Na vida pública, ocupa o lugar que a autoridade lhe determina e o faz na capacidade dupla de superior e subordinado, com uma completa devoção ao dever. Na vida privada, pode ser um intelectual crítico e um romântico emocional... Esse sistema educacional malogrou na tentativa de obter uma fusão entre os ideais burocrático e humanista. Criou, na verdade, uma especialista introvertido, sem igual na especulação abstrata e na organização formal, mas incapaz de modelar um mundo real com base em suas ideias teóricas. O ideal educacional inglês não conhece essa clivagem entre o mundo interno e o mundo externo.

154. Cf. p.65 e segs.

155. Cf. p.93-4 e p.97 e segs. Em certo número de ocasiões, tem-se frisado o fato de que a força das tensões entre diferentes unidades hegemônicas está indissoluvelmente ligada à força das tensões e de toda a ordem social dentro delas. Mostrou-se que conexões desse tipo existiram mesmo nos começos da sociedade feudal do Ocidente, com sua economia basicamente de troca. A pressão populacional que provocou nela vários tipos de lutas expansionistas e competitivas, o desejo de um pedaço de terra por parte dos guerreiros mais pobres, e de mais terra a expensas de outros por parte dos mais ricos, os condes, os duques e os reis, essa pressão demográfica não foi simples resultado do aumento da população, mas também das relações de propriedade vigentes, da monopolização dos mais importantes meios de produção por um segmento dos guerreiros. A partir de certa época, a terra foi uma posse fixa. Tornou-se cada vez mais difícil o acesso a ela por famílias e indivíduos que já não a "possuíam", e as relações de propriedade tornaram-se cada vez mais rígidas. Nessa constelação social, um aumento adicional de população tanto na classe dos camponeses como na dos guerreiros e o constante rebaixamento de numerosas pessoas a padrões de vida inferiores, exerceram uma pressão que intensificou as tensões e a competição dentro de toda a sociedade, de alto a baixo, em cada um dos territórios e *entre* todos estes, e manteve em movimento o mecanismo competitivo (ver p.43, 48, e 58 e segs). Exatamente da mesma maneira, na sociedade industrializada não é o nível absoluto da população, e ainda menos o aumento da população, que são responsáveis pela pressão em estados específicos, mas a densidade da população somada às relações de propriedade vigentes, o relacionamento entre aqueles que controlam as oportunidades de acesso à propriedade, através de um monopólio não organizado, e aqueles que não dispõem dessas oportunidades.

É evidente que variou em grau a pressão social em diferentes Estados do Ocidente. Não possuímos ainda, porém, qualquer instrumento conceitual muito útil para analisar essas relações de pressão nem um contexto preciso dentro do qual o grau de pressão possa ser medido com exatidão, como, por exemplo, mediante uma comparação entre diferentes Estados. É claro, porém, que essa "pressão interna" se torna mais acessível à observação e à análise do ponto de vista do padrão de vida, se por isto não entendemos apenas o poder aquisitivo da renda, mas também o tempo e a intensidade do trabalho necessários para se obter renda. Além do mais, não podemos obter uma compreensão adequada da relação entre pressão e tensão na sociedade comparando estaticamente os padrões de vida de suas diferentes classes, isto é, numa determinada data, mas apenas por comparação que se estenda por longos períodos. O grau de tensão e a pressão demográfica na sociedade nem sempre se explicam pelo nível absoluto do padrão de vida, mas, sim, pela brusquidão com que o padrão cai em certas classes, de um nível para outro. Temos que levar em conta a curva, o movimento histórico do padrão de vida de diferentes classes da sociedade, a fim de compreender as relações de pressão e tensão em seu seio.

Essa a razão por que não devemos examinar isoladamente uma única nação industrializada, se queremos formar uma ideia mais clara da natureza e força das relações de pressão e tensão dentro dela. Isto porque o nível de padrão de vida, diferente como é nas diferentes classes da mesma sociedade, em parte é sempre determinado pela posição de toda essa sociedade na rede global de diferentes nações-estado e impérios, com sua ulterior divisão de funções. Na maioria, se não em todas as nações industrializadas da Europa, o padrão de vida que foi estabelecido com a industrialização só pode ser mantido por uma constante importação de produtos agrícolas e matérias-primas. Essas importações só podem ser pagas pela receita produzida por exportações correspondentemente vultosas, pela renda de investimentos em outros países, ou ainda por reservas em ouro. Acontece, assim, que não é apenas a pressão interna, a queda iminente ou real do padrão de vida de grandes classes, que mantém e às vezes intensifica a tensão competitiva entre diferentes nações-estado industrializadas, — mas a tensão entre os Estados pode, por seu lado, contribuir ocasionalmente, em extensão muito considerável, para aumentar a pressão social numa ou outra das nações-estado que competem entre si.

Até certo ponto, essa situação é a mesma nos países que exportam principalmente produtos agrícolas ou matérias-primas. E aplica-se, sem dúvida, a todos os países que adquiriram uma função específica na divisão de trabalho entre as diferentes nações e cujo padrão de vida, por conseguinte, só pode ser mantido se houver espaço suficiente para as exportações e importações relevantes. Varia muito, porém, a sensibilidade de diferentes países às flutuações no comércio internacional, a derrotas, a um declínio rápido ou lento na competição entre nações-estados. Ela é sem dúvida muito alta em nações com padrão de vida relativamente elevado, nas quais a balança entre sua própria produção industrial e agrícola inclinou-se fortemente em desvantagem para esta última e depende, em ambos os setores, de grandes importações de matérias básicas, em especial quando não podem contrabalançar esses déficits com a receita gerada por investimentos no exterior ou com reservas de ouro e quando, além disso, torna-se impossível, também, a exportação de seres humanos, por exemplo, sob a forma da emigração. Esta, contudo, é uma questão distinta e que precisa de análise mais detalhada do que nos é possível fazer aqui. Só através de tal investigação poderíamos obter melhor compreensão do motivo por que, por exemplo, as tensões na configuração de Estados europeus são muito maiores que as existentes entre, por exemplo, os Estados das Américas Central e do Sul.

Como quer que seja, frequentemente formamos a ideia de que basta deixar a competição econômica entre os Estados altamente industrializados ao livre jogo das forças para que todos os parceiros prosperem. Esse livre jogo de forças, porém, é na verdade uma dura luta competitiva, sujeita às mesmas regularidades que em todas as outras esferas. O equilíbrio entre os Estados competidores é extremamente instável. Tende para mudanças específicas, cuja direção, certamente, só pode ser determinada por observação a longo prazo. No curso dessa competição econômica entre as grandes nações industrializadas, a preponderância gradualmente se move em favor de algumas e contra outras. Torna-se mais restrita a capacidade de exportar e importar dos parceiros que se debilitam. A um Estado que se encontre nessa situação restam — se, conforme dissemos, não puder contrabalançar essas perdas mediante investimentos ou reservas de ouro — apenas duas possibilidades. Terá ou que forçar o aumento das exportações através, por exemplo, da redução dos preços das mesmas, ou limitar as importações. Ambas as medidas resultam direta ou indiretamente em redução dos padrões de vida da sociedade. Essa diminuição é repassada, pelos que controlam o monopólio das oportunidades econômicas, para os que não possuem tal poder. Estes últimos descobrem que estão no meio de um duplo círculo de governantes monopolistas: dentro de sua própria sociedade e de parte de países estrangeiros. A pressão aplicada por eles contribui para impelir seus próprios representantes e o Estado como um todo para uma luta competitiva com outros países. Dessa maneira, as tensões em diferentes Estados e entre eles reforçam-se mutuamente. Esse movimento em espiral, para sermos exatos — este ponto precisa ser enfatizado —, é apenas uma em meio a muitas distintas ordens sequenciais de mudança. A simples menção dessas ordens, embora fragmentária, já pode dar ao leitor uma impressão do poder das forças irresistíveis que hoje mantêm em movimento a competição entre os Estados e os mecanismos do monopólio.

156. Cf. p.139-40, acima. Um sumário das teorias modernas sobre os órgãos dos Estados pode ser encontrado em MacLeod, *The Origin and History of Politics*, p.139 e segs.

157. Cf. p.97 e segs, acima.

158. Cf. p.225 e segs, especialmente as p.230 e segs.

159. Cf. p.197 e segs, a p.213, e as p.215 e segs.

160. Cf. p.212 e segs, a p.219-20, as p.222-3, e p.242 e segs.

Sobre esta questão, cf. Parsons, *Fear and Conventionality*, p.xiii: "A convencionalidade tem por base um estado apreensivo de mente...", e a p.73: "As maneiras à mesa são, acho, uma das maneiras mais visíveis de distinção de classe." Ele cita também W. James, *Principles of Psychology* (Nova York, 1890), p.121, que diz: "O hábito é, assim, o todo-poderoso volante da sociedade, seu mais precioso agente conservador. É apenas ele que nos mantém dentro dos limites da ordem e salva os filhos da fortuna dos levantes invejosos dos pobres. Só ele impede que as mais penosas e repulsivas ocupações na vida sejam abandonadas por aqueles que foram obrigados a aceitá-las."

A questão mais geral, para cuja solução este trabalho procura dar uma contribuição, foi formulada há muito tempo pela sociologia americana. Sumner, por exemplo, escreve em *Folkways*, p.418: "Quando, por conseguinte, os etnógrafos aplicam adjetivos condenatórios ou depreciativos aos povos que estudam, dão por respondida a questão mais importante que queremos investigar, isto é, o que são padrões, códigos, e ideias de castidade, decência, propriedade, pudor, etc., e de onde provêm? Os fatos etnográficos contêm a resposta a essas questões, mas, para alcançá-la, queremos um relatório imparcial dos fatos." Dificilmente precisamos dizer que isso se aplica não só à investigação de sociedades estrangeiras e mais simples, mas também à nossa sociedade e sua história.

O problema estudado no presente trabalho teve em tempos recentes uma formulação muito clara por parte de Judd, *The Psychology of Social Institutions*, mesmo que ele tenha tentado para o mesmo uma solução diferente da que aqui é oferecida (p.276): "Este capítulo intenta provar que os tipos de emoções pessoais conhecidas do homem civilizado são produto de uma evolução, na qual elas tomaram uma nova direção... Os instrumentos e meios dessa adaptação são as instituições, algumas das quais foram descritas nos capítulos precedentes. Todas as instituições, à medida que se consolidavam, desenvolviam em todos os indivíduos que caíram sob sua influência um modo de comportamento e atitude emocional que se conformavam a elas. O novo modo de comportamento e a nova atitude emocional não poderiam ter sido aperfeiçoados até que as próprias instituições fossem criadas... O esforço dos indivíduos para se adaptarem a exigências institucionais resulta no que pode ser corretamente descrito como um grupo inteiramente novo de prazeres."

Índice Remissivo

absolutismo, 15-9, 32, 144, 152, 184, 187, 189, 250, 252, 261-2, 290, 293
absolutista, corte, 77-8, 166, 218, 222, 225
    estado, 144, 195
Abissínia, 27
acumulação, 101, 118, 133
adolescência, 269
adultos, 204-5, 270-1, 291, 292
aides, 173, 177-8, 182-3
Albigenses, 115
Alberi, E., 287
"alta sociedade", 239
Alençon, Casa de, 130
ambição, 46, 136
ambivalência, 145, 148, 149-50, 154, 158, 169, 212, 215, 257
América, 267
América do Sul, 295
Amiens, 114
amor, 78-9
"anarquia", 103
ancien régime, 154, 160, 163-4, 178, 188-9
Anjou, 96, 108, 110-1, 114, 118
    Casa de, 112, 130
Ana de Bretanha, 137, 184
anseio (anelo) aquisitivo, 46
Antiguidade, 39-40, 50-3, 54-8, 277, 279-81
Aquitânia, 96, 108, 112
    Casa de, 118
ansiedades, 193-4, 220
Antônio, duque de Brabante, 127
árabes, 39, 41, 43, 57
Aragão, 111
área franca do Ocidente, 31, 278
aristocracia, 152, 165, 171, 215, 223, 240, 250, 253, 261
Armagnac, Casa de, 130

Arnulfo de Caríntia, 27
ascetismo, 201, 290
Ásia, 216
assimilação, 259
atitudes sociais, 100, 242, 250
    conduta, 247, 249, 252, 253-4
    declínio, 133, 134, 270-1
    dinâmica, 140, 148, 150, 194
    estrutura, 218, 227, 239
    existência, 147-8, 218, 222
    expansão/desenvolvimento, 58-9, 234, 236
    funções/papéis, 131, 149, 195, 197, 199, 240-1, 266
    limitações, 193, 255
    poder, 29, 45, 62-3, 67-8, 90, 132, 134, 143-5, 147-52, 155, 158, 162, 170, 174, 176-7, 179, 181, 185, 212, 256-7, 260, 282, 285
    regularidades, 24, 28, 60, 140
Ault, W.O., 278
Aunis, 115, 123
Áustria, 28, 130
autarquia/independência econômica, 35, 133-4
    competição, 265, 368
    força, 106, 133, 198, 264
    integração, 35
    subsistência, 223, 271
autolimitação/autocontrole, 70, 171, 193-4, 196-7, 201-3, 206-8, 209, 211-2, 214, 218, 219, 223, 226, 228, 230, 242-3, 254, 361-2, 292, 294
    condensação, 41
    imagens, 231
autocracia, 151, 168
Auvergne, 113

autoridade central, 25, 148-9, 155, 182, 285
   funcionários, 147
   instituições/máquina, 33, 142-3, 144, 146, 155, 180-1, 188, 197
   setor, 209

balanço/equilíbrio de prazer, 160, 241, 265, 285
   economia do, 171, 266
Balzac, Honoré de, 229
bárbaros, 38-9, 292
Barcelona, 111
Barroco, 17, 277
Barrow, R.H., 281
Basin, Thomas, 287
Beatriz de Bourbon, 125
Beauvais, 49
beligerância, 218
Berry, 24, 113
bispos, 28-9
Bizâncio, 36, 281
Block, Marc, 276, 279, 281, 286
"boa sociedade", 17, 84, 225-6, 229, 255
Bonwit, Ralph, 277
Bourbon, Casa de, 23, 131, 138, 187
Borgonha, 24
Bretanha, 31, 34, 42
   duques, 118, 187
   Casa, 131, 134, 137
Brandemburgo, 97
Brantôme, 161, 286
Breisig, Kurt, 279
Brinkmann, Hennig, 284
Bruges, 283
Brunelleschi, 17
Brunner, O., 275
Burdach, Konrad, 75
burguesia, 15, 21-2, 56, 104-5, 144, 147, 151-5, 158, 160-1, 163-6, 167, 169, 171, 173, 175, 180-1, 188-9, 203, 214, 218, 219, 222-4, 226, 240, 245, 248, 249-53, 255, 260-2, 267, 290, 292, 296
Bury, J.B., 278
Byles, A.T., 284
Byrne, E.H., 282

cadeias de ação, 198, 207
Calmette, J., 37, 276, 282, 283
camponeses, 219, 285
Capelão, André, 292
Capetos, 20, 23, 32, 46, 88, 107-9, 109, 112-3, 114-6, 118-21, 124-6, 130-1, 135, 156, 157

capitalismo, 46
caráter nacional, 255-6, 293
   economia, 101
Carlos Magno, 25-7, 30, 34, 145
   Ver também Império Carolíngio
Carlos III, rei de França, 27
Carlos IV, 116
Carlos V., 122-5, 126, 177-8
Carlos V, Imperador Romano-Germânico, 92, 138
Carlos VI, rei de França, 125, 126-7
Carlos VII, 130, 135, 181-2, 186
Carlos VIII, 137, 179, 186
Carlos de Valois, 124-5
Carlos, o Mau, rei de Navarra, 124
Carlos, o Temerário, duque de Borgonha, 135-6
Carlos, o Gordo, rei dos francos do Ocidente, 27
Carolíngio, Império, 36, 50, 116
   fisco/erário, 275
   período, 23, 39, 42, 51-2, 57, 118
Cartelieri, A., 286
Catolicismo, 244
causação, 33, 38, 51
Cavalli, Marino, 185
centralização, 32, 64, 104, 105, 121, 135, 141, 143-5, 157, 170, 182, 240, 261, 285
centros administrativos, 116, 215
cerimônia, 216
chambres des aides, 178, 181
Champagne, 31, 118
chansons de geste, 76
China, 238, 281, 284
ciclos épicos, 277
cidades, 48-9, 66, 72, 173, 175, 180-1, 218
cidades-estados italianas, 287
   príncipes das, 128
civilité, ou civilidade, 85, 214-5, 223, 255, 292
"civilização", 19, 54, 193, 211, 213-4, 230, 235, 241, 247-8, 256, 258-9, 260, 267, 273, 292
classe, 148-9
classe alta/superior, 45, 56, 59, 71, 81, 208-10, 211, 212-4, 218, 222, 229, 245, 248-9, 254-5, 256-9, 262, 270, 273
classes funcionais, 147-8
   democratização, 253
   dependências, 199, 203, 245
   dominação, 149
classe guerreira, 44-5, 49, 119, 152, 159, 167, 173, 285
   famílias/Casas, 116-7, 119-22, 132, 134, 172
   nobreza, 161, 164, 216

sociedade/sociedades, 59-60, 64, 65, 76, 78, 89, 113, 117, 125, 131, 141, 200, 202, 249-51, 276-8
classe inferior/baixa, 54, 211, 213-4, 218-20, 248, 270
classes médias/classe média, 56, 208-11, 244, 253, 255, 265, 273, 290-1
classe sacerdotal/religiosa, 157
classe trabalhadora/operária, 54-8, 281
clero/sacerdotes, 28-9, 154, 156, 157, 159, 161, 162, 177, 189
códigos de conduta, 200, 213, 292
    códigos de maneiras, 259-60
código legal, 119
    direitos, 61-2
    relações, 283
coexistência, 273-4, 288
Cohn, W., 279
coisa pública, 183
colonização, 44, 45, 58, 213, 256, 258, 262
comercialização, 66, 68, 117, 151-2
comércio, 207
comunicações, 57
competição, 181, 195, 211, 224, 252, 256, 263-5
    Ver também livre competição
competição restritiva/limitadora, 104-5, 131, 170, 224
competição territorial/por território, 125
    domínio da família, 116
    governantes, 67, 93
competição, mecanismos de, 137
    pressões da, 92-4, 207
    lutas da, 98, 213
compulsão, 126, 198, 201, 242, 247, 288
conduta civilizada, 145
conduta cortesã, 290
configuração de Estados/sociedades de, 19, 33, 64, 92-4, 144, 171, 241
consciência, 225, 236, 237, 242, 258
constelação de necessidades, 222
controle da conduta, 217, 260, 269-73
controle das pulsões/emoções, 44, 54, 64, 71, 81, 83, 203, 207, 212-4, 225, 226, 231, 236, 248, 254, 262
    inibição, 235
    estrutura, 32, 236, 241
    economia, 19, 54, 201, 231, 242, 260, 269
    energias, 203
    satisfação, 211
coordenação, 142-4, 145, 147, 149, 150, 160
    funções, 209
coordenador supremo, 177, 178
cortes, 17, 170, 217-9

cortes feudais, 66, 72, 82, 277
    propriedades, 72
    senhores, 151, 175
    sociedades, 141, 283, 294
    sistema, 59, 61, 280
cortesãos, 188, 203, 214, 217, 220, 222, 225, 277, 284
Coulton, G.G., 284
Courtin, Antônio de, 214
Crécy, batalha de, 177
Cruzadas, 42-4, 172-3
culpa, 272
"cultura", 38

Darwin, Charles, 289
Delfinado, 154
descentralização, 149, 190
desflorestamento, desmatamento, 40, 42-6, 53
departamentização, 353
dependência, 118, 192-4
Della Casa, Giovanni, 337, 358
desfrute (prazer), 273
desintegração, 66, 170, 270
desvalorização, 21, 158
diferenciação, 51, 143, 158-9, 195-7, 220, 241, 277
    do comportamento, 83
    das funções sociais, 34, 92, 118, 172
dîme saladine, dízimo saladino, 172
dinâmica configuracional, 138-9
    pressões, 139
dinâmica relacional/das relações, 139-40
direito, 61-2, 119, 282-3
"direito" científico, 106
distinção, 256-7
distribuição, 126
divisão de funções, 97, 102, 105, 140, 143-7, 171-2, 197-9, 206-7, 219-20, 231, 243, 246, 254, 256-7, 295
    do trabalho, 25, 37, 39, 54, 58, 69, 71-2, 81, 100, 131, 142, 169, 188, 208
dominação masculina, 76-8
Donatello, 17
Dopsch, A., 34-6, 275-6
dor, tolerância da, 201
Dreux, Casa de, 130
Dummler, Enst, 276
Dupont-Ferrier, G., 286

economia, 172-5

economia privada, 119
 propriedade, 119, 183, 186
economia de troca/escambo, 19, 33-5, 38,
 40-1, 46, 50, 52, 59, 68-72, 84, 90-4,
 118, 125, 131, 141, 145, 172, 187, 196,
 207, 218, 279-80, 282-3, 294
educação, 212
Eduardo III, rei da Inglaterra, 161
ego, 205, 243
 centro, 230
 funções, 236, 267
 estrutura, 237, 239
eixos de tensão, 154, 157, 171, 239, 263
El Cid, 43
Elias, Norbert, 228, 289
emancipação, 81, 256, 260
emigração, 41
emoções, 267, 290
emoções de curta duração, 193
empregados, 222, 224
entrelaçamento/interligação, 54-5, 139, 143,
 160, 176, 194, 203, 215, 265, 268-9,
 278, 280, 282-3, 288
envolvimento, 227-8
equilíbrio/balanço de poder, 160, 241, 266,
 284
 de tensões, 171, 266
Erasmo, 229
Escócia, 92, 115
escravidão, 281
Espanha, 24, 43, 186
especialistas, 294
especialização, 147, 240
Estados, 152-3, 182, 190
Estado, formação do, 19, 33, 64, 92-4, 145,
 171, 241
 Ver também centralização, configuração
 sociedade de, 272
Estados Unidos, 255
estrangeiros, 209, 210, 256-7, 259
estratos inferiores, 208-10
estrutura da ansiedade, 269
 da consciência, 100
 do controle, 236
 das pulsões, ou pulsional, 100, 236
 dos medos, 100
 dos relacionamentos humanos, 224
 da sociedade, 269
etnologia, 277
etiqueta, 216, 260, 290
Europa, 129, 146, 168, 184, 215, 217, 254,
 262, 275, 283, 285
evolução, 289
excesso/excedente de mão de obra, 20
 produção, 72

excesso de população, excesso demográfico,
 23
exército, 182, 261
exército de reserva, 45, 67
expansão árabe, 52
expansão europeia, 43-9
expansão do Ocidente, 259
 sociedade, 18, 49, 211-3
expressão afetiva, 200

Ferrara, 287
fechamento da sociedade, 194, 241
Felipe III, rei de França, 115, 121, 124-5
Felipe V, duque de Orléans, 127
Felipe VI de Valois, rei de França, 120-2
Felipe de Evreux, 124
Felipe, o Audaz, duque da Borgonha, 123,
 125-7, 178
"fenômeno", 79
Ferté-Alais, Casa de, 88-9
feudalismo, 141, 276, 278, 280
feudalização, 23-36, 38, 60, 61, 64-5, 88,
 103, 195, 197, 266, 275-6
Flandres, 34, 115-6, 118, 125, 175, 176,
 181, 283
Flaubert, Gustave, 229
Florença, 15-7, 281
Foix Casa de, 130
Foulque, conde de Anjou, 110
forças centrífugas, 24-37, 61-7, 91-2, 95-7,
 118-31, 135-6, 141, 157, 169-70, 187,
 197, 284
forças descentralizadoras, 33
força/poder/poderio militar, 20, 21, 35, 97,
 131, 151
formação de capital, 194, 241
formação de conceitos, 37, 82, 276
formulações matemáticas, 285
Fowles, L.W., 286
fragmentação, 123
França, 15, 17-8, 20, 22-4, 30-2, 43, 76, 90,
 92, 95-7, 107-9, 122, 127-30, 137-40,
 153, 160, 175, 183-5, 214, 215, 227, 232,
 251, 262, 275, 287, 290, 293
Franco-Condado de Borgonha, 24, 136
Frância, 24, 95-7, 108, 115, 130
 Casa de, 118
Francisco I, rei de França, 15, 20, 87,
 137-8, 186
Frederico II, o Grande, rei da Prússia, 20
Fronda, 163, 168, 196
funções comerciais, 208
função real, 32, 174, 179, 181
 Casa, 120, 169, 174, 220

família, 109
mecanismo da, 140, 148, 150, 152, 155-6
poder, 134
tesouro, 179

Gabrielle du Sel, 177
Gales, 92, 116
Gasconha, 187
Gastão, duque de Orléans, 168
Gautier Senzavoir, 43
gens d'armes, 180
Godofredo Plantageneta de Anjou, 110-2
Germânia, 15, 16, 18, 20, 139, 185-6, 231, 261-2, 267, 275, 278, 293
Ghilberti, 17
Godofredo de Bouillon, 47
Goldenweise, A., 289
Goudsblom, Johan, 259
governo, 159. Ver também centralização
governamental, organização/máquina, 84, 160, 164, 166, 169, 177
Gracián, 214, 290-1
Grécia, 57, 281
grupos urbanos burgueses, 158, 218
    classes/estratos, 118, 158, 177
    levantes/insurreições, 180
    setor, 189
guerra, 142, 167, 176, 272
    tecnologia da, 21
Guerra dos Cem Anos, 122, 124, 128-30, 131, 176, 177, 179
guerras civis, 155, 161
guerras religiosas, 161
Guerra dos Trinta Anos, 129
guerreiros, 156, 158, 174, 198-9, 217, 219-21, 222, 225, 266, 277, 285, 294
Guilherme I, o Conquistador, rei da Inglaterra, 20, 96, 97, 109-10
Guiscard, Roberto, 42

Habsburgo, 15, 47, 92 95, 128, 136-8
    Ver também Império Romano-Germânico
Halphen, Louis, 280
Hampe, Karl, 33, 276
Hanotaux, G., 287
Haskins, C.H., 283, 292
Hauser, Henri, 139, 286
Hawkins, Francis, 291
Hegel, G.W.F., 194
hegemonia, 90-1, 146
Henrique I, duque da Saxônia, 28
Henrique I, rei da Inglaterra, 111

Henrique II, 112, 113
Henrique II, rei de França, 139
Henrique III, 162
Henrique IV, 15, 165-6, 167-9, 232, 278
Henrique IV, Imperador Romano-Germânico, 92
Henrique VI, rei de França, 127
Hintze, Otto, 276
história, 139, 193, 230-1, 233, 263, 264-5, 277, 285
história estrutural, 169
historiografia, 239
Hofmann, A. von, 275
Hohenstaufen, 94, 97
Hohenzollern, 88, 94
Holbach, 274
Holanda, 127-8
homens de negócios/empresários, 224
Houssaie, Amelot de, 290
Humberto II de Viena, 121
Hugo Capeto, 31-2, 87
Huguenotes, 169
Huizinga, Johan, 290
Húngaros, 28-9, 39
Hungria, 186

id, 236-8, 243
Idade Média, 15, 21, 58, 144-5, 151, 158, 159, 164, 199, 217, 220, 246, 248, 250, 252, 261-2, 279-81, 288
Igreja, 15, 18, 28, 29, 43, 89, 91, 96, 110-2, 156-7, 160, 241
Igreja Anglicana, 294
Imbert de la Tour, P., 286
Iluminismo, 234
Império Britânico, 96
Império Carolíngio, 36, 50, 116
Império Franco, 39, 41-2, 47
Império Hitita, 40
Império Inca, 284
Império Romano, 50, 57, 276, 279
    Ver também Império Romano-Germânico
Império Romano-Germânico (Sacro Império Romano) 23, 27-9, 32, 41, 91-6, 116
impotência/inermidade, 242
impostos, 173, 175, 177, 180, 184, 224
impulsos emocionais, 267
individualização, 60-2, 135
Inglaterra, 15, 18, 22-3, 90, 95-6, 109-12, 115, 122, 129, 155, 175, 214, 255, 261-2, 267, 279, 284, 293
infância, 204-6, 269-72, 290
integração, 83-4, 129, 146, 171, 194, 218, 240-1, 273, 282-3

"inteligência", 232
interdependência, 23, 32-5, 50, 52-4, 60, 64, 68, 82-3, 103, 105, 122, 127-30, 132, 145, 148, 150, 152, 157, 160, 168, 176, 178, 180, 194, 196, 198, 203, 207-10, 211, 214-5, 218, 219-22, 224, 228, 231, 236, 239, 241, 247, 250-2, 254, 259, 264, 272-4, 280, 281-3
internalização, 270
Itália, 15, 23, 27, 42, 127, 184, 186

Jacqueton, G. 287
James, William, 296
Japão, 277, 293
Jerusalém, 43
Joana D'Arc, 129
João, rei da Inglaterra, 113
João de Berry, 123-5
João, o Bom rei de França, 122-5, 127, 177
Judd, C.H., 290, 296
justiça, 62
Juvenal des Ursines, 182

Kern, Fritz, 275
Kirn, Paul, 275-6, 278
Kretschmayr, H., 287
Kulisch, A.E., 278

La Bruyère, 224-5, 291-2
Lancaster, Casa de, 128
langue d'oc, 24
langue d'oil, 24
La Rochefoucauld, 291
Lavisse, E., 286
lei/direito científico, 93
Lefebvre des Noettes, 280-1
Lehugeur, P., 286
Levasseur, E., 279
Lewis, C.S. 284
libido, centro da, 230
  energias, 206-10
  impulsos, 182, 205
limitações/restrições, 44, 193, 247, 252, 269-73
  através de outras pessoas, 223
limitação/controle das paixões, 82, 217
Lisboa, 43
livre competição, 68, 103-6, 109, 113, 117, 132-4, 138, 141, 170, 196, 260, 263-4, 265, 266-7
  Ver também competição
livros, demanda/procura de, 229

Loewe, A., 294
Londres, 128-30
Longnon, Auguste, 285
Lot, F., 276
Lotaríngia, 42, 121, 131
Luís I, o Pio, rei de França, 27-8
Luís IV, rei de França, 30
Luís VI, o Gordo, 32, 88-92, 107-11, 117, 120, 158, 173
Luís VII, 119, 158
Luís VIII, 115, 121
Luís IX, São Luís, 115, 121
Luís X, 116, 124
Luís XI, 135-7, 169, 186
Luís XII, 137, 186
Luís XIII, 165-7, 169
Luís XIV, 120, 127, 145, 163-4, 166, 167-71, 233, 293
Luís de Anjou, 123, 125, 126, 178
Luís, duque de Bourbon, 125, 126
Luís, duque de Orléans, 126-7
Lowenthal, L., 281
Lowie, R. H., 284, 290
Luchaire, A., 69, 75, 256-8, 275-6, 280, 282, 283-4, 285

Maquiavel, 290
Macleod, W. C., 276, 284, 296
Magna Carta, 114
Maine, 111
Maiorca, rei de, 121
Malraux, André, 229
Mannheim, Karl, 286
Maomé, 38
Margarida de Flandres, 123
Maria, filha de Carlos, o Temerário, 139
Maria de Champagne, 292
Mariéjol, J.H., 286
Masaccio, 17
Maupassant, Guy de, 229
Maximiliano, Sacro Imperador Romano, 136-7
Medici, 15
Mediterrâneo, 41
Meerssen, Tratado de, 24
Mennell, Stephen, 289
mercadores, 153
merovíngia, época, 27, 40
Meudon, 170
migrações, 41
Minnesang/menestréis, 73-85, 217-8, 277
Mirot, Léon, 286-7
missi dominici, 27
mobilidade, 267

moderação, 291
moderação/aquietamento das pulsões, 198
moeda, 19-20, 34, 39, 46, 49-52, 71, 118,
    131, 135, 142, 161-3, 172, 176, 187-8,
    207, 220, 249, 252, 262, 266, 280
    funções aquisitivas, 254
    economia da, 34-5, 38, 50-1, 59, 280
monarca, 87, 89, 160
monarquia, 135-6, 148, 152, 155-9, 160,
    163, 167-8, 174, 176, 177-9, 180-2, 215,
    279, 287
monarquia absoluta, 22, 151, 171
monopólios, 197, 260-1, 294
monopolização, 105, 121, 129, 131, 134,
    140, 164, 168, 171, 173, 182, 188, 197,
    263
monopólio, formação de, 130, 134
    mecanismo/máquina, 20, 23, 65, 93-4,
        97-107, 131, 142, 146, 265, 285, 296
    de oportunidades econômicas, 197,
        264-6, 295
    de armas, 97-8, 145
    de força/violência física, 97, 104, 139,
        182, 187, 193, 197-202, 207, 214,
        216, 218, 232-3, 240, 256, 261-4,
        266, 267-8, 272-3, 285, 296
    do governo, 118, 138, 141, 169, 170,
        215, 224, 262, 266
    da tributação, 97-8, 104, 171, 176, 184,
        186-7, 189, 216, 221, 256
Monthéry, Casa de, 88-9
Montmorency, duque de, 89, 169, 232-4
Morrissey, Grace, 289
movimento civilizador, 213-4
    processo, 16-8, 37, 69, 104, 144, 193-4,
        195, 203-7, 209-10, 211, 225, 233,
        237, 242, 244, 257, 262, 273, 290
mulheres, 74-8, 84

nação inglesa, 95, 225, 255
nações, 24, 57, 211, 214, 295
nações-estados, 113, 295-6
Nápoles, 42, 186, 287
"natureza", 194, 227-8, 246, 263, 269
Navarra, rei de, 123
níveis inconscientes, 225
nobreza, 15, 21-2, 44, 56, 59, 104, 144,
    147, 151-2, 153-5, 160-1, 165-7, 169-70,
    175, 177, 178, 187-9, 198, 203, 214,
    217-8, 219, 222, 224, 240, 249-51, 260-2,
    279, 285, 293-4
noblesse d'épée, nobreza de espada, 189
noblesse de robe, nobreza de toga, 152, 189
Normandia, 111, 118, 187

normandos, 23, 27, 34, 41, 42, 278
normandos dinamarqueses, 27
novelas/romances, 203

Ogburn, W. F., 289
oligarquia, 103
opressão, 211
Oriente, 49, 232, 258, 267, 290
Orléans, 88, 170
Oto I, Imperador Romano-Germânico, 28, 91

pacificação, 20, 74, 139, 197-8, 200-1,
    246-8, 250-1, 272-3
padrões de civilização,
    de conduta, 83, 211
    de vida, 219-20, 255-9, 260, 268
pulsões, 267, 290
pulsões de curta duração, 193
Paris, 17-8, 24, 88, 124, 128-30, 167, 169,
    174-5, 180-1, 184, 254
parlamentos, 158, 163, 167
Parsons, E.C., 289
patamar de embaraço, 211-2, 214, 215, 239,
    262
pensamento racional, 240, 241
percepção, 227
Peru, 219
Petit-Dutaillis, C., 285-6
Petrusevski, 279-80
pequena burguesia, 258
poder da família, 46-8
Poitiers, Batalha de, 122, 177
Poitou, 24
polarização, 199
"política", 51-2
política externa, 237-8
potência/país industrializado, 146
    sociedade das, 40, 59, 63-4
prestígio, 122, 189, 211, 212, 219, 222-4,
    249, 252, 258, 270-1
Primeira Guerra Mundial, 281
príncipes de *fleurs de lis*, 125, 126-8
príncipes germânicos, 129
    territórios dos, 159, 167
privilégios, 153-4, 189
produção, meios de, 131-2, 198
profissões liberais/independentes, 252
proletariado, 144, 147
propriedade da terra, 42, 47-8, 65, 141
protestantismo, 244
Proust, Marcel, 229
provas/lutas eliminatórias, 89-94, 99, 102,
    106, 107, 128, 131, 133, 136, 137-40,
    157, 159, 171, 211

Prússia, 130
psique, 236
psicogênese, 233, 239
psicologia, mudança, 194
   funções, 240-1, 267
psicologização, 229-30, 233-4
psicologia, 234
Puritanismo, 244

Quitzow, 88

Ranke, Leopold von, 232, 287, 293
racionalidade, 231, 234
racionalização, 193, 229, 233-6, 238, 240-2, 268
redução de contrastes na conduta, 212-3
reis, 26, 64, 149, 155, 161, 162-4, 165-6, 169-71, 173, 175, 221, 222-4
reflexão, 267
Reforma, 167
regime democrático, 105
regularidades, 148, 181, 184, 194
regulação das pulsões, 44, 229
   das relações sexuais, 260
relações internacionais, 63-4
relações nativos-estrangeiros, 259
religião, 244, 291
Renascença, 16, 54
repugnância, 242, 244
   fronteira da, 252
retrogressão, 42
revoltas, 155
Revolução Francesa, 154, 189, 229
Ricardo I, Coração de Leão, rei da Inglaterra, 113, 122
Richelieu, Cardeal, 165, 167, 170, 232
Rieux, conde de, 232
Robert, conde de Clermont, 125
Roberto Capeto, 88
Rocheford, Casa de, 88, 89
Rochow, 88
rococó, 17
Romains, Jules, 229
Roma, 287
Rostovtsev, M., 280
Rouen, 174

sábios/eruditos ambulantes, 80
Sacro Império Romano, 50, 57, 276, 279
   Ver Império Romano-Germânico
Saint-Simon, duque de, 168, 170, 228-9, 233, 286, 291, 292-3

Sand, George, 70-1
sarracenos, 41, 42
Saudita, Arábia, 219
Schomberg, general, 232
secularização, 241
sensitividade, 249, 255
servos da gleba, 281
setor agrário, 189
   sociedades guerreiras e, 35
sexos, relações entre os, 74
sexuais, impulsos, 244, 260
sexualidade, 267
Sicília, 43
sociedade de cavaleiros/cavaleirosa, 73-4
sociogênese, 139-40, 145, 203, 234, 238-9, 243, 277
sociologia, 233, 236, 285, 296
sociologia americana, 296
status, 247, 273
Stölzel, A., 286
sublimação, 75
Sumner, W.G., 289, 296
superego, 70, 203-6, 208, 209, 212, 215, 218, 227, 236-8, 242, 243, 245, 247, 248, 251, 255-6, 258-61, 271, 273, 290, 292, 293
   funções do, 236, 254
Suábia, Casa da, 32
Suécia, 285
Suíça, 20
superioridade física, 242
tabus, 211, 219, 268, 269, 289-90
Tancredo de Hauteville, 42
taxa de natalidade, 44
tecnologia, 53, 211-2, 280-2
Teggart, F.J., 289
tensões, 201, 250, 251, 256, 264, 268, 269-73, 277, 282, 295
tensões internas, 243, 258, 261
terceiro estado, 153, 157-8, 160, 164-7
Thompson, James Westfall, 275, 278
tipo ideal, 276
Toledo, 35
toga, homens da, 153-4
Tomás de Aquino, São, 172
tortura, 201
Toulouse, condes de, 115
Toulose, condado de, 112, 118, 233
Touraine, 111
trabalho escravo, 54-8, 281
tráfico, 196
transporte, 33-4, 51-3, 118, 206
tribos eslavas, 38
tribos nômades, 38-9
tributação, 20, 98, 174
trovadores, 73-5, 81

Ver também *Minnesang*
Tudors, 15
turcos, 39

unidades hegemônicas, 265
unidade tribal, 60, 277
utopia, 280

Vaissière, Pierre de, 284
Valência, 43
Valentina Visconti, 127
Valois, Casa de, 23, 116, 128-9, 135-6
vassalos, 26, 61, 64-5, 118
Vendôme, duque de, 169
Veneza, 53, 184, 185, 187, 279
Verdun, Tratado de, 24
vergonha, 242-6, 258, 271
    fronteira da, 240, 242-4, 248
Versalhes, 168
Vexin, 112, 113

vigilância, 168, 170
Viena, 254
vinicultura, 34
violência, 132, 198
violência não física, 198
Viollet, Paul, 286
Vuitry, A., 284, 286-7

Walter Habenichts, 43
Walter von de Vogelweide, 67, 75
Washington, George, 291
Weber, Max, 276, 279
Wechssler, Eduard, 283
Weimar, 17
Welf, 94
Werneke, Hans von, 280-1

Zarncke, F., 284
Zimmern, A., 281

1ª EDIÇÃO [1993] 15 reimpressões

ESTA OBRA FOI COMPOSTA POR TOPTEXTOS EDIÇÕES GRÁFICAS
EM TIMES E IMPRESSA EM OFSETE PELA GRÁFICA BARTIRA
SOBRE PAPEL ALTA ALVURA DA SUZANO S.A. PARA
A EDITORA SCHWARCZ EM FEVEREIRO DE 2022

A marca FSC® é a garantia de que a madeira utilizada na fabricação do papel deste livro provém de florestas que foram gerenciadas de maneira ambientalmente correta, socialmente justa e economicamente viável, além de outras fontes de origem controlada.